Michael Berger

Für Kaiser, Reich und Vaterland

Avram Mendel König

Maximilian Leib Rohrlich
als Leutnant im Ersten Weltkrieg

Michael Berger

Für Kaiser, Reich und Vaterland

Jüdische Soldaten
Eine Geschichte vom 19. Jahrhundert bis heute

orell füssli Verlag

Umschlaggestaltung: Hauptmann & Kompanie Werbeagentur, Zürich, unter Verwendung eines Fotos von © Michael Berger
Druck: CPI books GmbH, Leck

ISBN 978-3-280-05585-4

Bibliografische Information der Deutschen Nationalbibliothek: Die Deutsche Nationalbibliothek verzeichnet diese Publikation in der Deutschen Nationalbibliografie; detaillierte bibliografische Daten sind im Internet über http://dnb.d-nb.de abrufbar.

MIX
Papier aus verantwortungsvollen Quellen
FSC www.fsc.org
FSC® C083411

Inhalt

Anhang 260

Im Gedenken
an die im Ersten Weltkrieg gefallenen jüdischen Soldaten der Deutschen und der Österreichisch-Ungarischen Armee,

an die jüdischen Soldaten, die im Spanischen Bürgerkrieg im Kampf gegen den Faschismus fielen,

und an die jüdischen Kriegsteilnehmer des Zweiten Weltkrieges, die von den Nationalsozialisten in den Vernichtungslagern ermordet wurden.

Meiner Frau Nicoleta, baschert

Grußwort des Bevollmächtigten des Landes Baden-Württemberg beim Bund

Nachdem Leutnant Josef Zürndorfer 1915 mit seinem Flugzeug abgestürzt war, entdeckten seine Angehörigen folgenden Eintrag in seinem Testament: »Ich bin als Deutscher ins Feld gezogen, um mein bedrängtes Vaterland zu schützen. Aber auch als Jude, um die volle Gleichberechtigung meiner Glaubensbrüder zu erstreiten.« Wie Zürndorfer sahen viele junge Deutsche jüdischen Glaubens zu Beginn des Ersten Weltkriegs ihre Chance, durch militärisches Engagement gesellschaftliche Anerkennung zu erhalten. Der Historiker Golo Mann stellte gar fest, dass es »nichts deutscheres« gegeben habe, als die jüdischen Kriegsfreiwilligen des Ersten Weltkrieges.

Ohne Zweifel hat die nationale Begeisterung jüdischer Soldaten und Offiziere für Respekt und Anerkennung bei vielen ihrer nicht-jüdischen Kameraden gesorgt. Geholfen hat dieser Respekt, diese Anerkennung indes niemandem; die ersehnte Gleichberechtigung blieb vollständig aus.

Mehr noch: Nachdem die Nationalsozialisten an die Macht gekommen waren, setzten sie alles daran, die jüdischen Soldaten, die im Ersten Weltkrieg für ihr Land, für Deutschland, gefallen waren, aus dem Gedenken auszuschließen. Ein Jude – ein Bürger zweiter Klasse – war weder Deutscher noch Held. Dass sich Juden mit ihrem Land identifizierten und tapfer in der deutschen Armee kämpften, passte nicht in das Propagandabild, das die Nazis zeichneten: Juden? Das waren feige, schmächtige Drückeberger – weder fähig noch würdig für Deutschland zu kämpfen. Und je länger das Regime existierte, je lebensbedrohlicher die Lage für die deutschen Juden wurde, desto mehr mussten sich die jüdischen Soldaten des Ersten Weltkriegs widerlegt, gedemütigt und betrogen fühlen – betrogen um die eigene Biographie.

Selbst die höchsten militärischen Auszeichnungen, die jüdische Soldaten zwischen 1914 und 1918 erhalten haben, hatten auf ihre Deportation und Vernichtung in Nazi-Deutschland – wenn überhaupt – nur aufschiebende Wirkung.

Die Tatsache, dass im Ersten Weltkrieg auch jüdische Soldaten für ihr Vaterland ins Feld gezogen und gefallen sind, ist noch immer vielen Menschen unbekannt. Ich bin sogar versucht zu sagen, es ist für viele Menschen auch heute noch nicht zu verstehen.

»Alle Bewohner des Staates sind geborene Verteidiger desselben!« Mit diesen Worten begann Gerhard von Scharnhorst, der Leiter der Militärreorganisationskommission der preußischen Armee, 1807 seine »Denkschrift über die Bildung einer Reservearmee«, die die Grundzüge der ab 1814 eingeführten Allgemeinen Wehrpflicht in Preußen skizzierte. Diese für jedermann geltende Wehrpflicht ist heute eine staatspolitische Selbstverständlichkeit für jeden Bürger in Deutschland. Damals hingegen handelte es sich um ein gesellschaftspolitisches Novum mit weitreichenden Konsequenzen für die große jüdische Gemeinschaft in Preußen.

In Scharnhorsts Überlegungen zählte damals weder die Herkunft noch die Religion, um diese Dienstpflicht am Staat vollziehen zu können. Er bezog bei seinen Überlegungen unterschiedslos alle Staatsbürger und damit erstmalig auch die Bürger jüdischen Glaubens in eine militärische Dienstpflicht gegenüber dem Staat mit ein. Für die in Preußen lebenden jüdischen Bürger bedeutete dies in der Folge, dass sie aus einer jahrhundertelangen gesellschaftlichen Isolation heraustraten und zumindest in diesem Bereich des öffentlichen Lebens den übrigen Staatsangehörigen gleichgestellt werden konnten.

Dennoch galt Scharnhorsts Diktum vorerst nur auf dem Papier. Der in Deutschland latent vorhandene Antisemitismus verhinderte nach wie vor die volle Gleichberechtigung und Gleichbehandlung jüdischer Soldaten. So blieb ihnen auch weiterhin der Zugang in die Laufbahn der Offiziere versagt.

1812 folgte mit dem »Edikt zur Emanzipierung des Judentums« im Rahmen der von den preußischen Staatsministern Karl Reichsfreiherr vom und zum Stein und Karl Graf von Hardenberg eingeleiteten Staatsreformen in Preußen wenigstens formal die angestrebte gesamtgesellschaftliche Gleichberechtigung der jüdischen Staatsbürger. Aber auch sie konnte tatsächlich die Gleichberechtigung der Juden in Preußen nicht umfassend durchsetzen.

Ungeachtet dieser Diskriminierung leisteten viele deutsche Juden in verschiedenen Kriegen ihren Dienst für ihr Vaterland. Sie taten dies mit dem gleichen Verständnis, wie dies bei den übrigen Deutschen der Fall war. Auch wenn ihre Taten und Leistungen im Kameradenkreise und darüber hinaus respektiert und anerkannt wurden, blieb die gesamtgesellschaftliche Würdigung, die sie verdient hätten, aus. Es entsteht der Eindruck, dass der deutsche Staat die oftmals selbstlosen Leistungen der jüdischen Soldaten als selbstverständlich erachtete, die Anerkennung jedoch aus grundsätzlichen Erwägungen verweigert hat.

Die nach dem Ersten Weltkrieg verstärkt einsetzenden offenen Anfeindungen und schließlich die Verfolgung und staatlich gelenkte Vernichtung dieser Patrioten in der Zeit des Nationalsozialismus stellten den moralischen und gesellschaftspolitischen Bankrott der deutschen Geschichte und die dramatische Zäsur in der Geschichte des Judentums in Deutschland dar.

Vor dem Hintergrund dieser unvorstellbaren Verbrechen war es das vordringliche Anliegen der Mütter und Väter des Grundgesetzes, die Menschenrechte als unabänderliche Grundlage unseres Staates festzuschreiben. Die ersten Artikel des Grundgesetzes sind auch deswegen nicht nur unveräußerliches Gut für jeden Bürger unseres Landes, sondern gerade die Lehre aus der deutschen Geschichte.

Mit der Konzeption der Inneren Führung und dem Leitbild des Staatsbürgers in Uniform schuf die Bundeswehr einen neuen Soldatentyp, der in erster Linie als Wahrer der Menschenrechte auf der Grundlage des Grundgesetzes zu verstehen ist. Die Streitkräfte der Bundesrepublik sind Garant der Freiheit und des Rechtes aller seiner Bürgerinnen und Bürger.

Auch aus diesem Grunde werden im Traditionsverständnis der Bundeswehr die Leistungen von Soldaten jüdischen Glaubens in Ehren gehalten. So ist es beispielsweise guter Brauch in Deutschland, nach solchermaßen verdienstvollen Soldaten Kasernen und Einrichtungen der Bundeswehr zu benennen.

Zum Beispiel denke ich gerade an Leutnant Wilhelm Frankl. Er war einer von vielen patriotischen jüdischen Reserveoffizieren in der preußischen Armee. Als Flugzeugführer der Königlich-Preußischen Fliegertruppe im Ersten Weltkrieg wurde er für seine Tapferkeit im Krieg mit dem höchsten preußischen Tapferkeitsorden, dem Pour-le-Mérite, ausgezeichnet. Als Namensgeber einer Luftwaffenkaserne in Neuburg an der Donau steht er für uns heute stellvertretend für die zahlreichen jüdischen Soldaten, die ihr Leben im Dienst für das Vaterland gaben.

Angesichts dieser historischen Entwicklung empfinde ich es als Selbstverständlichkeit und Geste des Respekts, dass die Bundeswehr jährlich mit einer Kranzniederlegung unter anderem auf dem Jüdischen Friedhof in Berlin-Weißensee ihrer gedenkt und sie so in Erinnerung hält.

Dass ab dem 19. Jahrhundert Juden trotz mancher Diskriminierung in den deutschen Armeen dienten, war mir bekannt. Ebenso war mir in einem allgemeinen Sinne bewusst, wie beschämend, ehrlos und unmenschlich sich Deutschland unter der nationalsozialistischen Schreckensherrschaft auch gegenüber seinen Veteranen jüdischen Glaubens verhalten hat.

Indem aber Michael Israel Berger Einzelschicksale hervorhebt, wird das vielfach anonyme Geschehen noch sehr viel fassbarer – und umso unverständlicher. Dem Leser begegnen Menschen und Begebenheiten aus seiner Heimatregion und von Orten, die er kennt.

Ich lese vom Reichstagsabgeordneten Dr. Ludwig Frank aus Mannheim, der sich wie viele deutsche Juden freiwillig zum ersten Weltkrieg meldete und fiel.

Ich stoße auf die Gemeinde Rexingen bei Horb, die vor dem Krieg zu einem Drittel aus jüdischen Einwohnern bestand. Von den 223 Rexingern, die in den Ersten Weltkrieg zogen, waren 105 jüdische Bürger.

Ein Ehrenmal erinnert an die Toten, einige jüdische Soldaten wurden für ihre Tapferkeit ausgezeichnet und befördert. Dies hinderte die Nationalsozialisten jedoch nicht, auch die Veteranen und ihre Familien zu verfolgen, zu vertreiben oder gar zu ermorden.

So lese ich vom Göppinger Rabbiner Dr. Aron Taenzer, der sich 1914 freiwillig als Feldrabbiner meldete und mehrfach geehrt und ausgezeichnet wurde. Er starb 1937 und die Nationalsozialisten verschleppten seine Frau in das KZ Theresienstadt, wo sie 1943 ihr Leben verlor.

Das Schicksal der jüdischen Veteranen und ihrer Familien führt uns vor Augen, wie menschenverachtend die Nationalsozialisten Deutschland missbraucht und unser Land damit beschämt haben. Vor dem Beispiel der deutschen Soldaten jüdischen Glaubens verstummen gleichzeitig Verhöhnungen aller Art von Patriotismus, Dienstbereitschaft, Mut und Tapferkeit.

Dass heute wieder Deutsche jüdischen Glaubens in der Bundeswehr dienen, ist daher ein besonderes und wichtiges Zeichen der Verbundenheit, der Wertschätzung und auch des Vertrauens in die Bundesrepublik Deutschland. Dass das Wunder jüdischen Lebens in Deutschland nach der Shoa auch diesen Teil unseres Staatsalltags umfasst, ist ein Geschenk. Gemeinsam mit ihren Kameraden christlicher und anderer Bekenntnisse stehen sie für unsere Sicherheit und die Verteidigung unserer demokratischen Grundordnung ein. Die deutsche Staatsangehörigkeit ist ihnen nicht nur Papier, sondern steht für Heimat,

Freiheit und Menschenwürde, für das Grundgesetz. Dafür gebührt ihnen unser aller Dank und unser aufrichtiger Respekt.

Peter Friedrich,
Minister für Bundesrat, Europa und internationale Angelegenheiten des Bundeslandes Baden-Württemberg

Einführung

»Brandenburger, Preußen, Schlesier, Pommern, Litthauer!« Mit diesen Worten rief König Friedrich Wilhelm III. im März 1813 sein Volk auf, sich gegen die napoleonische Besatzung zu erheben. In allen preußischen Provinzen eilten Freiwillige zu den Fahnen. Dem Aufruf folgten auch die jüdischen Bürger des preußischen Königreiches. Mit dem Auszug der Freiwilligen begann ein mehr als 100-jähriger Kampf der deutschen Juden um Integration und Gleichberechtigung in Staat – insbesondere im Militär – und Gesellschaft sowie gegen den seit den 1880er Jahren immer stärker hervortretenden Antisemitismus. Dieser Kampf der Juden um »Recht auf ihren Platz und um den Platz ihres Rechts«, wie es Dr. Leo Baeck einmal nannte, zog sich über die Zeit des Deutschen Kaiserreiches und den Ersten Weltkrieg hin, führte zwar immer wieder zu Erfolgen, endete jedoch in einer grausamen Täuschung.

Zu dem Zeitpunkt, als die ersten jüdischen Soldaten in der preußischen Armee dienten, gab es in Österreich die Wehrpflicht für Juden bereits seit mehr als 20 Jahren. Kaiser Joseph II. hatte im Jahre 1788 die Militärpflicht für Juden eingeführt, die dann auf alle habsburgischen Länder ausgedehnt worden war. Juden waren fortan »... auch zu dem Militärstande tauglich und, wenigstens vom Anfang, zu dem Fuhrwesen, dann zu der Artillerie als Stuckknechte zu verwenden, und gleich bei jetzigem Kriege dazu abzugeben.« Die Entscheidung, Juden als Soldaten zu verwenden, war im Rahmen der Reform- und Toleranzpolitik Kaiser Josephs II. erfolgt, der bereits 1782 ein Toleranzpatent für die Wiener Juden erlassen hatte. Wie in Preußen ergab sich der Militärdienst im Zuge der Emanzipation als Konsequenz aus der Verbesserung der rechtlichen Stellung der jüdischen Bevölkerung. So wurden während der Napoleonischen Kriege in der Armee der Habsburgermonarchie bereits die ersten jüdischen Offiziere ernannt. Auch im Folgenden entwickelt sich die Situation der Juden in der Armee Österreich-Ungarns wesentlich günstiger als in deutschen Armeen.

Während in Preußen im gesamten 19. Jahrhundert nur ein einziger Jude Stabsoffizier werden konnte – nur wenig mehr waren es zum Beispiel. in der Bayerischen Armee –, gab es in Österreich-Ungarn zahlreiche Beispiele für jüdische Soldaten, die bis in die höchsten Stabsoffiziers- und sogar Generalsränge aufsteigen konnten und in vielen Fällen für ihre Verdienste geadelt wurden. So hatte Kaiser Franz Joseph I. schon in den 1880er Jahren gegen die antisemitische Bewegung Stellung bezogen: »Die ganze Bewegung ist mir recht unsympathisch, und jetzt, nachdem die jüdischen Soldaten in den Jahren 1878 und 1882 so vieles Respektable geleistet, sogar peinlich.«

Im Ersten Weltkrieg dienten fast 100 000 deutsche Juden in Heer und Marine – davon waren mehr als 3000 Offiziere, Sanitätsoffiziere und Militärbeamte im Offiziersrang. 12 000 jüdische Soldaten verloren im Krieg ihr Leben. In der k. u. k. Armee waren es 300 000 jüdische Soldaten, mindestens 30 000 fielen im Kampf. Die Zahl der Offiziere, von denen mehr als 1000 an der Front fielen, war um ein Vielfaches höher als in der Armee des Deutschen Kaiserreiches. Insgesamt 25 000 jüdische Offiziere dienten während des Weltkrieges in der Armee der Habsburgermonarchie. Während die deutschen jüdischen Soldaten im Oktober 1916 die in höchstem Maße diskriminierende Judenzählung über sich ergehen lassen mussten, mit der die militärische Führung in Deutschland das Band der durch gemeinsame Waffenbrüderschaft gefestigten Kameradschaft endgültig durchtrennte, erhielten die jüdischen Soldaten in der Österreichisch-Ungarischen Armee höchste Anerkennung für die Kaiser und Vaterland geleisteten treuen Dienste. Der von 1848 bis 1916 regierende Kaiser Franz Joseph I. war für die Juden seiner Länder geradezu Symbol eines – auch der jüdischen Bevölkerung gegenüber – gerechten Herrschers und die Juden in der Österreichisch-Ungarischen Monarchie liebten in ihrer Mehrheit Kaiser und Kaiserreich.

Mit dem Ende des Ersten Weltkrieges kam auch das Ende der Monarchien und sowohl in Deutschland als auch in Österreich die Zeit der Republiken. Die Republik und ihre Verfassung garantierte nun auch den deutschen Juden die endgültige und uneingeschränkte Gleichberechtigung. Im Allgemeinen sahen die Juden sowohl in der Weimarer Republik als auch in der Republik Deutschösterreich ihre Zukunft im neuen demokratischen Staat. Gleichzeitig kam es jedoch in beiden Ländern zu einem Erstarken der rechtsextremen Parteien, die einen Schuldigen für den verlorenen Krieg suchten und diesen im »Juden« fanden. Die antisemitsiche Hetze rechter Parteien und Gruppierungen begann sich zunehmend auch gegen die ehemaligen jüdischen Frontsoldaten zu richten und führte in Deutschland bereits nach Kriegsende zur Gründung des Reichsbundes jüdischer

Frontsoldaten (RjF). Im Jahre 1932 gründeten ehemalige Frontkämpfer in Österreich den Bund jüdischer Frontsoldaten Österreichs (BJF).

Die Machtergreifung der Nationalsozialisten in Deutschland am 30. Januar 1933 wurde zum Endpunkt einer Entwicklung, die schon in den Jahren des Niedergangs der Weimarer Republik begonnen hatte. Sie war gleichzeitig der Beginn einer systematischen Ausgrenzung und Entrechtung der deutschen Juden, deren Folge die physische Vernichtung des deutschen und dann auch des österreichischen Judentums war. Im März 1934 unternahm der Hauptmann der Reserve und Vorsitzende des Reichsbundes jüdischer Frontsoldaten Dr. Leo Löwenstein einen letzten verzweifelten Versuch, die Entlassung der jüdischen Soldaten aus der Reichswehr abzuwenden. Sein Appell an den Reichspräsidenten und Obersten Befehlshaber der Reichswehr Paul von Hindenburg blieb erfolglos. Eine endgültige Entrechtung der deutschen Juden erfolgte mit den sogenannten »Nürnberger Gesetzen« vom September 1935, die unmittelbar nach dem »Anschluss« Österreichs an das Deutsche Reich auch auf die österreichischen Juden angewendet wurden.

Der Weg der deutschen und österreichischen Juden führte über die Arisierung ihres Besitzes, das Novemberpogrom 1938, die gegen die sogenannten Mischlinge 1. und 2. Grades verhängten Zwangsmaßnahmen im Anschluss an die von der nationalsozialistischen Führung 1941 beschlossene »Endlösung der Judenfrage« in mehreren Deportationswellen in die Vernichtungslager auf deutschem oder deutsch besetztem Boden. Wer nicht rechtzeitig auswandern konnte, fiel, so wie der größte Teil des deutschen und österreichischen Judentums, der nationalsozialistischen Verfolgung und Vernichtung zum Opfer. Auch die jüdischen Frontkämpfer, die im Verlauf der Pogrome vom 9. auf den 10. November 1938 verhaftet und in Konzentrationslager verschleppt worden waren, wurden später dort ermordet. So endete die Geschichte deutscher jüdischer und österreichisch jüdischer Soldaten nach mehr als 150 Jahren in den Ghettos und Lagern der Nationalsozialisten. Gleichzeitig wurde auch die Erinnerung an ihre soldatischen Leistungen und die Opfer, die sie auf den Schlachtfeldern für ihr Vaterland erbracht hatten, von den Ehrenmalen entfernt. Die Nationalsozialisten wollten sie für alle Zeiten auslöschen.

Juden als Soldaten – das war vor der Zeit der nationalsozialistischen Gewaltherrschaft Alltag im deutschen Militär. Zwölf Jahre später jedoch, nach und angesichts der Shoah, war es für viele Juden undenkbar, in einer deutschen Armee zu dienen. Wer hätte bei der Gründung der Bundeswehr auch nur daran zu denken gewagt, dass es fünfzig Jahre später wieder jüdische Soldaten in deutschen Streitkräften geben würde? Und dennoch leisten in der Bundeswehr von heute einige Zeit- und Berufssoldaten jüdischen Glaubens ihren Dienst und gründeten im Jahre 2006 einen Verband, den Bund jüdischer Soldaten. Auch im österreichischen Bundesheer dienten und dienen wieder jüdische Berufssoldaten und bis zur Aussetzung der Wehrpflicht auch Wehrpflichtige.

Es sind nun mehr als 160 Jahre vergangen, seit auch in der Schweiz Juden ihren Militärdienst leisten. Schweizer Juden konnten jederzeit in die Armee eintreten und dort eine Laufbahn als Unteroffiziere und Offiziere einschlagen und in dieser Laufbahn auch ungehindert bis in höchste Ränge aufsteigen, ohne daran wegen antisemitischer Vorbehalte von Vorgesetzten gehindert zu werden wie im Deutschen Kaiserreich. Dies war und ist ein Verdienst der von Beginn an demokratischen staatlichen Strukturen und Institutionen der Eidgenössischen Republik, die allen Bürgern die gleichen Rechte und Chancen garantierte. Heutzutage ist dieses Recht auf und diese Pflicht zum Militärdienst in der modernen Schweiz zur Selbstverständlichkeit geworden. Jüdische Männer leisten Militärdienst und machen Karriere in der Schweizer Armee, ohne dass dies wie noch vor Jahren in den deutschsprachigen Nachbarländern Deutschland und Österreich irgendwelches Aufsehen erregen würde.

In den nun folgenden Ausführungen wird – abgesehen von wenigen Ausnahmen – von Personen die Rede sein, die sich aufgrund ihrer getroffenen Bekenntnis- und Gemeindeentscheidung als Juden fühlten. In der Zeit von den Freiheitskriegen bis Ende des Ersten Weltkrieges war diese persönliche Orientierung oftmals nur an einer klaren Entscheidung gegen die Taufe erkennbar. Getaufte Juden wurden im 18. und 19. Jahrhundert von der Gesellschaft weitgehend akzeptiert, der Zugang zum Staatsdienst und die Aufnahme in das Offizierskorps waren für diesen Personenkreis ohne Einschränkungen möglich. Dies änderte sich erst gegen Ende des 19. Jahrhunderts, als der rassische Antisemitismus an Bedeutung gewann und der bis zu diesem Zeitpunkt religiös motivierte Antijudaismus im Gegenzug an Einfluss verlor.

So gibt es auch kaum Indizien dafür, dass getaufte Juden im Militär schlechter behandelt wurden, nur weil sie jüdische Vorfahren hatten. Auf der anderen Seite lässt sich die jüdische Abstammung eines Soldaten in den Personalakten nur dann feststellen, wenn er nach Eintritt in das Militär getauft wurde. Findet sich in den

Personalakten kein Vermerk »israelitisch« oder »mosaisch«, haben wir keinen Beweis für die jüdische Abstammung des betreffenden Soldaten. So müssen sich sämtliche Ausführungen auf die Personen beschränken, die sich selbst zum Judentum bekannten. Die wenigen Ausnahmen betreffen Personen, die entweder aufgrund ihrer außergewöhnlichen Karriere Erwähnung finden oder als Beispiel dafür dienen, dass getaufte Juden nahezu uneingeschränkt in ihrer militärischen Laufbahn avancieren und bis in die höchsten Gesellschaftsschichten aufsteigen konnten.

Teil I: Von der Epoche der Emanzipation bis zum Ersten Weltkrieg

1. Geschichte jüdischer Soldaten in deutschen Armeen

»Ich bin als Deutscher ins Feld gezogen, um mein bedrängtes Vaterland zu schützen. Aber auch als Jude, um die volle Gleichberechtigung meiner Glaubensbrüder zu erstreiten.«[1] Nachdem der Fliegerleutnant Josef Zürndorfer 1915 mit seinem Flugzeug abgestürzt war, entdeckten seine Angehörigen diesen Eintrag in seinem Testament. Wie Zürndorfer sahen viele junge Deutsche jüdischen Glaubens zu Beginn des Ersten Weltkriegs ihre Chance, durch militärisches Engagement gesellschaftliche Anerkennung zu erhalten. Der Historiker Golo Mann wies später darauf hin, dass es »nichts deutscheres« gegeben habe als die jüdischen Kriegsfreiwilligen des Ersten Weltkrieges.[2] Der fortwährende Kampf der deutschen Juden um Gleichberechtigung und Anerkennung in Staat und Gesellschaft hatte jedoch bereits etwas mehr als 100 Jahre zuvor mit einem Aufruf des preußischen Königs begonnen.

Dem Aufruf Friedrich Wilhelm III. vom März 1813[3] folgten zahlreiche jüdische Freiwillige. »Wer von euch edlen, großherzigen Jünglingen denkt und fühlt in diesem Augenblick nicht ebenso wie David? Wer hört ihn nicht mit Freuden, diesen ehrenvollen Ruf, für das Vaterland zu fechten und zu siegen, wem schlägt das Herz nicht hoch empor bei dem Gedanken, das Feld der Ehre zu betreten?«[4] So riefen die jüdischen Gemeinden ihre Mitglieder auf, zu den Fahnen zu eilen. Die Begeisterung, die aus diesen Worten spricht, hatte die jungen jüdischen Männer ergriffen. Hatten sie nicht gerade erst die bürgerliche Gleichstellung erhalten? War es damit nicht selbstverständlich, auch Waffendienst zu leisten?

Eines wird an dieser Stelle deutlich: Mit Preußen ist die Geschichte der deutschen Juden untrennbar verbunden, in allen Höhen und Tiefen. Die auf die Niederlage des preußischen Heeres bei Jena und Auerstedt im Jahre 1806 folgende Heeresreform, die stets nur im Kontext mit einer Gesamtreform des preußischen Staates zu sehen war, hatte gerade durch die Wechselwirkung der staatlichen und militärischen Reformen sowie der dadurch in Gang gesetzten Dynamik eine wesentliche Wirkung auf die Umsetzung der bürgerlichen Gleichstellung der Juden in Preußen. Die Heeresreform war dabei nur ein Teil, eingebettet in ein »Reformgebäude«, wobei die Staatsreformen nicht als Mittel zur Durchführung der militärischen Reformen, sondern als tragender Bestandteil des gesamten Reformwerkes zu sehen waren. Den Maßnahmen zur Modernisierung der Armee folgten Verwaltungsreformen und verfassungspolitische Reformen, Agrar-, Gewerbe- und Finanzreformen sowie weitreichende Bildungs- und Gesellschaftsreformen. Auch die von Staatskanzler Karl August Fürst von Hardenberg durchgesetzte bürgerliche Gleichstellung der preußischen Juden war Teil dieser Gesellschaftsreformen. Das königliche Edikt vom 11. März 1812[5] »betreffend die bürgerlichen Verhältnisse der Juden im Preußischen Staat« näherte die rechtliche Stellung der jüdischen Untertanen jener der übrigen Bürger an. Die nur wenig später folgende Einbeziehung in den Militärdienst schien die bürgerliche Gleichstellung zu vollenden und zu sichern. Aus diesem Grund sollte der im engen Zusammenhang zwischen Gesellschafts- und Heeresreformen deutlich sichtbare integrative Charakter des Militärdienstes in dem nun folgenden fast hundertjährigen Kampf der deutschen Juden um bürgerliche Gleichstellung und gesellschaftliche Anerkennung eine Schlüsselrolle spielen.[6]

Infolge des Ediktes von 1812 entwickelte sich in Preußen, insbesondere in der Hauptstadt Berlin, ein selbstbewusstes jüdisches Großbürgertum, prosperierten Wissenschaften und Künste, getragen von jüdischen Intellektuellen. Daran erinnern die Familiennamen Mendelssohn, Herz, Meyerbeer, von Bleichröder, Wertheim, Rathenau, Ullstein, Mosse, um nur einige zu nennen. Von Berlin ging auch die Zerstörung des jüdischen Lebens in Deutschland aus, hier wurde die Auslöschung der jüdischen Geschichte, Kultur und Präsenz geplant, von hier wurde sie gesteuert. Wer den jüdischen Friedhof in Berlin-Weißensee durchwandert, wird irgendwann vor einem gewaltigen Kriegerdenkmal stehen, vor dem vom Gemeindebaumeister Alexander Beer entworfenen Ehrenmal für die im Ersten Weltkrieg gefallenen Soldaten der jüdischen Gemeinde Berlin; daneben ein großes Ehrenfeld mit Gräbern der Gefallenen in Reihen, dort liegen sie zusammen: der Landsturmmann und der Leutnant, der Stabsarzt und der Unteroffizier, der Fliegeroffizier und der Kanonier.

Es waren jedoch nicht nur die jüdischen Bürger aus den großen Städten, die bei Kriegsbeginn zu den Fahnen eilten, nicht nur die Studenten und Intellektuellen, die Söhne der Großbürger und Rabbiner aus den großen Gemeinden; es waren ebenso die Handwerker, Kaufleute und Viehhändler aus kleinen Städten und Marktgemeinden. Dort gab es vor der Zeit der Shoah[7] ein lebendiges Landjudentum, in jedem zweiten Ort eine jüdische Gemeinde. Auf vielen jüdischen Friedhöfen finden sich Ehrenmäler, in den Synagogen Gedenktafeln für die jüdischen Gefallenen. Auf dem jüdischen Friedhof im fränkischen Bad Kissingen liegt das Grab des preußischen Leutnants Jakob Michaelis,[8] gefallen im Krieg von 1866, dort ruht er zusammen mit einem preußischen Kameraden neben einem bayerischen Soldaten. Im württembergischen Rexingen findet man neben dem Ehrenmal für die Gefallenen des Ersten Weltkrieges das Ehrengrab des bereits erwähnten Fliegerleutnants Josef Zürndorfer. Diese Beispiele sind Zeugnisse für die fortwährende Präsenz jüdischer Soldaten in deutschen Armeen, ihren treuen Dienst für das deutsche Vaterland.

Deutschland, mein Vaterland!? – Auch der »nicht vorbelastete« Leser wird spätestens hier verstehen, worum es in diesen Ausführungen geht, welchen Stellenwert der Militärdienst in der Emanzipationsgeschichte des deutschen Judentums einnahm. Ausrufezeichen und Fragezeichen stehen für Sehnsucht, Wunsch und Willen auf der einen, für Zweifel und Zerrissenheit durch die immer wieder erlittenen Demütigungen und Zurückweisungen auf der anderen Seite. Die Geschichte jüdischer Soldaten reflektiert auch sehr deutlich – gerade in der Zeit nach der Gründung des Kaiserreiches – die Spannung zwischen dem unter deutschen Juden nach wie vor ungebrochenen Integrationswillen einerseits und dem immer stärker werdenden Antisemitismus in der vom preußischen Militarismus geprägten Gesellschaft ab dem späten 19. Jahrhundert andererseits.[9] An dieser Stelle sollte man jedoch auch einen Blick auf die Situation und rechtliche Stellung der Juden in Deutschland und Europa in der Zeit vor der Französischen Revolution werfen.

Noch im 18. Jahrhundert wurden Juden in den Ländern Europas als Bürger zweiter Klasse betrachtet. Neben der traditionellen Elite von Gemeindevorstehern und weltlichen Gelehrten gab es einige wenige Hofjuden und Hoffaktoren, die im Dienste eines Fürsten standen. Abgesehen von dieser kleinen privilegierten Schicht war der größere Teil der jüdischen Bevölkerung eine Klasse minderen Rechts am Rande der Gesellschaft. Die im frühen Mittelalter verliehenen Privilegien, die zumindest einen Teil der jüdischen Bevölkerung in der Rechtsstellung mit der christlichen Bevölkerung gleichsetzten, wurden nach der mit den Kreuzzügen einsetzenden Verfolgung durch die Kirche und den Beschlüssen des 4. Laterankonzils von 1215 nach und nach entzogen und durch demütigende Bestimmungen ersetzt. So verloren Juden auch das Recht, Waffen zu tragen, und gehörten damit spätestens seit Mitte des 13. Jahrhunderts zu den schutzbedürftigen, waffenlosen Gruppen, die unter den Schutz des Kaisers bzw. Landesherrn gestellt wurden. Sie wurden zu Kammerknechten (servi camerae)[10] des Kaisers, die das Judenregal als persönlichen Besitz betrachteten: »Sie (die Juden) galten als Vermögensobjekt des Kaisers, der nicht selten das einträgliche Schutzrecht über sie verkaufte oder als Ausdruck seiner Gnade verschenkte.«[11] Jedoch unterstützten Juden in Kriegs- und Notzeiten Maßnahmen zur Landesverteidigung und waren am Ausbau und der Unterhaltung von Stadtbefestigungen beteiligt. In der Regel wurden sie für Hilfsdienste herangezogen; nur in seltenen Fällen fanden sie Verwendung als Kämpfer.

Die Emanzipation und ihre Auswirkungen auf den Militärdienst der Juden

In der zweiten Hälfte des 18. Jahrhunderts wurde in Deutschland und anderen europäischen Ländern der Ruf nach einer Verbesserung der Situation der jüdischen Bevölkerung laut. Einer der ersten Schritte in Richtung auf eine Verbesserung der rechtlichen Stellung der Juden waren die von Kaiser Joseph II. 1781/82 erlassenen Toleranzpatente, die zumindest einige Beschränkungen für wohlhabende Juden milderten.[12] Insgesamt handelte es sich um acht Toleranzpatente, die zwischen 1781 und 1789 erlassen wurden.[13] Die Gewährung gewisser bürgerlicher Rechte musste letztendlich zur Wahrnehmung staatsbürgerlicher Pflichten wie dem Wehrdienst führen. So wurde in den Jahren 1788/89 in Österreich die Militärpflicht für Juden eingeführt.[14]

In Deutschland forderten, getragen vom Geist der Aufklärung, einflussreiche Gelehrte und Politiker wie Gotthold Ephraim Lessing, Karl August von Hardenberg[15], Christian Wilhelm von Dohm[16] und Wilhelm von Humboldt die Emanzipation der Juden. Der preußische Staatsrat Christian Wilhelm von Dohm veröffentlichte in den Jahren 1781–83 die für den Geist der Aufklärung aufschlussreiche Schrift »Über die bürgerliche Verbesserung der Juden«[17]. Die judenfeindliche Politik sei »ein Überbleibsel der Barbarei der verflossenen Jahrhunderte, eine Wirkung des fanatischen Religionshasses, die, der Aufklärung unserer Zeit unwürdig, durch dieselbe längst hätte getilgt werden sollen.«[18] Doch schon der Titel machte deutlich, dass sich mit dem Wort »Verbesserung« eine gewisse Zweideutigkeit verband. Einerseits war damit natürlich eine Verbesserung der Lebensbedingungen des größeren Teils der jüdischen Bevölkerung durch die Aufhebung antijüdischer Gesetze gemeint, andererseits sollten die Juden an sich verbessert werden. Diese schon in Dohms Schrift erkennbare Richtung setzte sich fort in der folgenschweren Erklärung des Grafen Stanislas de Clermont-Tonnerre[19] vor der französischen Nationalversammlung im September 1791: »Il faut tout refuser aux juifs comme nation, il faut tout leur accorder comme individus.«[20] – Nicht die Emanzipation der jüdischen Nation wurde gefordert, nur der Jude als Individuum galt als emanzipationswürdig und emanzipationsfähig und besonders dann, wenn er sich von seiner Tradition löste. So ist es nicht verwunderlich, wenn Heinrich Heine die Taufe als »Entréebillet in die europäische Kultur«[21] bezeichnete. Besonders betroffen von dieser Entwicklung waren in der Folgezeit diejenigen Juden, die eine Anstellung im Staatsdienst bzw. eine Karriere im Militär anstrebten.

Die Forderung nach Emanzipation kam jedoch nicht nur aus dem Kreis aufgeklärter Geister, sondern auch aus den Reihen privilegierter Juden. Der Hofbaurat Isaak Daniel Itzig, sein Schwager David Friedländer, der Bankier und Reformer Israel Jacobson, die Ephraims, Fraenkels und Hirschs setzten sich für die Gleichberechtigung der Juden im Staat ein und waren Wegbereiter für die Emanzipation ihrer Glaubensbrüder.[22] Der berühmte Philosoph Moses Mendelssohn gab die Anregung zu Dohms Schrift »Über die bürgerliche Verbesserung der Juden«. Die jüdisch-deutsche Aufklärung und der Wunsch nach Emanzipation gaben den Anstoß für ein neues jüdisches Selbstverständnis. Viele Juden waren nun nicht mehr beseelt vom Wunsch nach Rückkehr in das Heilige Land, sondern fühlten sich als Bürger eines Staates, von dem sie ihre bürgerlichen Rechte einforderten, aber gleichzeitig auch bereit waren, den damit verbundenen Pflichten nachzukommen.

Die Toleranzpatente Josephs II. und die Beschlüsse der französischen Nationalversammlung vom September 1791 waren zwar ein Durchbruch auf dem Weg zur Gleichberechtigung, doch erst der Vormarsch der Truppen Napoleon Bonapartes in Europa brachte den Juden in den von Napoleon besetzten deutschen Staaten die bürgerliche Gleichstellung. Napoleon hatte schon bei der Eroberung Norditaliens 1796 sämtliche Ghettomauern niederreißen lassen und sein Bruder

Jérôme Bonaparte setzte als König von Westphalen die bürgerliche Gleichstellung der dort lebenden jüdischen Bevölkerung mit Nachdruck durch. Napoleon I. befürwortete wie Graf Clermont-Tonnerre eine vollständige Eingliederung der Juden in den französischen Staat bei gleichzeitiger Aufgabe sowohl der religiösen Tradition als auch des Bewusstseins, zur jüdischen Nation zu gehören. Am 30. Mai 1806 berief der Kaiser nach dem Vorbild des Sanhedrin[23] in hellenistisch-römischer Zeit eine Versammlung jüdischer Notablen ein. Napoleon wollte mit diesem Schachzug die Sympathien der Juden Europas für sich gewinnen. Der Sanhedrin erklärte in seiner zweiten Sitzung am 9. Februar 1807 nach langem Zögern seine Bereitschaft, die staatsbürgerlichen Pflichten den Religionsgesetzen voranzustellen. Diese Zustimmung erfolgte in der Hoffnung, damit endgültig die Verwirklichung der bürgerlichen Rechte zu erreichen.[24]

Jérôme Bonaparte ließ für das Königreich Westphalen eine Verfassung ausarbeiten, in der die vollständige Gleichberechtigung der Juden verankert war. Der ehemalige preußische Staatsrat Dohm, der nun in westfälische Dienste getreten war, hatte einen großen Anteil an der Erarbeitung dieser Verfassung. Jérôme war ein Befürworter der Gleichheit der Konfessionen und forderte die Juden seines Königreiches dazu auf, öffentliche Ämter zu bekleiden. Damit war der freie Zugang zum Staatsdienst und auch zum Militärdienst gesichert.

Einführung der Militärdienstpflicht und Teilnahme an den Freiheitskriegen

Die ersten deutschen Juden, die zum Militärdienst eingezogen wurden, kamen aus den zu Frankreich geschlagenen linksrheinischen Departements, den drei Hansestädten, dem Großherzogtum Berg, dem Königreich Westphalen und dem Großherzogtum Frankfurt als neu gegründete Staaten.[25] Die Gleichberechtigung der Juden in Frankreich hatte einen nicht unbeträchtlichen Einfluss auf die Neuregelung der Rechtslage der in den Rheinbundstaaten Baden und Bayern ansässigen Juden, schon allein wegen der Veränderung des territorialen Besitzstandes beider Staaten. In Baden wurde im Jahre 1809 das Staatsbürgerrecht nur auf jene Juden ausgedehnt, die nicht Hausier-, Trödel- oder Leihhandel trieben. Das bayerische Judengesetz von 1813 verlängerte das Prinzip des Schutzjudentums durch Zuteilung einer Matrikelnummer. Diese Matrikelnummer und das damit verbundene Niederlassungsrecht konnte nur auf den ältesten Sohn vererbt werden. Die Militärdienstpflicht der bayerischen Juden[26] wurde in einer am 30. April 1804 ergangenen Verordnung festgelegt, die ihnen in Rücksicht auf ihre Religion das Recht einräumte, durch Zahlung eines Kopfgeldes von 180 Gulden an die Militärkasse einen Ersatzmann zu stellen.[27] Diese Regelung wurde im § 3 des Kantonreglements vom 7. Januar 1805[28] erneut bestätigt und stieß bei den bayerischen Juden, die vehement für die persönliche Leistung des Militärdienstes eintraten, auf große Ablehnung. Im Konskriptionsgesetz vom 29. März 1812[29] war zwar die Möglichkeit der Befreiung jüdischer Wehrpflichtiger gegen Zahlung einer Geldsumme entfallen, es gab jedoch die Option der Stellvertretung durch Zahlung sowohl einer Einstandsgebühr an die Konskriptionskasse als auch einer Einstandssumme. Auf diese Weise konnten sich die Wehrpflichtigen durch einen bereits Gedienten vertreten lassen. So kamen die eingezogenen Militärpflichtigen in der Regel aus den unteren Bevölkerungsschichten, die eine Einstandssumme nicht aufbringen konnten. Im Königreich Preußen wurde die Gleichberechtigung durch Staatskanzler Fürst Hardenberg durchgesetzt. Die im königlichen Edikt vom 11. März 1812[30] festgelegte bürgerliche Gleichstellung war jedoch mit Einschränkungen versehen und sollte nicht von Dauer sein. Im Paragraphen 9 des Ediktes behielt sich König Friedrich Wilhelm III. vor, die Zulassung von Juden zum Staatsdienst »in der Folge der Zeit gesetzlich zu bestimmen«. Diese Einschränkung sollte nach 1815 für die in den Freiheitskriegen kämpfenden jüdischen Soldaten schwerwiegende Folgen haben.

Schon in der Zeit vor den Freiheitskriegen waren eindrucksvolle Beweise für militärische Leistungen jüdischer Soldaten allgemein bekannt. Eine der bekanntesten Geschichten war die des Berek Joselewicz[31], der während der polnischen Revolution von 1794 unter Tadeusz Kościuszko eine polnische Kavallerietruppe aus Freiwilligen um sich sammelte, später dann in der polnischen Legion auf Seiten Napoleons kämpfte und in der französischen Armee eine Eskadron kommandierte. Nach Errichtung des Großherzogtums Warschau durch Napoleon kehrte er in die Heimat zurück, wurde Chef einer Ulaneneskadron und fiel 1809 im Kampf gegen österreichische Truppen. Die Heldentaten des Berek Joselewicz beeindruckten den preußischen Minister Leopold von Schrötter[32], der eher ein Gegner der Juden war, so sehr, dass er im Jahre 1808 seinem König einen Entwurf bezüglich der Militärdienstfähigkeit der Juden vorlegte, der folgende Kommentare beinhaltete: »Der Jude hat orientalisch-feuriges Blut und eine lebhafte Imagination. Alles Anzeichen einer männlichen Kraft, wenn sie benutzt und in Tätigkeit gesetzt wird. Er ist in der älteren und auch in der mittleren Zeit sehr tapfer gewesen, und man hat selbst in ganz neuerer Zeit, sowohl im amerikanischen als auch französischen Revolutionskriege, auffallende Beispiele von Juden gehabt, welche sich ausgezeichnet haben.«[33] Leopold von Schrötters Anmerkungen sind ein Zeichen dafür, dass die militärischen Fähigkeiten der Juden durch ihre Teilnahme an den Napoleonischen Kriege bekannt und in schriftlichen Vorgängen auf höchster Ebene attestiert wurden.

Die Begeisterung, mit der die Juden Preußens seit 1813 an den Feldzügen der Freiheitskriege teilnahmen, zeigt die hohe Zahl Freiwilliger, die durchweg positive Beurteilung der Vorgesetzten, die Zahl der Beförderungen sowie die Anzahl der erworbenen Auszeichnungen. Die Aufrufe vom Februar 1813, in denen der König allen Freiwilligen die Aussicht auf eine spätere Staatsanstellung einräumte, schienen die Ungerechtigkeiten des Ediktes annähernd auszugleichen. Zeitgleich wurde die Regelung, dass Juden für die Dauer des Krieges von der Kantonpflichtigkeit auszunehmen sind, aufgehoben und der Innenminister ordnete an, dass jüdische Freiwillige in die Armee aufzunehmen seien. Das preußische Wehrgesetz vom 3. September 1814 verpflichtete den männlichen Teil der Bevölkerung ab dem 20. Lebensjahr zum Militärdienst. Diese Militärpflicht galt auch für die jüdische Bevölkerung Preußens. So legte bereits der § 16 des Emanzipationsediktes fest: »Der Militair-Konscription oder Kantonspflichtigkeit und den damit in Verbindung stehenden besonderen gesetzlichen Vorschriften sind die inländischen Juden gleichfalls unterworfen. Die Art und Weise der Anwendung dieser Verpflichtung auf sie wird durch die Verordnung wegen der Militair-Konscription näher bestimmt werden.« Als Folge des Wehrgesetzes dienten seit dem Jahre 1814 neben jüdischen Freiwilligen auch regulär zum Wehrdienst eingezogene jüdische Soldaten in der preußischen Armee.[34]

Absolut zuverlässige Angaben über die Anzahl jüdischer Kriegsteilnehmer in den Jahren 1813–15 existieren nicht. Daher unterscheiden sich zeitgenössische und spätere jüdische Berechnungen von der Erhebung des Kriegsministeriums aus dem Jahre 1843.[35] Eine Schrift des Vereins zur Abwehr des Antisemitismus in Berlin »Die Juden im Heere« berichtet Folgendes über die Teilnahme jüdischer Soldaten an den Freiheitskriegen:

»Erst durch das Edikt vom 11. März 1812, das die Juden zu Staatsbürgern erhob, wurden sie auch militärpflichtig. Die Juden hatten also, als sie anfingen, preußische Soldaten zu werden, keine militärische Tradition und die Uebung fehlte ganz, und trotzdem bestanden sie in dem unmittelbar darauf folgenden Befrei-

ungskrieg die Feuerprobe als Bürger und Patrioten und rechtfertigten das Vertrauen, das der Staat in sie setzte. Die Dankbarkeit ist die Mutter der Begeisterung, und die Juden waren stets im Laufe der Geschichte dankbar für jeden noch so geringen Fortschritt, den man ihnen gewährte. Nach den Feststellungen des preuß. Kriegsministeriums (Militärwochenblatt vom 4. Nov. 1843) traten in den Jahren 1813–1815 als Freiwillige 561 Juden ein – etwa 5 ½ Prozent der im wehrfähigen Alter sich damals in Preußen befindlichen Juden. Dazu kamen 170 Juden, welche ausgehoben wurden, so daß zusammen 731 Juden den Krieg mitmachten. Wie immer in einer Zeit großer Begeisterung, vergaß man, für eine kurze Weile wenigstens, alle Vorurteile, und der König sicherte allen Freiwilligen einen Anspruch auf Anstellung im Dienste des Staates zu.«[36]

Martin Philippson, der sich bei seinen Nachforschungen im Jahre 1906 auf amtliche Listen und Gemeindeunterlagen stützte, ging von einer Zahl von mindestens 406 Freiwilligen aus. Bei einer Gesamtzahl von 31 000 im damaligen Preußen lebenden Juden kam Philippson auf einen Anteil von 1,31 %. Nimmt man diese mit Sicherheit zuverlässige Angabe als Grundlage und folgt den Ausführungen von Philippson lässt sich bei vorsichtiger Schätzung eine Anzahl von wahrscheinlich mehr als 500 Freiwilligen annehmen, die damit den Angaben des preußischen Kriegsministeriums aus dem Jahre 1843 recht nahe kommt. Die weiteren bereits erwähnten 170 Kriegsteilnehmer waren regulär konskribierte Soldaten, also Soldaten, die aufgrund ihrer Militärpflicht zur Armee einberufen wurden.[37] Wenn wir darüber hinaus die Anzahl der Kriegsfreiwilligen ins Verhältnis setzen zu der Gesamtzahl von 731[38], zeigt dieser Vergleich eindeutig, welchen Einsatz preußische Juden für ihr Vaterland erbrachten. Allein in der Schlacht von Belle-Alliance fielen 55 jüdische Artilleristen.[39] Insgesamt wurden 23 jüdische Soldaten zum Offizier ernannt. An 82 Juden wurde das Eiserne Kreuz verliehen, vier erhielten den russischen St.-Georgs-Orden, vier weitere das Militärehrenzeichen. Einer der ersten Soldaten, denen das Eiserne Kreuz verliehen wurde, war der jüdische Kriegsfreiwillige Günzburg.[40] Ein Jude erhielt in den Kriegen gegen Napoleon den höchsten Orden »Pour le Mérite«, der Berliner Fuhrunternehmer und Vater des öffentlichen Personennahverkehrs Simon Kremser. Im Jahre 1806, als Preußen die schwersten Niederlagen hinnehmen musste, stand der jüdische Fuhrmann Kremser als »Königlich preußischer Kriegscommissarius« in den Diensten Blüchers. Von diesem mit dem Transport der Kriegskasse betraut, rettete sie

Kremser auf dem Rückzug vor dem Zugriff des Feindes. Als 1813 die »nationale Erhebung« gegen die napoleonische Fremdherrschaft begann, war Simon Kremser in Blüchers Schlesischer Armee. Als Blücher in Paris einmarschierte, fand er dort die noch unausgepackte Quadriga des Brandenburger Tores, die Napoleon als »Souvenir« aus Berlin entführen ließ, eine der größten Demütigungen für die Berliner. Den Rücktransport der Quadriga, die seitdem von den Berlinern liebevoll »Retourkutsche« genannt wurde, soll Simon Kremser geleitet haben. Der König dankte Kremser mit der Verleihung von Eisernem Kreuz und Pour le Mérite sowie dem Monopol für den Berliner Fuhrverkehr. Seinen Namen haben die Berliner in dem überdachten und an den Seiten offenen Pferdewagen verewigt, der seit 175 Jahren zum Straßenbild Berlins gehört.[41]

Die Memoiren des Freiwilligen Jägers Löser Cohen (1793–1873) sind die einzigen erhaltenen Erinnerungen eines jüdischen Kriegsteilnehmers aus der Zeit der Freiheitskriege.[42] Das Manuskript dieser Memoiren wurde 1913 vom Oberbibliothekar der Jüdischen Gemeinde Berlin, Moritz Stern, im Zuge seiner Nachforschungen über die Beteiligung jüdischer Soldaten an den Freiheitskriegen entdeckt. Moritz Stern konnte die Memoiren noch in der Zeit der Naziherrschaft zum Abdruck vorbereiten, verstarb aber schon 1939. Erik Lindner führte diese Arbeit zu Ende und gab 1993 die Memoiren heraus. Es handelt sich dabei um eine Abschrift aus dem Nachlass von Moritz Stern, eingeleitet und kommentiert von Erich Lindner.[43] Der nachfolgende Auszug stammt aus dieser Veröffentlichung.

Aus den Memoiren des Freiwilligen Jägers Löser Cohen:

»Am 17ten defilierte die ganze Brigade vor dem Herzoge[44] in Doberan. Wir wurden von demselben auf dem Jungfernberge bewirtet und brachen dann nach Rostock auf. Der dortige Empfang war der glänzendste. Die Lorbeerkränze der Damen wurden wieder ganz besonders uns Jägern gespendet. Ich hatte für meine Person 17 Kränze, so daß ich sie nicht mehr zu lassen wußte. Meine Arme voll, auf dem Federbusch hatte ich wenigstens sechs Kränze, auf dem Oberteil meines Hirschfängers fünf. Meine Büchse hatte ich damit bekränzt. Es kam daher, daß ich soviele Kränze hatte: Ich war Flügelmann in der Sektion und war daher so glücklich, von Damenhänden bekränzt zu werden. Da waren wundervolle Ehrenpforten, von Holz gebaut und mit Malereien und Verzierungen dekoriert. Dies zu sehen, war ein wirklicher Genuß. Mein seliger Bruder lag volle acht Tage in Rostock. Es hieß nämlich in Güstrow, daß wir schon acht Tage früher in Rostock eintreffen würden. Nun kann man sich die Freude denken, als wir uns sahen, wir ließen uns gar nicht wieder los. Dies war ein Genuß für mich, welchen ich niemals vergessen werde. Nun denke man sich erst die Freude meiner Eltern und Geschwister! Diese bin ich unfähig zu beschreiben. Die Stadt Rostock hatte vor dem Steintore im Rosengarten Tische für 3000 Mann, sage dreitausend Mann herrichten lassen nebst Bänken und Stühlen. Jeder Mann hatte zwei Flaschen Wein vor sich, Kälberbraten, Butter und Brod und holländischen Käse. Das hat wahrlich viel Geld gekostet.

Ich habe noch von Wismar hier nachzuholen. Ehe wir in Wismar einmarschierten, standen wir alle in Reihe und Glied. Ich wurde die Arrestanten zu bewachen kommandiert. Das Regiment stand beinahe eine Stunde in dieser Stellung, ich an der Spitze mit meinen Arrestanten. Die Kommandeurs ritten hin und her und musterten das Regiment. Ich war neugierig, wie es in Mecklenburg aussah, ich fragte sie danach, das hat mein Oberst in der Entfernung gesehen, kam an mich herangesprengt und schrie, daß es jeder hören konnte: ›Cohen, das muß Ihrer Ehre zu nahe sein, mit diesen Lumpenkerls zu sprechen!‹ Dies war eine große Ehrenbezeigung für mich und freute mich sehr. Da fing mein guter Wendt wieder an mitzusprechen, und sagte: ›Das war gut, Herr Oberst. Unser Cohen ist ein braver und tüchtiger Soldat, im Kriege war er stets, wo ich war.‹ Diese Äußerung machte mir ebenso viele Freude, als die erste. Ich wurde vor dem Einmarsch wieder abgelöst und wurden die zur Wache kommandierten hervorgerufen. Jetzt wurde einmarschiert. Besonders freute mich, daß der Major dieses Alles mit angehört hatte. Er mag sich innerlich geärgert haben, ich gönnte es ihm.

Am 19ten war die große Parade vor dem Herzoge. Er sprach den Dank für die geleisteten Dienste aus. Nun ging es nach Schwaan. Da blieben wir die Nacht. Wir mussten herzlich lachen, die hatten gar nichts getan. Als es dunkel wurde, stellten einige Patrioten Lichter vor die Fenster. Nun konnten die anderen natürlich nicht zurück bleiben. Es dauerte daher auch nicht lange, so war ganz Schwaan ein Lichtmeer. Nur der Bürgermeister hatte nicht illuminiert, er ließ sein Haus finster, er wollte sich rächen. Als wir nämlich vor Retschow waren, lag ein Teil der reitenden Jäger in Schwaan. Diese hatten sein Gartengeländer abgebrochen und damit Wachtfeuer angemacht. Seit der Zeit hat er einen ewigen Haß auf die Jäger geworfen. Das Schwaansche Volk hat ihn aber belehrt, daß er Licht anstecken musste, sonst würde ein Hagelschauer in sein Fenster gefahren sein. Da war er gezwungen, Licht an zu stecken und hieß es: ›Ich illuminiere mit Zwang.‹ Ich sagte zu meinen Kameraden: ›Jetzt kann er wegen eines zertrümmerten Gartengeländers ein Transparent mit der Inschrift aufstellen: Zum Andenken an die Jäger fange meine Illumination an, mit Zwang zu erleuchten. Das heißt: An Mein In Trümmer Zerstörtes Weiß Angestrichenes Neues Gartengeländer.‹

Morgens ganz früh wurde nach unserem lieben Güstrow marschiert. Die meisten Einwohner kamen uns schon bis Lüssow, eine halbe Meile vor Güstrow, entgegen. Güstrow hat sich immer bei solchen Gelegenheiten ausgezeichnet, aber diesmal sich großartig gezeigt. Die Stadt war aufs Großartigste geschmückt. Es wurden großartige Reden gehalten. Mein geliebter Vater kam mir schon bis Strenz, eine Viertel Meile von Güstrow, entgegen. Dies war ein Wiedersehen, welches sich nicht beschreiben lässt. Meine gute Mutter und meine liebe Schwester waren nicht weit vom Tor in einem Hause und erwarteten mich, am Fenster stehend. So wie unsere schöne Musik zu hören war, wurde meine geliebte Schwester ohnmächtig, so ergriffen war sie. Ich sah sie beide beim Vorbeimarschieren. Ich grüßte sie, und meine liebe Schwester wehte mit einem weißen Tuche.

Nun ging das Blumen- und Kränzewerfen aus allen Häusern los. Der Zug ging durch viele Ehrenpforten, die sich bis nach dem Markte ausdehnten. Endlich wurde auf dem Markte dem Rathause gegenüber Halt gemacht. Auf dem Balkon des Rathauses stand der Herr Professor Besser und hielt eine vortreffliche Anrede an uns. Am Schlusse derselben war die schönste Musik. Keiner wurde einquartiert. Jeder holte sich sogleich seine Bekannten und Freunde. Wir waren so eingebrannt, daß wir eher als Mohren als als Deutsche aussahen. Nun denke man sich die Freude meiner geliebten Eltern und Geschwister. Das Halten und Küssen wollte gar nicht abreißen: Mein erstes Wort, was ich zu meiner geliebten Mutter sprach, war: ›Na, liebe Mutter, meine prophetische Ahnung! Keine feindliche Kugel hat mich berührt.‹

Die Stadt Güstrow hat sämmtliche Jäger in einem schönen Garten vor dem Tor, dem Boldschen, aufs Schönste regaliert. Das war ein Leben und Weben aus allen Schichten des Volkes. Diese Festivitäten dauerten fast die ganze Nacht hindurch unter Begleitung der schönsten Musik. So war also der prächtige Einzug von den Angehörigen der Jäger gefeiert, nur nicht von den Eltern, deren Söhne nicht wieder heimgekehrt und jetzt in kühler Erde ruhten. Diese trauernden Familien sind teils aus Güstrow gereist, um dem Einzuge auszuweichen. Wir blieben eine ganze Zeit in Güstrow und verlebten frohe Stunden. Am 18ten August marschierten wir noch aus Güstrow nach unserem Auflösungsorte, wozu der Herzog Malchin bestimmt hatte. Am 19ten kamen wir dort an, indem wir in Teterow die Nacht blieben. Da ging die Auflösung vor sich. Alle, die sich selbst equipiert hatten, behielten ihr Eigentum. Ich erhielt einen sehr würdevollen Abschied vom Regiment, und so nahm ich von meinen sämtlichen Kameraden, Offizieren, Hauptmann v. Bülow, von den Oberjägern und Jägern einen herzlichen Abschied. Meinem Major sagte ich kein Adieu. Unser lieber Graf Osten-Sacken[45] verabschiedete in Waren die zweite und dritte Kompagnie. Nun ging es in Eilmärschen mit meinen Güstrower Kameraden nach unserer lieben Vaterstadt. Zum Schluß muß ich dann noch erwähnen, daß mein lieber Graf v. d. Osten-Sacken, so oft er nach Güstrow kam, mich stets mit seinem Besuch beehrte. Vor circa acht Jahren ließ er einen porzellanenen Pfeifenkopf in der königlichen Porzellan-Fabrik in Berlin anfertigen, auf dem zwei Jäger in ihrer Uniform stehen, der eine schießt, der andere kommandiert, sehr schön mit Silber eingefasst und mit silberner Schwammdose und Kette versehen. Diesen schickte er mir mit den Worten, ich möchte dies Geschirr ihm zum Andenken annehmen. Ich freute mich königlich über dieses wertvolle Geschenk. Ich habe es auch niemals in Gebrauch genommen, um es in seiner Neuheit sauber zu erhalten und es unter meinen besten Sachen stets als ehrendes Andenken aufzubewahren. Der Major ist in seine Heimat nach Kalden zurückgekehrt und hat nicht lange nachher seine judengehässige Seele ausgehaucht.

Am 26. März 1863 Abends auf dem Appell habe ich leider sehr viele von meinen Freunden nicht mehr vorgefunden. Das war mir sehr schmerzlich.

Heilig, heilig, heilig ist der Herr Zebaoth! Die ganze Erde ist voll seiner Majestät! Wie groß sind Deine Werke, Herr! Wie hast Du, himmlischer Vater, mich durch alle Gefahren und Widerwärtigkeiten glücklich in meine Heimat zurückgeführt! Bei Retschow fielen gleich zwei meiner Kameraden in meiner Nähe, einer rechts, der andere links; ich blieb in der Mitte unversehrt. Wie wurde mein Freund Möllentin auf dem Streulager zu Steindorf unter freiem Himmel neben meinem Sitze mir durch einen Schuß entrissen! Trotz meines damaligen großen Schmerzes dankte ich Dir doch inbrünstig, daß die Kugel mich nicht traf. Wie hast Du, einziger Vater, mich bei Sehestedt erhalten, und mir es so gnädig überstehen geholfen, daß es mich nicht gefährdet hat! Wie kann ich Dir, Herr, danken, für alle Wohltaten, die Du mir auf allen meinen Wegen verliehest! Erstlich die außerordentliche Liebe, die meine Kameraden und Offiziere zu mir hatten. Ferner, was habe ich überall in meinen Quartieren für Vergnügen genossen! Auch hast Du, gnädiger Gott, mir das Glück geschenkt, daß ich das 50-jährige Jägerfest gesund und glücklich verlebt habe. Sei mir und uns Allen ferner gnädig, himmlischer Vater! Lasse Frieden überall vorwalten und die Könige und Fürsten nicht von ihren Räten irreleiten, noch irreführen. Laß alle Völker in Frieden glücklich beisammen leben, erleuchte die Könige und Fürsten, daß sie ihre treuen Untertanen nicht durch Beamtengewalt unterdrücken, damit das Volk ihre geliebten Fürsten und das Vaterland bei unvorhergesehenen Fällen schützen könne.

Alle Reaktionsgelüste lasse von der Erde schwinden und schenke ihnen dafür liberale Gesinnungen, so daß Fürst und Volk im friedlichen Einklange leben. Dann wäre das Reich des Messias gekommen, dann werden Vorurteile, Irr- und Aberglauben aufhören und die Bevorzugten werden erkennen, daß alle ihre trügerischen Bestrebungen eitel waren. Gelobt seiest Du, Ewiger, gepriesen zu allen Zeiten und in Ewigkeit.

Jewaréchéchá Adonaj wéjisch merécha,
Der Herr segne uns und behüte uns.
Jaër Adonaj panaw élécha wejichunécha,
Herr! laß uns Dein Antlitz leuchten und sei uns gnädig.
Jissa Adonaj panaw élécha,
der Herr wende uns sein Antlitz zu.
Wéjasem lécha schalom,
gebe uns und allen Völkern Frieden.
Friede im Innern! Friede nach Außen! Friede für alle
Menschen in der ganzen Welt!
Amen. Halleluja.«[46]

Rede und Gebet aus der Zeit der Freiheitskriege

Aus dieser Zeit stammen zahlreiche weitere Beispiele für Treuebekenntnisse jüdischer Bürger zu Fürst und Land. Allgemein bekannt ist das Gemälde von Gustav Graef »Der Auszug der ostpreußischen Landwehr ins Feld im Mai 1813 nach ihrer Einsegnung in der Kirche zu Königsberg«.[47] In Anlehnung an diesen christlichen Brauch fand am 19. April 1815 die Einsegnung der freiwilligen Krieger der israelitischen Gemeinde zu Königsberg anlässlich der Einweihungsfeier der Synagoge statt. Die zu diesem Ereignis gehaltene Rede samt Gebet ist der eindrucksvolle Beweis eines ehrlich empfundenen Patriotismus.[48]

»Neu erbauet stehet der Tempel Gottes, und wir betreten mit Inbrunst, mit Dank, mit religiösen Gefühlen, Heiliger, das Heiligthum.
Hier in diesem Versammlungsort, wird so mancher Seufzer der Wehmuth, so mancher Laut der Freude zu dem Allmächtigen gesendet, hier ist der Ort, wo ein Volk vereint seine Gebete zu dem Allerbarmenden richtet, wo das Herz sich ausschüttet, vor dem, der unsere heimlichsten Gedanken weiß, vor dem Vater, der über Sternen thront.
In Asche lag der von unsern Vatern erbauete Tempel und wir jammerten. Eine Schreckenszeit schlug unserm Vaterlande tiefe Wunden, und unser Jammer vermehrte sich.
Lobpreisen wir Gott, und heben wir das Auge und die Hände zum himmlischen Vater, der uns von Druck und Schmach und Sklavenjoch befreite.
Lobpreisen wir Gott, und heben wir das Auge und die Hände zum himmlischen Vater, der unsern geliebten König und seine Getreuen so gnädig geschützt und erhalten, und sie mit Macht, mit Sieg und Ruhm umgurtete.
Lobpreisen wir Gott, und heben wir das Auge und die Hände zum himmlischen Vater, der uns in aller Noth erhalten und uns wohlwollte, daß wir diesen neuen Tempelbau, zu seiner Ehre, vollenden konnten.
Laßt uns vereint unser Herz groß machen, und vergessen die Flecken und die Schwächen unserer Herzen, damit wir den Muth haben uns zu erheben als wären wir gut, und dürften an Gott denken, das ist, zu ihm beten. – Und so laßt uns in Demuth den Gott unserer Väter anrufen und zu ihm beten:

Gebet
Gott und Vater Abraham, Isaak und Jakobs, der Du mit einem Odemzuge Wunderwerke schaffst, die die Welt Jahrtausende anstaunt. Gott und Vater, der du mit liebendem Auge wachest über die Deinen auf allen Sternen, der du von Ewigkeit lebst und sorgst und waltest und segnest, und zahllose Wesen leitest mit Vaterhuld. O bleibe unser Vater, wache und sorge für deine Kinder, die du vereintest in Hoffnung, in Liebe und gläubigem Vertrauen, und laß deine Sonne wärmend über sie leuchten nach trüben Tagen, daß sie dankend anbeten mögen, und sich freuen des Lebens und ihres Vereins und deiner Vaterhuld. – Du unendliche Güte, du ewige

Quelle der Gnade, wende deine hülfreiche Hand nicht ab von uns, du, der auf alles, vom Elephanten bis zum Sonnenstäubchen hinblickst.
Unsere Herzen erheben sich in Andacht zu deinem heiligen Tempel, Schöpfer, und beten zu dir; zu dir, o Gott, vor dem Seufzer Opfer sind, und ein reines Herz die schönste Gabe.
Gott der Wahrheit, Gott der Ewigkeit, Gott der Heiligkeit, wir vertrauen dir, der du von Ewigkeit her alles zum Besten lenkest. Gieb uns Kraft und Muth und Ausdauer, auch zu harten Prüfungszeiten, deinen heiligen Willen mit Ergebung zu erfüllen. Wenn du uns auch züchtigst, so ist es uns zu prüfen, um uns besser zu machen und reiner und deiner würdiger. Denn gnädig bist du Herr und groß, und du wägest die Werke der Menschen mit der Waage der Nachsicht, und verzeihest, wie ein Vater die Schwächen deiner Kinder. Denn wer ist rein vor dir, und wer kann sagen: ich habe nicht gefehlt? – Gieb, Gott und Vater nicht was das schwache Herz irrig für Glück hält, sondern gieb uns das, was wir bedürfen, und Kraft und Frieden, den Verlust des verlornen, vereinten Glückes geduldig zu ertragen.
Laß den gerechten, geliebten König noch lange unter uns wandeln, umgürte ihn mit Kraft und Stärke, mache seinen Ruhm und seine Macht so groß als sein Herz ist und seine Tugend. Erhalte den Kronerben und die Kinder des Königlichen Hauses und beschirme sie, und beschütze sie mit deiner Gnade.
Erhalte die Führer und Leiter des Staats und der Städte, leite sie mit deiner Weisheit, und gieb ihnen Kraft und Muth das schwere aber beglückende Amt, das Wohl und das Glück der Unterthanen zu befördern, noch lange auszuführen.
Erhalte alle unsre Brüder, wes Glaubens sie auch sind, denn alle sind wir Kinder eines liebenden Vaters.
Du bist o Herr unsere Zuversicht, der Fels auf den wir bauen. Laß uns nicht straucheln und nicht fallen, denn du bist gnädig und nimmst dich derer an, die zu dir hoffen, und wir hoffen zu dir mit Zuversicht.
Laß unsere Herzen, wenn wir zu dir kommen, neben deinem Richterstuhle so freudig schlagen, wie heute, und unsere Brust in deiner Nähe frei athmen. Mache uns schon rein hier auf Erden, und lasse uns hier leben, als wenn wir schon in deinen Himmel gingen.
Erleuchte uns mit deiner heiligen Wahrheit. Erhebe uns durch Hoffnung, Liebe und Stärke, erquicke uns mit Freude und Seelenruhe! Verlasse uns nicht, wenn uns die Kraft verlassen will, sondern sei uns eine feste Burg, und sei mit uns, mit unsern Brüdern, mit allen Menschen von nun an bis in Ewigkeit Amen!

Paußе

Ehe ich diese Schwelle verlasse, noch ein brüderliches Wort zu Euch, meine Freunde, die Ihr den rühmlichen Entschluß gefasst, zu gehen in den Kampf für Gott, König und Vaterland:

Die Kriegsfackel ist wieder angezündet. Zum Zweitenmale wird Deutschlands Grenze bedroht, bedroht aber auch nur bedroht. Die Deutschen erheben sich scharenweis, und eine Stimme, ein Wille, ein Gefühl beseelt das Ganze.

Auch Preußens alte Kraft, neu bewährt, bestätigt sich von Neuem. Aus allen Provinzen, von allen Enden kommen nicht nur, nein, drängen sich, Männer und Jünglinge zu den Fahnen, des gerechtesten, geliebtesten Königes. Preußens Jünglinge und Männer durchglüht das Gefühl für Recht, für König und Vaterland.

Sie zücken das Schwerdt zum zweitenmale und wer kann, wer wird dieser Heldenschar widerstehen, wo jeder Einzelne, ein Held, bieder und brav, nur für das Gute kämpft?

Auch Euch, hochherzige Jünglinge, ergreift ein mächtiger Drang, dem tapferen Heere Euch anzuschließen.

Unaufgefordert, aus freier Wahl, habt Ihr Euch entschlossen Euren Arm, Eure Kraft dem Könige, dem Vaterlande zu weihen.

Gott wird Euch segnen, Gott wird mit Euch seyn, seine allmächtige Hand wird Euch schützen und halten, und Sieg und Ruhm wird Euer Vorhaben krönen. – Es ist ein herzerhebender Anblick, nicht Unterthan und Herrscher, sondern Kind und Vater zu sehen. Der Vater ruft kaum, und schon sammeln sich die Kinder um ihn. Wir, seine jüngsten Kinder (Gott segne den König, der uns Freiheit und Recht, wie allen seinen übrigen Kindern so mild–väterlich angedeihen lässt, und uns ihnen gleich stellt), wir, seine jüngsten Kinder blieben im vorigen, heiligen Kriege nicht zurück; und aufs Neue, auch jetzt zeigt sich unser kindlicher Sinn, unsere Anhänglichkeit, unsere Liebe zu unserm Vater, durch die Bereitwilligkeit Gut und Blut für das Vaterland, für unser Vaterland hinzugeben. – Rührend ist der Abschied von Euch, aber es ist die Rührung einer wohlthuenden Freude, Euch, tapfere Söhne, so freudig hingehn zu sehen in den Kampf für Recht und deutsche Freiheit.

Ziehet hin, Brüder, Freunde. Ihr habt Euch unsere Achtung erworben, unsere Zuneigung. Ihr seid unserem Herzen stets nahe, wo Ihr auch seid, Euer Andenken bleibt in unserer Mitte. Und kehrt Ihr einst, wir sehen es mit fester Zuversicht entgegen, als Sieger wieder heim, so lohnet Euch der warme Dank des Königes, des Vaterlandes, und jedes Menschen von biederem Sinn und biederem Herzen.

Unsere heißen Wünsche folgen Euch, und der Gott unserer Väter wird Euer Begleiter seyn. Er wird Euch wider die Gefahr stählen, und Euch nicht verlassen.
Wie hoch und überschwenglich selig wird Euer Herz klopfen, wenn Ihr den Frieden erkämpft, der Oehlbaum wieder blühet, und Ruhe in die Hütten kehrt, wenn dann groß und klein, der Greis und der Mann auf Euch zeigen, und sagen:
›das sind die Männer, die mit ihrem Blute
den Frieden und die Ruhe erfochten. Heil
ihnen und Dank.‹
Ja, Heil Euch und Dank!
Heil dem Könige, dem Vaterlande, Heil den tapfern Söhnen des
Vaterlandes!!«

Im zweiten Teil fällt im Anschluss an »Wir, seine jüngsten Kinder…« der in Klammern gesetzte Dank an den König für die bürgerliche Gleichstellung auf. Hier wird der Waffendienst zur Verteidigung des Vaterlandes Preußen als selbstverständliche Gegenleistung für die Gnade des Monarchen angesehen, seine »jüdischen Kinder« als jüngste Mitglieder seines Staates gleichberechtigt neben die anderen Kinder zu stellen. Gleichzeitig wird mit Stolz darauf verwiesen, dass man an der Verteidigung Preußens im vorangegangenen Feldzug bereits teilgenommen hatte.[49]

Viele Gedenktafeln wiesen auf die zahlreiche und erfolgreiche Teilnahme an den Feldzügen von 1813–15 hin, so in der Synagoge von Schwerin: »Mit Gott für Fürst und Vaterland kämpften in den Befreiungskriegen 1813–1815: … (die Namen der Gefallenen)«.[50] Eines der wenigen erhaltenen Zeugnisse für die Teilnahme jüdischer Soldaten an den Freiheitskriegen ist der Grabstein von Samuel Berolzheimer auf dem jüdischen Friedhof in Steinhart im Donau-Ries.[51]

Die erbrachten Leistungen wurden von Regierung und Behörden, trotz der auch nach der offiziellen Gleichstellung nach wie vor vorhandenen Vorurteile, ohne Einschränkungen anerkannt. Auf Grundlage der Ermittlungen des Kriegsministeriums verfasste die preußische Regierung eine bemerkenswerte Denkschrift, die im Jahre 1847 im Vereinigten preußischen Landtag vorgestellt wurde: »Faßt man den Inhalt dieser Ermittlungen zusammen, so darf man als erfahrungsmäßiges Resultat annehmen, daß die Juden des preußischen Heeres von den Soldaten der christlichen Bevölkerung im allgemeinen nicht erkennbar unterschieden sind, da sie im Krieg gleich den übrigen Preußen sich bewährt, im Frieden

den übrigen Truppen nicht nachgestanden haben, insbesondere die jüdischen Religionsverhältnisse nirgends als ein Hindernis bei dem Kriegsdienste hervorgetreten sind.«[52]

Diese Denkschrift ist umso erstaunlicher, als am 23. Juli desselben Jahres das »Gesetz über die Verhältnisse der Juden« verabschiedet wurde, das die Rechtsstellung der Juden an die allgemeinen Staatsbürgerrechte weiter annäherte,[53] den jüdischen Soldaten aber den Zugang zum Offizierberuf weiter verwehrte.[54]

Die Zeit nach den Freiheitskriegen

Kurz nach Kriegsende war in der Zeitschrift *Sulamith* zu lesen: »Nachdem aber nun überall in Deutschland die Israeliten an der Vertheidigung des Vaterlandes den pflichtmäßigen Antheil genommen, und sich mit den Waffen in der Hand als Bürger bewährt haben, so sind sie eben dadurch auch zu Bürgern wirklich geworden, und würde es unbillig, ja ungerecht sein, sie von den Rechten der Bürger noch länger ausschließen zu wollen.«[55] In Wirklichkeit aber erlebte die nun auch durch die Teilnahme an der Verteidigung des Vaterlandes mögliche Integration und bürgerliche Gleichstellung in der Zeit nach 1815, nach der endgültigen Niederlage Napoleons, einen Rückschlag.

Als Ergebnis des Wiener Kongresses entschied der neu gegründete Deutsche Bund, dass alle Staaten mit französischer Verfassung die den Juden zugestandenen Rechte außer Kraft setzen durften. In der Folge wurden die im Edikt vom März 1812 der jüdischen Bevölkerung zugestandenen Bürgerrechte von den meisten Staaten des Deutschen Bundes widerrufen oder gar nicht erst angewendet. Der preußische König Friedrich Wilhelm III. hatte 1813 in den Aufrufen zur freiwilligen Meldung den verdienten Feldzugsteilnehmern unterschiedslos einen Anspruch auf eine künftige Staatsanstellung eingeräumt. Diese Zusage wurde im Falle der jüdischen freiwilligen Kriegsteilnehmer nicht eingelöst.[56] So stieg in den Jahren nach 1815 in Preußen die Zahl der im stehenden Heer dienenden jüdischen Soldaten nur langsam an. Im Jahre 1817 wurde die Wehrpflicht der Juden auf »Staatsbürger« eingeschränkt. Aber längst nicht alle jüdischen Einwohner Preußens waren Staatsbürger – die unterschiedliche Rechtsstellung der Juden aus den neu gewonnenen Gebieten komplizierte die Situation erheblich.[57] Auch ging die politische und militärische Führung bei allen Fragen, die Rechte jüdischer Soldaten betreffend, zunehmend restriktiver vor. Der jüdische Vorgesetzte war im christlichen Staat nach wie vor unerwünscht. So äußerte der Chef des Militärkabinetts, dass Juden zukünftig nur als einfache Soldaten eintreten dürften, »auf Beförderung in höhere Militärchargen aber keinen Anspruch machen«[58] könnten. Eine Order des Militärkabinetts aus dem Jahre 1822 untersagte jegliche Beförderung jüdischer Soldaten.[59] Tatsächlich fanden dennoch einzelne Beförderungen statt. Weitere Angaben stammen aus dem Jahr 1825 mit der Nennung der Zahl von 190 jüdischen Soldaten.

Nachdem bei der ersten Judenzählung im Jahr 1827 eine Unterrepräsentation festgestellt wurde, legte man in einer Verfügung fest, dass die Gleichbehandlung jüdischer und nichtjüdischer Rekruten zu erfolgen habe. Nach dieser Verfügung stiegen die Einberufungszahlen weiter langsam an. Im Jahre 1834 dienten 354 jüdische Soldaten im preußischen Heer, 1843 waren es 394 und im Jahre 1846 425.[60] Die Armee war nun offenbar bereit, jüdische Soldaten mit weniger Vorbehalten anzunehmen. Alle wurden von ihren Vorgesetzten mit guter bis sehr guter Führung beurteilt.[61] Trotz des seit 1822 bestehenden Beförderungsverbots wurden mehrere Soldaten zum Unteroffizier befördert. Zwei jüdische Freiwillige hatten die Zulassung zum Landwehr-Offizier erlangt.[62] Jedoch nur ein jüdischer Offizier, Meno Burg, konnte nach dem Kriege – wenn auch mit Hindernissen – bis zum Major eine mit seinen christlichen Kameraden annähernd vergleichbare Karriere absolvieren. Nach ihm und bis zum Ersten Weltkrieg wurde kein seinem Glauben treu gebliebener Jude, ausgenommen ggf. Ärzten, Stabsoffizier.[63] 1845 wurde die Wehrpflicht auf Juden in allen Teilen des Preußischen Königreiches ausgedehnt.[64] Neben der Einbeziehung in die Wehrpflicht ergab sich nun regelmäßig die Beförderung zum Unteroffizier. Des Weiteren wurden verabschiedete jüdische Unteroffiziere zu untergeordneten Staatsstellen zugelassen. So hatten nicht zuletzt die hervorragenden dienstlichen Leistungen den drohenden Ausgrenzungsprozess aufgehalten.[65] Das Gesetz über die Verhältnisse der Juden aus dem Jahre 1847 näherte die Rechtsstellung an die allgemeinen Staatsbürgerrechte weiter an. Nun war der Zugang zu öffentlichen Ämtern in eingeschränktem Rahmen auch ohne Zivilversorgungsschein möglich. Für die jüdischen Soldaten änderte sich jedoch wenig. Der Zugang zum Offizierberuf blieb ihnen nach wie vor verschlossen.

Die Revolution von 1848 brachte für die Rechtsstellung der preußischen Juden einige, wenn auch bescheidene Fortschritte. Im § 5 der neuen preußischen Verfassung wurde Folgendes festgeschrieben: »Die Ausübung staatsbürgerlicher Rechte ist fortan von dem religiösen Glaubensbekenntnis unabhängig.« Im

Herbst 1848 wurden zwar einige jüdische Militärärzte zu Offizieren ernannt, die Verfassungsbestimmungen wurden jedoch durch zusätzliche Gesetzgebung und durch die Verwaltungspraxis unterlaufen. In einem sogenannten christlichen Staat war der jüdische Vorgesetzte weder als Beamter noch als Offizier erwünscht. Auch das Gesetz über die Gleichberechtigung der Konfessionen von 1869 im Norddeutschen Bund brachte keine Verbesserungen.[66]

Reichseinigungskriege und Kaiserreich

Für den Deutschen Krieg von 1866 und den Deutsch-Französischen Krieg gibt es aufgrund lückenhafter Erhebungen kein zuverlässiges Zahlenmaterial. Im Krieg gegen Österreich von 1866 sollen 1025 preußische jüdische Soldaten gekämpft haben.[67] Die wirkliche Gesamtzahl lag wahrscheinlich wesentlich höher. Zum Vergleich: In der österreichischen Armee dienten während des Krieges ungefähr 20 000 Juden. Im Deutsch-Französischen Krieg von 1870/71 liegen die Zahlen zwischen mindestens 4700 und maximal 12 000. Genauere Angaben gibt es über die Zahl der gefallenen, verletzten und dekorierten Soldaten. 473 wurden verwundet oder sind gefallen; 373 wurden mit dem Eisernen Kreuz ausgezeichnet.[68] 1870/71 wurden über hundert Juden zu Reserveoffizieren ernannt, die meisten im zahlenmäßig stärksten preußischen Kontingent, 22 in der bayerischen Armee und einige in den anderen Kontingenten. Wenigen gelang nach Ende des Krieges die Fortsetzung der Karriere in der aktiven Armee, einer brachte es in der bayerischen Armee bis zum Oberstleutnant.[69] Der in Eberswalde geborene Kaufmann Siegismund Samuel (1847–1907) war Kriegsteilnehmer in beiden Kriegen, wurde mit dem Eisernen Kreuz und weiteren Orden ausgezeichnet und zum Reserveoffizier befördert.[70] Er wird auch in Fontanes »Deutscher Krieg von 1866« erwähnt. Dort steht über das Gefecht bei Rudersdorf und Alt-Rognitz: »Unter den Grenadieren, mit denen Leutnant von Sydow bis zur Alt-Rognitzer Kirche vordrang, zeichneten sich zwei Einjährig-Freiwillige aus: Grenadier Hasenpflug und Gefreiter Samuel. Das Beispiel des Gefreiten Samuel steht nicht allein da; vielfach zeichneten sich seine Glaubensgenossen während des Feldzuges aus. ›Es war, als ob sie sich das Wort gegeben hätten, den alten Vorstellungen ein Ende zu machen.‹«[71]

Abermals schien der Durchbruch zur Gleichberechtigung im Militär zum Greifen nahe. Doch auch diese Hoffnung wurde enttäuscht. Die letzten Jahrzehnte des 19. Jahrhunderts waren gekennzeichnet durch wachsenden Antisemitismus. Bei einer Karriere im Militär spielte nach wie vor das Glaubensbekenntnis die entscheidende Rolle.[72] Auch die im Zuge der Roonschen Heeresreform von 1860 erfolgte Vergrößerung des stehenden Heeres und der daraus resultierende erhöhte Bedarf an Offizieren sollten keine positiven Auswirkungen auf die Zulassung von Juden zur Laufbahn der Offiziere haben. Weitere Maßnahmen der Reform waren die Reorganisation der Landwehr sowie eine gleichzeitige Verlängerung der Dienstzeiten. Spätestens seit der Reform von 1852 hatte die Landwehr ihre Selbständigkeit als Wehrformation ohnehin verloren. Teile waren bereits in das stehende Heer überführt worden, ein Prozess, der sich im Laufe der Umsetzung der Heeresreform fortsetzen sollte. Der vor allem im Falle eines Krieges gestiegene Bedarf an Offizieren wurde nun aus den Reihen der neu eingeführten Dienstgradgruppe der Reserve-Offiziere ergänzt. Diese wiederum kamen größtenteils aus den Reihen der Einjährig-Freiwilligen.[73] Von den seit 1880 in der preußischen Armee dienenden 30 000 jüdischen Einjährig-Freiwilligen wurde keiner zum Reserveoffizier befördert, während von den in dieser Zeit dienenden 1500 zum Christentum übergetretenen Einjährigen 300 zum Reserveoffizier befördert wurden.[74] Max Warburg, im Kaiserreich und in der Weimarer Republik einer der einflussreichsten Bankiers, diente in den 1880er Jahren als Einjährig-Freiwilliger in einem Bayerischen Kavallerieregiment,[75] bewarb sich als Offizier und wurde von den Offizieren seines Regiments abgelehnt.[76] Ebenso erging es Walther Rathenau, und er bezeichnete dies 1911 in seiner Schrift »Staat und Judentum« als einen der »schmerzlichsten Augenblicke« seines Lebens.[77] Im Jahre 1907 gab es in der Armee des Kaiserreiches unter insgesamt 33 607 Offizieren und Beamten im Offiziersrang nur 16 Juden, die vermutlich alle in der Bayerischen Armee dienten. All dies konnte nicht verhindern, dass bei Ausbruch des Ersten Weltkriegs die Gesamtheit der deutschen Juden von einer Welle des Patriotismus erfasst wurde. Der vom Kaiser verkündete Burgfriede[78] schien die in der Gesellschaft vorhandenen Grenzen zu überwinden.

Jüdische Soldaten im Ersten Weltkrieg[79]

»Liebt nächst Gott das Vaterland!« Mit diesen Worten riefen im Jahre 1914 Rabbiner im gesamten Deutschen Reich die jüdische Bevölkerung dazu auf, ihren Beitrag zur Verteidigung Deutschlands zu leisten. Der Insterburger Bezirksrabbiner Dr. Max Beermann richtete in seinem Bezirk ein Rundschreiben an die jüdischen Mannschaften, das mit den Worten begann: »Kameraden, Brüder! Nie war das Schwert für eine gerechtere Sache gezogen …« Aufrufe dieser Art waren bezeichnend für die Begeisterung, die nicht nur die jüdischen Soldaten, sondern auch ihre Rabbiner erfasst hatte. So war es eine patriotische Konsequenz, dass mit den zahllosen jüdischen Freiwilligen auch jüdische Seelsorger als Feldrabbiner zu den Fahnen eilten. Die Feldrabbiner standen bei den jüdischen Soldaten an der Front wie auch in den jüdischen Gemeinden in hohem Ansehen, denn sie waren oftmals die einzige Stütze im Kampf gegen den sich weiter ausbreitenden Antisemitismus. Die von ihnen betreuten jüdischen Soldaten brachten unvergleichliche Opfer und erfüllten ihre Pflicht gleich den nichtjüdischen Kameraden. Dank erhielten sie nicht, denn wieder einmal wurde aus dem Kampf fürs Vaterland ein erneutes Ringen um Anerkennung und Gleichberechtigung. Was 1916 mit der »Judenzählung«[80] im Heer begann, setzte sich in der Weimarer Republik fort. Die Leistungen jüdischer Soldaten wurden von den zunehmend an Einfluss gewinnenden nationalistischen Parteien und Gruppierungen geleugnet, schlimmer noch, man gab ihnen die Schuld an der militärischen Niederlage. Insgesamt dienten von 1914–18 fast 100 000 deutsche Juden in Heer und Marine. 77 000 waren unmittelbar an der Front eingesetzt. Ca. 30 000 wurden mit zum Teil höchsten Auszeichnungen dekoriert und 20 000 befördert – davon waren mehr als 3000 Offiziere, Sanitätsoffiziere und Militärbeamte im Offiziersrang. 12 000 jüdische Soldaten verloren im Krieg ihr Leben.[81]

Judenzählung und Zerfall des Burgfriedens

Die Kriegsbegeisterung, die alle Deutschen gleich welcher Konfession, Partei und Geisteshaltung zu einer nationalen Einheit zusammengeschweißt hatte, verschwand in dem Maße, wie der Krieg andauerte und die Schrecken des Krieges auf die Menschen zu wirken begannen. Der »Geist von 1914« wich dem Kampf ums nackte Überleben, er wurde aufgesogen vom Elend des Schützengrabens mit seinen Toten, Verwundeten und der zunehmenden Erbarmungslosigkeit eines Krieges, wie es ihn zuvor nie gegeben hatte. Vor dem Hintergrund der Erkenntnis, dass dieser Krieg in einer nationalen Katastrophe enden würde, kamen alte Vorurteile und Ressentiments wieder zum Vorschein. Die Antisemiten des rechten politischen Flügels, die im ersten Kriegsjahr noch unter Kontrolle der politischen und militärischen Führung standen, traten mit zunehmender Kriegsdauer immer weiter in den Vordergrund. Je aussichtsloser die militärische Situation wurde, desto mehr griff Meinung und Gesinnung dieser Leute auf das Militär über.[82] Das rechte Lager trat zum Angriff auf den Burgfrieden und die sich ankündigenden Reformbestrebungen an, die, wie es der konservative Abgeordnete Albrecht von Graefe ausdrückte, »unser Volkstum in den jüdisch-demokratischen Abgrund führen werden.« Es wurde die Vision von einer jüdischen Vorherrschaft in Politik und Wirtschaft an die Wand gemalt und die in der Weimarer Republik so oft gegen demokratische, liberale Kräfte und Juden verwendete Dolchstoßlegende vorbereitet. Walther Rathenau, der bereits 1915 aus der Kriegsrohstoffabteilung ausgeschieden war, sah als einer der Ersten die Folgen: »Der Haß wird sich verdoppeln und verdreifachen.«

Schon in den ersten beiden Kriegsjahren breitete sich Antisemitismus vor allem im Offizierskorps aus. Schon bald gehörte die Frage der Offiziersernennung jüdischer Bewerber wieder zur Tagesordnung im Militärkabinett.[83] Es waren im Wesentlichen zwei Ereignisse, die das Verhältnis zwischen deutschen Juden und der Regierung betrafen und die das Band der nationalen Einheit durchtrennten. Das eine war die sogenannte »Judenzählung« im Oktober 1916, das zweite war die Sperrung der Grenzen für die jüdischen Einwanderer aus dem Osten.

Vor allem die »Judenzählung« hatte bei den deutschen Juden eine deutliche Wirkung hinterlassen. Sie wurde als eindeutiges Signal dafür verstanden, dass der Burgfrieden unmittelbar vor dem Auseinanderbrechen stand. Auf dem Höhepunkt der antisemitischen Kampagnen gegen jüdische Soldaten ordnete der preußische Kriegsminister Adolf Wild von Hohenborn am 11. Oktober 1916 an, eine Erhebung über die von Juden im Heer bekleideten Positionen durchzuführen.[84]

Für die Zählung wurde als Stichtag der 1. November befohlen, durchzuführen bei Feldheer, Etappe, Besatzungsheer sowie eine Zählung der Reklamierten. Dies führte dazu, dass jüdische Soldaten für diesen Zeitraum aus der Front genommen wurden, um die Zahl jüdischer Frontsoldaten möglichst niedrig zu halten.

Welche Kräfte hinter diesem Zählungserlass standen, diese Frage lässt sich nicht mehr beantworten. Es ist glaubhaft, dass die Oberste Heeresleitung (Paul von Hindenburg und Erich Ludendorff) mit dieser Angelegenheit nichts zu tun hatte – sie war erst seit dem 29. August 1916 im Amt. Zufälligerweise stellten wenige Tage nach dem Zählerlass des Kriegsministeriums die Abgeordneten Matthias Erzberger (Zentrum), Kuno Graf von Westarp (Konservative) und Gustav Roesicke (Bund der Landwirte) gegenüber dem Reichshaushaltsausschuss den Antrag, eine nach Personen aufgefächerte Übersicht über das Personal der Kriegsgesellschaften zu erstellen. Die Regierung lehnte diesen Antrag ab.[85]

In Verbindung mit der »Judenzählung« in der Armee hatte diese Kampagne eine nicht zu unterschätzende Wirkung auf die Öffentlichkeit. Auf jeden Fall war ein Zusammenhang zwischen der Gruppe der sieben antisemitischen Abgeordneten im Reichstag und dem zunehmend judenfeindlich agierenden Alldeutschen Verband denkbar. Zufälligerweise gehörte Oberstleutnant Max Bauer, der Vertrauensmann der Alldeutschen, ein bekannter Antisemit, der Obersten Heeresleitung an. Dort war er maßgeblicher Initiator verschiedener menschenunwürdiger Programme im Zusammenhang mit der von Ludendorff geforderten totalen Mobilisierung der Wirtschaft.[86] Bauer schrieb in einer sogenannten Denkschrift im März 1917: »Wir stehen an der Schwelle zu einer neuen Weltepoche, und große Aufgaben sind zu erfüllen. Glückt ihre Lösung, so gehört die Welt den Germanen, glückt sie nicht, so sind wir dem Untergang geweiht.«[87] Wenn man diese Worte liest, erkennt man nicht nur den Ansatz dessen, was schon bald darauf über Deutschland hereinbrechen sollte, sondern auch durchaus die Möglichkeit, dass genannter Oberstleutnant Bauer einer der Initiatoren für den Erlass vom 11. Oktober 1916 gewesen sein könnte. Die Ergebnisse der Judenzählung blieben geheim und wurden trotz der Bitten einiger Reichstagsabgeordneter nicht veröffentlicht. Die Zahlen wurden nach Ende des Krieges bekannt, die Originalunterlagen verschwanden im Zweiten Weltkrieg. Letztendlich war das Ergebnis dieser Untersuchung nicht von Bedeutung, allein die Tatsache jedoch, dass diese Zählung durchgeführt wurde, verursachte unermesslichen Schaden und war ein Schlag ins Gesicht aller jüdischen Soldaten. Es breitete sich das Gefühl der Hoffnungslosigkeit und des Misstrauens aus; die militärische Führung hatte das Band der durch gemeinsame Waffenbrüderschaft gefestigten Kameradschaft zerschnitten.[88] Das patriotische deutsche Judentum war empört; dieser diskriminierende Erlass, der ihren Einsatz für das deutsche Vaterland infrage stellte, hatte sie mitten ins Herz getroffen.[89] Golo Mann schrieb im Rückblick auf die Ereignisse vom Oktober 1916: »Dies rheinische und schlesische und ostpreußische, dies badische, schwäbische und bayerische Judentum. Es war deutsch in seinen Tugenden, deutsch in seinen Untugenden, es war patriotisch, es war überwiegend konservativ. Diese jüdischen Kaufleute, Gelehrten, Ärzte, diese jüdischen Kriegsfreiwilligen von 1914 und 1917 – es gab nichts deutscheres.«[90]

Die Rücknahme des Zählerlasses durch den neuen Kriegsminister Hermann von Stein, der dazu erklärte, dass »das Verhalten der jüdischen Soldaten und Mitbürger während des Krieges keine Veranlassung zu der Anordnung meines Herrn

Vorgängers gegeben hat«, war für die Juden an der Front ohne Bedeutung.[91] Für sie begann ein neuer Leidensweg, gekennzeichnet durch Diskriminierung und Schikanen jeder erdenklichen Art. Der Leutnant Julius Marx hat in seinem erst 1964 veröffentlichten Tagebuch seine Wut über diesen Erlass zum Ausdruck gebracht und sich, als er seine Leute im feindlichen Feuer nach vorne führte, darüber gewundert, »daß die Leute dem Gezählten nicht den Gehorsam verweigerten.« Als sein Kompanieführer ihn zum Zählen zu sich ruft, ist er außer sich: »Pfui Teufel! Dazu hält man also für sein Land den Schädel hin.«[92]

Davidstern und Feldgrau – Jüdische Soldaten, Feldrabbiner und religiöse Praxis im Dienst

»Mögen einzelne, mögen Tausende fallen, Deutschland wird leben, Deutschland muß leben! Amen!« Mit diesen Worten endet ein Abschnitt der 1918 veröffentlichten Schrift »Jüdische Seelsorge an der Westfront« von Feldrabbiner Dr. Martin Salomonski.[93] Dies aus dem Mund eines Militärgeistlichen zu hören, mag heutzutage selbst bei einem Soldaten eher Befremden hervorrufen, war jedoch bezeichnend für den Patriotismus, der nicht nur die jüdischen Soldaten, sondern auch ihre Rabbiner erfasst hatte.[94]

So war es eine patriotische Konsequenz, dass 1914 mit den zahllosen jüdischen Freiwilligen auch jüdische Seelsorger als Feldrabbiner zu den Fahnen eilten. Der Aufbau einer jüdischen Militärseelsorge war mit einigen Schwierigkeiten verbunden, denn die deutsche Heeresorganisation sah im Gegensatz zur Österreichisch-Ungarischen Armee eine jüdische Militärseelsorge weder im Kriege noch im Frieden vor. So vertrat die preußische Regierung bereits im Jahre 1866 folgenden Standpunkt: »Bei der verhältnismäßig geringen Zahl und der Verteilung der jüdischen Soldaten in der ganzen Armee sei die Anstellung von jüdischen Feldgeistlichen weder möglich noch nötig.« Dieser Grundsatz, der eine freiwillige Tätigkeit von Rabbinern im Kriegsfalle nicht ausschloss, sollte auch in der Folgezeit gültig bleiben. Dieser Regelung folgend wurde im Deutsch-Französischen Krieg erstmalig eine jüdische Militärseelsorge im deutschen Heer ausgeübt. Die Rabbiner Dr. Isaak Blumenstein, Dr. Adolph Lewin, Dr. Jakob Guttmann und Dr. Benjamin Rippner hatten sich freiwillig zur Ausübung der Seelsorge unter jüdischen Soldaten gemeldet.

Auch im Ersten Weltkrieg beschränkte die militärische Führung die Zulassung von jüdischen Feldgeistlichen auf sich freiwillig meldende Rabbiner. Dies stand im Gegensatz zu der Forderung des Verbandes der Deutschen Juden, der eine Gleichstellung mit der Militärgeistlichkeit der christlichen Konfessionen forderte und sogar bereit war, die anfallenden Kosten zu übernehmen. Die Forderung des Verbandes war verständlich angesichts der Tatsache, dass sich bei Kriegsbeginn bereits mehr als 10 000 deutsche Juden freiwillig gemeldet hatten. Obwohl der Verband bereit war, die anfallenden Kosten zu übernehmen, konnten die ersten Rabbiner nicht vor Anfang September 1914 ihren Dienst antreten. Der Göppinger Rabbiner Aron Taenzer hatte sich am 1. September 1914 freiwillig als Armeerabbiner zum Einsatz im Feld gemeldet. Seinem Antrag wurde, wie es offiziell hieß, »aus organisatorischen Gründen der Militärseelsorge« zunächst nicht stattgegeben. Erst im August 1915 durfte Rabbiner Taenzer seinen Dienst als Feldrabbiner an der Ostfront aufnehmen. Obwohl der Fronteinsatz weiterer Freiwilliger hinausgezögert wurde, verrichteten in den Kriegsjahren bis 1918 ca. 30 Feldrabbiner ihren Dienst an allen Fronten des Ersten Weltkrieges. Neben den bereits erwähnten Rabbinern Salomonski und Taenzer dienten in der feldgrauen Uniform unter anderem die Rabbiner Leo Baerwald (München), Bruno Italiener (Hamburg), Heymann Chone (Konstanz), Reinhold Lewin (Königsberg), Georg Salzberger (Frankfurt a. M.), Georg Wilde (Magdeburg), Sali Levi (Breslau), Arthur Levy, Leo Baeck, Emil Levy und Fritz Steinthal (Berlin), Jakob Sonderling und Rabbiner Saenger. Die seit März 1915 stattfindenden Kriegsrabbiner-Konferenzen wurden von Dr. Leo Baeck geleitet. Dr. Baeck gab ein »Feldgebetbuch für die jüdische Mannschaft des Heeres« heraus, Dr. Sali Levi im Jahr 1918 ein weiteres »Jüdisches Feldgebetbuch«.[95]

Erst ein Jahr nach Kriegsbeginn entschied das Kriegsministerium, eine monatliche Aufwandsentschädigung zu gewähren. Dies geschah aber nur aus sogenannten »Billigkeitsrücksichten«, wobei betont wurde, dass den Feldrabbinern ein Rechtsanspruch auf die Gewährung von Vergütungen für ihre Tätigkeit »nicht zusteht«. Ein weiterer Erlass aus dem Jahre 1916 bezeichnete sie als in einem Vertragsverhältnis stehend. Sie waren in der Regel für eine ganze Armee zuständig und erfüllten eine Vielzahl von Aufgaben, die sich von der Leitung von Gottesdiensten über die Betreuung von Verwundeten und Kriegsgefangenen, Begräbnissen und Benachrichtigung von Angehörigen bis hin zu Hilfsaktionen für die notleidende jüdische Bevölkerung in den Kriegsgebieten an der Ostfront erstreckten. Die Feldrabbiner trugen wie die Militärseelsorger der christlichen Konfessionen eine Offiziersuniform ohne Dienstgradabzeichen und waren erkennbar an dem Davidsstern, den sie anstelle des Kreuzes an einer Kette um den Hals trugen.[96]

Die Erfahrungen an der Front, aber auch das Zusammentreffen mit der Welt des Ostjudentums lieferte ausreichend Material für Publikationen und Artikel, die in regelmäßiger Folge in den jüdischen Zeitungen in der Heimat erschienen. Die Arbeit der Feldrabbiner genoss hohes Ansehen im deutschen Judentum, denn sie waren eine Stütze im Kampf gegen den sich in der Armee immer weiter ausbreitenden Antisemitismus. Rabbiner Dr. Leo Baeck berichtete regelmäßig über seine Kriegserfahrungen im Gemeindeblatt der Jüdischen Gemeinde Berlin und verfasste auch eine Reihe von Aufsätzen über die jüdische Militärseelsorge. Seine Berichte und niedergeschriebenen Gedanken unterscheiden sich deutlich von denen anderer Zeitgenossen, denn sie sind frei von gedankenlosen Aufrufen zum Sieg ohne Rücksicht auf die Opfer an menschlichem Leben, sie erzeugen Hoffnung und richten den Blick auf eine Zeit des Friedens, die dem Krieg ein Ende setzt: »… wir denken des Tages, den Gott uns schenken möge, an dem wir nach Opfer und Pflicht wieder drinnen im Vaterlande sein werden, um in Jahren des Friedens zu wirken und zu schaffen. Dann soll, was wir hier gewonnen haben und hier geworden sind, unser Besitztum bleiben. In unserem Heim soll es leben als der Segen einer großen, ernsten Zeit, der Zeit, da wir draußen standen.« Zum ersten Mal hatte die militärische Führung, wenn auch zögerlich und mit Einschränkungen, Rabbiner in Uniform als Seelsorger für jüdische Soldaten im Feld zugelassen. Sie wurden, wie viele Berichte zeigen, sowohl von den Kommandeuren als auch den christlichen Militärseelsorgern freundlich und unvoreingenommen akzeptiert.

Gemäß ihres Auftrags und unterstützt von den Befehlshabern begannen sie, im Bereich ihrer Armee eine jüdische Seelsorge aufzubauen. Der Rabbiner Dr. Georg Salzberger berichtete über seine ersten Erfahrungen mit der Seelsorge im Felde in »Aus meinem Kriegstagebuch«[97], erschienen 1916:

»Der Divisionsstab, dem ich angehöre, hat sein ehemaliges Oberhaupt als Kommandierenden General an die Ostarmee abgegeben. Der neue Divisionär zeigte mir das gleiche Entgegenkommen wie sein Vorgänger. Die Offiziere des Stabes wussten im Anfang nicht recht, wo sie mich einordnen sollten. Ein Rabbiner, der kam gewiß aus einer anderen Welt oder doch mindestens aus einem anderen Jahrhundert. Aber literarische, philosophische und religiöse Gespräche müssen ihnen

wohl die Augen darüber geöffnet haben, daß auch der Rabbiner ein Mensch ist, der mit beiden Füßen auf dieser wohlgegründeten Erde steht, mitten in der Gegenwart, deren gewaltigen Umwälzungen er am wenigsten sich verschließen darf. Seitdem sind unsere Beziehungen geradezu herzlich.
Für den Gottesdienst wurde mir ein geräumiger Betsaal angewiesen. Ehemals mag es ein Stall gewesen sein; aber warum soll eine Zeit, die Kirchen zu Pferdeställen wandelt, nicht auch einmal aus einem Stall ein Gotteshaus machen? Hier versammeln auch die beiden christlichen Kollegen ihre Andächtigen, da die Kirche von Verwundeten belegt ist. Freilich, bei klarem Wetter halten sie ihre Andachten zumeist unter Gottes freiem Himmel, und die Choräle, von tausend Männerstimmen gesungen und von der Regimentskapelle begleitet, schallen gar feierlich über die weite Ebene dahin. Ehe ich als Feldgeistlicher einzog, nahmen wiederholt jüdische Kameraden an der kirchlichen Andacht teil und lauschten ergriffen der Predigt des Pfarrers – ein Zeichen für die Größe des religiösen Bedürfnisses. Es muß den Vertretern der beiden anderen Bekenntnisse nachgesagt werden, daß sie den jüdischen Zuhörern gegenüber die zarteste Rücksicht beobachteten. Von Polemik konnte ohnehin nicht die Rede sein, wo es nur einen Kampf gilt: gegen die Feinde des Vaterlandes. Aber eben deshalb begrüßten die Pfarrer die Ankunft des jüdischen Geistlichen mit nicht geringerer Freude als die jüdischen Soldaten selbst.«

Soweit wir heute noch feststellen können, waren die einzelnen Feldrabbiner folgenden Armeen zugeordnet: Dr. Baerwald 6. Armee, Dr. Chone 6. Armee, Dr. Italiener 7. Armee, Dr. Sali Levi 10. Armee, Dr. Arthur Levy 9. Armee, Dr. Emil Levy 2. Armee, Dr. Lewin 3. Armee, Dr. Sänger 11. Armee, Dr. Salomonski 1. Armee, Dr. Salzberger 5. Armee, Dr. Sonderling Njemen-Armee, Dr. Taenzer Bug-Armee und Dr. Wilde 4. Armee.[98]

Eine der ersten Aufgaben, die auf die Anfang September 1914 an die Front abgeordneten Rabbiner wartete, war die Vorbereitung der Hohen Feiertage im Felde. Die Führung zeigte sich auch weiterhin geneigt, den religiösen Bedürfnissen der im Feld stehenden jüdischen Soldaten Rechnung zu tragen. Rechtzeitig vor dem Jom Kippur erging ein Armeebefehl, der auf Anordnung des Kaisers mit besonderer Genauigkeit ausgeführt wurde. Am 30. September 1914 mussten sich alle jüdischen Soldaten, sofern sie sich nicht direkt in einem Gefechtsabschnitt befanden, unter der Führung jüdischer Offiziere und Offizierstellvertreter an einem bestimmten Punkt hinter der Front einfinden, um dann eine in der Nähe gelegene Stadt aufzusuchen. Dort, wo es keine Synagogen gab, fand der Gottesdienst in katholischen Kirchen statt. Nach Fastenende gab es Essen aus den dafür herbeigeschafften Feldküchen und die Soldaten kehrten zu ihren Regimentern zurück. Viele Soldaten schrieben an ihre Angehörigen, dass sie niemals zuvor einen so ergreifenden Gottesdienst erlebt hätten. Die an der Ostfront kämpfenden Soldaten erhielten Urlaub für den ganzen Tag und konnten den Feiertag in den nahen Städten begehen.

Der erste Versöhnungstag der Kriegsjahre wird von Dr. Heymann Chone, Feldrabbiner bei der 6. Armee, in einer verlassenen und fast vergessenen Synagoge in einem kleinen lothringischen Ort gefeiert. Seinen ersten Jom Kippur an der Front beschreibt er in »Ein Gruss der Feldrabbiner«[99]:

> *»Und nun nahte der Jom Kippur, Versöhnungstag mitten im grausamen Kriege. Wo werde ich ihn verbringen, wo eine Gemeinde um mich scharen? Einige Tage vorher war ich nach Thiancourt, und ganz zufällig zu einer der beiden dort wohnenden jüdischen Familien in Quartier gekommen. Nach einigen Worten hatte die Frau des Hauses erfahren, daß ich prêtre israélite sei. Das erstaunte und erfreute Gesicht der bekümmert dreinschauenden französischen Jüdin werde ich nie vergessen, mit dem sie mich fragte: Ah, vous êtes un Raw? Von dieser Frau erfuhr ich, daß in dem lothringischen Orte eine alte Synagoge stände, seit vielen Jahren nicht mehr benutzt, weil die Gemeinde nicht mehr existierte. Ein badischer Hofvikar, der unten im Hause einquartiert war, hatte durch einen Anschlag an der Synagogentür dafür gesorgt, daß die Räume durch Soldaten nicht zum Quartier benutzt worden waren. Er geleitete mich hinauf und erkundigte sich eifrig nach einzelnen Inschriften, die er zum Teil selber schon entziffert hatte. Am Erew Jom Kippur ging ich hinüber (ich war indessen nach dem Nachbarort übergesiedelt) und sorgte mit Hilfe eines Soldaten für Säuberung der Räume, bezog die 4 Thorarollen mit den vorhandenen weißen Mäntelchen, auch das weiße Porauches kam wieder einmal zu Ehren, weiße Gardinen befanden sich an den Fenstern und als Vorhänge vor der Frauenabteilung. So war die Synagoge zum Empfang des Jom Kippur bereit. Kol Nidre einsam im Bauernstübchen. Doch nicht allein. Bald füllte sich der Raum mit weißen Gestalten, Schatten, Traumbildern aus der Vergangenheit und Gegenwart. Die herrlichen Gebete mit den wundersamen Melodien umwoben mich, sie sangen in mir und ergriffen mich, als kämen sie heute noch wie einst von dem in der Mitte am Vorbeterpult stehenden Vater (ach, seit*

3 Monaten war er nicht mehr unter den Lebenden!). Wie die Tränen flossen, als aus der Tiefe des Herzens die Worte emporstiegen: Jaále tachanunenu meerew, und wie sie alle, die stillen Beter, am Schluß mitsangen: Du, meine Zuflucht, mein Panier, mein Kelch, mein Teil, ruf ich zu dir. In deine Hand ich stets befehle, schlaf ich und wach ich, meine Seele. Und meinen Leib vertrau ich dir. Ich bange nicht, Gott ist mit mir!«

Nicht alle jüdischen Soldaten konnten die Feiertage begehen, weil sie in der Feuerlinie lagen und somit unabkömmlich waren. Der Vizefeldwebel und Offiziersaspirant Robert Ziegel verbrachte die Feiertage des Jahres 1915 in den Gräben unmittelbar an der Frontlinie, Jom Kippur in den Gefechten bei Arras im Artois, wo Ende September 1915 nach massivstem Artilleriebeschuss eine der größten britisch-französischen Offensiven erfolgte:

»23. September 1915: Gestern erhielt ich von meinem Bruder einen langen Brief, der den Inhalt Ihrer drei Jom Kippurpredigten enthielt. Es war ein halb drei Uhr nachts. Todmüde war ich vom Graben gekommen, wo wir früh und nachts je 6 Stunden aufräumen mussten, was der Gegner uns mit seinem wilden, nur mit dem von Neuve Chapel vergleichbaren Feuer zerstört hatte. Ich las den kurzen Gedankengang und malte mir die Ausführung aus, und da die Weise von Liebe und Tod erklang in meinem Inneren und vom starken, festen Glauben, da feierte ich erst das Versöhnungsfest recht und innig. Denn in L. neulich, das hat mich nicht befriedigt; nur in der Kol Nidre-Stunde und in der Stunde der Seelenfeier fühlte ich des Tages Heiligkeit, aber heute nacht habe ich nachgeholt. – Nun rast der Tod wieder über die Gefilde von Arras und über die Felder und durch die Gräben bei Armentières. Meine Hütte zittert und der Boden bebt unter mir, aber mein Herz ist stark und mein Mut ist groß. Ich gehe vielleicht den schwersten Tagen entgegen, die dieser Feldzug für uns brachte. Aber ich habe 60 Gewehre und 60 Leute, die mir vertrauen und die mich gern als ihren Führer sehen. Das weiß ich! Und ich vertraue auf Gott, daß er mit uns ist.«

»25. September 1915 (Hüttenfest): Meine Lieben! Teile Euch in Kürze mit, daß ich mich wohl befinde. War heute nach Empfang zweier leichter Bajonettstiche sechs Stunden in englischer Gefangenschaft, da die Engländer in unsere Gräben eingedrungen waren, 7 Stunden dauerte das blutige Handgemenge, bis der Gegner zum Weichen gebracht war, ohne daß dieser sich dann um mich gekümmert

hätte. Meine Risse sind verbunden, die linke Brust fast kein Blutverlust, linkes Handgelenk Hautwunde! Ich führe in alter Frische meinen Zug, der allerdings die Hälfte seiner Leute verloren hat. Doch sind die englischen Verluste noch stärker. Gerettet wurden wir durch das Eingreifen unserer tapferen Sachsen. Eine Schilderung des blutigen Tages werde ich nie geben, schriftlich wenigstens nicht.«

»9. Februar 1916: Betet weiter um unseren Sieg und unser Leben! Und wenn die Bitten nicht erhört werden sollten, dann versteht es zu tragen; aber betet weiter! Denn das ist gut für uns und für Euch.«[100]

Robert Ziegel, ausgezeichnet mit dem Eisernen Kreuz II. Klasse und dem Bayerischen Militärverdienstkreuz II. Klasse mit Schwertern, fiel am 27.8.1916 im Alter von 21 Jahren bei Lille.

Die Tatsache, dass diese Kriegsbriefe von der Tapferkeit und dem Mut jüdischer Soldaten erzählen können, ist der unermüdlichen Arbeit des Reichsbundes jüdischer Frontsoldaten zu verdanken, der eine umfangreiche Sammlung dieser Briefe in »Kriegsbriefe gefallener Deutscher Juden« noch 1935 veröffentlichte in dem festen, aber hoffnungslosen Bemühen, die Ehre jüdischer Frontsoldaten gegen die Diffamierungen des Nazi-Regimes zu verteidigen.

Der Vizefeldwebel und Offiziersaspirant Walter Herrnstadt, der im Frieden Regierungsbaumeister war und 1920 an den Folgen seiner im Krieg erlittenen Verletzungen starb, schilderte ein bewegendes Beispiel für die im Felde stattfindenden Gottesdienste:

»Mit Gott für König und Vaterland ... Der gestrige Feldgottesdienst von Dr. Baeck war eine Erbauung! In der Kirche benutzten wir den vorderen Raum, in dem durch etwa 12 Kameraden und einem christlichen Unteroffizier (der gebeten hatte, dem Gottesdienst beizuwohnen, und der ganz hingerissen war) die ersten Bänke besetzt waren. Dr. Baeck las erst Psalm 91 und knüpfte dann eine ungefähr ¾ std. meisterhafte Rede an. Jetzt müssten wir ausharren, Geduld haben und auf Gott vertrauen, der schon alles zum Guten lenken würde. Jetzt hätten viele Menschen erst Gott gefunden. Er gab eine ergreifende Schilderung eines vor einigen Wochen nach Einbruch der Dunkelheit dicht hinter der Schützenlinie im Freien abgehaltenen Gottesdienstes, wo Alle eine ganze Zeit lang schweigend beteten. Hiernach wäre dann, einer Eingebung folgend, ein Soldat vorgetreten und hätte gesagt: jetzt im Schweigen hätte er Gott gefunden und Beten gelernt. Nach der

deutschen Predigt, die mit einer Definition des ›Mit Gott für König und Vaterland‹ endete, betete Dr. Baeck die Schemone Esre mit Kiddusche vor dem Kaddisch, dann Psalm 121. Stilles Gebet für Kaiser und zum Schluß Priestersegen. Wir waren alle sehr, sehr ergriffen von dieser herrlichen Stunde, die nie aus unserem Gedächtnis schwinden wird.«[101]

Die Einrichtung einer jüdischen Militärseelsorge und die Ernennung von Feldrabbinern zeigte die grundsätzliche Bereitschaft der militärischen Führung, jüdischen Soldaten in Angelegenheiten der religiösen Praxis entgegenzukommen. Dies lässt sich seit der Mitte des 19. Jahrhunderts sowohl am Beispiel der bayerischen als auch der preußischen Armee bei der Regelung der Dienstbefreiung an Feiertagen und am Schabbat sowie in Fragen der Verpflegung anhand von Erlassen und Regelungen belegen. Eines der ersten Zeugnisse solcher differenzierten Regelungen stammt aus der Zeit der Freiheitskriege. Meno Burg legte am 10. März 1813 auf den Festungswällen von Neiße in Anwesenheit eines Vertreters der jüdischen Gemeinde seinen Schwur auf eine hebräische Bibel ab. Auch Georg Steinberg, der in den sechziger Jahren des 19. Jahrhunderts im hannoverschen Heer diente, berichtete über die Regelung, dass jüdische Rekruten auf Wunsch nach jüdischem Ritus vereidigt wurden und jüdische Soldaten am Schabbat nicht zu Wachdiensten eingeteilt wurden.[102] Wie bei der Vereidigung jüdischer Soldaten in der preußischen Armee zu verfahren war, wurde in einer Anordnung König Friedrich Wilhelm IV. aus dem Jahre 1846 in allen Einzelheiten geregelt[103]:

»Ich bestimme über die Vereidigung der Ersatzmannschaften, zur Beseitigung der seither wahrgenommenen Verschiedenheit, hierdurch folgendes:
Die Vereidigung der Ersatzmannschaften erfolgt – ohne daß dadurch besondere Kosten entstehen dürfen – durch Offiziere unmittelbar nach der Aushebung nach der durch den betreffenden Landwehr-Brigade-Kommandeur für jeden Aushebungsort im Voraus herbeizuführenden Anordnung.
Bevor zu der Vereidigung geschritten wird, sind die Ersatzmannschaften, wo es angeht, confessionsweise in den Kirchen und Synagogen durch Geistliche zur Eidesleistung vorzubereiten. Hiernächst werden sie an dem zur Eidesabnahme bestimmten Orte wieder versammelt und nach geschehener Vorlesung der Kriegsartikel, so weit es in Garnisonen statt finden kann, bei der Fahne oder am Geschütz, sonst aber auf den Säbel oder Degen des Offiziers, nach vorausgegangener

Erklärung der symbolischen Bedeutung der für jede Confession vorgeschriebenen Formel gemäß vereidigt. Sobald dies geschehen, hat der vereidigende Offizier unter der vorher anzufertigenden namentlichen Liste zu bescheinigen, daß und wann von ihm den verzeichneten Leuten der Eid abgenommen worden ist.
Indem ich dem Kriegsministerium überlasse, hiernach weiter zu verfügen, bemerke ich zugleich, daß unter geeigneten Umständen der Eidesabnahme ein besonderer kirchlicher Akt nacherfolgen kann.
Berlin, den 26. November 1846 *gez. Friedrich Wilhelm.«*

Die bayerische Armee gestattete seit 1868 die Beurlaubung an den fünf Hauptfesten, sofern es vom Soldaten gewünscht und der Dienst dadurch nicht beeinträchtigt wurde. Diese Regelung galt bis 1913. Auch in Fragen der Verpflegung gemäß den Vorschriften der jüdischen Speisegesetze gab es seit 1885 eine Weisung des bayerischen Kriegsministeriums, die israelitischen Soldaten auf Ansuchen auch weiterhin von der Truppenverpflegung zu entbinden, ihnen zur Selbstversorgung mit koscherem Essen den Garnisonsverpflegungssatz sowie das Brotgeld auszubezahlen und hierüber eine Belehrung durchzuführen.

Die bayerischen Verhältnisse in Fragen des Umgangs mit den religiösen Bedürfnissen der jüdischen Soldaten wurden im Jahre 1895 im Reichstag als vorbildlich bezeichnet.[104] In den Jahren 1872, 1880 und 1910 wurden sogar die Einberufungstermine wegen der Überschneidung mit jüdischen Feiertagen verschoben.[105]

Die Gewährung der Dienstbefreiung an Feiertagen wurde sowohl in der preußischen als auch in der bayerischen Armee recht großzügig gehandhabt. In Bayern gestattete man in den Jahren 1913/14 nach preußischem Vorbild am Neujahrsfest (beide Tage), Versöhnungstag, Laubhüttenfest (1. und 2. Tag) mit Schlussfest, Simchat Thora, Pessach (alle Tage!) und am Wochenfest (2 Tage) insgesamt 17 Tage (Hört, hört!) Dienstbefreiung und setzte die bisherige Regelung außer Kraft.[106] Dies war eine einzigartige und in der Geschichte einer deutschen Armee bis heute einmalige Regelung. Zudem waren die Rahmenbedingungen, die das genaue Einhalten des Schabbats und der weiteren Feiertage möglich machte, eindeutig geregelt:

»Die Feiertage beginnen regelmäßig am Vorabend mit Eintritt der Abenddämmerung. Da das jüdische Religionsgesetz das Reisen am Sabbat und den jüdischen Feiertagen untersagt, so erfüllte eine etwaige Beurlaubung eines Israeliten zur

Erfüllung seiner religiösen Pflichte nur dann ihren Zweck, wenn die Beurlaubten vor Beginn des Feiertags, also am Vorabend vor Eintritt der Abenddämmerung, an ihrem Reiseziel anlangen und nicht früher als nach Einbruch der auf das Fest oder den Sabbat folgenden Nacht die Rückreise antreten brauchen.«[107]

Mit den genannten Regelungen war trotz der offiziell liberalen Haltung in Fragen der religiösen Praxis die Grenze der Toleranz erreicht. Dies geht aus dem Schreiben des Kriegsministers Erich von Falkenhayn an den Vorstand der freien Vereinigung für die Interessen des orthodoxen Judentums hervor. Das Schreiben vom 3. Oktober 1913 ist die Antwort auf eine Denkschrift des Vorstandes, Rabbiner Dr. Salomon Breuer, die Anregungen und Vorschläge zur Verbesserung der religiösen Rahmenbedingungen enthielt.[108]

»Auf die mit dem gefälligen Schreiben vom 17. Oktober 1912 eingereichte Denkschrift über die religiösen Interessen der jüdischen Mannschaften in der deutschen Armee erwidere ich nach eingehender Prüfung der Angelegenheit folgendes ergebenst:
Zu Antrag 1. Das Kriegsministerium kann es nicht für angängig erachten, Soldaten jüdischen Glaubens zu gestatten, sich nach Wunsch rituell zubereitetes Essen in die Kasernen zusenden zu lassen; es ist jedoch nichts dagegen einzuwenden, daß die betreffenden Truppenkommandeure einzelne Leute auf Antrag unter Berufung auf die Religionsgesetze, soweit angängig, von der Teilnahme an den gemeinschaftlichen Speiseeinrichtungen entbinden. Die Zusendung rituell zubereiteter Speisen in die Kasernen würde aber auch in diesen Fällen unterbleiben müssen. Die Truppenteile sind von hier aus entsprechend unterrichtet worden. Eine Abänderung der Bestimmung in § 7 Ziffer 11 der Friedens-Verpflegungsvorschrift erscheint notwendig.
Zu Antrag 2. Dem Vorschlage, die den jüdischen Soldaten zustehenden Beköstigungsgelder durch die Truppenteile unmittelbar in einer Summe an die Vereine abzuführen, die die rituelle Verpflegung der Soldaten besorgen, kann nicht nähergetreten werden. Das Erforderliche müsste vielmehr den infrage kommenden jüdischen Mannschaften selbstständig überlassen bleiben.
Zu Antrag 3 wird ergebenst bemerkt, daß für die Zuteilung der Auszuhebenden an die Truppen gesetzlich nur das militärische Bedürfnis maßgebend ist. An diesem Standpunkt darf im Interesse der Armee und der Allgemeinheit nichts geän-

dert werden. Es wird aber darauf hingewiesen, daß der freiwillige Eintritt in das Heer auch orthodoxen Juden die Möglichkeit gibt, sich die passende Garnison zu wählen. Ein Bedürfnis zur Berücksichtigung des Antrages 3 kann ich daher nicht anerkennen.

Zu Antrag 4 und 5. Die Bestimmung in Ziffer 190 letztem Absatz der Garnisonsdienst-Vorschrift, wonach Soldaten jüdischen Glaubens an den jüdischen Feiertagen möglichst vom Dienste befreit bleiben sollen, bezieht sich auch auf die Sabbathe. Die Bestimmung bietet somit den Kommandostellen eine genügende Handhabe, an den Sabbathen Dienstbefreiung eintreten zu lassen und den Besuch des Gottesdienstes zu gestatten. Durch die Wahl des Wortes ›möglichst‹ in vorerwähnter Bestimmung ist den religiösen Interessen der jüdischen Soldaten diesseitigen Erachtens ausreichend entgegengekommen. Der in Antrag 4 erbetenen Befreiung jüdischer Mannschaften vom Schießen an den Sabbathen kann aber, soweit es sich um diese Dienstverrichtung während der Gefechts- und Schießübungen und sonstigen Truppenübungen in kleinen und großen Verbänden handelt, im dienstlichen Interesse nicht entsprochen werden. Dagegen hat das Kriegsministerium Veranlassung genommen, den Truppen anzuempfehlen, die jüdischen Soldaten an Sabbathen ohne zwingenden Grund nicht zum Schulschießen heranzuziehen. Es ist ferner dem dortigen Antrag entsprechend den Truppen anempfohlen, die jüdischen Soldaten an Sabbathen nach Möglichkeit vom Schreiben zu befreien. Eine Bindung der Befehlsstellen dahin, daß sie ausnahmslos mindestens zweimal im Monat den Sonnabendvormittag den jüdischen Soldaten für ihren Gottesdienst freizugeben haben, kann nicht in Betracht kommen.

Zu Antrag 6. Auch die Dienstbefreiung für den Sonnabendnachmittag ist durch die Vorschrift im letzten Absatz der Ziffer 190 der Garnisonsdienst-Vorschrift in einer den militärischen wie den religiösen Interessen genügenden Weise geregelt. Die Dienststellen sind aber darauf hingewiesen worden, daß die Dienstbefreiung auch nur für den Sonnabendnachmittag zur Erledigung religiöser Obliegenheiten für den jüdischen Soldaten von Wert ist. Eine Kommandierung von jüdischen Mannschaften zum Gottesdienst halte auch ich nicht für angängig. Um die in der Denkschrift dargelegten Bedenken gegen die von jüdischen Mannschaften im Einzelfalle zu stellenden Gesuche um Dienstbefreiung zu zerstreuen, sind die Dienststellen ersucht worden, den jüdischen Rekruten nach ihrer Einstellung unter Hinweis auf Ziffer 190 letzten Absatz der Garnisonsdienst-Vorschrift die Einreichung von Dienstbefreiungsgesuchen anheimzustellen.

Zu Antrag 7. Die schon bestehende Vorschrift, wonach Ersatzmannschaften nach Möglichkeit konfessionsweise in den Kirchen und Synagogen durch Geistliche zur Eidesleistung vorzubereiten sind, ist der Armee erneut in Erinnerung gebracht worden.
Zu Antrag 8. Die Truppenteile können Anträgen der zuständigen Rabbiner oder besonderen Vertrauensmänner auf Aushändigung von Verzeichnissen der eingestellten jüdischen Rekruten auch ohne besondere Ermächtigung durch das Kriegsministerium nachkommen. Da aber die Fürsorge für die Seelsorge an den außerhalb der Militärgemeinden stehenden Heeresangehörigen auch in Zukunft allein den beteiligten Religionsgemeinschaften überlassen bleiben muß, kann eine allgemeine Weisung in dieser Hinsicht nicht erteilt werden.
Zu Antrag 9a wird auf vorstehende Ausführung zu Antrag 4 und 5, betreffs Antrag 9b, 10 und 11 auf das Schreiben meines Herrn Amtsvorgängers vom 8. März 1911 Nr. 1249/2.11.A 1 ergebenst Bezug genommen. Die jüdischen Feiertage schon bei Festsetzung der Ruhetage während der Manöver und sonstigen Übungen allgemein zu berücksichtigen, würde nur in seltenen Fällen mit den militärischen Interessen vereinbar, jedenfalls aber dann ausgeschlossen sein, wenn mehrere Feiertage aufeinanderfolgen, wie z. B. beim Neujahrsfeste.«

Die an das bayerische Kriegsministerium weitergeleitete Denkschrift wurde von dem Ministerialreferenten mit einer eindeutig zu wertenden Randbemerkung versehen: »Truppe hat anderes zu tun, als fortgesetzt Rücksichten auf alle möglichen Sonderklassen zu üben.« Der Ministerialreferent war offensichtlich der Ansicht, dass eine allgemeine Dienstbefreiung am Schabbat – im Schreiben des Kriegsministers von Falkenhayn wird die Regelung für die Feiertage auch für den Schabbat gültig erklärt mit der Einschränkung »möglichst« – die Christen benachteiligen würde. Diese Ansicht unterstrich er mit den Worten: »Eine Einfügung der Juden in unsere christliche Feiertagsordnung ist unbedingt zu fordern. Wem's nicht recht ist, der soll nach Palästina!«[109]

Trotz der offensichtlich zwiespältigen Haltung der militärischen Führung zum Thema Feiertagsregelung, Verpflegung sowie Seelsorge für jüdische Soldaten war das Kriegsministerium innerhalb der von ihm vorgegebenen doch recht großzügigen Regelungen bereit, auf die religiösen Bedürfnisse jüdischer Soldaten einzugehen. Auch wenn sich die Heeresverwaltung durchaus dessen bewusst war, dass die Bereitstellung von koscherer Verpflegung für gläubige Juden durch Truppen- oder Feldküchen nicht möglich sein konnte, versuchte sie zumindest in den größeren Heimatstandorten durch Regelungen, jüdischen Soldaten den Zugang zu ritueller Kost, vor allem während der Pessachfeiertage, zu ermöglichen.[110] Diese tolerante Praxis setzte sich auch nach Kriegsbeginn fort, wie die Berichte der Feldrabbiner über die Seelsorge im Felde dokumentieren.

Wehrmacht und nationalsozialistische Gewaltherrschaft[111]

Nach dem Kriege übernahm der im Februar 1919 gegründete Reichsbund jüdischer Frontsoldaten (RjF) die Aufgabe der Abwehr antisemitischer Angriffe auf die Ehre der jüdischen Kriegsteilnehmer. Durch gezielte Aufklärung in Form von Kundgebungen, Flugblättern und Büchern, die den Nachweis des Einsatzes jüdischer Soldaten lieferten,[112] wurde den Angreifern der Wind aus den Segeln genommen. Gleichzeitig war der RjF für die ehemaligen jüdischen Soldaten eine Art »Heimat« und beriet und unterstützte sie auch bei Bedarf in sozialen Fragen.[113]

Mit dem 30. Januar 1933 brach für das deutsche Judentum die Zeit der Verfolgung an, die mit der Vernichtung des deutschen und des größten Teils des europäischen Judentums endete. Für den Reichsbund jüdischer Frontsoldaten begann nun der verzweifelte Kampf um die Ehre und die Rechte der jüdischen Soldaten des Ersten Weltkriegs, ein hoffnungsloser Kampf gegen Entrechtung, Ausgrenzung und Verfolgung. Man war nun einer Macht ausgeliefert, für die der Antisemitismus nicht nur als Bestandteil zu ihrem Parteiprogramm gehörte, sondern die auch bereit war, alle gegen Juden und den ehemaligen politischen Gegner angekündigten Maßnahmen in die Tat umzusetzen. Diese begannen mit pogromartigen Ausschreitungen und dem Boykott jüdischer Geschäfte am 1. April 1933 und fanden ihre Fortsetzung in den Gesetzen, mit denen Juden aus ihren Berufen gedrängt und zunehmend entrechtet wurden.

In Anwendung der von Reichswehrminister Werner von Blomberg am 28. Februar 1934 erlassenen Umsetzung des Gesetzes zur Wiederherstellung des Berufsbeamtentums auf Soldaten[114] mussten außer den ehemaligen Frontkämpfern alle jüdischen Soldaten die Streitkräfte verlassen. Das Gesetz zur Wiedereinführung der Wehrpflicht vom März und das Reichsbürgergesetz vom September 1935 beinhalteten einen vollständigen Ausschluss der deutschen Juden sowohl vom Wehrdienst als auch von den Rechten als Staatsbürger. Mit den Gesetzen des Jahres 1935, die auch die bis dahin geltenden Ausnahmen für ehemalige Frontkämpfer wegfallen ließen, ging die fast 150-jährige Geschichte jüdischer Soldaten in deutschen Armeen zu Ende.

Die jüdischen Frontkämpfer, die im Verlauf der Pogrome vom 9. auf den 10. November 1938 verhaftet und in Konzentrationslager verschleppt worden waren, wurden wegen ihrer Verdienste als Frontkämpfer im Ersten Weltkrieg wieder frei gelassen. Viele von ihnen wurden jedoch später erneut in Vernichtungslager verschleppt und dort ermordet. So endete die Geschichte deutscher jüdischer Soldaten in den Ghettos und Lagern der Nazis. Auch die Erinnerung an ihre soldatischen Leistungen und die Opfer, die sie auf den Schlachtfeldern für ihr deutsches Vaterland erbracht hatten, wurde von den Ehrenmalen entfernt. Die Nationalsozialisten wollten sie für alle Zeiten auslöschen.

2. Fallbeispiele deutscher jüdischer Soldaten

Meno Burg – Königlich Preußischer Major der Artillerie[115]

Am 26. August 1853 starb Meno Burg 63-jährig nach Rückkehr von einer Badereise aus Putbus an der eben ausgebrochenen Cholera. Sein Leichenbegängnis fand mit allen militärischen Ehren statt und wurde zu einer großartigen Feier. Es führte vom Sterbehaus in der Oranienburger Str. 34 zum Jüdischen Friedhof in der Schönhauser Allee. Der jüdische Major war bei Juden wie bei Christen, vor allem bei seinen Offizierskameraden, allgemein beliebt gewesen. So erschienen alle Offiziere der Artillerie und nahezu jeder in Berlin wohnende Jude. Wenn man die Menge der Schaulustigen hinzurechnet, nahmen an Meno Burgs Begräbnis 60 000 Menschen teil – ganz Berlin hatte damals etwa 400 000 Einwohner.[116]

Sein Grab ist erkennbar durch einen schlichten Grabstein, auf der Vorderseite in Deutsch beschriftet, auf der Rückseite eine identische Inschrift mit hebräischen Buchstaben. Dort liest man Burgs Vornamen Menke, der von seinem Großvater väterlicherseits Menachem Menke aus Burg stammte. Menachem war sein jüdischer Vorname, der Name Menke als Verkleinerungsform eignete sich gut für den familiären Gebrauch und offiziell wurde der Vorname Meno verwendet.[117] Die deutsche Inschrift lautet: »Hier ruhet in Gott / Meno Burg / Königl. Preuss. Major / der Artillerie / Ritter pp / geb. den 19. Tischri 5550 / d. 9. October 1789 / gest. den 22. Ab 5615 / d. 6. August 1853«[118]

Die Allgemeine Zeitung des Judentums VII, Nr. 38, vom 12. Sept. 1853 schrieb Folgendes:

> *»Berlin, 28. August. Die B.Z. berichtet: Soeben aus dem Seebade Putbus zurückgekehrt, wo er sich in Begegnung mit seinem Könige dessen würdiger Gnade zu erfreuen hatte, ist der Major der Artillerie Meno Burg hier plötzlich verstorben. Er nimmt nicht nur die Achtung seiner Kameraden mit sich, sondern auch die der gelehrten Welt und die Verehrung fast der ganzen Stadt, die in ihm einen verdienten und liebenswürdigen Offizier und einen wackern Bürger schätzte. Er war der einzige jener Männer jüdischen Glaubens, die in dem Kampfe für die Befreiung des Vaterlandes zu Offizierstellen gelangt und in derselben verblieben sind. Nachdem er an Feldzügen der preußischen Armee mit Auszeichnung teilgenommen hatte, widmete er während der Friedenszeit derselben seine Dienste hauptsächlich als Lehrer der Mathematik an militärischen Unterrichtsanstalten und wurde von*

dem verewigten Könige zum Major befördert. Besonders fühlbar wird sein Verlust der hiesigen jüdischen Gemeinde werden, welcher er viele Jahre als Vorstand angehörte«.[119]

Diese kurze Zeitungsnotiz lässt bereits erahnen, welch außergewöhnlicher Lebensweg Meno Burg von allen anderen Zeitgenossen unterschied. Er war seinen Weg selbst unter den größten Schwierigkeiten ruhig und zielbewusst gegangen und ist seinem Prinzip der bedingungslosen Pflichterfüllung stets treu geblieben. Wenn er an den Hohen Feiertagen in voller Uniform in der Synagoge erschien, tat er dies, um zu zeigen, dass sich der Dienst fürs Vaterland mit der Treue zu Glauben und Ursprung wohl vereinen ließ.[120] Meno Burg war nicht, wie allgemein behauptet,[121] der einzige jüdische Berufsoffizier im Preußen des 19. Jahrhunderts, aller Wahrscheinlichkeit nach jedoch der einzige Stabsoffizier.[122] Burgs Einzigartikeit lag letztendlich in seiner Karriere wie auch dem offenen Bekenntnis zur jüdischen Identität begründet.

Als Meno Burg im Jahre 1813 Soldat wurde, hatte er bereits zuvor einen Beruf ergriffen, der von den für Juden erlaubten Berufen abwich. Trotz der weitgehenden Einschränkungen bei der Berufsausübung war es Juden gestattet, Schulen zu besuchen und zu studieren. Nach dem Besuch der jüdischen Schulen ging er von 1802–1804 auf das Gymnasium zum Grauen Kloster, machte anschließend eine Lehre bei seinem Vetter, dem Regierungsbauinspektor Salomo Sachs, und besuchte dann die Bauakademie, die er 1807 mit einem Examen zum Kondukteur und Feldmesser abschloss. Er wurde noch im Juli desselben Jahres bei der Königlich Kurmärkischen Kriegs- und Domänenkammer als Staatsbediensteter vereidigt.[123]

Obwohl dies gegen die Bestimmungen des Judenreglements verstieß,[124] war Meno Burgs Religionszugehörigkeit zu diesem Zeitpunkt kein Hinderungsgrund für seine Aufnahme in den Staatsdienst. Um sich die Möglichkeit eines weiteren Aufstieges im Staatsdienst offenzuhalten, begann er ein Studium an der Akademie der Künste in Berlin und bereitete sich auf das Große Bauexamen vor.[125] In diese Zeit fiel das »Edikt vom 11. März 1812 betreffend die bürgerlichen Verhältnisse der Juden in dem Preußischen Staate«. So wurde Meno Burg von einer gesetzlich geregelten, rechtlichen Gleichstellung eingeholt, die für ihn schon zur Selbstverständlichkeit geworden war. Die durch das königliche Edikt garantierte Gleichstellung war jedoch mit Einschränkungen versehen. So wurde festgelegt, dass Juden zwar militärpflichtig seien, ihre Verpflichtung jedoch durch eine »Verordnung wegen der Militair-Konscription« näher bestimmt werden solle. Gleichzeitig behielt sich König Friedrich Wilhelm III. im Paragraphen 9 des Ediktes vor, die Zulassung von Juden zum Staatsdienst »in der Folge der Zeit gesetzlich zu bestimmen«.[126] Dies hätte für Meno Burg bedeuten können, aus dem Staatsdienst entfernt zu werden. Denn für die in den Freiheitskriegen kämpfenden jüdischen Soldaten sollte diese Einschränkung nach 1815 schwerwiegende Folgen haben.

Meno Burg jedoch war zu Beginn der Freiheitskriege 1813 als Feldmesser bereits preußischer Beamter. Als der denkwürdige Aufruf des Königs zu den Waffen erschien, die Exemtion von der Kantonspflicht für Juden aufgehoben wurde und der Innenminister anordnete, dass jüdische Freiwillige in die Armee aufzunehmen seien, meldete sich Meno Burg am 1. Februar 1813 mit mehreren Kollegen freiwillig zum Militärdienst. Er beschrieb die Situation mit folgenden Worten:

> *»Es ist weltbekannt, mit welchem außerordentlichen Enthusiasmus dieser Aufruf von der preußischen Jugend aufgenommen wurde, wie er die ganze Nation, ohne Unterschied des Glaubens und des Standes mit sich fortriß, zu einer in der Geschichte beispiellosen Hingebung und Tatkraft erhob und mit welcher seltenen Begeisterung die entflammten Jünglinge den angewiesenen Sammelplätzen zueilten, um mit dem Heere vereint, Preußens Freiheit und Wiedergeburt zu erkämpfen.«*[127]

Mit der Bescheinigung einer vom Magistrat eingesetzten Kommission in der Hand – »Daß der Kondukteur Meno Burg aus Berlin sich heute zum freiwilligen Militärdienst gemeldet hat, wird hiermit attestiert. Berlin, den 14. Februar 1813. Oberbürgermeister, Bürgermeister und Rat« – wurde er am 16. Februar nach Breslau in Marsch gesetzt, um in das von ihm ausgewählte Garde-Normal-Bataillon, eine Eliteeinheit der Infanterie, einzutreten.[128] Als er nach einigen Tagen seine Religionszugehörigkeit angeben musste, wurde ihm vom Kommandeur des Bataillons, Major von Alvensleben, mitgeteilt, dass er als Jude in der Garde nicht dienen dürfe. Alle Proteste, auch ein Brief an den Fürsten Staatskanzler halfen nichts. So stand Meno Burg am gleichen Tag wieder als Zivilist auf der Straße,[129] während kurz darauf eine große Anzahl jüdischer Freiwilliger nach ihrem Eintritt in die Linienregimenter in der Synagoge von Breslau auf Befehl des Königs feierlich eingesegnet wurden.[130]

Aus der für ihn außerordentlich beschämenden Situation half ihm einer seiner ehemaligen Schüler, der damalige Leutnant und spätere Oberst und Flügeladjutant des Königs, von Ledebur, indem er ihm riet, in die Artillerie einzutreten, da man seine Fähigkeiten dort ohnehin besser gebrauchen könne.[131] Die Artillerie galt als Waffengattung der Bürgerlichen und genoss beim Adel daher wenig Ansehen. Dem Rat von Ledeburs folgend, wandte sich Meno Burg direkt an den Prinzen August von Preußen, den Generalinspekteur der Artillerie, und bat um die Erlaubnis, in die Artillerie eintreten zu dürfen.[132] Um eine ähnliche Situation wie bei der Garde-Infanterie nicht noch einmal erleben zu müssen, erwähnte er dem Prinzen gegenüber seine Zugehörigkeit zur jüdischen Religion. Dieser sah darin keinen Hinderungsgrund und nahm ihn in die Artillerie auf, wobei er als Ausgleich für seine schlechten Erfahrungen bei der Garde sofort als Bombardier und nicht als Gemeiner übernommen wurde. Gleichzeitig erhielt er als Beamter das Recht, das silberne Offiziersportepee tragen zu dürfen.[133] Dies war die erste Begegnung Meno Burgs mit seinem späteren Gönner. Er meldete sich mit einem Schreiben des Adjutanten des Prinzen, Major Perlitz, bei der Artillerie in Neiße:

> *»Vorzeiger dieses, der Kondukteur Meno Burg, jüdischer Religion, hat sich bei Sr. K. H. dem Prinzen August gemeldet und um Anstellung in der Artillerie gebeten. Höchstdieselben haben mir befohlen, in seinem Namen zu bestimmen, daß, wenn derselbe für gesund befunden worden, seiner Annahme nichts im Wege steht, sowie überhaupt seine Religion zu seinem fernern Fortkommen in der Artillerie sein soll. Breslau, den 6. März 1813. gez. Perlitz.«*[134]

Meno Burg begann nun in Neiße als Bombardier in der Artillerie, wo er alsbald seinen Schwur ablegen musste:

> *»Nach einigen Tagen, es war am 10. März 1813, erhielt ich den Befehl, mich auf den Wall der Festung zu stellen, wo mir die Kriegsartikel vorgelesen und der Schwur abgenommen werden sollte. Die Artilleristen schwören nämlich nicht bei der Fahne, sondern bei der Kanone. Es machte einen eigentümlichen und zugleich feierlichen Eindruck auf mich, als ich mit meinem Kompaniechef auf dem Wall anlangte und daselbst den Feldwebel der Kompanie, einen Beamten der jüdischen Gemeinden in Begleitung eines alten ehrbar aussehenden jüdischen Mannes mit einem langen weißen Bart, und noch einige Offiziere und Unteroffiziere bei einer Kanone versammelt antraf. Der Feldwebel las mir die Kriegsartikel vor, nach deren Beendigung der Beamte eine hebräische Bibel auf das Bodenstück des Kano-*

nenrohrs legte. Ich mußte nun die Hand auf die Bibel legen und den Schwur nachsprechen, den mir der Beamte Wort für Wort vorsagte.«[135]

Burg gewann durch gute Leistungen bereits nach wenigen Wochen die Anerkennung seiner Vorgesetzten, vor allem die seines Kompaniechefs Conradi; und wurde zum Unteroffizier befördert. Dieses besondere Ansehen Meno Burgs wird bei der Lektüre des Briefes deutlich, den sein Kompaniechef, der Premierleutnant und spätere Oberstleutnant Conradi bald nach Burgs Beförderung zum Unteroffizier am 8. Mai 1813 an dessen Mutter schrieb:

»Sehr wertgeschätzte und achtungswerte Frau.
Ihr Herr Sohn ist so gütig bei Schilderung seiner jetzigen Lage auch meiner gegen Sie zu erwähnen, und zwar auf eine Art, die nach eigener Überzeugung weit von der Wahrheit entfernt ist. Aus Gründen nahm ich mich Ihres Herrn Sohnes beim Eintritt in die Kompanie wohl vorzüglich an, dies, meine achtungswerte Frau, würde ich unter gleichen Umständen gegen jeden anderen auch getan haben, daß aber Ihr Herr Sohn sich durch sein so ausgezeichnetes moralisches als auch bescheidenes Betragen und die vorzügliche Aufmerksamkeit im Dienste nicht allein meine ganze Achtung und auch derer Offiziere, so ihn kennen gelernt, sich erworben, ist ganz sein Werk, weswegen ich ihn persönlich schätze und wir beide freundschaftlich miteinander umgehen. Um ihm nun einen Beweis zu geben, wie sehr ich ihn schätze, habe ich ihn trotz seiner kurzen Dienstzeit zum Unteroffizier dem Obersten vorgestellt, welchen denn auch genehmigt; doch seien Sie auch versichert, daß bei jeder andren Kompanie ihm dieser Vorzug ebenfalls geworden wäre. Daß es Ihrem Herrn Sohn in dem so beschwerlichen Soldatenstand so gut gefällt, und sich sogleich und leicht gefügt, hat er bloß der vortrefflichen Erziehung seiner achtungswerten Mutter zu verdanken, die ihm Grundsätze eingeflößt, sich in allen Lagen des menschlichen Lebens zu finden, doch können Sie auch glauben, daß er dies mit aller kindlichen Liebe erkennt und nur mit der größten Hochachtung von Ihnen spricht. Wie sehr wünsche ich, da auch ich Vater eines Sohnes bin, auf ihn dereinst einmal so stolz sein zu dürfen, wie Sie es mit Recht sein können.«[136]

Die Tatsache, dass Meno Burg über sehr gute Kenntnisse verfügte und auch die anderen Artillerieoffiziere seinen Rat gern in Anspruch nahmen, sowie sein Recht, als Beamter das Offiziersportepee tragen zu dürfen, verschaffte ihm auch bei seinen Kameraden ein gewisses Ansehen, so dass er ganz zwangsläufig als Offizierskandidat betrachtet wurde.

Die logische Konsequenz war, nunmehr Offizier zu werden. Meno Burgs Voraussetzungen entsprachen den Vorgaben des »Reglement vom 6. August 1808 über die Besetzung der Stellen der Portepeefähnriche und über die Wahl zum Offizier bei der Infanterie, Kavallerie und Artillerie«.[137] Er hatte die für die Offizierslaufbahn erforderlichen Kenntnisse und auch die entsprechende Bildung. Nun brannte er darauf, bei der kämpfenden Truppe eingesetzt zu werden, um sich dort durch »ausgezeichnete Tapferkeit« bewähren zu können. Als seine Kompanie nach Spandau verlegt wurde, waren dort die Kampfhandlungen bereits beendet. Alle weiteren Gesuche, an der Front eingesetzt zu werden, wurden abgelehnt.

In der Festung Spandau diente er unter dem Offizier des Platzes, Hauptmann von Bardeleben. Meno Burg schildert ihn als fähigen, aber harten und oft auch tyrannischen Vorgesetzten. Viele seiner Kameraden bekamen die Härte dieses Offiziers zu spüren, Meno Burg hingegen konnte von Bardelebens Schikanen durch seine hervorragenden Kenntnisse sowie etwas Glück entgehen und wurde sogar mehrfach öffentlich gelobt und den andern als gutes Beispiel vorgestellt.[138]

Nach neun Monaten Dienstzeit ergab sich für Meno Burg die erste Gelegenheit, zum Offizier zugelassen zu werden. Es war von der vorgesetzten Dienststelle in Neiße der Befehl ergangen, alle fähigen Unteroffiziere zum Offizier vorzuschlagen. So wurde Meno Burg von den anderen Offizieren der Festung – die Subalternoffiziere hatten das Recht, einen Aspiranten ihrer Wahl zu benennen – ausgewählt und sollte zum Offizier vorgeschlagen werden. Der Hauptmann von Bardeleben, als Vorsitzender der Auswahlkonferenz, wehrte sich auf das Entschiedenste gegen diesen Vorschlag:

> *»Ich habe im allgemeinen nichts gegen den Burg einzuwenden, aber er ist ein Jude. Ich bin Artillerieoffizier, und so lange ich etwas zu sagen habe, soll kein Jude Offizier in der Artillerie werden.«*[139]

Diese Ungerechtigkeit schmerzte Meno Burg zutiefst, denn zum zweiten Mal war ihm wegen seiner Religionszugehörigkeit Unrecht widerfahren. Er setzte jedoch seinen Dienst trotz der offensichtlichen Benachteiligung unbeirrt und mit größtem Einsatz fort. Der Nachfolger des Hauptmanns von Bardeleben wurde der Major von Scholten, der alsbald Burgs Fähigkeiten erkannte und ihn als Mathematiklehrer an die Brigadeschule nach Berlin versetzen ließ. Er unterrichtete dort als Unteroffizier andere Unteroffiziere und Portepeefähnriche und konnte im Wintersemester 1814/15 nebenbei das Examen zum Artillerieoffizier ablegen.[140] Die Aussicht, zum Offizier ernannt zu werden, schien jedoch in weiter Ferne zu liegen. Diejenigen Offiziersanwärter, die in seiner Spandauer Zeit zum Offizier vorgeschlagen worden waren, hatten bereits ihre Beförderungen erhalten. In diese Zeit fiel ein für ihn besonders betrübliches Ereignis, das Meno Burg wie folgt schilderte:

> *»An einem Wintermorgen sitze ich in meinem Stübchen, um mich zu dem im Laufe des Vormittags zu gebenden mathematischen Unterricht vorzubereiten. Mit einem Male höre ich in dem anstoßenden großen Hörsaal viele Fußtritte von einer größeren Anzahl von Personen, die sich in demselben versammeln. Da es die Brigadeschüler nicht sein konnten, indem es zum Beginn des Unterrichts noch viel zu früh war, so achtete ich nicht weiter darauf und setzte meine Studien unbekümmert fort. Doch nach einigen Sekunden ertönte eine herrliche Militärmusik. Das war mir denn doch zu auffallend. Ich öffne demnach die kleine Türe, welche von meinem Hörsaal in das Stübchen führte, und trete hinein. Der Direktor der Kapelle, der mich sofort erblickte, ließ die Musik weiter spielen, tat aber zu mir heran und sagte mit lauter Stimme: ›Das Musikkorps der Gardeartillerie beehrt sich dem Herrn Leutnant zu gratulieren.‹ Ich erwiderte, daß nicht ich, sondern der Unteroffizier Bocksfeldt Offizier geworden sei. Der Direktor winkte bedeutsam mit der Hand, die Instrumente verstummten plötzlich, die Hoboisten entfernten sich schneller als sie gekommen waren, ich aber ging verstimmt in mein Stübchen zurück, um mich weiter vorzubereiten. Wie ich an diesem Tage vorgetragen habe, kann ich jetzt wahrlich nicht berichten.«*[141]

Jeder Soldat, der etwas Vergleichbares in seiner Dienstzeit erlebt hat, wird bestätigen können, dass es kein unangenehmeres Erlebnis geben kann, als bei Beförderungen übergangen zu werden. Dies war im Falle Meno Burgs umso demütigender, da der Grund für die Benachteiligung einzig und allein darauf zurückzuführen war, dass Juden nicht zum Offizier befördert wurden.

Als im Frühjahr 1815 der Krieg erneut ausbrach, ergriff Meno Burg die Gelegenheit, sich zur Feldartillerie versetzen zu lassen. Dort war einer seiner ehemaligen Rekruten und späteren Schüler an der Brigadeschule als Portepeefähnrich sein unmittelbarer Vorgesetzter. Auf eine schriftliche Eingabe an den General und Chef der Artillerie, August Prinz von Preußen, wurde Burg darauf hingewiesen, dass die Beförderung zum Offizier von einem entsprechenden Vorschlag abhänge und dazu das einstimmige Votum sämtlicher Stabsoffiziere erforderlich sei. Trotz aller Verzögerungen wurde Meno Burg nach zweieinhalbjähriger Dienstzeit »mittelst Allerhöchster Cabinettsordre vom 18. August 1815 … zum Seconde-Lieutenant der Artillerie befördert« und der Brandenburgischen Artilleriebrigade einverleibt.[142] Am 12. November wurde er zur ersten Artilleriebrigade nach Danzig versetzt.[143] In die Zeit in Danzig fiel ein Erlebnis, das ihm Zeit seines Lebens in Erinnerung geblieben ist:

»Es war an einem Sonntag. Ich ging im Paradeanzug, weißen Hosen, Schärpe, dekorierten Tschako, alles funkelnagelneu, vom Leege-Tor, wo ich im Quartier lag, über den Wall zur Stadt. Da begegnete mir ein alter polnischer Jude mit einem langen weißen Bart. Er blieb ehrfurchtsvoll stehen, nahm seine Pudelmütze vom Kopf und bückte sich tief vor mir, indem er mich wahrscheinlich für einen sehr hochgestellten Mann hielt, wie überhaupt die polnischen Juden gemeinschaftlich einen jeden Offizier grüßen. Ich trat zu ihm und sagte, in einer ihm sehr verständlichen Sprache, wie er sich denn so vor mir demütigen könne, ich sei so gut wie er ein Abkömmling Israels, wir seien mithin Brüder und einer nicht mehr als der andere. Mit einem unbeschreiblich freudigen Blick sah der Alte mich voller Erstaunen an. Er schlug beide Hände hoch über dem Kopfe zusammen und schrie in hebräischer Sprache, fast überlaut, das Glaubensbekenntnis der Juden: Höre Israel … Dann sagte er: Gott, Gott, was hab' ich gehöret, was hab' ich gesehen! und wollte meine Hand küssen. Um einen Auflauf zu vermeiden, zog ich mich schnell zurück und ging rasch und in vollem Lachen weg. Doch als ich mich umsah und den alten Mann mit seinen ausgebreiteten Armen, das Auge nach oben gerichtet, in einer mich segnenden Stellung erblickte, da überfiel mich ein namenlos rührendes Gefühl, mein Mutwille war plötzlich dahin, und gedankenschwer setzte ich meinen Weg mit dem innigsten Wunsch fort: O, möchte doch der bei den Juden bei solcher Gelegenheit gebräuchliche Segen – Der Herr segne und behüte dich … – in Erfüllung gehen!«[144]

Im Herbst 1816 wurde Meno Burg auf Befehl des Prinzen August als Zeichenlehrer an die Artillerie- und Ingenieurschule versetzt. Obwohl er darum bat, als Mathematiklehrer eingesetzt zu werden, beauftragte man ihn damit, Unterricht im Artilleriezeichnen zu erteilen, da man von ihm einen günstigen Einfluss auf die bis zu diesem Zeitpunkt vernachlässigte Disziplin erwartete.[145] Dies äußerte auch Prinz August in einem Gespräch mit Meno Burg:

> *»Aus Ihren zweijährigen Vorträgen in der Mathematik habe ich entnommen, daß Sie eine gute Methode haben und sich zum Lehrfach eignen. Ihre zum Offiziersexamen eingereichten Zeichnungen zeigen, daß Sie in dieser Kunst schon etwas Bedeutendes geleistet haben. Ich nehme deshalb keinen Anstand, Ihnen den Unterricht im Artilleriezeichnen auf der Königlichen Artillerie- und Ingenieurschule zu übertragen. Es ist dies bis jetzt eine nur zu vernachlässigte Disziplin, und allerorten fehlt es mir an tüchtigen Zeichnern, denen ich jetzt so sehr bedarf. Ich habe die Überzeugung, daß Sie durch Ihren Eifer und durch ihren Fleiß das in Sie gesetzte Zutrauen rechtfertigen werden.«*[146]

Diese Worte zeigen, wie sehr der Prinz Meno Burg schätzte und dass er offensichtlich auch bereit war, ihn baldmöglichst zur Beförderung in Vorschlag zu bringen.

Der Leutnant Burg unterrichtete nun Offiziersanwärter und Offiziere der Artillerie und des Ingenieur-Korps. Darüber hinaus hatte er noch die Aufgabe eines Aufsehers und Bibliothekars, wofür er zusätzlich zu seinem Gehalt eine jährliche Zulage von 400 Talern erhielt. Er führte nach anfänglichen Widerständen von Seiten des älteren Lehrpersonals einen neuen fortschrittlicheren Lehrplan ein, der so erfolgreich war, dass er im Februar 1818 vom Prinzen den Auftrag erhielt, ein Lehrbuch des Artilleriezeichnens auf den Grundlagen der von ihm eingeführten Methode auszuarbeiten. Dieses Lehrbuch erschien 1822 als zweibändiges Werk unter dem Titel: »Die geometrische Zeichenkunst, oder vollständige Anweisung zum Linearzeichnen, zur Konstruktion der Schatten und zum Tuschen usw. zunächst zum Gebrauch in den Königl. Preußischen Artillerieschulen von M. Burg, Leutnant in der ersten Artilleriebrigade und Lehrer an der Königl. Artillerie- und Ingenieurschule. Berlin 1822«.[147] Es wurde zum Standardwerk an den neun Brigadeschulen der Artillerie.

Im Jahre 1826 wurde Meno Burg seinem Dienstalter gemäß planmäßig zum Premierleutnant befördert.[148] Burg war mit dieser Regelbeförderung äußerst zufrieden, da er wusste, dass viele der jüdischen Freiwilligen aus den Freiheitskriegen bei ihrer Bewerbung um eine Anstellung im Staatsdienst eine Abweisung erhalten hatten. Der Weg zur Beförderung zum Hauptmann sollte jedoch ein erneuter Spießrutenlauf der Demütigungen werden.

Als er im Jahre 1830 zum Hauptmann anstand, fragte Prinz August von Preußen beim Kriegsministerium an, ob von Seiten des Königs irgendwelche Einwände gegen Burgs Beförderung zum Hauptmann zu erwarten wären.[149] In der Antwort des Königs auf die Anfrage des Prinzen wurde angedeutet, dass der Übertritt zur christlichen Religion sämtliche Hindernisse bezüglich der Beförderung aus dem Weg räumen würde. Aus diesem Schreiben konnte Meno Burg zum ersten Mal offiziell entnehmen, dass seine Religionszugehörigkeit der eigentliche Hinderungsgrund war. Er schrieb als Antwort an den Prinzen und erklärte, dass er nicht beabsichtige überzutreten. Tatsächlich soll er 1824 einen Antrag auf Taufe gestellt, diesen aber der »Familienverhältnisse wegen« aufgeschoben haben.[150]

Prinz August wandte sich daraufhin erneut an den König und setzte sich dafür ein, Meno Burg, wenn schon nicht zum Hauptmann der Artillerie, so wenigstens zum Hauptmann von der Armee zu befördern. Der König verweigerte erneut seine Zustimmung. Trotz höchster Unterstützung durch den General der Artillerie August Prinz von Preußen, der ein Neffe Friedrichs II. und ein Onkel des Königs war, lehnte Friedrich Wilhelm III. Burgs Beförderung ab mit der Bemerkung, er werde noch »zur Erkenntnis der Wahrheit und des Heils christlichen Glaubens gelangen«.[151]

Meno Burg hatte bereits mit dem Gedanken gespielt, den aktiven Dienst zu verlassen, als er 1834 doch noch zum Hauptmann ernannt wurde, allerdings im Range eines Zeugkapitäns, einer Laufbahn, die in der Preußischen Armee am geringsten angesehen war. Prinz Adalbert von Preußen, der nach dem Tode des Prinzen August Chef der Artillerie wurde, erkannte dies als schwere Demütigung und verwandte sich für Burg beim neuen König Friedrich Wilhelm IV. Mit Kabinettsorder vom 16. April 1844 wurde Burg gestattet, die Uniform eines Hauptmanns der Artillerie anzulegen und 1847 wurde er mit dem Charakter als Major der Artillerie versehen.[152]

Im Laufe seiner Dienstzeit wurden ihm zahlreiche zivile und militärische Auszeichnungen verliehen, so die große goldene Medaille für Wissenschaft und im Jahre 1841 der Rote Adlerorden IV. Klasse. Auch hier war Meno Burg, obwohl er seit 1838 immer wieder vorgeschlagen wurde, mehrfach übergangen worden. Erst am 15. Oktober 1841, am Geburtstag des Königs, wurde ihm der Orden überreicht.[153] Hier hatte sich einmal mehr gezeigt, dass er immer dann, wenn es um

Beförderungen und Auszeichnungen ging und der König zu entscheiden hatte, übergangen wurde. Wenn die Tatsache, dass er Jude war, im Kameradenkreis oder auch im Dienste keine Rolle spielte, kam sie immer dann zum Tragen, wenn ihn als Jude sein Rang über Christen gestellt hätte. Hier ging es einzig und allein um die Denkweise der Repräsentanten eines christlichen Staates, die den Bürger jüdischen Glaubens mit den Grundprinzipien dieses Staates unvereinbar sahen und ihm daher auch keine obrigkeitliche Gewalt über christliche Bürger überlassen wollten. Diese Schranken fielen erst, wenn der Übertritt zum christlichen Glauben vollzogen wurde. Meno Burgs Situation war dabei noch besser als die der anderen Juden in Preußen. So wurden seit den Freiheitskriegen Juden grundsätzlich nicht zu Staatsämtern zugelassen, und mit der Kabinettsorder vom 18. Juni 1822 wurde die Beförderung jüdischer Soldaten überhaupt untersagt.[154]

Meno Burg hatte trotz der zahlreichen Demütigungen und Benachteiligungen nie gewankt in der Zuneigung zu König und Vaterland. Eine Kritik an den Umständen, unter denen die Juden in Preußen und den anderen Staaten zu leiden hatten, wäre ihm nie in denen Sinn gekommen. Die Treue zum König und das Bewusstsein, dass er alle Wohltaten, die ihm zuteilwurden, seinem Herrn, dem Schöpfer zu verdanken hatte, bestimmten sein Leben. Eindrucksvoll schildert er seine Gefühle anlässlich der Verleihung des Roten Adlerorden.[155] Hier wird auch die besondere und vorurteilsfreie Wertschätzung seiner Person durch die Vorgesetzten und das Ansehen, das er im Kameradenkreis genoss, deutlich:

> *»Doch wer beschreibt meine mich bestürmenden Empfindungen, meine mich ebenso erhebenden wie beschämenden Gefühle, als der Oberst folgende Worte aussprach: Meine Herren! Es ist zwar eine lang hergebrachte Sitte, an diesem unserem Könige und Herrn geweihten Tage nur ihm einen Toast darzubringen und für sein stetes Wohlergehen unsere innigsten und tiefgefühlten Wünsche auszusprechen. Allein ich glaube in Ihrem Sinne zu handeln, wenn ich mir für heute eine Abweichung von dieser Regel erlaube und Sie, meine Herren, auffordere, die Gläser zu füllen und unserm neuen Ritter vom ganzen Herzen unseren herzlichen und kameradschaftlichen Glückwunsch darzubringen. Der jüngere Teil von Ihnen, und das werden wohl die meisten sein, und seine Schüler, wir älteren sind seine Freunde, wir alle wissen, wie viel er durch seinen unermüdlichen Fleiß und durch seinen Eifer zum Gedeihen unserer Waffe beigetragen hat, wir alle wissen und fühlen es, welch' ein lieber Kamerad er uns immer war und fortan bleiben wird,*

wir alle nehmen deshalb auch an der ihm zuteil gewordenen Auszeichnung den herzlichsten Anteil und freuen uns mit seiner Freude. Unser neuer Ritter, der Hauptmann Burg, er lebe hoch! Und ein dreimaliges, allgemeines, laut hinschallendes Lebehoch wurde mir unter Trompetenschall dargebracht. Ich wollte einige Worte des Dankes hervorbringen, allein ich war zu tief bewegt, zu sehr ergriffen, meine Gefühle überwältigten mich, die Stimme versagte mir ihren Dienst, ich konnte kein Wort hervorbringen. Mit tränenden Augen umarmte ich meinen lieben Obersten und setzte mich, tief erschüttert, still auf meinen Platz. Aber ein brünstiges Stoßgebet, einen unbeschreiblich tief empfundenen Dank sendete ich in stiller Demut zum Throne des Allgewaltigen, der mir unverdient so unendlich große Gnade erzeigte. Ach, mein Gott, mein Gott, ich bin viel zu gering für alle die Gnade, für alle die Treue, die Du, allbarmherziger Gott, deinem Knechte erwiesen hast, seit ich bin, bis auf diesen Tag!«[156]

Der preußische Major und Jude Meno Burg widerstand trotz der zahllosen Demütigungen und Benachteiligungen, die er in seiner Dienstzeit erfuhr, der Versuchung, zum Christentum überzutreten. So schreibt der General der Artillerie, Kraft Prinz zu Hohenlohe-Ingelfingen, über seinen ehemaligen Lehrer Burg: »Dass er trotz seiner militärischen Laufbahn streng am orthodoxen Judentum festgehalten, dass er es trotz seines Judentums bis zum Major gebracht hatte, das machte ihn zu einer Berühmtheit in der ganzen Judenschaft.«[157]

Meno Burg fühlte sich stets eng mit dem Judentum verbunden. Er war engagiertes Mitglied der jüdischen Gemeinde zu Berlin, deren Vorstand er zeitweilig angehörte, war ein eifriger Besucher der alten Synagoge in der Heidereutergasse, streng konservativ in seiner Gesinnung und legte Wert darauf, sich in voller Uniform an Sabbat- und Feiertagen zur Thora aufrufen zu lassen. Religiös im Judentum verwurzelt, fühlte er sich national als Preuße und Deutscher. Für ihn war es nie ein Widerspruch, Deutscher und Jude zugleich zu sein. So hatte er stets den Wunsch gehegt, dass deutsche Juden Staatsämter erhalten sollten, um als Diener dieses Staates die Zukunft des Landes und damit auch die Zukunft der Juden in Deutschland mitzugestalten. Sein Wunsch wurde in Bezug auf das Militär nicht erfüllt. Nach ihm wurde bis zum Ersten Weltkrieg kein seinem Glauben treu gebliebener Jude, Ärzte ausgenommen, Berufsoffizier.[158]

Meno Burg hatte nahezu ein halbes Jahrhundert als Beamter und Offizier dem preußischen Staate gedient. Er wurde Jahre vor dem Emanzipationsedikt als

Staatsbediensteter vereidigt und starb fünf Jahre nach der Revolution als hochgeachteter Major der Artillerie. In sein Dienstleben fiel nicht nur die Zeit der nachhaltigsten Bemühungen der deutschen Juden um rechtliche Gleichstellung, sondern auch die Zeit der weitreichendsten Veränderungen im jüdischen Leben und Umfeld.

Das Judentum der großen Städte, allen voran Berlin, wandelte sich in wenigen Jahren. Die Zeit vom Ende der Freiheitskriege bis zum Beginn der 50er Jahre des 19. Jahrhunderts war bestimmt von einem rasanten Modernisierungsprozess, der alle Bereiche des jüdischen Lebens betraf. Mit dem Edikt von 1812 waren auf dem beruflichen Sektor, den Staatsdienst ausgenommen, alle Tore geöffnet. Nun begann die Zeit der jüdischen Großhändler, Fabrikanten und Bankiers, in Berlin waren es die Familien Gerson, Mannheimer, Israel, Liebermann und Mendelssohn. Das von Joseph Mendelssohn und Moses Friedländer 1795 gegründete Bank- und Wechselgeschäft wurde im 19. Jahrhundert die bedeutendste Privatbank Deutschlands. Diese Zeit des schnellen Wandels ließ ein wohlhabendes und selbstbewusstes jüdisches Bürgertum entstehen, das nicht nur Wirtschaft und Handel, sondern auch Literatur und Kunst prägend beeinflusste. Die literarischen Gesellschaften und Salons, das Mäzenatentum jüdischer Großbürger förderten kulturelles Ansehen und Entwicklung des Landes. So standen die Erfolge auf allen Ebenen von Wissenschaft und Unternehmertum, Kunst und Kultur in scharfem und als ungerecht empfundenem Gegensatz zu der immer noch nicht verwirklichten rechtlichen Gleichstellung.

Mit den Veränderungen und dem daraus resultierenden Anpassungsprozess stieg auch die Zahl der Übertritte zum Christentum. Dies galt in erster Linie für die Schicht der Gebildeten und der ins gehobene Bürgertum Aufgestiegenen, hing aber sicherlich auch mit der restriktiven Politik des Staates nach 1815 in Bezug auf die Anstellung von Juden im Staatsdienst und im Militär zusammen. Eine Antwort auf die seit Ende des 18. Jahrhunderts steigende Zahl von Konversionen war die Entstehung des Reformjudentums, deren Vertreter einerseits die religiöse Tradition erneuern wollten, andererseits durch Annäherung an Staat und Christentum den Strom der Übertrittswilligen umzulenken versuchten. Dies war sicherlich für einen Teil dieses Personenkreises ein akzeptabler Kompromiss. So hatte die Reformbewegung großen Zulauf, denn man konnte sich von den äußerlich sichtbaren Kennzeichen des Judentums weitgehendst befreien, ohne übertreten zu müssen. Letztendlich ging es für die christliche Umwelt aber nur um die

Frage – Jude oder Christ. Diejenigen, die durch den Übertritt eindeutige Vorteile erwarteten, zögerten oft nicht, den Schritt der Konversion zu vollziehen. Die anderen begaben sich in die Hände eines fortschreitenden Assimilierungsprozesses, der in vielen Fällen zur Aufweichung der jüdischen Identität und damit zur Auflösung des jüdischen Umfeldes führte.

Im Zuge des Anpassungsprozesses fand eine deutliche Hinwendung zum Deutschtum statt. Man begann sich in allen Bereichen des Lebens der deutsch-christlichen Umgebung anzupassen. In diesem neuen Lebensumfeld hatte die Tatsache der Zugehörigkeit zum jüdischen Volk ihren Platz verloren. Man sah sich als Deutscher, als Preuße, aber keinesfalls als Jude, sondern als Angehöriger der jüdischen Glaubensgemeinschaft.

So schnell und tiefgreifend dieser Anpassungsprozess auch war, so schmerzlich musste von den Angehörigen der jüdischen Oberschicht die Ablehnung von Seiten der sie umgebenden christlichen Gesellschaft empfunden wurden. Diese Ablehnung auf gesellschaftlicher Ebene wurde unterstützt durch die reaktionäre Haltung des Staates, die rechtlichen Regelungen des Emanzipationsediktes betreffend, und durch die Verbreitung christlich-nationalistischen Gedankenguts in führenden Schichten der deutschen Bevölkerung. Ein Beispiel war die 1810 von Achim von Arnim gegründete Christlich-Deutsche Tischgesellschaft, in der »Juden, Franzosen, Philister und Frauen« nicht Mitglieder werden durften.

Am Vorabend der Revolution von 1848 standen das deutsche und vor allem das preußische Judentum vor Fürst und König mit der Forderung nach der, schon 1812 versprochenen und immer noch nicht eingelösten, endgültigen und vollständigen rechtlichen Gleichstellung.[159]

Dr. Ludwig Frank – Ein Kämpfer für den Frieden[160]

»Die deutsche Volkszukunft verlor einen ihrer stärksten und notwendigsten Führer. … Die deutsche Sozialdemokratie verlor in ihm einen ihrer unbefangensten und fähigsten Köpfe, ihrer stärksten Charaktere, die badische ihr Haupt. Mehr als die Partei verlor das deutsche Volk. … Als er die Grenze überschritten hatte, warf ihn eine französische Kugel nieder, und in raschem Schmerz schloss sich für immer der Mund, der ein Prediger staatlicher Freiheit und deutscher Kultur gewesen ist.« (Theodor Heuss in »Die Hilfe« vom 17. September 1914)

Ludwig Frank und seine Bedeutung für die Sozialdemokratie und Friedensbewegung im späten Kaiserreich

Wie viele deutsche Juden zog auch der Rechtsanwalt Dr. Ludwig Frank[161] aus Mannheim im August 1914 ins Feld. Der 40-jährige Frank meldete sich, obwohl sein Landsturmjahrgang noch nicht hätte ausrücken müssen, freiwillig zum Kriegsdienst. Ludwig Frank war nicht nur eine der profiliertesten Politikerpersönlichkeiten der Stadt Mannheim, er war auch einer der bedeutendsten Politiker der deutschen Sozialdemokratie vor dem Ersten Weltkrieg. Als Gründer der Arbeiterjugend und Reichstagsabgeordneter der SPD – Frank war von 1907 bis zu seinem Tode 1914 Abgeordneter des 11. badischen Reichstagswahlkreises – kämpfte er für eine Verbindung der Arbeiterschaft mit der bürgerlichen Linken. Franks historische Bedeutung lag in seinem Bemühen, die Sozialdemokratie aus ihren erstarrten Strukturen und damit aus der Isolierung zu führen sowie die seit der Reichsgründung immer stärker werdende Kluft zwischen Nation und Arbeiterbewegung zu überwinden.[162] Frank ließ sich dabei vom Modell des französischen Sozialisten Jean Jaurès[163] leiten, obwohl er Jaurès' Strategie anfangs skeptisch gegenüberstand. Auch Ludwig Frank gehörte in den ersten Jahren dem linken Flügel der Partei an. Er war ein begeisterter Anhänger August Bebels, und auf dem Amsterdamer Sozialistenkongress im Jahre 1904 sah man ihn als ständigen Begleiter Rosa Luxemburgs.[164] Doch schon seine Briefe aus Amsterdam machen deutlich, wie stark ihn Jaurès als Redner beeindruckte: »Viele deutsche Parteigenossen lauschten fast zwei Stunden lang seiner Rede, von denen ich weiß, daß sie seine französische Sprache nicht verstanden – und doch sah ich auf ihren vor Erregung geröteten Gesichtern alle Anzeichen tiefinnerlicher Teilnahme … Ob seine politische Taktik, seine ›neue Methode‹ für das französische Proletariat der richtige Weg ist, – weiß ich nicht, ich glaube es nicht, – aber er ist ein Könner, ein Willensmensch, und auch die besten Theorien können das Talent nicht überflüssig machen.«[165] Franks »Bekehrung« ging von Jaurès' Rede in Amsterdam aus.[166] Zusammen mit dem Karlsruher Sozialdemokraten Wilhelm Kolb[167] schuf er das erste sozialliberale Bündnis der deutschen Geschichte, eine Koalition aus National-, Linksliberalen, bürgerlichen Demokraten sowie Sozialdemokraten, die seit 1905 die Politik im Badischen Landtag bestimmte.[168]

Ludwig Frank war viel mehr als der bedeutendste Politiker der SPD nach August Bebel,[169] er war der größte Hoffnungsträger für eine demokratisch-parlamentarische Ordnung in Deutschland. Wie kaum ein anderer seiner Genossen verfügte er über ein Charisma und eine Rednergabe, mit der er seine Zuhörer mitreißen konnte. Wenn er sprach, fühlte man sich an Friedrich Hecker und Ferdinand Lassalle[170] erinnert. In vielen Reden berief sich Ludwig Frank auf Ferdinand Lassalle, auch war die äußere Ähnlichkeit mit dem prominenten Arbeiterführer auffällig. In einem Brief vom 5. Dezember 1906 schrieb Theodor Heuss an seine spätere Frau Elly Knapp: »Haben Sie Lassalle im Zylinderhut verwischen können (Ludwig Frank)?«[171] Elly Knapp antwortete am 6. Dezember: »Den Lassalle haben wir wirklich durch den reinsten Zufall mitten in der Stadt verwischt. Er nahm schon 30 Schritt vor uns den Zylinder ab und mußte so lachen, daß er sich tödlich vor den drei Sozen blamiert hat, mit denen er ging. Wir sind fast gestorben vor Amüsement.«[172]

Heuss verglich später nach Franks Tod die beiden deutschen Sozialisten: »Man hatte sich gewöhnt, in Frank einen zweiten Lassalle zu sehen: Ähnlichkeit der äußeren Erscheinung führte dazu, Gleichmäßigkeiten der geistigen Art, im Politischen wie im Kulturellen verstärkten diese Empfindung – nun drängt der Zufall den Vergleich zu einem schauerlichen Abschluss. Am 31. August waren es eben fünfzig Jahre, daß Lassalle im gleichen Alter wie jetzt Frank, vierzigjährig, durch eine Kugel fiel; Franks Todestag ist der 3. September. Sie vereinigten in sich, beide dem Boden jüdischen Kleinbürgertums entstammend, die Bildung ihrer Zeit; … Beide unbefangene Köpfe, die über Parteigrenzen hinaus geschichtlich denken konnten, große Redner, die neben Wucht und Pathos die Waffe der Ironie und des Witzes meisterten; vor allem aber innerhalb der sozialistischen Bewegung die zwei Männer, die, gegenüber der nur ökonomischen Wertung der öffentlichen Dinge, den ausgeprägtesten Sinn für den Staat und das staatliche Machtproblem besaßen. Hier gerade lag Franks geschichtliche Aufgabe …, verlorengegangene Ansätze Lassalles in der sozialistischen Bewegung neu zu erwecken und in Entscheidungen der Tat zu vollenden.«[173]

Ludwig Frank war ein Politiker von landespolitischem und nationalem Rang, der weit über die Grenzen seiner Partei hinaus Zeitgenossen im In- und Ausland beeindruckte und bewegte. Dies war nicht zuletzt auf sein Engagement in der Friedensbewegung und sein Bemühen um einen Ausgleich zwischen Frankreich und Deutschland zurückzuführen. Unter dem Eindruck der im März 1913 im Reichstag eingebrachten Vorlage zur Vergrößerung des deutschen Heeres[174] und der gleichzeitigen französischen Vorlage zur Wiedereinführung der dreijährigen Dienstpflicht initiierte Frank eine deutsch-französische Friedenskonferenz: »Die

Sozialisten sind in den Parlamenten beider Länder nur Minderheiten. Sollte es aber nicht möglich sein, eine Aussprache aller derjenigen deutschen und französischen Abgeordneten herbeizuführen, die überzeugt sind, daß unter der Flagge des Nationalismus hüben und drüben eine antinationale Politik getrieben wird? Auf neutralem Boden, in Brüssel oder Genf, müßte diese deutsch-französische Konferenz tagen.«[175]

Ein Komitee aus Mitgliedern aller Parteien des Schweizer Nationalrates unter Leitung des sozialdemokratischen Abgeordneten Robert Grimm[176] lud am 9. April 1913 zu einer deutsch-französischen Verständigungskonferenz in Bern ein, an dem Tag, als Frank im Reichstag seine eindringliche Rede gegen die neue Heeresvorlage hielt. Da alle bürgerlichen Parteien dieser Vorlage im Reichstag zugestimmt hatten, nahmen nur acht Abgeordnete aus dem bürgerlichen Lager, die in der bürgerlichen Friedensbewegung aktiv waren, an der Friedenskonferenz teil. Ihnen gegenüber standen 26 Sozialdemokraten, wobei Bebel zunächst gezögert hatte, an einer Konferenz gemeinsam mit Bürgerlichen teilzunehmen.[177] Schließlich beteiligten sich jedoch SPD-Abgeordnete aller Richtungen wie z. B. Eduard Bernstein[178], Hugo Haase[179], Karl Liebknecht[180] und Philipp Scheidemann[181]. Die französische Seite schickte 180 Abgeordnete nach Bern, unter ihnen 110 aus bürgerlichen Parteien, die in der französischen Kammer gegen die Wiedereinführung der dreijährigen Dienstpflicht gestimmt hatten.[182] Die Konferenz wurde am 11. Mai 1913 in der Aula der Berner Universität von Robert Grimm eröffnet. Die Eröffnungsreden hielten Paul d'Estournelles[183] und August Bebel, der auf den bedrohlichen Wettlauf der Rüstungen hinwies. Die Konferenz war ein Erfolg.

Frank schrieb dazu in der Mannheimer »Volksstimme« vom 13. Mai 1913: »Der Erfolg von Bern: Am 10. Mai, dem Jahrestag des Frankfurter Friedens, trafen wir hier ein, um den Grundstein zu legen zu einer dauernden, ehrlichen Verständigung zwischen Frankreich und Deutschland.… Hinter den deutschen und französischen Abgeordneten steht der heiße Friedenswunsch zweier Völker, die Vernunft beginnt, eine europäische Großmacht zu werden.«[184]

Am 30. Mai 1914 fand die zweite Konferenz statt, diesmal in Basel. Ludwig Frank war auf dem badischen SPD-Parteitag in Freiburg am 21. Juni 1914 hinsichtlich beider Konferenzen noch zuversichtlich. Doch bereits wenige Wochen später waren die Hoffnungen auf eine gemeinsame friedliche Zukunft beider Völker zunichte gemacht: Deutschland und Frankreich standen sich im Krieg gegenüber. Im Juli 1914 sprach Ludwig Frank auf der letzten Friedenskundgebung der

Mannheimer Arbeiterbewegung. Seine Rede endete mit den Worten: »Wir ›vaterlandslosen‹ Gesellen wissen aber, daß wir, wenn auch Stiefkinder, so doch Kinder Deutschlands sind und daß wir unser Vaterland gegen die Reaktion erkämpfen müssen. Wenn ein Krieg ausbricht, so werden also auch die sozialdemokratischen Soldaten ihre Pflicht erfüllen.«[185]

Was führte letztendlich zu seinem Entschluss, sich freiwillig zum Kriegsdienst zu melden? »Die Ermordung Jaurès' wirkte auf Frank wie ein Zeichen dafür, daß der Friede getötet sei. Er fühlte sich ihm, den er immer verehrt und geliebt hatte, nach den Konferenzen von Bern und Basel innig verbunden. Er machte trotz der immer gleich bleibenden Heiterkeit den Eindruck, als sei innerlich etwas gebrochen.«[186] Doch auch Ludwig Frank wurde von der allgemeinen Kriegsbegeisterung mitgerissen: »Das Entsetzen über die Ermordung des Frank persönlich und politisch nahestehenden ehrlichsten Friedensfreundes und populärsten Sozialisten hatte ihn natürlich besonders gepackt; es schien innerlich etwas in ihm zerbrochen. Aber er war... ein Optimist, der sich selbst vom schlimmsten Schlag nicht überwältigen ließ. Die Gegenwart erschien ihm seltsam groß... Die Liebe zum Vaterland überflutete alle anderen Empfindungen und Erwägungen.... Das Votum für die Kriegskredite war für ihn eine Selbstverständlichkeit.«[187] Ein in der dänischen Zeitung »Politiken« abgedruckter Nachruf mag seine Motive weiter erhellen: »Es wird manchem verwunderlich, sogar verwerflich erscheinen, daß ein Mann in Franks Position sich als Freiwilliger meldete. Aber wenn man Frank gehört hat, wie er in großen Volksversammlungen die Junker angriff wegen ihrem falschen vaterländischen Gefühl und gleichzeitig mit blitzenden Augen festschlug, unter wahrem Patriotismus verstände er, seine ganze Person einzusetzen, um dem Volk ein so günstiges Dasein zu verschaffen, daß es sich glücklich in seinem Vaterland fühlte, dann versteht man besser, daß er sich als Freiwilliger meldete, als gemeiner Soldat sich in die Reihen stellte, er, der große Führer, der im deutschen Heer nicht Offizier werden konnte, weil er Jude und ein ›vaterlandsloser Geselle‹ war.«[188]

Keine dieser Deutungen wird jedoch Franks Persönlichkeit wirklich gerecht. Sicherlich sah auch Ludwig Frank als deutscher Jude bei Kriegsausbruch 1914 – trotz der nach den Kriegen von 1813/15 und 1870/71 erlebten Enttäuschungen – eine weitere Chance, durch bewiesene militärische Pflichterfüllung die Lage der deutschen Juden in Staat und Gesellschaft zu verbessern. Doch selbst dieses Motiv schien bei seiner Entscheidung zum freiwilligen Kriegsdienst nur eine untergeordnete Rolle zu spielen. So war »bei Frank das Bestreben, die politische und soziale Unterprivilegierung der sozialdemokratischen Arbeiter zu durchbrechen – und sei es durch einen Krieg –, stärker als alle anderen Erwägungen und auch als sein ausgesprochener Pazifismus.«[189] Daher stimmte Ludwig Frank, ohne zu zögern, für eine Bewilligung der Kriegskredite, denn er war davon überzeugt, dass die Sozialdemokratie dadurch ihre Bereitschaft zur Landesverteidigung beweisen würde und »dass dies schließlich die erhoffte Wendung in der Innenpolitik bringen würde; die Umwandlung des Deutschen Reiches in eine Demokratie, in der die SPD eine führende Rolle spielen werde.«[190] Stets war sein Grundsatz, sich bei politischen Entscheidungen auch persönlich einzusetzen, und so fiel seine Entscheidung, sich freiwillig zu melden, während der entscheidenden Sitzung des Reichstages am 4. August 1914. Ludwig Frank zog in den Krieg in dem Glauben, mit seinem Einsatz die Voraussetzungen für ein erfolgreiches Wirken nach dem Krieg zu schaffen. So schrieb er in einem Brief an Leonie Meyerhof[191]: »Ich habe den sehnlichsten Wunsch, den Krieg zu überleben und dann am Innenbau des Reiches mitzuschaffen, aber jetzt ist für mich der einzig mögliche Platz in der Linie, in Reih und Glied, und ich gehe wie alle anderen freudig und siegessicher.«[192] »Manche seiner Freunde baten ihn, seinen Entschluß aufzugeben oder doch wenigstens nicht auf einen schnellen Frontdienst zu drängen, sondern sich ordentlich ausbilden zu lassen, nachdem er zwanzig Jahre keine Uniform getragen hatte. Er hörte darauf nicht. Die Militärs, denen mehr an der politischen Wirkung seiner Entscheidung lag als an dem Leben eines gemeinen Soldaten, beriefen ihn am 13. August ein und schickten ihn am 31. an die Front.«[193] Als Abgeordneter und bekannte Persönlichkeit des öffentlichen Lebens erregte seine freiwillige Meldung große Aufmerksamkeit, vor allem in seiner Heimatstadt Mannheim. Die Zeitung »Volksstimme« berichtete am 31. August 1914: »Der sozialdemokratische Reichstagsabgeordnete Dr. Ludwig Frank ist zur Front gegangen. Als seine Kompanie ins Feld zog, gab es für Mannheims Proletariat kein Halten mehr: Männer, Frauen und Kinder brachten dem ausziehenden Genossen stürmische Ovationen dar. Es gab rührende Szenen, und man rief dem wackeren freiwilligen Vaterlandsverteidiger ein herzliches Lebewohl nach. ›Frank wiederkommen!‹ tönte es immer und immer wieder.«

Dr. Ludwig Frank kam nicht wieder. Nachdem er am 31. August mit dem Mannschaftsersatz für das 2. Badische Grenadier-Regiment Nr. 110 ins Feld gezogen war, fiel er am 3. September bei Nossoncourt südöstlich von Baccarat in

Lothringen in seinem ersten Gefecht durch Kopfschuss.[194] Der erste Bericht über Franks Tod stammte vom Mannheimer katholischen Stadtdekan Joseph Bauer: »Wie Herr Dekan Bauer von den Soldaten, die den Angriff mitmachten, hörte, hat sich Frank überaus tapfer geschlagen ... Mit zwei Kameraden, die gleich ihm den Heldentod starben, begrub man den Toten am Freitag (4. September) abend in Frankreichs Erde.«[195]

Der Reichstagsabgeordnete Gerhard von Schulze-Gaevernitz[196], mit dem Ludwig Frank seit seiner Studienzeit in Freiburg befreundet war und der ebenfalls als Kriegsfreiwilliger ins Feld gezogen war, berichtete in seinem Nachruf über die Gefechte bei Nossoncourt, Franks Tod und die vergeblichen Versuche, seine Leiche zu bergen: »Nachdem ich gestern durch die Güte meines militärischen Vorgesetzten die Möglichkeit erhalten hatte, das Grab meines unvergeßlichen Freundes, des Abgeordneten Frank aufzusuchen, erlaube ich mir, folgendes mitzuteilen.... Die Deutschen rückten von Schirmeck und Saarburg aus bis ins Meurthetal vor, sie besetzten die Plätze Raon l'Etappe und Baccarat und suchten von hier aus, schrittweise vorankämpfend, den Höhenrücken zu überschreiten, der das Meurthetal vom Moseltale trennt. Jenseits der Mosel, auch bereits diesseits des Flusses, haben die Franzosen feste Artilleriestellungen inne, welche – in Friedenszeiten wohlvorbereitet – die vordringenden Deutschen mit Granaten und Schrapnellhagel überschütten. Sie haben dabei den Vorteil, das Gelände auf das genaueste zu kennen. Jeder Fuß breit wird hier mit Blut erobert. Von Baccarat führt nach Westen zu eine Straße nach dem heute in Ruinen liegenden Dorf Ménil. Nordwestlich von Ménil dehnen sich große Wälder aus, an deren Rande nach dem Moseltale zu das Dörfchen Nossoncourt liegt. Hier war es, daß am 3. September bei einem Sturmangriff – von einem Kopfschuß tödlich getroffen – Frank seine Feuerseele aushauchte. Mit eigner Lebensgefahr haben die Kameraden den Leichnam des geliebten Kameraden bei Nacht geborgen und beerdigt. Das Grab war auch gestern unerreichbar, da die Franzosen bei jeder Bewegung aus dem Walde oder den davor liegenden Schützengräben aus sofort wohl eingeschossenes Feuer gaben. Ein weiteres Vordringen unsererseits hätte zugleich die in der Nähe eingegrabenen Soldaten gefährdet.«[197]

Die auf den 3. September im Gebiet bei Baccarat folgenden Kämpfe machten es unmöglich, die Leiche Franks zu bergen: »Strütt ging, nachdem das Regiment in Sicherheit, mit einer Patrouille vor und brachte Dr. Franks Papiere und sonstige Wertsachen mit. Noch siebenmal wagte es der mutige Mann, mit einer Patrouille hinauszugehen, um auch die Leiche Franks zu bergen – es mißlang.... Es mußte endgültig aufgegeben werden, Frank zu bergen, und zwei Tage später zog sich das Regiment an die Mosel zurück. Die Franzosen beerdigten Frank auf der Stelle, wo er fiel.«[198]

Über die Lage des Grabes von Ludwig Frank können heute allenfalls nur noch Vermutungen angestellt werden. Auch der Volksbund Deutsche Kriegsgräberfürsorge besitzt keine Unterlagen über die Lage der provisorischen Gräber im Kampfgebiet bei Nossoncourt und die von den Franzosen in den zwanziger Jahren durchgeführten Umbettungsaktionen. Die nicht mehr identifizierbaren deutschen Toten des Schlachtfeldes bei Nossoncourt, darunter vermutlich auch Ludwig Frank, sollen auf dem Militärfriedhof in Reillon in einem sogenannten Kameradengrab liegen.[199]

In seinem Testament, das er am 10. August, wenige Tage vor seiner Einberufung, schrieb, werden die Menschen erwähnt, die ihm am Herzen lagen. Als Erben setzte er seine Geschwister Max Frank und Luise Merklinger ein. Auch Hedwig Wachenheim wird in seinem Testament bedacht. Der ältere Bruder Baruch findet weder im Testament noch in Franks Briefen Erwähnung. Über seinen Lebenslauf nach dem Abitur in Lahr im Jahre 1887 ließ sich nichts in Erfahrung bringen. Max Frank und Luise Merklinger blieben nach 1933 in Deutschland, wurden 1940 zuerst nach Gurs, 1942 dann nach Auschwitz verschleppt und dort ermordet.[200]

Hätte auch Ludwig Frank dieses Schicksal erlitten, wie so viele jüdische Frontsoldaten des Ersten Weltkrieges und ihre Familien? Oder wäre er schon vorher als einer der »Verantwortlichen« für den verlorenen Krieg, die Novemberrevolution und den Versailler Vertrag als »Vertreter der Judenrepublik« von rechten Feinden der Weimarer Republik ermordet worden, so wie Rosa Luxemburg, Karl Liebknecht und Walter Rathenau?[201] Fragen, die ohne Antwort bleiben werden, die aber beispielhaft sind für die Geschichte der Juden in Deutschland, die mit der Emanzipation so hoffnungsvoll begann, letztendlich aber in einer grausamen Täuschung endete.[202] Eines ist jedoch sicher: Mit Ludwig Frank hätte die erste deutsche Demokratie eine Chance gehabt! Sein Tod auf dem Schlachtfeld des Ersten Weltkrieges verhinderte, dass er seine visionären Ideen selbst verwirklichen konnte, und machte alle Hoffnungen auf die maßgebliche Rolle, die ihm, dem noch jungen Politiker, nach dem Krieg in einer veränderten gesellschaftlichen und politischen Ordnung zufallen sollte, zunichte. Wie schwer dieser Verlust wog, wurde erst dann deutlich, als die Sozialdemokratie in der Weimarer Republik in politische Schlüsselstellungen einrückte, ein Mann mit den Führungsqualitäten und dem Charisma eines Ludwig Frank jedoch fehlte.

Mobilmachung und Burgfriede – Jüdische Freiwillige[203]

Die Kriegsbegeisterung, die bei Ausbruch des Ersten Weltkrieges die gesamte deutsche Bevölkerung in einen Siegestaumel versetzte, löste auch bei den deutschen Juden eine alle Bereiche des jüdischen Lebens erfassende Welle von Patriotismus aus. Die wichtigsten jüdischen Organisationen erließen Aufrufe an ihre Mitglieder, sich als Freiwillige zu melden sowie jede nur mögliche Hilfeleistung zu erbringen.[204] Diesem Beispiel folgten auch zionistische Vereinigungen.[205] Bereits am 1. August wurden die ersten Aufrufe vom Verband der Deutschen Juden und dem Centralverein deutscher Staatsbürger jüdischen Glaubens veröffentlicht.[206] Der vom Kaiser verkündete Burgfriede schien die in der Gesellschaft vorhandenen Grenzen zu überwinden. Nachdem am Abend des 1. August die Mobilmachung in Deutschland bekannt wurde, sprach der Kaiser zu der vor dem Berliner Schloß versammelten Menschenmenge: »Aus tiefem Herzen danke ich Euch für den Ausdruck Eurer Liebe, Eurer Treue. In dem jetzt bevorstehenden Kampfe kenne ich in meinem Volke keine Parteien mehr. Es gibt unter uns nur noch Deutsche.«

Am 4. August rief der Kaiser anlässlich seiner Thronrede Vertreter aller Parteien, der Konfessionen und vieler Organisationen im Berliner Schloß zusammen, um die Einigkeit der ganzen Nation zu demonstrieren und alle Anwesenden auf den bevorstehenden, gemeinsamen Kampf einzuschwören: »Ich kenne keine Parteien mehr, ich kenne nur Deutsche und zum Zeugnis dessen, daß sie fest entschlossen sind, ohne Parteiunterschiede, ohne Standes- und Konfessionsunterschiede zusammenzuhalten, … fordere ich die Vorstände der Parteien auf, vorzutreten und mir dies in die Hand zu geloben.«[207] Diese Worte des Kaisers vernahmen nicht nur offizielle Repräsentanten der jüdischen Gemeinschaft, sondern auch Vertreter von Organisationen und des öffentlichen Lebens, die Juden waren. Für die jüdische Gemeinde Berlin war Dr. Max Rothmann, königlicher Oberarzt a. D. und Universitätsprofessor, bei dieser Zeremonie anwesend. Einer seiner Söhne, Hans Rothmann, hatte kurz vor Kriegsausbruch den Antrag gestellt, ins preußische Kadettenkorps aufgenommen zu werden, und wurde ohne Nennung stichhaltiger Gründe abgelehnt. Max Rothmann gelobte stellvertretend für die Berliner Juden dem Kaiser die Treue.[208]

Wie in den Freiheitskriegen hofften die deutschen Juden erneut, die immer noch nicht verwirklichte Gleichberechtigung endgültig durchzusetzen und ihre Situation in Staat und Gesellschaft, mit der es im Kaiserreich nicht zum Besten stand, nachhaltig zu verbessern. Zudem sahen viele im Krieg gegen Russland die Chance der Befreiung der russischen Juden vom Joch der Unterdrückung durch das Regime der Zaren. So verfehlte der Appell des Kaisers seine Wirkung nicht. Er wurde von der Gesamtheit der deutschen Juden als Versöhnungsangebot verstanden und erweckte in ihnen die Hoffnung, nun endlich als Teil der deutschen Nation akzeptiert zu werden.[209]

Die schon bald nach Kriegsbeginn verbreiteten Aufrufe des Reichshammerbundes und anderer antisemitisch gesinnter Verbände enthielten Anweisungen an ihre Mitglieder, über die Teilnahme jüdischer Soldaten an Feldzügen und ihre Verlustziffern Aufzeichnungen zu führen. Die Absicht, die hinter diesen Aufrufen steckte, war eindeutig. Hier sollten unwahre Statistiken erstellt werden, die mit einem »amtlichen Charakter« versehen als Mittel dienten, Juden der Drückebergerei zu beschuldigen.[210] Diese Aktionen waren ein Alarmsignal für die jüdischen Verbände, die mit diesen sogenannten Statistiken bereits Erfahrungen gesammelt hatten. Der 1904 gegründete »Verband der Deutschen Juden«, eine Art Interessenvertretung der jüdischen Organisationen im Umgang mit staatlichen Behörden, rief schon im August 1914 dazu auf, die Namen jüdischer Soldaten mitzuteilen. Ein Schwerpunkt des Verbandes im Kriege war die Unterstützung der Feldseelsorge. Nachdem im Jahre 1915 ein »Büro für Statistik der Juden« eingerichtet worden war, gründete der Verband im Herbst 1916 einen Ausschuss für Kriegsstatistik.[211] Den Anstrengungen dieses Verbandes und anderer jüdischer Organisationen ist es zu verdanken, dass über die Teilnahme jüdischer Soldaten an den Feldzügen des Ersten Weltkrieges und ihre Leistungen zuverlässige Zahlen vorliegen.

So konnte schon recht früh die hohe Zahl jüdischer Kriegsfreiwilliger dokumentiert werden. Geht man von der auf Grundlage zuverlässiger Zählungen vom Ausschuss für Kriegsstatistik erstellten Hochrechnung von mindestens 96 000 jüdischen Kriegsteilnehmern aus, ergibt die Angabe von ca. 12 % Freiwilligen die Gesamtzahl von mehr als 11 500 jüdischen Soldaten, die sich in den ersten Kriegswochen freiwillig meldeten. Sie kamen aus allen Altersgruppen und sozialen Schichten der jüdischen Bevölkerung.[212] Unter ihnen war auch der älteste Sohn des bereits erwähnten Professors Dr. Rothmann. Er fiel im Oktober 1914 als erster Kriegsfreiwilliger seines Regiments im Alter von 17 Jahren.[213]

Der vermutlich jüngste jüdische Soldat war der Königsberger Obertertianer Eugen Scheyer, der sich noch vor Vollendung des fünfzehnten Lebensjahres meldete und bereits im November 1914 eine Verwundung erlitt,[214] einer der ältesten war der bereits 1871 zum Reserveoffizier beförderte Ludwig Stern. Er starb 1915 an den Folgen seines Einsatzes.[215] Der Unternehmer Jakob Wolff, der sich seit 1886 aktiv in der Friedensbewegung engagierte, stellte sich am 2. August 1914 dem Bezirkskommando Hamburg zur Verfügung. Er war bei Kriegsbeginn bereits 46 Jahre alt und somit nicht mehr militärpflichtig. Dennoch erzwang er mit eigenem Flugzeug den Einsatz bei der Fliegertruppe und gehörte zu den erfolgreichsten Kampffliegern des Ersten Weltkrieges.[216] Einer der bedeutendsten jüdischen Dichter dieser Zeit, Walter Heymann, fiel als Kriegsfreiwilliger in der Nacht vom 8. zum 9. Januar 1915 bei einem Sturmangriff in der Gegend von Soissons.[217]

Ludwig Franks badische Heimat und jüdisches Erbe

Woher kam dieser Mann, der schon in seiner Abiturientenrede 1893, drei Jahre nach Aufhebung der Sozialistengesetze, von Klassenbewusstsein, unterdrückten Massen und dem Emanzipationskampf der jüdischen Bevölkerung sprach, der die Arbeiterjugendbewegung in Deutschland gründete, dessen politische Initiativen nachhaltigen Einfluss auf die sozialdemokratische Politik im Badischen Landtag und im Reichstag hatten und der als Anhänger der Friedensbewegung bis zuletzt um eine Verständigung zwischen Frankreich und Deutschland kämpfte?

Ludwig Frank stammte aus einer alteingesessenen Kaufmannsfamilie aus Nonnenweier bei Kehl im damaligen Großherzogtum Baden. Die Großmütter seines Vaters Samuel und seiner Mutter Fanny waren Töchter von Rabbinern aus Ihringen am Kaiserstuhl und Sulz im Wald im Elsass.[218] Der Ort gehörte im Laufe der Jahrhunderte verschiedenen ritterlichen Familien und wurde 1704 im Spanischen Erbfolgekrieg zerstört. Damals siedelten sich in Nonnenweier jüdische Familien aus dem Elsass an. 1806 kam der Ort zu Baden, 1875 hatte er bereits 233 jüdische Einwohner (von insgesamt 1354),[219] besaß eine Synagoge und seit 1880 einen eigenen jüdischen Friedhof. Der Kantor der jüdischen Gemeinde war auch Lehrer der 1840 errichteten Volksschule,[220] so dass Ludwig Frank, als er 1880 eingeschult wurde, gemeinsam mit christlichen Kindern Unterricht hatte. Das Verhältnis zwischen Christen und Juden war in den badischen Landgemeinden von gegenseitiger Toleranz geprägt.[221] Hedwig Wachenheim[222] schreibt über die Beziehungen zwischen Christen und Juden: »Diese Juden wohnten mit den

Bauern in guter Eintracht, trotzdem sie sich nicht nur durch Rasse und Religionsausübung, sondern auch durch ihren Beruf von ihnen unterschieden. Und sie sind ebenso wurzelfeste Söhne des Landes. Das war auch Ludwig Frank, er hatte die gute Geradheit und Frische eines Mannes vom alemannischen Dorf. Er war ein ganz unkomplizierter, ganz einfacher, ganz natürlicher Mensch.... Er war nicht nur in seinem Wesen mit seiner badischen Heimat verwachsen, sondern liebte sie mit jener naturwüchsigen Liebe, die dort Menschen und Scholle verbindet.«[223]

Im Jahre 1885 trat Frank in das Gymnasium in Lahr ein, das er 1893 mit dem Abitur abschloss. Als Primus musste er die Abiturientenrede halten, jene selbstbewusste Rede, aufgrund derer ihm das Unterrichtsministerium in Karlsruhe das Reifezeugnis nicht aushändigen wollte. Erst nachdem sich die Presse für ihn einsetzte, erhielt er sein Abitur. Franks Bekenntnis zu Lessings »Nathan der Weise« hatte bei seinen Zuhörern Erstaunen und Bewunderung wie auch Entsetzen und Ablehnung hervorgerufen: »Lessing wußte ganz gut, daß die Juden auch nur Menschen seien, aber er wußte auch, daß sie Menschen sind. Eine andere Frage wäre, ob der Charakter des Nathan, des verfolgten, gepeinigten und doch selbstlosen Juden wahrscheinlich sei, ob er im Leben vorkomme. Da antworte ich allerdings: Nein! Denn auf dem Boden der Knechtung und Verachtung gedeiht die Menschenliebe sehr schlecht; weit leichter wird dort die Giftblume des Menschenhasses aufsprießen.« Und weiter: »Wenn wir ganz im Geiste des großen Reformators Lessing aufgehen wollen, müssen wir die Wahrheit nicht bloß suchen, sondern auch die praktischen Folgerungen aus ihr ziehen: Wir müssen gerecht werden, wir müssen ein Herz haben für die Leiden der Tieferstehenden. Wir dürfen uns nicht rüsten zu einem rohegoistischen Interessenkampf, nein, unser Streiten sei ein Streiten um das Wohl aller, im Dienste der Allgemeinheit.... Nach Jahren, wenn die Schule des Lebens hinter uns liegt, wollen wir einer den anderen fragen: Hast du im Geiste Lessings gelebt und gewirkt? Bist du den Unterdrückten und Notleidenden beigesprungen und hast du ihnen die helfende Hand gereicht? Und doppelt wird dann jedes Wort gelten: Selig der Mann, der ›die‹ Prüfung bestanden!«

In den Jahren 1893–1897 studierte Ludwig Frank Rechtswissenschaften in Freiburg im Breisgau und in Berlin. In dieser Zeit leistete er auch seinen Militärdienst als Einjährig-Freiwilliger ab (vom 1. April 1894 bis 1. April 1895 in Freiburg), wurde als Jude aber nicht wie die anderen »Einjährigen« zum Reserveoffizier befördert.[224] Er promovierte am 23. November 1899 an der Universität

Freiburg mit dem Thema »Die Innungen in Baden« und bestand im Juli 1900 die zweite juristische Staatsprüfung. In diese Zeit fällt auch sein Beitritt zur SPD.[225] Seine Zulassung als Anwalt am Landgericht Mannheim erhielt er am 20. September 1900, arbeitete zunächst in der Kanzlei des Rechtsanwalts Dr. Julius Loeb und eröffnete dann 1903 eine eigene Anwaltskanzlei. Grund dafür waren die Bedenken Dr. Loebs gegen die öffentliche politische Tätigkeit seines jungen Partners.

Gerade für die mittelständische jüdische Intelligenz, so auch für Dr. Ludwig Frank, galt am Ende des 19. Jahrhunderts: »Die gleichzeitige Erschwerung ihrer beruflichen Existenz infolge des Antisemitismus und ihr fast völliger Ausschluss aus Regierungsämtern brachte sie den Zurückgesetzten nahe und machte sie zu Parteigängern des Sozialismus.«[226] Eine fast zweitausendjährige Geschichte der Verfolgung und Ausgrenzung ließ sie für die Unterprivilegierten Partei ergreifen: »Der Sinn für Gerechtigkeit war in ihnen aufgrund ihrer Religion und durch die Lehren und Leiden ihrer Geschichte geschärft. Das erklärt, warum ein kleiner Teil von ihnen die Kraft fand, den Übergang zur sozialistischen Gemeinschaft zu vollziehen, deren Ziele dem Gerechtigkeitsgedanken besser zu entsprechen erschienen als die Ordnung der bestehenden Gesellschaft. Diejenigen, die sich von der sozialistischen Gedankenwelt angezogen fühlten, erblickten auch in der internationalen Idee ein leuchtendes Ideal, dem nachzueifern ihnen wertvoller erschien, als das Verharren in nationalistischer Beschränktheit.«[227]

Im Jahre 1912 gehörten von 18 Reichstagsabgeordneten jüdischer Herkunft zwölf der SPD an, davon waren elf Akademiker, unter diesen sechs Rechtsanwälte. Die jüdischen Abgeordneten der SPD waren keine gläubigen Juden; doch nur fünf von ihnen hatten die jüdische Gemeinschaft verlassen. Im Vergleich dazu waren fast alle anderen SPD-Abgeordneten aus der Kirche ausgetreten. »Die sozialdemokratischen Abgeordneten, die sich als Juden bezeichneten, fühlten sich als Mitglieder einer Gemeinschaft, in der zu verbleiben ihnen angesichts der Diskriminierung der deutschen Juden als eine Ehrenpflicht erschien. Bei einzelnen mag auch die Rücksicht auf Angehörige der Familie hinzugekommen sein, der Wunsch, ihre Gefühle durch einen Austritt aus dem Judentum nicht zu verletzen.«[228]

Auch bei Ludwig Frank schienen mehrere dieser Gründe eine Rolle gespielt zu haben. Stets bekannte er sich zu seiner jüdischen Abstammung. Gleichzeitig vertiefte sich über die Jahre auch seine Bindung an die jüdische Herkunft. So blieb er sowohl in den Jahren seines Studiums als auch in den langen Jahren als Volksvertreter im Herzen mit seiner badischen Heimat und der kleinen jüdischen

Landgemeinde in Nonnenweier verbunden. Am 12. April 1914 schrieb er in einem Brief an Hedwig Wachenheim: »Ich bin allein daheim (die anderen sind in der Synagoge) und horche auf die Osterglocken und auf die schweren Schritte der Bauern, die mit ihren geputzten Frauen und Töchtern in die Kirche ziehen. Dazwischen gackern vom Hofe die Hühner und krähen die Hähne, – aber ich empfinde es nicht als Mißklang, – ich habe mich hier wieder ganz eingesponnen. Ich habe die Heimat so schön gefunden, wie fast noch nie, – blauen Himmel und herb-frische Luft und viele einfache Menschen. Die Sedernächte, die Du wohl nur aus der Oper oder dem Roman kennst, haben auf mich wieder gewirkt, wie ein erlebtes Märchen, das mich mit den Jahrhunderten vor mir verbindet.«[229] In diesen Worten erklärt sich, was Ludwig Frank mit seinem Geburtsort verbindet, wie sich hier »Judentum und Christentum, badische Heimat, Menschen und Land … zu einem harmonischen Ganzen«[230] fügen.

Friedrich Stampfer[231], der spätere Chefredakteur des »Vorwärts«, schrieb in seinem Nachruf: »Als Sozialdemokrat war Frank in den Krieg gegangen. Als überzeugter Kämpfer für die großen Ziele der Sozialdemokratie wäre er zurückgekommen, daran zweifelt keiner, der ihn gekannt hat. Das Schicksal hat es anders gewollt. Wir werden auf unserem weiteren Weg des tapferen Vorkämpfers, des klugen Beraters, des guten Kameraden entbehren müssen! … Aber in seinem Sinne werden wir handeln, wenn wir weiter und weiter über den Krieg hinaus bis zum letzten Atemzug alles bekämpfen, was sich einer freien, glücklichen Zukunft unseres Volkes und der ganzen Menschheit hindernd in den Weg stellt!«[232]

Im Herbst 1914 sollte Dr. Ludwig Frank auf Einladung der sozialdemokratischen Partei der USA zu einer Propagandareise in die Staaten aufbrechen. Aus diesem Anlass gab er nur wenige Wochen vor Ausbruch des Krieges für zwei große amerikanische Zeitungen ein Interview: Was er von der zukünftigen Entwicklung der Sozialdemokratie in Deutschland halte? Frank: »Die Sozialdemokratie hat eine gesellschaftskritische und eine positiv aufbauende Wirksamkeit. Je nach Temperament und Neigung und äußeren Umständen wird daher ein Mitglied der Partei auf dem einen oder anderen Flügel stehen. Die entscheidende Rolle spielt dabei die Stellung, die die herrschende Klasse, vor allem die Regierung, einnimmt. In Zeiten und in Provinzen, in denen die Regierungen vernünftige, westeuropäische, liberale Grundsätze gegen die Arbeiterbewegung anwenden, wird die kritische Seite der Sozialdemokratie etwas zurücktreten hinter die positive. … Je mehr aber … Ungleichheiten … Platz greifen, desto mehr werden die Gegensätze zwischen dem sogenannten Radikalismus und Revisionismus verschwinden und desto einheitlicher wird die Front der Sozialdemokratie gegen die bürgerlichen Gegner und gegen die Regierungen sein.«[233]

Ludwig Frank war mehr als ein Kämpfer für Frieden und sozialdemokratische Ideale, er war ein selbstloser Anwalt für die Rechte der Arbeiterklasse und trat damit die Nachfolge des großen Arbeiterführers Ferdinand Lassalle an. Er vollendete, was Lassalle begonnen hatte, die Befreiung der Arbeiterklasse. Frank war der Motor der Gerechtigkeit und des Fortschritts für den vierten Stand, über den Theodor Fontane im Jahre 1896 geschrieben hatte: »Alles Interesse ruht beim vierten Stand. Der Bourgeois ist furchtbar, und Adel und Klerus sind altbacken, immer wieder dasselbe. Die neue, bessere Welt fängt erst beim vierten Stand an.... das, was die Arbeiter denken, sprechen, schreiben, hat das Denken, Sprechen und Schreiben der altregierenden Klassen tatsächlich überholt, alles ist viel echter, wahrer, lebensvoller. Sie, die Arbeiter, packen alles neu an, haben nicht bloß neue Ziele, sondern auch neue Wege.«[234] Das Engagement Ludwig Franks als Wegbereiter der Sozialdemokratie in Deutschland und Kämpfer für den Frieden in Europa war mehr als die Arbeit eines Idealisten, sein Wirken hatte visionären Charakter. Durch seinen Tod auf dem Schlachtfeld hatte die Sozialdemokratie einen ihrer fähigsten und fortschrittlichsten Köpfe verloren, ein Verlust, der so schwerwiegend war, dass der Name Ludwig Frank auch heute noch im politischen Gedächtnis Deutschlands und Europas präsent ist.

Die Stadt Mannheim, die Anfang und Basis seines politischen und beruflichen Wirkens war, ehrte das Andenken an den großen Politiker mit der Errichtung eines Denkmals. Sowohl ein Gymnasium als auch ein Wohnkomplex wurden mit seinem Namen benannt und im Jahre 1974 erhielt die Lüttich-Kaserne in Mannheim den Namen Ludwig-Frank-Kaserne. Mit dieser Namensgebung wurde Dr. Ludwig Frank, verdienter Bürger der Stadt Mannheim, sozialdemokratischer Reichstagsabgeordneter und Kriegsfreiwilliger des Ersten Weltkrieges am Vorabend seines 100. Geburtstages geehrt.[235]

»Auf einem dieser Wege (in den Bergen) fragte ich ihn nach einem Führer seiner Partei. Ein kurzes Kopfschütteln. ›Nein, der ist kein Politiker, weil er kein Künstler ist.‹ Man verstand die Macht des Redners Frank über die Menschen, wenn man dieses Wort hörte.... Wie ein Kind wußte er zu lachen. Süddeutsche Heiterkeit füllte sein Wesen, und sie schloß ihm das Herz der Jugend auf. Auf

keiner Tribüne habe ich seine Rednergabe packender empfunden, als wenn er zu seiner ›jungen Garde‹ sprach. Wer ihn dort hörte, empfand, was dieser Unersetzliche im Innersten war. Er war, was nach seiner Überzeugung ein Politiker sein mußte, ein Künstler.« (»Das Vermächtnis« – Erinnerungen von Monty Jacobs, 1924)[236]

»Zeigen Sie mir doch einmal einen jüdischen Flieger!«[237]

Dieser Zwischenruf kam von einem Antisemiten während einer Sitzung des Reichstages. Es ist nicht bekannt, ob er eine direkte Antwort auf seine Frage bekam. Ein weiterer Angriff dieser Art ist jedoch dokumentiert und zeigt, wie antisemitische Abgeordnete im Reichstag bei jeder sich bietenden Gelegenheit die Leistungen jüdischer Soldaten zu schmälern suchten. In der Sitzung des Reichstages vom 18. Juni 1913 hatte es der Abgeordnete v. Graefe als Vertreter der Konservativen auf die jüdischen Soldaten der Kolonialtruppen und auf die jüdischen Flieger abgesehen:

»v. Graefe: ... Wir haben deshalb auch Gott sei dank allen Anlaß, auf die Träger der Namen alter Familien stolz zu sein, nicht nur aus der Vergangenheit, sondern auch heute noch.
In den Berichten über unsere Kolonialkriege finden Sie dieselben Namen wieder ...
(Zuruf von den Sozialdemokraten: Graf Eulenburg!)[238]
... ja, daß Ihnen das unangenehm ist, da finden Sie immer dieselben Namen wieder, die Sie auf allen unseren Kriegerdenkmälern finden.
(Zuruf und Unruhe bei den Sozialdemokraten.)
– Ich habe Zeit, meine Herren. – Da finden Sie dieselben Namen wieder. Sie finden aber, Herr Abgeordneter Vogtherr, meines Wissens keinen Cohn, keinen Manasse, keinen Moses ...
(Große Heiterkeit rechts – Zurufe links)
... in den Annalen der Kolonialkriege vor. Ich find diese eben zitierten alten Geschlechter auch nicht unter den Fliegern, diesen kühnen Kulturkämpfern, solange es in steter Gefahr gilt, einen Kulturfortschritt zu erobern. Wenn die Flugzeugapparate erst als Droschken ein bequemes und sicheres Fortbewegungsmittel sein werden, dann werden diese Ihre Freunde und Genossen gewiß die meisten davon besitzen.
(Große Heiterkeit – Zurufe links)«

Dr. Müller, Meiningen, von der Fortschr. Volkspartei entgegnete auf diesen Angriff:

> *»Meine Herren, ich bin genötigt, auf den provokatorischen Vorstoß des Herrn v. Graefe noch mit einigen Worten zu erwidern. Ich muß sagen: noch selten ist hier im Deutschen Reichstag eine Rede gehalten worden, die so provokatorisch war, ohne daß nur irgendein berechtigter Grund für dieses übermäßig selbstbewußte Auftreten des betreffenden Redners vorhanden gewesen wäre.*
> *(Lebhafte Zustimmung links ...)«*

Der Abgeordnete Müller erwähnte als Gegenbeweis noch in der gleichen Sitzung die Namen jüdischer Flieger. Als verunglückte Flieger nennt er Elia Dunez und Abramowicz, des Weiteren den Flieger Willy Rosenstein, der zu diesem Zeitpunkt bereits 2000 Flüge absolviert hatte, und den Dichter Dr. Walter Lissauer, einen der ältesten deutschen Flieger.

In dem 1915 von Hackenberger veröffentlichten Band »Deutschlands Eroberung der Luft« wurden Abramowicz, Rosenstein und Dr. Lissauer abgebildet und ihre Leistungen beschrieben.[239] Unter den etwa 500 deutschen Piloten der Vorkriegszeit waren mindestens 15 Juden.

An der Entwicklung des Flugzeug- und Luftschiffbaus waren ebenfalls deutsche Juden beteiligt. Der Flugzeugkonstrukteur Edmund Rumpler[240] gründete 1908 in Berlin-Johannistal die »Rumpler Luftfahrzeugbau GmbH«, die erste deutsche Flugzeugfabrik.

In dieser Fabrik wurde die legendäre »Rumpler Taube« entwickelt und gebaut. Der seit 1910 in Serie produzierte Eindecker wurde das erfolgreichste Flugzeug vor dem Ersten Weltkrieg. Pilot und Gründer der Albatros Luftwerke war der jüdische Konstrukteur Wiener. Das erste starre Luftschiff mit Benzinmotor, das am 3. November 1897 auf dem Tempelhofer Feld aufstieg, wurde von dem Konstrukteur David Schwarz[241] erfunden. Angesichts dieser Zahlen und Fakten wäre der Abgeordnete v. Graefe sicherlich verstummt.

Bei Ausbruch des Ersten Weltkrieges meldeten sich 10 000 jüdische Soldaten freiwillig. Sie eilten mit der gleichen Selbstverständlichkeit zu den Fahnen wie ihre christlichen Mitbürger. Was diese Freiwilligen dachten und fühlten, enthüllt das Gedicht von Immanuel Saul.

»Ein Jude bin ich, allzeit treu ergeben
Dem Stamm, aus dessen Blüte ich entsprossen.
In Friedenszeiten sprach wohl der und jener
Verächtlich von der Juden Art und Wesen,
Man schalt ihn feig, unkriegerisch, schalt ihn,
Des Lebens hohen Zielen abgewandt,
Ja schalt ihn – dieses war der härteste,
Der ärgste Schimpf und traf wie Peitschenhieb –
Fremdling auf jenem Boden, den die Väter
Mit ihrem Schweiß schon, ihrem Blut gedüngt. –
Jetzt griff mir tief ins Herz die Not der Zeit.
Ein Wille eint, ein einz'ger heil'ger Drang,
Eine Begeisterung, Juden und Germanen.
Daß deutsch wir sind – nicht braucht es des Beweises,
Die Wahrheit liegt jetzt sonnenklar zutage,
Da froh aus eignem Trieb die Juden sich
Um ihres Vaterlandes Fahnen scharen.
Mir zu gewinnen – sei's, wenn fällt das Los,
Auch mit dem eignen Blut – das Vaterland,
Das mir und meinen Brüdern leider, leider,
Gar vielfach ist ein Stiefvaterland gewesen,
Das war mein fester, wohlerwogener Wille.«

Immanuel Saul fand wie so viele den Tod im Krieg. Er fiel bei einem Sturmangriff an der Spitze seines Zuges.

Nicht wenige der vielen tausend Freiwilligen meldeten sich zu den Fliegern, und so ist es nicht verwunderlich, dass der Anteil jüdischer Soldaten unter den Fliegern des Ersten Weltkrieges überdurchschnittlich hoch war. Dies ist umso bemerkenswerter angesichts der Tatsache, dass der Zugang zur Fliegertruppe, die damals noch zum Heer gehörte und einen exklusiven Ruf hatte, für jüdische Soldaten mit besonderen Schwierigkeiten verbunden war. Es war selbst in Kriegszeiten nahezu unmöglich, als Jude bei der Kavallerie zu avancieren oder gar als Reserveoffizier angenommen zu werden, ein Aufstieg in der Fliegertruppe gestaltete sich als noch schwieriger. Dies lag im Wesentlichen daran, dass der Einsatz auf Kampfeinsitzern – die beste Möglichkeit, Meriten zu erwerben oder den Heldentod zu sterben – den Offizieren vorbehalten war. Bei den Marinefliegern wurde kein einziger Jude zum Offizier ernannt.

Im Jahr 1918 zählte die fliegende Truppe des Feldheeres etwa 5000 Flieger. Mindestens 200 davon waren Juden, mehr als 50 sind gefallen.

Das Verbandsorgan des Reichsbundes jüdischer Frontsoldaten »Der Schild« hat in zwei seiner Ausgaben von 1935 und 1936 die Leistungen jüdischer Flieger des Ersten Weltkrieges dokumentiert, um der Entwürdigung jüdischer Soldaten und der Negierung ihrer Erfolge entgegenzuwirken. Dort steht zum Beitrag jüdischer Flieger in der Vorkriegszeit und während des Krieges:

> *»Eine Weltgeschichte, eine Kulturgeschichte und Kriegsgeschichte, die nicht der Eroberung des Luftraums wie dem im Luftkampfe entwickelten Heldenmut den gebührenden Platz einräumen wollte, würde eines der ergreifendsten, großartigsten Kapitel unterschlagen. Und so ist auch aus unserer jüngsten jüdischen Geschichte, aus einer Geschichtsdarstellung der Juden in Deutschland, dieses Kapitel nicht fortzudenken, wenn wir uns selbst treue und ehrliche Chronisten sein wollen.*
> *… Durch lange dunkle Jahrhunderte konnten unsere jüdischen Ahnen ihren Heroismus nicht in glänzender Waffentat, sondern nur in heldenhaftem Dulden, bis zur heiligen Blutzeugenschaft der Scheiterhaufen, bewähren. Seit die Mauern der Ghetti gefallen, sehen wir unsere Väter vollwertig im Ehrendienst unter den Waffen ihrer Heimatländer. Wir sehen den schöpferischen Genius unseres ziffernmäßig kleinen Stammes im ehrenvollen Anteil beteiligt an der Eroberung der Luft, an der Verwirklichung dieser uralten Sehnsucht. Und als der Weltkrieg über Europa hereinbricht, finden wir Juden bei der Luftwaffe. Meistens jenseits der Gräben. Wir sehen sie – ältere und jüngere – in bemerkenswerter Zahl zu der neuen heldnischen Waffe drängen, in ihrer potenzierten Gefahr, mit ihrem gesteigerten Ruhm. Im Frieden eben noch von der Bevölkerung zum Offizier der Reserve als Juden (außer in Bayern) ausgeschlossen, stellt jüdische Tapferkeit und Vaterlandsliebe sich in der Luftwaffe begeistert unter Beweis. Für uns kann der jüdische Anteil an der Fliegerei und ihren Verlusten nichts Überraschendes, nichts Unerklärliches haben.*
> *Tatsachen sprechen ihre eigene Sprache, gegen die es keine Argumente gibt. Wir wollen Tatsachen reden lassen. Sie sollen reden von jüdischem Heroismus, sie sollen dem Judentum Gewissheit und Bestätigung geben, wie weit und wie sehr es an dem heroischen Ideal unseres Jahrhunderts teilhat, das … auch im jüdischen Flie-*

ger Gestalt gewann. Tatsachen sollen die Quadersteine eines schlichten Denkmals bilden, das wir unseren Helden errichten in einer Zeit, deren Umbruch vieles verweht und verwischt. Ein Erinnerungsmal, auf das unsere Fliegerhelden ein heiliges Anrecht haben. Aber wir wollen mit dieser Sonderausgabe die Blicke der jüdischen Gegenwart nicht nur in eine ruhmvolle Vergangenheit zurücklenken, wir schauen in die Zukunft. Wir blicken, mit unserer ganzen Liebe, auf unsere jüdische Jugend. Sie soll nicht allein wissen von Makkabäertaten vor 2100 Jahren, sondern um die Makkabäer der Luft, um ihre eigenen Väter und Brüder, denen ein unvergleichliches Kapitel in dem Heldenlied des zwanzigsten Jahrhunderts gehört. Auch unsere Jugend soll sich, wie sie rund um sich den Ruhm des Frontfliegers vernimmt, mit Stolz bewußt sein, welcher Gemeinschaft sie entstammt. Und sie soll die volle und hohe Verpflichtung fühlen und auf sich nehmen, die ihr daraus erwächst: trotz allem tapfer und stark zu sein! Möge die jüdische Geschichte stets neue Generationen vorfinden, die das Wort der Schrift verwirklichen, das das Losungswort unseres Bundesvorsitzenden ist: Chasak we mozi (Sei stark und standhaft).«

Die nun folgende Beschreibung von Lebensweg und Werdegang jüdischer Flieger beschränkt sich auf wenige außergewöhnliche Karrieren, ohne die Erfolge der anderen schmälern zu wollen.

Der wohl bekannteste ist der Leutnant und Träger des Pour le Mérite Wilhelm Frankl. Auch dem Leutnant der Reserve Josef Zürndörfer aus Rexingen, Träger des Eisernen Kreuzes und der Württembergischen Verdienstmedaille, der bei einem Flugunfall am 9. September 1915 tödlich verunglückte, ist im nächsten Kapitel ein längerer Abschnitt gewidmet.

In jeder Hinsicht außergewöhnlich war der Werdegang des Feldfliegers Jakob Wolff, Besitzer einer Hamburger Zigarrenfabrik, überzeugter Pazifist, der sich bei Kriegsbeginn im Alter von 46 Jahren freiwillig meldete und mit eigenem Flugzeug die Aufnahme in die Fliegertruppe erreichte, obwohl das Höchstalter für Flieger auf 28 Jahre festgelegt war. Er bewährte sich als erfolgreicher Kampfflieger, wurde am 6. Mai 1917 zum Leutnant der Reserve ernannt und unter anderem mit dem Eisernen Kreuz I. Klasse ausgezeichnet. Am 10. Januar 1916 versandte er an Freunde und Verwandte einen Brief, in dem er seine Beweggründe für die Entscheidung, sich freiwillig zu melden, erläuterte. So schrieb er über den Kriegsausbruch:

»Es wollte mir nicht in den Kopf, daß die europäischen Regierungen so kultur- und hilflos sein könnten, wegen einer Lappalie loszuschlagen, die drei kluge Menschen in einem Tage hätten ordnen können … Am 2. August stellte ich mich dem Bezirkskommando Hamburg zur Verfügung. Ich muß gestehen, daß mir diese selbstverständliche Pflichterfüllung schwer gefallen ist. … Als Pazifist fühlte ich mich frei von Mitschuld. Unausgesetzt hatten die europäischen Friedensgesellschaften gewarnt. Immer wieder hatten sie gepredigt, daß es nicht mehr ›einen frischen fröhlichen Krieg‹ geben könne, daß ein Krieg nicht mehr durch militärische Mittel zu entscheiden sei. Ferner prophezeiten wir den Verlaufe so, wie er heute ist. Daß und warum der Krieg fünf Jahre dauern würde (10. Januar 1916!), daß und warum er auslaufen muß wie das Hornberger Schießen. Daß er Europa nur Elend und Not bringen kann.«

Wolff hatte seine Ideen stets mit großem Engagement vertreten und auch eine große Summe Geld für die pazifistische Bewegung geopfert. Die Erkenntnis über das Ergebnis seines Wirkens kam ihm im Krieg:

»Unsere Ernte war Lachen. – So kam mir der Gedanke: Die nicht hören wollten, müßten jetzt allein fühlen. Entscheidend für meinen Entschluß war jedoch die Erwägung, daß im Falle der Not niemand passiv beiseite stehen darf. Denke ich mir eine Insel durch zehn Menschen bewohnt, von denen neun, anstatt mit ihren Nachbarn eine Einigung anzustreben, vielmehr Pulver zu Pulver häufen, bis zur Selbstentzündung, und es kommt dann zu Mord und Todschlag mit solchen Nachbarn, dann darf auch der eine seine Genossen nicht im Stich lassen. Trotz erfahrener Unbill und trotzdem er überstimmt war.«

So verließ der Unternehmer Jakob Wolff, obwohl nicht mehr militärpflichtig, seine Fabrik sowie 4000 Arbeiter und begab sich nach Berlin-Adlershof, wo er die fliegerische Grundausbildung erhielt. Am 23. November 1914 wurde er in die Kampfeinsitzer-Abteilung I nach Mannheim versetzt. Dort empfing man ihn mit Erstaunen, man hatte die Angaben über Geburtsjahr und Alter wohl für einen Irrtum gehalten – Immelmann und Boelcke, die späteren deutschen Jagdfliegerasse, waren zusammen jünger als Wolff. Außerdem war Wolff Vizefeldwebel und für Kampfeinsitzer wurden nur Offiziersflieger genommen. In Friedenszeiten war es für einen Juden unmöglich, Offizier zu werden, so dass er nun für den gefährlichsten Einsatz nicht zugelassen wurde. Die Taufe war für ihn keine Alternative, nicht weil er religiös war, sondern weil ihm derartige Konzessionen als schimpflich und unehrlich erschienen. Wolff wurde dann in eine Feldfliegerabteilung versetzt und flog Einsätze als Sperrflieger. Bald absolvierte er seine ersten Kriegsflüge. Als Wolff sich nach einem Luftkampf verflog, wurde er in die Etappe zurückversetzt. Dort musste er sich mit Vorgesetzten auseinandersetzen, die ihn auch weiter in der Etappe verwenden wollten. Am 25. März 1916 notierte er in sein Tagebuch:

> *»Die Auslese der Flieger wird auch hier zum Teil nach äußeren Gesichtspunkten, ohne Rücksicht auf ihr fliegerisches Können, scharf gehandhabt. Wer den äußerlich-soldatischen Anforderungen nicht genügt oder persönlich nicht zusagt, wird aus der Fliegerei entfernt. Er kommt zu seinem früheren Truppenteil zurück, eventuell direkt in den Schützengraben. Während der letzten vier Wochen ist fast die Hälfte unserer Feldpiloten als ›ungeeignet‹ vom Fliegen abgelöst worden. Flieger Klein, der blendend flog, ›flog‹, weil er etwas verwachsen ist. Flieger Sommerfeld, der gleichfalls blendend flog, ›flog‹, weil er Jude ist. Meine Fürsprache nützte in diesem und anderen Fällen nichts. Der Oberleutnant meinte: ›Klein mag Clown spielen, der kleine Jud Handlanger. Solche Leute können wir nicht gebrauchen.‹*
>
> *Einen jüdischen Soldaten sahen wir heute als Koch an einer sogenannten Goulaschkanone. Der Oberleutnant meinte zu mir: ›Na sehen Sie, überall wo sie sich drücken können, sieht man die Juden.‹ Darauf ich: ›Der kleine Sommerfeld wird auch wohl demnächst Koch spielen.‹ – ›Da gehört er auch hin.‹ – Und ich: ›Ja, was soll er denn machen?‹ Und er: ›Sie nehmen alles in Schutz.‹«*

Im Juni 1916 erfolgt nach langem Warten die Versetzung in die Kampfstaffel Metz, am 16. August gelingt Wolff der erste Abschuss. Nachdem er im Frühjahr 1917 weitere Abschüsse verbuchen konnte, wurde er zum Führer einer »Kette« ernannt, in der unter ihm mehrere Offiziere flogen. Nach einem weiteren Sieg über ein Großkampfflugzeug wurde er am 6. Mai 1917 zum Leutnant befördert.

Jakob Wolff war 1912 aus dem Synagogenverband ausgetreten, blieb dem Judentum aber treu und lehnte den Übertritt ab mit den Worten, »er hätte sich schon genug verfranzt«.

Nach zahlreichen weiteren Luftsiegen und Verwundung, ausgezeichnet mit dem Eisernen Kreuz I. Klasse und anderen Orden, beendete Jakob Wolff den Krieg als Leutnant der Landwehr.

Auf gleiche Weise bemerkenswert ist die Geschichte des Flugzeugführers Arthur Chasanowicz. Student an der Technischen Hochschule Berlin, meldete er sich bei Kriegsbeginn freiwillig – Chasanowicz war Russe, sein Vater stammte aus Grodno – und wurde zuerst wegen eines angeblichen Herzfehlers abgelehnt. Nach einer weiteren, von ihm selbst angestrengten Untersuchung in der Charité schloss man den Herzfehler aus. Chasanowicz meldete sich bei der Fliegerabteilung in Adlershof-Johannisthal, wurde zum Flugzeugführer ausgebildet, um dann als Artillerie-Beobachter eingesetzt zu werden. Als er im Rahmen eines Überlandfluges am 1. Oktober 1915 vom Flughafen Breslau aufstieg, verunglückte er tödlich. Arthur Chasanowicz wurde auf dem jüdischen Friedhof in Berlin-Weißensee beigesetzt.

Außergewöhnlich war auch die soldatische Karriere des Studenten Fritz Mecklenburg aus Berlin. Er zeigte so herausragende Leistungen und bewies sich als so tapfer und schneidig, dass er beim 26. Dragoner-Regiment Reserveoffizier wurde und das Eiserne Kreuz I. Klasse erhielt. Als Jude bei der Kavallerie als Reserveoffizier angenommen zu werden, war selbst in Kriegszeiten eine Ausnahme.

Fritz Mecklenburg meldete sich zur Fliegertruppe, wurde im Sommer 1916 zum Flugzeugführer ausgebildet und flog bis zu seinem Tode Einsätze in einer Schlachtstaffel. Auch er fand zusammen mit anderen jüdischen Fliegern seine letzte Ruhestätte auf dem Friedhof in Weißensee.

Der Fliegeroberleutnant Hans Friedländer aus Breslau flog von 1915 bis 1917 als Artilleriebeobachter an der Westfront und wurde dann nach Palästina verlegt, wo ihn ein englisches Geschwader im Luftkampf abschoss und schwer verwundet gefangen nahm. Er wurde Ende 1919 aus englischer Gefangenschaft entlassen.

Der Vizefeldwebel Fritz Beckhardt aus Wallertheim ist ein weiteres Beispiel für die Erfolge jüdischer Kriegsflieger. Er wurde ausgezeichnet mit dem Eisernen Kreuz I. Klasse, dem Hohenzollern mit Schwertern, dem Hessischen Ernst Ludwigsorden, der Hessischen Tapferkeitsmedaille, Flugzeugführer- und Verwundetenabzeichen sowie den im Luftkampf erworbenen silbernen Ehrenbecher.

Einer der jüngsten Flieger war G. Blumenthal, der sich mit etwas über sechzehn Jahren freiwillig meldete und nach erfolgreichen Einsätzen zur Staffel Boelcke versetzt wurde. Im Sommer 1918 wurde er bei einem Absturz verwundet und erlebte das Kriegsende im Lazarett. Für seine Leistungen erhielt er das Eiserne Kreuz I. Klasse.

Zu den Gefallenen zählten die Fliegerleutnante Heinz Bettsak aus Charlottenburg, Max Holzinger aus Fürth, Ernst Müller aus Hannover und Max Pappenheimer aus Mergentheim. Leutnant Max Pappenheimer fiel am 13.1.1918, sein Hauptmann schrieb folgende Worte an den Vater:

> *»Am 13. Januar 1918, einem klaren, kalten Wintertag, hatte Ihr Sohn den Auftrag, eine unserer Batterien gegen eine feindliche Batterie einzuschießen. Wie immer erfüllte er in meisterhafter Weise seine Aufgabe, wie nachträglich aufgenommene Photographien der beschossenen Batterien zeigen. Kurz vor dem Heimflug wurde das Flugzeug von einem englischen Jagdeinsitzer angegriffen. Die erste Maschinengewehrgarbe traf Ihren Herrn Sohn, welcher sofort mit Herzschuß leblos zusammensank. Der Flugzeugführer landete das stark beschädigte Flugzeug diesseits unserer Linie bei L. Ihr Herr Sohn war einer der besten Beobachtungsoffiziere, die nicht nur die Abteilung, sondern die ganze Fliegertruppe zu verzeichnen hatte. In einem Jahr war er 228 mal gegen den Feind geflogen und hat 100 Batterien mit Erfolg eingeschossen, eine Leistung, die wohl einzig dasteht und die belohnt werden sollte durch die Eingabe zum Ritterkreuz des Kgl. Hausordens von Hohenzollern.*
> *Ihr Herr Sohn nahm eine Sonderstellung in der Abteilung ein, jeder bewunderte ihn wegen seiner Leistungen und jeder mochte ihn besonders gern wegen seiner vornehmen bescheidenen Gesinnung. Mir persönlich war er der fleißigste und tüchtigste Mitarbeiter und ein lieber Freund.*
> *Suchen Sie Trost in dem Gedanken, daß Ihr Herr Sohn als ein für unsere große nationale Sache durch und durch überzeugter Mann gekämpft und als Held gestorben ist.*
> *Er geht dann von uns, aber sein Geist wird weiter leben, und die Erinnerung werden wir stets hochhalten.«* [242]

Die Zeitschrift »Der Schild« bemerkt abschließend zum jüdischen Beitrag für die Fliegerei: »Der jüdische Anteil ist aus der Entwicklung des Luftfahrwesens nicht fortzudenken, und gerade deutsche Juden, von denen ja hier nur die Rede war, haben nach besten Kräften mit schöpferischem Geist und oft mit Einsatz ihres Lebens zur Eroberung der Luft beigetragen!«

In einer Würdigung des jüdischen Beitrags zum Segelflug wird festgestellt, dies sei nicht etwa allein ein romantischer Zug zu den Wolken, sondern ein Beispiel für den Einsatzwillen der jungen jüdischen Generation. »Sie beweist, daß die Leistung der jüdischen Frontflieger keine Einmaligkeit war, sondern daß die jüdischen Flieger des deutschen Heeres im großen Kriege würdige Nachfahren gefunden haben.«

Jüdische Soldaten und Frontkämpfer aus Württemberg und Hohenzollern[243]

Der nun folgende Abschnitt ist den jüdischen Kriegsteilnehmern des Ersten Weltkrieges aus dem damaligen Württemberg und Hohenzollern gewidmet. Die Region ist in diesem Zusammenhang besonders interessant, da sie die Tradition einer langen und vielfältigen jüdischen Geschichte aufweist. Bereits im Mittelalter lebten Juden in zahlreichen Städten der Region. Nach der Vernichtung vieler Gemeinden in den Judenverfolgungen des Mittelalters und der im 15. und 16. Jahrhundert praktizierten Politik der Ausweisung ließen sich Juden seit dem 17. Jahrhundert vor allem in Gemeinden nieder, in denen eine günstige »Judenordnung« galt. Die Ansiedlung in kleineren Gemeinden führte zur Entstehung des Landjudentums, wie auch in Teilen von Franken und Schwaben. Die Emanzipation im 19. Jahrhundert verbesserte die Situation der jüdischen Bevölkerung, die bereits vor 1850 die Zahl von 11000 erreicht hatte. Eine dieser kleinen Gemeinden, in denen Juden lebten, ist Rexingen, das heute zu Horb gehört. Die ersten Juden, die sich um 1650 in Rexingen niedergelassen hatten, waren aus Polen vor den Massakern des Kosaken-Hetmans Bogdan Chmielnicki geflüchtet. Sie bauten 1710 eine Synagoge und kauften 1760 Land für einen Friedhof. Die durch die Emanzipation erworbenen Bürgerrechte gestatteten den Juden, Berufe auszuüben, die bis dahin ihren christlichen Nachbarn vorbehalten waren. So erwarben auch die Rexinger Juden Land, um es zu bewirtschaften, sie trieben Handel mit landwirtschaftlichen Erzeugnissen, Pferden und Rindern, ergriffen den Beruf des Bäckers, Metzgers und Gastwirts.[244]

In der Mitte des 19. Jahrhunderts waren mehr als die Hälfte der Einwohner des Ortes Juden und entsprechend zahlreich fiel das Kontingent jüdischer Soldaten aus Rexingen im Krieg von 1866 und 1870/71 aus. Wie in den Einigungskriegen zogen auch 1914 die wehrfähigen jüdischen Männer ins Feld. Zu Beginn des Ersten Weltkrieges waren von den 372 Bürgern der Gemeinde mehr als ein Drittel Juden. Insgesamt zogen 223 Rexinger in den Krieg, fast die Hälfte davon –

105 – waren jüdische Rexinger. Von diesen 105 Soldaten wurden 66 unmittelbar an der Front eingesetzt, 15 sind gefallen, 22 erlitten Verwundungen, acht wurden befördert, 17 einmal und 14 mehrmals ausgezeichnet. Allein 24 erhielten das Eiserne Kreuz II. Klasse.[245] Auf dem jüdischen Friedhof gibt es ein Ehrenmal für die Gefallenen des Ersten Weltkrieges.

Neben diesem Ehrenmal ist das Ehrengrab für einen der berühmten Söhne Rexingens, den Fliegerleutnant Josef Zürndorfer, Ritter des Eisernen Kreuzes und Träger der Württembergischen Verdienstmedaille. Er war am 19. September 1915 bei einem unverschuldeten Absturz tödlich verunglückt und wurde am 23. September 1915 im Beisein seiner Berliner Fliegerkameraden mit militärischen Ehren bestattet. Ein weiteres Mitglied der Familie, Rubin Zürndorfer, 1917 im Dienst für das Vaterland gestorben, hat unweit seine Grabstätte. Josef Zürndorfer wurde 1889 in Rexingen geboren. Seine Familie war dort bereits seit Ende des 17. Jahrhunderts ansässig. Er erlernte den Beruf des Kaufmanns und diente anschließend als Einjährig-Freiwilliger im Infanterie-Regiment König Wilhelm I. Nr. 124. Nachdem er im Jahre 1910 die Offiziersprüfung bestanden hatte, wurde er zum Vizefeldwebel befördert und schied nach Beendigung seiner Dienstzeit aus der Truppe aus. Bei Kriegsbeginn rückte er beim 5. Niederschlesischen Infanterie-Regiment Nr. 154 ein und zeichnete sich schon in den ersten Kriegsmonaten als Zugführer aus.

Im September 1914 erhielt er das Eiserne Kreuz II. Klasse und wurde zum Offizierstellvertreter ernannt. Nach einer Verwundung im April 1915 meldete er sich, kaum aus dem Lazarett entlassen, zur Fliegertruppe. Am 9. September, zehn Tage vor seinem tödlichen Absturz, wurde Josef Zürndorfer zum Leutnant der Reserve ernannt. Seine Schwester Rosa hatte kurz zuvor einen Brief an den württembergischen König Wilhelm II. geschrieben, in dem sie anfragte, ob ihr Bruder trotz bestandener Offiziersprüfung, mehrfacher Auszeichnung im Felde und Verwundung nur deshalb nicht zum Offizier ernannt werde, weil er überzeugter Glaubensjude sei.

Im Jahre 1933 gab es noch 262 Juden in Rexingen. Sie erlitten wie so viele andere deutsche Juden das Schicksal der Vertreibung, Deportation und Ermordung. In der Pogromnacht im November 1938 wurde die Synagoge geschändet und schwer beschädigt und im Jahre 1939 begann die Deportation der noch im Ort lebenden 126 jüdischen Rexinger; nur drei von ihnen überlebten. Eine Gruppe von Juden aus Rexingen konnte in den Jahren nach 1933 nach Erez Israel auswandern, unter ihnen der jüdische Viehhändler Julius Fröhlich. Er war als Musketier in den Infanterieregimentern 180 und 413 von 1915–1918 unmittelbar an der Front eingesetzt, wurde schwer verwundet, mit dem Eisernen Kreuz II. Klasse ausgezeichnet und erhielt noch 1934 das »Ehrenkreuz für Frontkämpfer«. Julius Fröhlich gründete zusammen mit anderen Rexingern im April 1938 die Siedlung Shavei Zion in der Nähe von Nahariyah im Norden von Erez Israel.[246]

Die genauen Zahlen und Angaben über die knapp 1700 jüdischen Frontsoldaten aus Württemberg und Hohenzollern haben wir den umfangreichen Nachforschungen des Württembergischen Landesverbandes des Centralvereins deutscher Staatsbürger jüdischen Glaubens zu verdanken. Im Zeitraum von zwei Jahren wurden Erhebungen in allen Gemeinden durchgeführt. Die Angaben stammten von den Frontsoldaten selbst oder ihren Angehörigen. Sie wurden komplett von den früheren Offizieren der Frontsoldaten überprüft und für richtig befunden. Die statistische Gesamtübersicht wurde in Form eines Büchleins im Juli 1926 in Stuttgart veröffentlicht.[247]

Nach der Volkszählung von 1910 gab es in Württemberg und Hohenzollern 10 824 reichsdeutsche jüdische Einwohner. Auf sie entfielen 1674 Frontsoldaten. Davon sind 270 gefallen, 533 wurden verwundet, 581 befördert, 1071 haben Frontauszeichnungen erhalten, 581 wurden mehrfach ausgezeichnet. Die größte Anzahl entfiel entsprechend der Größe der jüdischen Bevölkerung auf Stuttgart und Cannstatt mit 520, Crailsheim mit 52, Göppingen 58, Haigerloch 50, Heilbronn 128, Rexingen 66 und Ulm mit 99.[248] In den größeren Gemeinden lag der Anteil der Frontsoldaten in der Regel zwischen einem Fünftel und einem Sechstel der jüdischen Gesamtbevölkerung. Im Falle von Rexingen fällt der relativ hohe Anteil an Gefallenen, Verwundeten, Beförderten und Ausgezeichneten auf. Die kleine jüdische Gemeinde Affaltrach hatte mit 13 Soldaten fast die Hälfte ihrer Gemeindemitglieder an der Front und auch einen hohen Anteil an Gefallenen zu verzeichnen.[249] Weitere 74 in der Statistik nicht mitgezählte Frontsoldaten waren in Württemberg wohnende Ausländer, die einen hohen Anteil von Verwundeten (30), Beförderten (26) und Ausgezeichneten (35) aufzuweisen hatten.[250]

Zwei der im Ersten Weltkrieg eingesetzten Feldrabbiner kamen ebenfalls aus dieser Region. Der in Preßburg geborene Dr. Aron Taenzer wurde 1907 zum Bezirksrabbiner in Göppingen ernannt, meldete sich bei Kriegsbeginn freiwillig als Rabbiner für im Feld eingesetzte jüdische Soldaten und war von 1915–18 als Feldrabbiner bei der Bugarmee in Brest-Litowsk eingesetzt. Rabbiner Dr. Heymann Chone aus Konstanz gehörte zu den ersten Feldrabbinern, die bereits ab September 1914 ihren Dienst antraten. Dr. Chone war für die seelsorgerische Betreuung der jüdischen Soldaten der im Südabschnitt der Westfront eingesetzten 6. Armee verantwortlich.[251]

Die vom Centralverein mit beispiellosem Engagement erhobenen Zahlen und Fakten sprechen eine eindeutige Sprache: Deutsche Juden stellten einen ebenso hohen Anteil an Frontsoldaten wie die nichtjüdische Bevölkerung. Die Ergebnisse der Erhebung des Centralvereins waren ein eindeutiger Beweis, der die seit 1916 immer wieder vorgebrachten und durch das Resultat der fehlerhaften und unvollständigen Judenzählung angeheizten Beschuldigungen, Juden hätten sich vor dem Einsatz an der Front gedrückt, widerlegte.

Die Erhebungen, Statistiken und Publikationen des Centralvereins deutscher Staatsbürger jüdischen Glaubens, des Reichsbundes jüdischer Frontsoldaten und anderer jüdischer Organisationen zeigen aber auch die Hoffnungslosigkeit jener Aufklärungsarbeit angesichts des seit dem Jahre 1916, aber vor allem nach Kriegsende immer aggressiver in Erscheinung tretenden Antisemitismus der rechten Extremisten.

3. Jüdische Soldaten in der k. u. k. Österreichisch-Ungarischen Armee[252]

Juden im Militär – Von der Einführung der Militärpflicht bis zum Ersten Weltkrieg

In keinem anderen Bereich war der Unterschied zwischen dem Deutschen Kaiserreich und der Habsburgermonarchie, was den Umgang mit ihren jüdischen Bürgern anging, so augenfällig wie in der Armee. Im Jahre 1906 stellte das Kriegsministerium in Wien fest, »dass nach den in der Monarchie geltenden Gesetzen betreffs des Eintrittes von Israeliten in das k. u. k. Heer, sei es als Mannschaft, sei es als Offiziere, keinerlei Beschränkungen bestehen.« Offensichtlich waren jüdische Soldaten in Österreich-Ungarn weit weniger Benachteiligungen ausgesetzt als in anderen Armeen oder im Zivilleben. Die Einstellung der k. u. k. Militärbehörden gegenüber Juden wurde seit Beginn des 19. Jahrhunderts immer offener, und nach der Sanktionierung der Dezemberverfassung 1867 konnte man die Haltung der Militärbehörden im Vergleich zur zivilen Verwaltung geradezu als wohlwollend bezeichnen.[253]

In der Zeit von der Einführung der Militärpflicht im Jahre 1788 bis zum Ende der Monarchie dienten in der Armee Österreich-Ungarns 1000 jüdische Berufsoffiziere, im Reserveoffizierskorps war fast jeder Fünfte bekennender Jude.[254] Dieser Anteil ist im Vergleich mit Preußen hervorzuheben, wo von den seit 1880 in der preußischen Armee dienenden 30 000 jüdischen Reserveoffiziersanwärtern kein einziger zum Reserveoffizier befördert wurde.[255] Von den jüdischen Offizieren in der k. u. k Armee hingegen erreichte eine stattliche Anzahl die höchsten Stabsoffiziersränge bis hin zum General.[256] Der Übertritt zum Christentum spielte hier keine wesentliche Rolle, da die Konversion kein Entréebillet für den Aufstieg in der militärischen Laufbahn war.[257] In Österreich-Ungarn wurden Juden für ihre Verdienste geadelt und konnten auch beim Militär ungehindert avancieren.[258] Im Jahre 1911 gab es in der österreichischen Armee im Bereich der höheren Ränge einen jüdischen Feldmarschallleutnant, einen Konteradmiral, fünf Generalmajore, 17 Obristen, 15 Oberstleutnante und 48 Majore.[259] Der Armee des Habsburgerreiches war es offensichtlich gelungen, die Integration der jüdischen Bevölkerung zu vollziehen, und das galt auch und insbesondere für das Offizierskorps. Sie konnte als Armee eines Vielvölkerstaates nur dann eine politische Rolle spielen, wenn ihre Zusammensetzung die ethnische und religiöse Vielfalt dieses Staates widerspiegelte.[260]

Die Einführung der Militärpflicht für die österreichischen Juden war eine Folge der Veränderungen im österreichischen Heer, die mit einer großen Reorganisation des Heerwesens in den siebziger Jahren des 18. Jahrhunderts begann. Zu den Reformen, die unter Maria Theresia und ihrem Sohn Joseph II. eingeleitet und umgesetzt wurden, gehörte die Einrichtung einer zentralistischen Heeresverwaltung und eines neuen Rekrutierungssystems. Im Jahre 1771 wurde nach preußischem Vorbild das System der Konskription eingeführt.[261]

Nachdem im Jahre 1785 ein Versuch der Hofkanzlei, die jüdische Bevölkerung in den Militärdienst einzubeziehen, gescheitert war,[262] entschied Kaiser Joseph II. im Jahre 1788, dass »die Juden auch dem Militärstande tauglich« seien.[263] Infolge der Entscheidung Josephs II. wurde am 4. Juni 1788 die Militärpflicht für die Juden in allen habsburgischen Ländern eingeführt.[264] Die zunächst auf die Verwendung im Fuhrwesen eingeschränkte Militärpflichtigkeit wurde 1789 auch auf die Infanterie ausgedehnt. »Jenen Juden aber, die eigens statt den Fuhrwesen [zugeteilt] lieber unter dem Feuergewehr zu dienen verlangen, wird dies zugestanden werden.«[265] Für jüdische Soldaten wurde eine abgeänderte Eidesformel eingeführt: »So wahr uns Gott durch die Verheißung des wahren Messias und Seines Gesetzes und die zu unseren Vätern gesandten Propheten zum Ewigen Leben helfen werde!« Der Eid musste auf die Thora abgelegt werden.[266]

Die Einführung der Militärpflicht wurde von den österreichischen Juden mit großer Begeisterung angenommen, da der Militärdienst als Garant für bürgerliche Gleichstellung und Integration erkannt wurde und der jüdischen Bevölkerung die Möglichkeit bot, die eigenen Fähigkeiten unter Beweis zu stellen.[267] Die Rücksichten, Befreiung vom Dienst am Schabbat und an Feiertagen sowie die koschere Verpflegung betreffend, wurden auf verschiedene Art und Weise umgesetzt. Durchgängige, konsequente Regelungen wie in der preußischen und bayerischen Armee gab es in der k. u. k. Armee nicht.[268]

Nach dem Tod Josephs II. wurden bei der Einberufung jüdischer Militärpflichtiger wieder Ausnahmen zugelassen. Leopold II. erlaubte jüdischen Rekruten den Freikauf vom Militärdienst, in Ungarn hob man die Militärpflicht für Juden ganz auf.[269] Diese Ausnahmeregelungen galten jedoch nur für kurze Zeit. Während der Napoleonischen Kriege wurde die Militärpflicht wieder auf die gesamte jüdische Bevölkerung ausgedehnt.[270] In der Zeit von 1793 bis 1815 dienten mehr als 36000 Juden in der Österreichisch-Ungarischen Armee,[271] erstmals wurden jüdische Soldaten auch zu Offizieren ernannt.[272]

Obwohl es auch nach 1815 noch Fälle von Zurücksetzungen bei der Beförderung jüdischer Offiziere gab, wurde von Seiten der militärischen Führung sämtlichen Diskriminierungsversuchen entgegengewirkt.[273] 1855 dienten bereits 157 jüdische Offiziere in der kaiserlichen Armee,[274] im Krieg gegen Preußen 1866 bereits mehr als 200.[275] Darüber hinaus gab es sowohl in der österreichischen als auch ungarischen Landwehr eine stattliche Anzahl von Landwehroffizieren. Diese Zahl lässt auf eine durchaus liberale Praxis bei der Ernennung und Beförderung jüdischer Offiziere schließen. Zahlreiche jüdische Stabsoffiziere wurden in Anerkennung ihrer hervorragenden Leistungen und Verdienste geadelt.[276] Dies wäre in der preußischen, selbst in der bayerischen Armee unmöglich gewesen. Denken wir nur an die Situation jüdischer Soldaten in der preußischen Armee, an Meno Burg als den einzigen jüdischen Stabsoffizier und die Handvoll jüdischer Offiziere, die zudem nahezu alle Reserveoffiziere waren!

Mit der Einführung der allgemeinen Wehrpflicht im Jahre 1869 stieg auch die Zahl der jüdischen Soldaten in der k. u. k. Armee weiter an.[277] 1872 waren es mehr als 12000,[278] 1902 fast 60000.[279] Diese Zahl entsprach auch ungefähr dem prozentualen Anteil der jüdischen Bevölkerung an der Gesamtbevölkerung. Von mehr als 26000 Offizieren waren im Jahre 1894 knapp 2200 Juden.[280] Für die österreichische Landwehr galten ähnliche Verhältnisse, in der Honvéd[281] waren etwa ein Drittel der Offiziere Juden, in einzelnen Regimentern mehr als die Hälfte.[282] Im Reserveoffizierskorps – infolge der Niederlage von 1866 war nach preußischem Vorbild das System der »Einjährig-Freiwilligen« eingeführt worden – betrug der Anteil jüdischer Reserveoffiziere bis zu 18 Prozent.[283]

Vertreter des österreichischen Judentums merkten an, dass die Armee jüdischen Soldaten gegenüber liberaler und vorurteilsfreier eingestellt sei als alle anderen staatlichen Institutionen. So stellte Moritz Frühling, ein jüdischer Schriftsteller, im Jahre 1910 fest, dass »es zur Ehre der österreichischen Kriegsverwaltung betont werden möge, daß unter allen staatlichen Ressorts unserer Doppelmonarchie sie die einzige ist, die von echt modernem und liberalstem Geiste den Mitbürgern gegenüber geleitet ist. Die Juden Österreich-Ungarns werden dem Geiste dieser ritterlichsten, kristallreinen Kriegsverwaltung auch immer Treue um Treue entgegenbringen.«[284] Kaiser Franz Joseph I. hatte schon in den 1880er Jahren deutlich gegen die antisemitische Bewegung Stellung bezogen, verwies voller Stolz auf die große Anzahl jüdischer Soldaten in seiner Armee und sprach diesen Anerkennung für die von ihnen erbrachten Leistungen aus: »Die ganze Bewegung ist mir recht unsympathisch, und jetzt, nachdem die jüdischen Soldaten in den Jahren 1878 und 1882 so vieles Respektable geleistet, sogar peinlich.... Dienen doch in meiner Armee mehr als 30000 jüdische Soldaten! So mancher europäische Kleinstaat wäre stolz darauf, wenn er eine so starke Armee aufbringen könnte.«[285]

Natürlich gab es auch Offiziere mit antisemitischen Ansichten, die diese auch äußerten. Der Generalmajor Alexander Ritter von Eiss soll insgesamt 34 Duelle ausgetragen haben, weil er bezüglich seiner Zugehörigkeit zur jüdischen Religion beleidigt wurde.[286] Im Allgemeinen war das Offizierskorps jedoch resistent gegen das Einströmen von antisemitischem Gedankengut. Es hatte die für ein vorurteils- und konfliktfreies Zusammenleben im Vielvölkerstaat erforderlichen Grundsätze verinnerlicht. Auseinandersetzungen, die auf nationale und religiöse Gegensätze beruhten, wurden nicht geduldet. Ausschlaggebend war die Treue zum Kaiser und dessen Familie.[287] So schrieb auch Dr. Wolfgang von Weisl[288] über seine Zeit als Offizier in der k. u. k. Armee, dass selbst deutschnational eingestellte Offiziere im Dienst keine antisemitischen Vorurteile zeigten.[289] Der k. u. k. Offizier Rudolf Kohn bemerkte dazu: »Ich habe beim Militär überhaupt einen Antisemitismus nicht gespürt und das habe ich [den Habsburgern] sehr angerechnet.«[290]

Österreichisch-ungarische Juden im Weltkrieg 1914–1918

In den Reihen der Kriegsbegeisterten der Augusttage 1914 standen die Juden Österreich-Ungarns im vordersten Glied. Sie unterstützten den Krieg aus zwei Gründen: Zum einen ging der Feldzug gegen das antisemitische Zarenreich, zum anderen hoffte man durch die Teilnahme am Weltkrieg die endgültige Anerkennung zu erlangen.[291] Die Kriegsbegeisterung fand wie in Deutschland ihren Ausdruck in patriotischen Liedern. Dr. Hugo Zuckermann, Leutnant d. R. in einem Landwehr-Infanterie-Regiment, dichtete nach Kriegsausbruch 1914:

»Radetzky, schau vom Himmel drein
Und segne deine Streiter!
Kein Fußbreit Boden darf russisch sein,
wir machen die Grenzen breiter. ...«

Aus Zuckermanns Feder stammte das wohl bekannteste Lied des Ersten Weltkrieges. Sein »Reiterlied« wurde später von Franz Lehár vertont:

»Drüben am Wiesenrand
Hocken zwei Dohlen
Sterb' ich im Serbenland?
Fall' ich in Polen?
Was liegt daran!
Was liegt daran!
Wenn sie meine Seele holen,
Fall' ich als Reitersmann …«
Drüben im Abendrot
Flattern zwei Krähen.
Wann kommt der Schnitter Tod,
Um mich zu mähen?
Es ist nicht schad'!
Es ist nicht schad'!
Seh' ich nur Habsburgs Banner wehen
Auf Belgerad!

Dr. Zuckermann ließ bereits im Herbst 1914 sein Leben auf dem Schlachtfeld an der Ostfront.[292]

Im Ersten Weltkrieg dienten in der k. u. k. Armee 300 000 jüdische Soldaten,[293] mindestens 30 000 fielen im Kampf.[294] Auch ein Großvater meiner Frau, Simon Kreppel, im Jahre 1908 im Honvéd Infanterie-Regiment Nr. 8 ausgebildet, war ab 1914 als Honvéd-Soldat an der Front in Galizien. Die Zahl der Offiziere, von denen mehr als 1000 an der Front fielen, war um ein Vielfaches höher als in der Armee des Deutschen Kaiserreiches. Insgesamt 25 000 jüdische Offiziere dienten während des Weltkrieges in der Armee der Habsburgermonarchie.[295] Zahllose Juden erhielten hohe und höchste Orden als Auszeichnungen für ihre Tapferkeit. Allein an die Hälfte der jüdischen Berufsoffiziere wurden der Eiserne Kronenorden 3. Klasse oder höhere Auszeichnungen verliehen.[296]

Insgesamt 76 Feldrabbiner, die im Range eines Hauptmanns[297] einberufen wurden, waren für die religiösen Bedürfnisse der jüdischen Soldaten zuständig. Wie im deutschen Heer stellte man sie zu den Korps und Armeen ab. Neben der Durchführung von Gottesdiensten und der Betreuung von Verwundeten organisierten sie auch die Versorgung mit koscherer Verpflegung. Sie setzten sich für die Rechte jüdischer Soldaten ein, gingen gegen Benachteiligungen vor und dokumentierten die Leistungen jüdischer Soldaten, um antisemitisch motivierte Maßnahmen und Gerüchte schon im Vorfeld abzuwehren.[298]

Die Notwendigkeit einer Militärseelsorge hatte in der Heeresorganisation bereits früh Berücksichtigung gefunden. Erstmals kam im Jahre 1859 ein Feldrabbiner zum Einsatz, der Rabbiner Josef Szanto aus Wien.[299] Die Ernennung von Feldrabbinern war jedoch nur für den Kriegsfall vorgesehen, im Frieden waren die örtlichen Rabbiner für die Militärseelsorge zuständig. Seit 1875 begann man, Feldrabbiner der Reserve zu ernennen, deren Zahl bis 1914 auf zehn anwuchs. In den Kriegsjahren kamen zehn weitere Feldrabbiner der Reserve hinzu, deren Zahl um 56 nur auf Kriegsdauer verpflichtete Rabbiner erweitert wurde.[300]

Nach 1918: Die Zeit der Republik und der nationalsozialistischen Gewaltherrschaft

Nach dem Untergang des Habsburgerreiches herrschten in Österreich ähnliche Zustände wie in der Weimarer Republik. Mit der Ersten Republik begann eine Zeit der Unsicherheit und politischen Wirren. Begleitet wurden diese von einem starken Anwachsen des Antisemitismus in allen Bereichen des öffentlichen und gesellschaftlichen Lebens.[301] So spielten in dem nur 30 000 Mann umfassenden Bundesheer jüdische Soldaten auch aufgrund ihrer geringen Zahl keine Rolle.[302]

Zur Abwehr antisemitischer Angriffe auf Ehre und Leib der jüdischen Frontsoldaten, vor allem als Reaktion auf die nationalsozialistischen Ausschreitungen im Jahre 1932, wurde am 31. August desselben Jahres der Bund jüdischer Frontsoldaten Österreichs (BJF) gegründet.[303] Erster Vorsitzender wurde der Generalmajor i. R. Emil von Sommer,[304] nach dessen Rücktritt im Jahre 1934 der hochdekorierte Weltkriegsoffizier Hauptmann i. R. Sigmund Edler von Friedmann.

In den nun folgenden Jahren bis zum Anschluss Österreichs an Nazideutschland und der Auflösung des BJF durch die Gestapo am 4. Oktober 1938 bestand die Arbeit des Bundes im Wesentlichen in der Abwehr der sich zunehmend aggressiver darstellenden antisemitischen Agitation der politischen Rechten. Unmittelbar im Anschluss an den Einmarsch deutscher Truppen am 12. März 1938 und der Machtübernahme durch die Nationalsozialisten hatten erste Ausschreitungen gegen österreichische Juden begonnen, Verhaftungen und Deportationen folgten. Viele jüdische Soldaten des Ersten Weltkrieges wurden in den folgenden Jahren zusammen mit ihren Familien in Vernichtungslager verschleppt und dort ermordet.[305] Mit der Eingliederung des österreichischen Bundesheeres in die Wehrmacht und den in Anwendung der »Rassengesetze« folgenden Entlassungen jüdischer Soldaten aus der Armee endete auch in Österreich die lange und erfolgreiche Geschichte jüdischer Soldaten.[306]

Der letzte Vorsitzende des Bundes jüdischer Frontsoldaten Österreichs Sigmund Edler von Friedmann emigrierte im September 1938 nach Palästina. Er änderte seinen Namen in Eitan Avisar, war in der Haganah Taktiklehrer und stellvertretender Generalstabschef. Nach der Staatsgründung wurde er zum Präsidenten des Obersten Militärgerichtes im Range eines Generals ernannt.[307]

Mehr als 10 000 österreichische Juden kämpften während des Zweiten Weltkrieges in den Armeen der Alliierten für die Befreiung Österreichs und Europas von der nationalsozialistischen Gewaltherrschaft.[308]

Fallbeispiele: Von Alexander Ritter von Eiss bis Maximilian Maendl von Bughardt[309]

Die ersten mit Namen bekannten jüdischen Offiziere finden wir während der Napoleonischen Kriege in der kaiserlichen Armee. Aus dieser Zeit sind nur wenige Daten erhalten, so können wir bei den jüdisch klingenden Namen in den Armeelisten nicht feststellen, ob diese Soldaten der jüdischen Religionsgemeinschaft angehörten. Da gab es den 1809 bei Baumersdorf gefallenen Leutnant Karl Wiener, der vermutlich ungetauft war, den Husaren-Oberleutnant Max Arnsteiner aus der berühmten Bankiersfamilie, der 1813 fiel und als Jude bestattet wurde, und den 1817 im Garnisonshospital in Prag verstorbenen Leutnant Franz Bernhard Frankl, einen böhmischen Juden.

Der Kavallerieoffizier Carl Straß (1828–1887) wurde 1849 Leutnant im Dragoner-Regiment Nr. 2, ein Jahr später Oberleutnant im Husaren-Regiment Nr. 2 und trat 1861 als Rittmeister 1. Klasse in den Ruhestand. 1866 erhielt er ehrenhalber den Rang eines Majors.[310] Der 1829 geborene Heinrich Oppenheimer war in der Revolution von 1848 Hauptmann in einer Formation der Nationalgarde, ging dann zum Infanterie-Regiment Nr. 2 und wurde nach wenigen Monaten zum Leutnant ernannt. Heinrich Oppenheimer nahm an den Feldzügen in Italien 1859 und 1866 teil und trat 1878 als Major in den Ruhestand.[311] Der Husarenoffizier Wolf Bardach Edler von Chlumberg hatte als Artilleriekadett 1866 die Goldene Tapferkeitsmedaille erhalten, als er bei Königgrätz die Regimentskasse rettete. Später wurde er zur Kavallerie versetzt, 1875 zum Leutnant ernannt[312] und in den Adelsstand erhoben. Als Major ging er in den Ruhestand und starb 1914 in Czernowitz als hochgeachtete Persönlichkeit.[313]

An getauften Juden ist ein Franz Lindner bekannt, der 1834 Rittmeister in der Garde wurde. Ein weiteres Beispiel für einen Getauften ist Joseph Wiener, von 1749 bis 1754 Korporal im Infanterieregiment »Hoch- und Deutschmeister«. Joseph Wiener wurde später als einer der Väter der Aufklärung in Österreich und Professor der Politischen Wissenschaften unter seinem Adelsnamen Joseph Freiherr von Sonnenfels (1733–1817) bekannt. Joseph Wieners Vater Lipman war 1735 mit seinen drei Söhnen zum Katholizismus übergetreten und 1746 zum Freiherr von Sonnenfels geadelt worden.[314] Der 1809 bei Wagram gefallene Feldmarschallleutnant Armand von Nordmann, der als französischer Oberst 1793 mit Teilen seines Regimentes in österreichische Dienste trat, war ebenfalls Jude bzw. jüdischer Abstammung.[315] Der erfolgreichste jüdische Offizier diente in der k. u. Landwehr (Honvéd),[316] die gerne Juden als Offiziere annahm, weil es zum einen an qualifizierten Offiziersanwärtern fehlte und man zum anderen die Assimilierung der Juden in die ungarische Nation zu beschleunigen suchte. Bis heute zählen viele Angehörige der ungarisch-jüdischen Elite zu den feurigsten magyarischen Patrioten. Der Generaloberst Baron Sámuel Hazai wurde 1851 als Samu Khon – sein Vater war ein wohlhabender Spirituosenhändler – in Rimaszombat geboren. Hazai konvertierte kurz nach seiner Ernennung zum Leutnant im Jahre 1876 zum Christentum, besuchte die Kriegsschule und unterrichtete dann an der ungarischen Militärakademie. 1907 war er als Generalmajor der Honvéd-Armee zugeteilt. Samuel Hazai wurde im Januar 1910 zum Honvédminister ernannt, am 1. November 1910 zum Feldmarschallleutnant befördert und am 12. Dezember 1912 in den Adelsstand erhoben. Mit Beginn des Ersten Weltkrieges wurde Baron Sámuel Hazai zum General der Infanterie, durch den neuen Kaiser Karl im Februar 1917 zum Chef des Ersatzwesens für die gesamte bewaffnete Macht und am 1. November 1917 aufgrund des Dienstalters zum Generaloberst ernannt.

Tatsächlich war es in der ersten Hälfte des 19. Jahrhunderts noch so, dass hauptsächlich getaufte Juden bis in die höchsten Offiziersränge aufsteigen konnten. Eine Ausnahme war der 1797 in Lemberg geborene Joseph Singer (1797–1871), der 1832 als Hauptmann im Generalstab von Feldmarschall Radetzky diente, unter dessen Nachfolger bereits Stabschef war und 1859 Feldmarschallleutnant wurde.[317] Der Generalmajor Alexander Ritter von Eiss (1832–1921) absolvierte eine glänzende militärische Karriere und war u. a. von Erzherzog Albrecht mit organisatorischen Aufgaben innerhalb der österreichischen Landwehr beauftragt.[318] Alexander von Eiss bekannte sich offen zum Judentum, interessierte und engagierte sich besonders für jüdische Angelegenheiten. So war in der österreichischen Armee auch bekannt, dass er mit getauften Offizieren nicht verkehrte.[319] Ein weiterer jüdischer Offizier, Eduard Schweitzer (1844–1920), besuchte von 1879 bis 1881 die Kriegsschule und wurde trotz bester Leistungen nicht in den Generalstabsdienst übernommen.[320] Unabhängig davon erhielt er 1879 den Adelstitel und war ab 1904 als Generalmajor Kommandant der 53. Infanterie-Brigade. Im Jahre 1908 wurde Eduard Ritter von Schweitzer anlässlich seiner Versetzung in den Ruhestand zum Feldmarschallleutnant ernannt.[321] Sowohl Joseph Singer als auch Eduard von Schweitzer hatten den Übertritt zum Christentum stets abgelehnt. Vor dem Ersten Weltkrieg wurde nur noch ein weiterer jüdischer Offizier General im k. u. k. Heer, der Infanterieoffizier Heinrich Ulrich Edler von Trenckheim (1847–1914). Er nahm an den Feldzügen von 1866 und 1878 teil, erhielt 1896 den Adelstitel und war bis zu seiner Pensionierung im Jahre 1909 als Generalmajor Kommandant der 69. Infanterie-Brigade.[322] Im Laufe des Ersten Weltkrieges wurden noch drei weitere jüdische Offiziere zum Generalmajor befördert, der 1858 in Prag geborene Dr. Leopold Austerlitz[323], Carl Schwarz (1859–1929)[324] und Maximilian Maendl von Bughardt (1850–1929)[325]. Letzterer war als Oberst Kommandant der 21. Landsturm-Infanterie-Brigade (später 21. Gebirgs-Brigade) und wurde aufgrund seiner Verdienste bei der Verteidigung des Görzer Brückenkopfes 1916 in den Adelsstand erhoben und 1917 zum Generalmajor befördert.[326]

Die genannten Lebensläufe und die im Vergleich zu anderen Staaten beachtliche Zahl jüdischer Offiziere in der k. u. k Armee, die bis in höchste Positionen aufstiegen, verdeutlicht, dass Armee und Offizierskorps dem in allen anderen Bereichen des Lebens stetig wachsenden Antisemitismus gegenüber recht immun waren. Dies lag auch daran, dass Kaiser Franz Joseph auf die Einheit, übernationale und überkonfessionelle Stellung seiner Armee besonderen Wert legte und nicht zögerte, dieses Prinzip, wann immer es nötig war, in aller Deutlichkeit zu artikulieren und auch durchzusetzen.

Teil II: Die Zeit der Republiken

1. Deutsche Juden, Republik und Reichswehr

Judenzählung, Aufkündigung des Burgfriedens sowie die antisemitischen Exzesse der letzten beiden Kriegsjahre hatten gezeigt, dass die in der Reichsverfassung von 1871 garantierte Gleichstellung von der Stärke der Regierung und der kaiserlichen Macht abhing. Obwohl die deutschen Juden auch im Kaiserreich nach wie vor unter demütigenden Bestimmungen in Staat und Gesellschaft litten und berufliche sowie gesellschaftliche Diskriminierung in vielen Bereichen immer noch an der Tagesordnung war, fühlten sich die Juden in kaum einem anderen Land so akzeptiert wie in Deutschland. König und Kaiser hatten durch ihre nahezu uneingeschränkte Macht den im Volk vorhandenen Antisemitismus unter Kontrolle und konnten Ausbrüche und Exzesse verhindern. Die Ereignisse im Umfeld der Dreyfus-Affäre in Frankreich und die ersten Jahre der Weimarer Republik zeigten, dass neue Demokratien dazu nicht in der Lage waren.[327]

Doch zunächst bewirkte der Zusammenbruch des Wilhelminischen Kaiserreiches weitreichende Veränderungen. Die neue Republik und ihre Verfassung garantierten den Juden die endgültige und uneingeschränkte Gleichberechtigung. So war es denn nicht verwunderlich, dass viele deutsche Juden – vor allem unter dem Eindruck der letzten Kriegsjahre – ihre Zukunft im neuen demokratischen Deutschland sahen. Sie beteiligten sich in der Zeit der Revolution und des politischen Umbruchs aktiv an der Neugestaltung des Staates. An der Revolution des Novembers 1918 waren einige Juden oder Menschen jüdischer Abstammung beteiligt. Dies erzeugte bei der Masse der deutschen Juden, die eher liberal bis konservativ eingestellt waren, eher Zurückhaltung. Auch fanden die neuen demokratischen Prinzipien der Weimarer Verfassung in erster Linie Zustimmung bei dem Teil der jüdischen Bevölkerung, dem bis zu diesem Zeitpunkt der Zugang zum höheren Staatsdienst verwehrt war.[328]

Die Hauptstadt Berlin, im Kaiserreich und der Weimarer Republik politisches und kulturelles Zentrum, war richtungsweisend und exemplarisch für den Rest Deutschlands. Der größere Teil der Berliner Juden unterstützte wie in den Vorkriegsjahren den Linksliberalismus, der in der 1919 unter der Beteiligung prominenter Berliner Juden gegründeten Deutschen Demokratischen Partei seine politische Ausdrucksform fand. Einige Juden und Jüdinnen traten auch weiterhin als politisch Aktive der linken Parteien auf.[329] Sie wurden dann auch das Ziel von Hass und antisemitischer Agitation der Rechten. »Der Jude« war nun zusätzlich zur Vielzahl der ihm von den Antisemiten verpassten Attributen als »typischer Revolutionär« verschrien, wenn er nicht rein zufällig bereits ein »kapitalistischer Jude« war. Wieder einmal hatte sich gezeigt, dass Leistungsbereitschaft, Einsatz und der daraus resultierende Erfolg deutscher Juden nur Neid, Ablehnung und Hass erzeugten. Darüber hinaus suchten die rechten Extremisten die vermeintlich Schuldigen für die Niederlage im Krieg. Diese hatte man recht schnell im Lager der linken politischen Gruppierungen gefunden, bei der jüdischen Bevölkerung und den Demokraten. Antisemitische Aktionen und Gewalttaten begannen zur Tagesordnung zu werden: »Pogromluft weht durch Berlin«, schrieb das Kölner »Israelitische Gemeindblatt« am 13. Dezember 1918. »Aber man schlägt nur die Juden, die sich nicht wehren. Man hat nur Mißachtung gegen Juden, die ihr Judentum nicht achten. Wir aber wollen bis zum letzten Blutstropfen an unserm Judentum hängen … Das Judentum braucht vor keiner Kulturnation die Segel zu streichen. Wir sind Juden und wollen es bleiben bis in alle Ewigkeit.«[330]

Die für Krieg und Niederlage Verantwortlichen hatten in den Juden einen ständig präsenten und von vielen gerne angenommenen Sündenbock gefunden. Sie begannen unter Zuhilfenahme dunkler Verschwörungstheorien das zu formulieren und zu entwickeln, was man später als sogenannte »Dolchstoßlegende« kannte. Die Juden wurden für den verlorenen Krieg, die Novemberrevolution und den Versailler Vertrag verantwortlich gemacht.[331] Diese Verleumdungskampagnen kamen von den nationalen Rechten, die sich in Verbänden wie Reichshammerbund, »Verband gegen die Überhebung des Judentums«, Deutschbund, Deutsche Arbeiter- und Angestellten-Partei, Bund der Landwirte, Deutschnationaler Handlungsgehilfen-Verband sowie Alldeutscher Verband sammelten. Mit dem Alldeutschen Verband in enger Verbindung stand der im Februar 1919 gegründete Deutsche Schutz- und Trutzbund. Die beiden letztgenannten Verbände artikulierten eine vollständige Ablehnung der Weimarer Republik. Diese Haltung brachte der Schutz- und Trutzbund im Paragraph 1 seiner Satzung deutlich zum Ausdruck: »Der Bund erstrebt die sittliche Wiedergeburt des deutschen Volkes durch die Erweckung und Förderung seiner gesunden Eigenart. Er erblickt in dem unterdrückenden und zersetzenden Einfluß des Judentums die Hauptursache des Zusammenbruchs, in der Beseitigung dieses Einflusses die Vorbedingung des staatlichen und wirtschaftlichen Wiederaufbaus und der Rettung deutscher Kultur. Der Schutz- und Trutzbund macht es sich zur Aufgabe, über Wesen und Umfang der jüdischen Gefahr aufzuklären und sie unter Benutzung aller politischen, staatsbürgerlichen und wirtschaftlichen Mittel zu bekämpfen.«[332]

Der Verband, dessen Mitgliederzahl 1922 bereits 200 000 Mitglieder betrug, legte hier die Grundlage für die antisemitische Propaganda der staatsfeindlichen rechten Gruppierungen und Parteien der Weimarer Republik. Die neue Republik wurde als »Judenrepublik« zum Feind erklärt, der mit allen Mitteln bekämpft werden durfte. So scheuten sich diese Verbände auch nicht, öffentlich zum Mord an Juden und Vertretern der Demokratie aufzurufen. Mitglieder dieser Verbände verübten die Morde an Walther Rathenau, Karl Liebknecht und Rosa Luxemburg.[333]

Walther Rathenau, bis 1915 Leiter der Kriegsrohstoffabteilung und in der Weimarer Republik Außenminister, hatte früh erkannt, dass Juden in Deutschland immer ein Opfer von Entrechtung und Hass sein würden. Die Demütigung, die er bei der Ablehnung seiner Bewerbung zum Offizier erfuhr, konnte er nie überwinden. Nach den Ereignissen im Umfeld der Judenzählung schrieb er 1917 an die Schwägerin des Generalfeldmarschalls von Hindenburg: »... wenn auch ich und meine Vorfahren nach besten Kräften unserem Land gedient haben, so bin ich, wie Ihnen bekannt sein dürfte, als Jude Bürger zweiter Klasse. Ich könnte nicht politischer Beamter werden, nicht einmal in Friedenszeiten Leutnant.«[334] Zur Situation der Juden in Preußen stellte er fest: »In wirklich kultivierten Ländern, in England, Frankreich, Italien, Amerika gehören sie (die Juden) zu den staatlich positivsten Elementen.«[335] Wie wenig kultiviert man in Deutschland wirklich war, konnte Rathenau an den Wänden Berliner Häuser lesen: »Knallt ab den Walther Rathenau – Die gottverfluchte Judensau.« Walther Rathenau wurde am 24. Juni 1922 von rechten Extremisten ermordet. Der Historiker Golo Mann schrieb über die ersten Jahre der Weimarer Republik: »Die ungeheure moralische Verwilderung im Zeichen der Niederlage, die folgende totale Verarmung und Deklassierung vieler Millionen Menschen durch die Inflation, Vorgänge, die über den Verstand der meisten durchaus hinausgingen, haben dem Ruf ›Die Juden sind unser Unglück‹ zum ersten Mal ein starkes Echo verschafft. Ich würde die Behauptung wagen: Nie war die antisemitische Leidenschaft in Deutschland wütender als in den Jahren 1919–1923. Es war die Epoche des ersten großen Erfolges der Nationalsozialisten. Kaum erschien mit dem Ende der Inflation für die Massen neue Hoffnung auf ein menschenwürdiges Leben, so wurde die Bewegung rückläufig.«[336]

Bei sorgfältiger Analyse der Gründe für das Scheitern der Weimarer Republik muss man zwangsläufig feststellen, dass das Militär neben Industrie und Großgrundbesitz zu den gesellschaftlichen Gruppen gehörte, die für den Untergang der neuen Demokratie mitverantwortlich waren. Mit dem Untergang des Kaiserreiches und der alten Armee hatte der im Militär weit verbreitete Antisemitismus, der in den letzten Kriegsjahren auf ein bis dahin nie dagewesenes Ausmaß angewachsen war, in die Reichswehr und die nach dem Zusammenbruch entstandenen Wehrverbände Eingang gefunden. Die Tatsache, dass sich ein Teil der deutschen Juden aufgrund der gemachten Erfahrungen an Revolution und Neuordnung von Staat und Politik beteiligte, verstärkte den Hass jener im Militär überwiegenden traditionell konservativen Gruppierungen, die zunehmend der Hetzpropaganda der radikalen Rechten folgten und die Juden für die Niederlage verantwortlich machten.[337]

Die Reichswehr unterschied sich in Tradition, Aufbau und Ideologie nur wenig von der Armee des Kaiserreiches. Sie arbeitete eng zusammen mit Freikorps und anderen rechten Organisationen wie z. B. dem »Stahlhelm«,[338] der 1925 bereits 300 000 Mitglieder hatte. Die eindeutig republikfeindlichen ca. 100 Freikorps wurden bei ihrer Auflösung in die neu formierte Reichswehr aufgenommen. Der Großteil der weiterbestehenden Wehrverbände galt als zusätzliches Machtpotenzial, das im Kriegsfall als zweite Armee neben der Reichswehr genutzt werden konnte, und bildete zudem ein Reservoir für den Personalersatz der Armee.

Da die Reichswehr nach dem Versailler Vertrag auf eine Gesamtstärke von nur 100 000 Mann beschränkt war, musste ein Ausgleich dafür durch die Auswahl besonders geeigneter Offiziere und Unteroffiziere erfolgen, um so eine Elitearmee zu schaffen. Die Auswahl des Nachwuchses lag in den Händen der alten Offiziere, die sie weniger unter dem Gesichtspunkt von Eignung und Befähigung, sondern unter Betrachtung der politischen Haltung des Bewerbers vornahmen. So wurden

Bewerber vorgezogen, die der eigenen politischen Weltanschauung und Herkunft am nächsten standen. Die im Kaiserreich übliche Offizierswahl blieb in der Armee der Weimarer Republik erhalten. Die Auswahl der Offiziere lag somit in Händen der Offizierskorps, die Auswahl der Soldaten bei den Kompaniechefs, die häufig Verbindung zu republikfeindlichen Kräften außerhalb der Reichswehr hatten.[339] Die Einheiten der Reichswehr übernahmen Symbole und Tradition der Armee des Kaiserreiches. Das Offizierskorps bewahrte seine traditionelle Exklusivität und zeichnete sich durch eine einheitliche Gesinnung aus, die auf keinen Fall durch demokratisches Gedankengut, sondern eher durch Anhänglichkeit an die Monarchie gekennzeichnet war. Im Jahre 1926 wurde der Reichspräsident von Hindenburg Oberbefehlshaber der Reichswehr. Damit stand ein militärischer Führer an der Spitze von Staat und Armee, der ein Repräsentant des alten Systems war und unter Offizieren und Soldaten der Reichswehr höchste Verehrung genoss.[340]

Schon in der Anfangszeit der Reichswehr war das Problem der antisemitischen Agitation ein Thema. Bereits im Oktober 1919 wurde eine Umfrage über antisemitische Propaganda in den Kasernen durchgeführt und im Januar 1920 befahl der Chef der Heeresleitung General Walther Reinhardt, die Armee habe sich »auch in der Judenfrage strengstens jeder Betätigung von Dienst wegen zu enthalten«.[341] Auch der Reichswehrminister Gustav Noske missbilligte das Verhalten militärischer Vorgesetzter im Falle der Verteilung eines antisemitischen Flugblattes des »Deutschen Schutz- und Trutzbundes«. Durch den Kontakt der Reichswehr zu rechten Parteien und Gruppierungen fand judenfeindliches Gedankengut sehr schnell Einzug in die Reichswehr und die antisemitische Agitation in den Truppenteilen muss bedeutende Ausmaße erreicht haben. Ein alter Bekannter, der General Ernst von Wrisberg, im Krieg stellvertretender Chef des Allgemeinen Kriegsdepartements und einer der Initiatoren der Judenstatistik, erging sich in antisemitischen Beschimpfungen,[342] denen sich Werner Freiherr von Fritsch[343] und Hans von Seeckt anschlossen.[344] Unter diesen Umständen war jüdischen Soldaten und Offizieren der Zugang zu Reichswehr unmöglich. Mit der Schaffung der Reichswehr aus einzelnen Verbänden der alten Armee hatte auch der Dienst jüdischer Soldaten sein Ende gefunden. Mit Sicherheit haben nur sehr wenige Soldaten jüdischen Glaubens in der Reichswehr gedient, Einzelheiten und Namen sind nicht bekannt.[345] Ein Hinweis ist der Text zu einem Theaterstück, welches von Alfred Herzog 1931 in München unter dem Titel

»Krach um Leutnant Blumenthal« veröffentlicht wurde. Max Reinhardt hat dieses Stück in Berlin aufführen lassen. Es handelt von einem Oberleutnant der Reichswehr, der im Krieg mit dem Eisernen Kreuz ausgezeichnet wurde, zum Offizier aufgestiegen war und von seinen jüngeren, antisemitisch gesinnten Offizierskameraden schikaniert wird.[346]

Als Ergebnis lässt sich feststellen, dass die Reichswehr noch weniger als die Armee des Kaiserreiches deutschen Juden den uneingeschränkten Zugang und eine vollständige Integration ermöglichte. In der alten Armee war durch die Wehrpflicht ein gleichbleibend hohes Kontingent an jüdischen Soldaten und Einjährig-Freiwilligen vorhanden, die sogar ihren religiösen Bedürfnissen entsprechende Rahmenbedingungen vorfanden und auch bis zu einer gewissen Grenze akzeptiert wurden. Am Beispiel der Reichswehr lässt sich der Beweis führen, dass eine Armee ohne Wehrpflicht in Gefahr läuft, sich von den demokratischen Prinzipien des Staates zu entfernen. Die Reichswehr war mit Sicherheit der Teil der Weimarer Republik, der Staat und Demokratie am fernsten stand und für deren Zusammenbruch in erheblichem Maße mitverantwortlich war.[347]

Der Reichsbund jüdischer Frontsoldaten. Geschichte eines Frontkämpferbundes 1919–1938[348]

Auf den Begeisterungstaumel der ersten Kriegsmonate folgte die Ernüchterung, und in dem Maße, wie die Hoffnung auf ein baldiges Kriegsende schwand, breitete sich der Antisemitismus an der Front und in der Heimat wieder aus und nahm schon im Laufe des Jahres 1915 deutlich zu. Zahlreiche antisemitische Hetzkampagnen waren gegen jüdische Kriegsteilnehmer gerichtet. Die Leistungen jüdischer Frontsoldaten wurden geleugnet, schlimmer noch, sie wurden von den Rechten als Drückeberger diffamiert. Derartige Verleumdungen wurden von rechten Verbänden mit dem Ziel verbreitet, den Burgfrieden zu demontieren, einen Keil zwischen jüdische und nichtjüdische Soldaten zu treiben und jüdische Soldaten als Gruppe zu isolieren.[349] Die gegen jüdische Soldaten gerichteten Kampagnen hatten zur Jahreswende 1915/16 ein solches Ausmaß angenommen, dass der Centralverein deutscher Staatsbürger jüdischen Glaubens e.V. im Januar 1916 besorgt feststellte: »Trotzdem seit Beginn des Krieges die deutschen Juden in vollstem Maße ihre Pflicht erfüllen, werden jetzt bereits in der Zeit des Burgfriedens Stimmen laut, die ihnen mangelnde Beteiligung am Heeresdienst, Kriegswucher und sonstiges ungehöriges Verhalten vorwerfen.«[350] Die innenpolitische

Krise des Jahres 1916, die vom Kriegsministerium verfügte »Judenzählung« und die weitere Verbreitung eines völkisch-nationalistischen Antisemitismus in Armee und Politik führte zur endgültigen Aufkündigung des Burgfriedens.[351] Die Situation jüdischer Soldaten wurde in den letzten zwei Kriegsjahren zunehmend unerträglich, so dass der Vorsitzende des Centralvereins rückblickend feststellen musste: »Zu Beginn des Krieges schien es, als ob der Krieg, der große Einiger der Volksgenossen, die Parteiungen verschwinden lassen würde, und daß auch das Ende des Antisemitismus gekommen sein würde. Aber Burgfrieden und innere Einheit haben nicht lange vorgehalten«.[352]

Den Schaden, den die Judenstatistik, die zunehmende Hilflosigkeit und auch Zurückhaltung der Regierung gegenüber Antisemitismus in der Armee und auf der politischen Bühne angerichtet hatte, war unermesslich. Weitaus gravierender war, dass die Saat des Antisemitismus, die im Kriege gezielt durch die nationalen Extremisten, geduldet durch die Gleichgültigkeit der politischen Führung, ausgebracht worden war, im deutschen Volk tiefe Wurzeln geschlagen hatte.[353]

Der Kampf um die Ehre der Frontsoldaten

Die aus dem Krieg zurückkehrenden jüdischen Soldaten sahen sich weiter den Verleumdungen antisemitischer Agitatoren ausgesetzt, sie hätten sich vor dem Einsatz an der Front gedrückt. Hinzu kam ein noch schlimmerer Vorwurf – der zusammen mit den linken Gruppierungen begangenen »Zersetzung« und daraus resultierenden Verantwortung für die Niederlage und den Zusammenbruch des Reiches.[354]

Die antisemitische Hetze der Rechten konzentrierte sich in erster Linie auf die Hauptstadt. So kam es in den zwanziger Jahren sowohl an den Universitäten als auch in Bezirken, in denen jüdisches Leben und Kultur präsent war, wie zum Beispiel um den Kurfürstendamm und im Scheunen-Viertel, zu Krawallen mit antisemitischen Ausschreitungen. Zur Abwehr der verbalen, aber auch tätlichen Angriffe von rechter Seite schlossen sich die jüdischen Verbände zusammen, leisteten den Betroffenen Hilfe und betrieben Aufklärungsarbeit.[355] Jüdische Frontkämpfer waren nach 1918 nicht mehr bereit, die ihnen wie jedem Staatsbürger zustehenden Rechte einschränken zu lassen oder sich aus der Vorstellung einer gemeinsamen Nation ausgrenzen zu lassen. Sie stellten sich in organisierter Form dem Antisemitismus entgegen. Als Antwort auf den Antisemitismus der Rechten und zur Abwehr der Verleumdungen sowie ihrer Folgen, gegen die nicht allein der das liberale, tendenziell eher assimilierte Judentum mit deutscher Staatsbürgerschaft vertretende Centralverein (CV) eintrat, wurde im Februar 1919 in Berlin ein jüdischer Soldatenbund gegründet. Initiator war der Hauptmann der Reserve, Dr. Leo Löwenstein (1879–1956). Der Gründungssitzung war ein Aufruf zur Gründung eines »Vaterländischen Bundes jüdischer Frontsoldaten« vorausgegangen, den 51 jüdische Kriegsteilnehmer unterschrieben hatten. Die ursprüngliche Vision war die Einrichtung eines allumfassenden Frontkämpferbundes gewesen, der »unterschiedslos alle die Millionen Frontkämpfer umfasste, die da draußen als gute Kameraden zusammengestanden hatten.«[356] Auch wenn sich diese Idee letztlich als nicht realisierbar erwies, folgten viele jüdischen Soldaten den Aufrufen und traten dem neuen Bund bei. Die schlechten Erfahrungen, die sie im Laufe des Krieges, insbesondere im Zusammenhang mit der »Judenzählung«, mit einem ständig wachsenden Antisemitismus, der zudem nach Kriegsende schlimmer denn je zu sein schien, gemacht hatten, ließ sie die Notwendigkeit einer Interessenvertretung für jüdische Soldaten erkennen.

Organisation und Ziele des Reichsbundes jüdischer Frontsoldaten (RjF)

Schon bald bildeten sich auch in den anderen deutschen Städten Soldatenbünde, die sich 1920 als Ortsgruppen im »Reichsbund jüdischer Frontsoldaten« (RjF) zusammenschlossen. Die zahlenmäßig stärkste Ortsgruppe Berlin hatte 1924 bereits 3500 und 1928 die stattliche Zahl von 5000 Mitgliedern.[357] Der gesamte Reichsbund hatte im Zeitraum seines Bestehens stets zwischen 30 000 und 40 000 Mitglieder,[358] der Verband vertrat also mehr als die Hälfte der überlebenden jüdischen Frontsoldaten. Da der Reichsbund sich betont aus parteipolitischen und innerjüdischen Streitfragen heraushielt und alle jüdischen Kriegsteilnehmer gleich welcher Herkunft und sozialen Schicht ansprach, dürfte er bezüglich seiner Struktur ein Spiegelbild der jüdischen Gesellschaft in Deutschland gewesen sein. Die Organisation des Reichsbundes als eingetragener Verein entsprach dem vergleichbarer Verbände jener Zeit. Der Bundesvorstand bestand aus einem inneren Gremium, das sich aus dem Bundesvorsitzenden, zwei Stellvertretern und sechs Beisitzern zusammensetzte. Im Gesamtvorstand saßen außerdem die Vertreter der 16 Landesverbände. In den ersten Jahren der Weimarer Republik war die höchste Zahl der Beitritte zu verzeichnen, so dass in den Jahren 1925/26 ca. 500 aktive Ortsgruppen existierten.[359]

Die Aktivitäten des Reichsbundes jüdischer Frontsoldaten standen unter der Prämisse von Neubesinnung und Neubestimmung der jüdischen Identität mit dem Ziel, die Assimilation der deutschen Juden voranzutreiben. Erste und zentrale Aufgabe des Bundes war die Wahrung der Ehre des jüdischen Frontsoldaten. In Zusammenarbeit mit dem Centralverein deutscher Staatsbürger jüdischen Glaubens sollte durch gezielte Aufklärung in Form von Kundgebungen, Flugblättern und Büchern, die den Nachweis des Einsatzes jüdischer Soldaten lieferten,[360] den Angreifern der Wind aus den Segeln genommen werden. Gleichzeitig wollte man den ehemaligen jüdischen Soldaten eine »Heimat« bieten und sie auch bei Bedarf in sozialen Fragen beraten und unterstützen. So erinnerte der Reichsbund mit Handzetteln, auf denen eine trauernde Mutter abgebildet war, im Jahr 1920 daran, dass 12 000 jüdische Männer im Ersten Weltkrieg als Patrioten für Deutschland ihr Leben gelassen hatten. Gleichzeitig war der RjF für die ehemaligen jüdischen Soldaten tatsächlich eine Art »Heimat«, denn er beriet und unterstützte sie auch bei Bedarf in sozialen Fragen.[361]

Der Reichsbund jüdischer Frontsoldaten lehnte das nationaljüdische Modell eines eigenen Staates in Palästina zumindest in seinen Publikationen (»Der Schild«) insoweit ab, als dass er die Verteidigung der staatsbürgerlichen Rechte in Deutschland einforderte und hierfür die Zugehörigkeit der deutschen Juden zur deutschen Staatsnation unterstrich. Dennoch arbeitete der RJF bis 1933 eng mit den Zionisten zusammen: So begrüßte der zionistische Landesverband 1927 in einem vertraulichen Rundschreiben ausdrücklich die Abwehrarbeit des Reichsbundes jüdischer Frontsoldaten sowie dessen (begrenzte) Anlehnung an die zionistische Ideologie, insofern der RjF neben Sportvereinen jüdische landwirtschaftliche Siedlungen in Deutschland aufbaute, um durch positives Beispiel des körperlich arbeitenden Juden dem Antisemitismus den Boden für antijüdische Klischees zu entziehen.[362] Die Spannungen mit zionistischen Organisationen nahmen zum Ende der zwanziger Jahre jedoch zu, da der RjF die Absage der Zionisten an einer Teilhabe der deutschen Juden an einer deutschen Nation wie einen Verrat an einem jahrhundertelangen Kampf und eine Spaltung des Judentums interpretieren musste. Zudem erschien der Mehrheit der deutschen Juden die Auswanderung nach Palästina (noch) als ein emotional nicht nachvollziehbarer und sachlich nicht begründeter, irrationaler Schritt.[363]

Aufklärungsarbeit und Selbstschutzmaßnahmen des RjF[364]

Die ersten Aktionen des Reichsbundes waren u. a. Flugblattaktionen, die sich gegen die Flut antisemitischen Propagandamaterials richteten, das vom Deutschen Schutz- und Trutzbund im Umfang von nahezu 20 Millionen Flugblättern, Handzetteln und Klebemarken allein im Jahre 1920 verteilt wurde. Mitglieder der Vorgängerorganisation »Vaterländischer Bund jüdischer Frontsoldaten«, aber auch des neugegründeten RjF beteiligten sich 1919/20 in der Zeit der inneren Krisen an Selbstschutzmaßnahmen. Kurzzeitig existierte eine verbandübergreifende Selbstschutzorganisation, an der Vertreter der jüdischen Jugendvereine, des Reichsbundes jüdischer Frontsoldaten, des Kartells jüdischer Verbindungen und des Kartell Convents beteiligt waren.[365]

Die seit 1921 von der Bundesleitung herausgegebene Verbandszeitschrift »Der Schild« erschien zuerst monatlich, dann 14-tägig und ab 1934 wöchentlich. Die Zeitschrift berichtete über antisemitische Ausschreitungen und die Aktivitäten des Reichsbundes gegen antisemitische Agitation, später dann auch über die vom Bund geförderten Programme zur jüdischen Siedlung in Deutschland (Reichsbund für jüdische Siedlung, Jüdische Landarbeit G.m.b.H.).[366] Darüber hinaus erbrachte der RjF in Flugschriften und Büchern den Nachweis des Einsatzes jüdischer Soldaten im Weltkrieg. Dabei spielten der 1932 herausgegebene Band »Die jüdischen Gefallenen«, das Verzeichnis der im Krieg gefallenen deutschen Soldaten jüdischen Glaubens, die noch 1935 veröffentlichten »Kriegsbriefe gefallener Deutscher Juden« und weitere Publikationen wie die 1924 im Verlag des RjF erschienene Dokumentation »Jüdische Flieger im Weltkrieg« von Felix Theilhaber sowie die von den einzelnen Ortsgruppen erstellten und den gefallenen Kameraden gewidmeten Gedenkbücher in der Aufklärungsarbeit eine bedeutende Rolle. Reichpräsident Hindenburg erhielt als Erster anlässlich seines 85. Geburtstags 1932 ein Gedenkbuch des RjF für die jüdischen Gefallenen des Ersten Weltkriegs. Anlässlich des Erscheinens des Buches führte der RjF am 17. November 1932 in Berlin eine Feierstunde durch, an der nahezu alle wichtigen Repräsentanten der demokratischen Organisationen und Parteien vertreten waren.[367]

Darüber hinaus wurde auf Bundesebene und in den Ortsgruppen durch Gedenkveranstaltungen das Andenken der im Krieg gefallenen jüdischen Kameraden geehrt. So gedachte der Reichsbund jüdischer Frontsoldaten am 28. September 1920 in Berlin auf dem Ehrenfeld des Friedhofs der jüdischen Gemeinde in Weißensee unter großer Anteilnahme »der toten Kameraden, der gefallenen

Söhne, Männer und Brüder, die für die Ehre ihres deutschen Heimatlandes in den Tod gingen«. Die Feier war zugleich »ein Gelöbnis gegen die, die uns trotz der Toten Heimat und Ehre streitig machen wollen«.[368] Auf der Wormser Tagung des RjF am 5. September 1925 sagte Julius Goldstein, der Herausgeber der deutsch-jüdischen Zweimonatsschrift »Der Morgen«, in einer feierlichen Ansprache: »Im Namen unserer Toten: Um Deutschlands willen zogen wir als deutsche Soldaten in den Kampf – und unsere Gräber in fremder Erde sollen nicht Gräber deutscher Soldaten sein? Ich spreche im Namen der Witwen und Waisen: Um Deutschlands willen gaben wir das Liebste unseres Herzens, um Deutschlands willen ist die Krone unseres Herzens, die Hoffnung unserer Zukunft hingesunken – und ihr vergiftet unseren Schmerz und nennt uns Fremde!«[369]

Der RjF versuchte durch geschlossene Formationen unter dem Banner des Reichsbundes bei Kriegsgedenktagen, Kranzniederlegungen und zentralen Veranstaltungen auch optisch der Öffentlichkeit die Vaterlandstreue der deutschen Juden in Erinnerung zu rufen und so der antisemitischen Hetze entgegenzuwirken.[370] Hierbei war der RjF stets darauf bedacht, eine möglichst breite Basis für seine Abwehrarbeit zu gewinnen: So waren zum Beispiel viele Mitglieder unter ausdrücklicher Billigung des Vorstandes[371] zugleich Mitglieder im Reichsbanner Schwarz-Rot-Gold,[372] ein überparteiliches Bündnis der Sozialdemokraten, des katholischen Zentrums und der liberalen DDP zum Schutz der Republik, der auch örtlich und regional oft mit dem RjF zusammenarbeitete. Im Gegensatz zu einer bis zum Ersten Weltkrieg eher passiven Rolle bei antisemitischen Angriffen waren ehemalige jüdische Soldaten nun nicht mehr bereit, dem antisemitischen Pöbel das Feld zu überlassen. Zu Beginn der Weimarer Republik und – nach einer relativen Entspannung zwischen 1924 und 1929 – im Übergang zum »Dritten Reich« kam es in bedrohlichem Umfang zu Angriffen auf jüdische Bürger und Einrichtungen. Der Reichsbund jüdischer Frontsoldaten baute jüdische Selbstschutzeinheiten auf, die unter anderem in Berlin bei Unruhen ab 1920 zum Einsatz kamen.[373] Diese Selbstschutzabteilungen, die den Namen »AW« für Abwehr trugen, gab es u. a. in Königsberg, München, Kassel und Breslau. Am 5. November 1923 wurde im Berliner Scheunenviertel ein Angreifer bei pogromartigen Ausschreitungen durch eine Patrouille des »AW« erschossen.[374] Zwar musste der RjF nach ausdrücklicher Ermahnung durch den Reichsinnenminister im April 1924 diese »Selbstschutzbetätigung« offiziell einstellen,[375] doch kamen im Reichsgebiet RjF-Selbstschutzverbände weiter zum Einsatz, z. B. 1924 bei der Zerstreuung einer antisemitischen Versammlung in Beerfelden/Odenwald bei Frankfurt am Main und in der ersten Hälfte des Jahres 1927 bei antisemitischen Ausschreitungen in Wiesbaden, Chemnitz und Köln. Zusammen mit den zionistischen Sportbünden Makkabi und Bar Kochba gründete der RjF im Laufe des Jahres 1927 in Berlin einen Jüdischen Abwehrdienst (JAD), der als illegale Vereinigung keine Protokolle führte.[376] Der JAD hatte etwa 250 bis 300 aktive Mitglieder – die Organisation wurde bewusst klein gehalten, um so besser im Geheimen operieren zu können. Aufgaben dieser Organisation waren der Schutz der Synagogen und der jüdischen Bevölkerung vor Übergriffen durch die Nationalsozialisten sowie die Beobachtung nationalsozialistischer Verbände.[377] Die Leitung des JAD unterhielt Verbindungen zur Berliner Polizei durch deren jüdischen Vizepräsidenten Dr. Bernhard Weiß. Der damalige Kommandeur der Berliner Schutzpolizei Magnus Heimannsberg unterstützte den JAD, indem er ihm Handfeuerwaffen aus dem Bestand der Polizei zur Verfügung stellte – den Kontakt zu Heimannnsberg hatte Bernhard Weiß hergestellt.

Eine der Aktionen des RjF in seiner Anfangszeit ist deswegen zu erwähnen, weil sie aus dem Rahmen der sonstigen Aktivitäten des Reichsbundes deutlich heraustrat und bezeichnend für die Situation war, in der sich das deutsche Judentum in dieser Zeit befand – übrigens ein altes und immer aktuelles Problem, das überall dort auftaucht, wo Neid und Antisemitismus fester Bestandteil der Gesellschaft sind. Als Antwort auf den Vorwurf der Antisemiten, Juden wären als Kriegsgewinnler zu Reichtum gekommen, rief der RjF im September 1921 eine sogenannte »Selbstzuchtaktion«[378] ins Leben, die im Wesentlichen die Aufforderung zu bescheidenem Auftreten enthielt. Aktivitäten dieser Art waren vor dem Hintergrund der Flut von antisemitischen Angriffen zu sehen, die nicht nur die jüdischen Frontsoldaten, sondern das gesamte deutsche Judentum in die dauernde Defensive trieben, sich vor jedem für alles rechtfertigen zu müssen. Angriffe dieser Art waren dem Reichsbund jüdischer Frontsoldaten als persönliche Erfahrung schon aus der Zeit des Krieges bekannt. Aus diesem Grund fühlte sich der Reichsbund jüdischer Frontsoldaten dazu verpflichtet, nicht nur die Ehre der jüdischen Frontsoldaten, sondern auch die Ehre des gesamten deutschen Judentums zu verteidigen, da diese während des Krieges ja schließlich mit Leib und Leben gedeckt worden war.[379]

Der Reichsbund jüdischer Frontsoldaten im NS-Staat[380]

Mit der Machtergreifung der Nationalsozialisten am 30. Januar 1933 begann für den Reichsbund jüdischer Frontsoldaten der verzweifelte Kampf um die Ehre und Rechte der jüdischen Soldaten des Ersten Weltkriegs, ein hoffnungsloser Kampf gegen Entrechtung, Ausgrenzung und Verfolgung. Man war nun einer Macht ausgeliefert, für die der Antisemitismus nicht nur als Bestandteil zu ihrem Parteiprogramm gehörte, sondern die auch bereit war, alle gegen Juden und den ehemaligen politischen Gegner angekündigten Maßnahmen in die Tat umzusetzen. Diese begannen mit pogromartigen Ausschreitungen und dem Boykott jüdischer Geschäfte am 1. April 1933 und fanden ihre Fortsetzung in den Gesetzen, mit denen Juden aus ihren Berufen gedrängt und zunehmend entrechtet wurden, vom Gesetz zur Wiederherstellung des Berufsbeamtentums vom 7. April 1933 bis zur nahezu vollständigen Entrechtung im Rahmen des Reichsbürgergesetzes vom 17. September 1935.[381] Die Situation hatte sich seit dem Januar 1933 dramatisch verändert. Nun ging es nicht mehr um die Abwehr antisemitischer Angriffe, sondern um die reine Verteidigung staatsbürgerlicher Rechte. Das vom Reichsbund jüdischer Frontsoldaten verkündete Ziel der »Lösung der Judenfrage in Deutschland« entsprach dem Wunsch des Großteils der Mitglieder, die sich – wie viele Juden in Deutschland – zunächst eine Auswanderung nicht vorstellen konnten.

Oftmals wird in diesem Zusammenhang in einer wissenschaftlich nicht belegbaren und bereits vor dem Hintergrund der Shoah erfolgenden Perspektive eine sich als logische Konsequenz ergebende Geschichtsabfolge bis Auschwitz konstruiert. Diese hätten der RjF und seine Mitglieder erkennen und darum die auf Auswanderung drängenden Zionisten unterstützen müssen. So wird dem Reichsbund jüdischer Frontsoldaten eine Mitverantwortung an der hohen Opferzahl unterstellt, weil er durch seinen Kampf für die Staatsbürgerrechte und den Appell, nicht kampflos das Feld zu räumen, viele Juden zum tödlich ausgehenden Verbleib gedrängt habe.[382]

Die Situation stellte sich für das deutsche Judentum aber keineswegs als so offensichtlich dar, wie gerne kolportiert.[383] Die Jüdische Rundschau, Organ der Zionistischen Vereinigung für Deutschland, schrieb 1933: »... die Tage des Sturms werden vorübergehen und die Mehrheit der deutschen Juden wird voraussichtlich auch in Zukunft, wenn auch unter veränderten Bedingungen, mit dem deutschen Volk zusammenleben; wir sind überzeugt, dass ein solches Zusammenleben möglich ist, zumal keine störende Vermischung droht, sobald das ›Jude sein‹ eine

Selbstverständlichkeit und keine Schande geworden ist.«[384] Der CV bewertete die Situation 1935 wie folgt: »In diesen Tagen haben die deutschen Juden rückschauend und vergleichend des ersten April 1933 gedacht … Die Stimmung, die damals ganz natürlich auf den deutschen Juden lastete, mochte ihn niederdrücken, aber das Gefühl der Enttäuschung und des Bedrücktseins hat niemanden wirklich übermannt, der Verantwortung für seine Gemeinschaft empfand und wußte, daß Stimmungen schlechte Ratgeber sind. Wer aus einer verständlichen Stimmung tiefster Niedergeschlagenheit Entscheidungen traf, hat sie übereilt getroffen und die Zahl derer, die sie bedauern, ist nicht gering … Die deutschen Juden täten gut … Kassandrarufe zu überhören.«[385]

Von dieser Haltung zeugt auch der »Aufruf an die deutschen Juden«, den die Bundesleitung des Reichsbundes am 25. Mai 1935 im Schild veröffentlichte:[386]

> »*Aufruf an die deutschen Juden!*
> *Der Ansturm gegen das deutsche Judentum ist in der Lage, den Bestand der deutschen Judenheit für immer zu vernichten, wenn wir nicht mit ganzer Kraft uns anklammern an die Werte, die wir von jeher als solche erkannt und hochgehalten haben. Deutschtum war uns ebenso wie Judentum ein heiliges Bekenntnis. Und wer unter uns es ernst gemeint hat mit diesem Bekenntnis, der muß es über die Stürme der Jetztzeit in seinem Herzen bewahren und retten in die Zukunft hinein. Durch die Erschütterungen, die unsere seelische und materielle Lage jetzt treffen, dürfen wir uns nicht beirren lassen in der Treue, die wir höheren Idealen, seit Generationen und Generationen von uns verehrt und gepflegt, schuldig sind. Materielle Hilfe für die durch den Sturm der Gegenwart entwurzelten Menschen tut not. Aber mit wirtschaftlicher Hilfe allein ist dem Judentum, seiner Würde und seiner Existenz in Deutschland nicht gedient. Unsere Ehre und unsere Rechte als Menschen und Bürger stehen auf dem Spiele. Für sie führt der Reichsbund jüdischer Frontsoldaten seinen Kampf auf einsamem Posten. Unser Bund ist das wirksamste Instrument der jüdischen Selbstverteidigung. In unserer Eigenschaft als Frontsoldaten haben wir uns herausgestellt und um die Anerkennung der Rechte der Gesamtheit deutscher Juden gerungen. Wir empfanden uns als Treuhänder und Exponenten aller deutschen Juden. Was wir tun konnten, haben wir getan. Und daß wir nicht vergeblich gearbeitet haben beweist der – wenn auch den gegebenen Umständen gemäß bisher bescheidene – Erfolg.*

An die deutschen Juden richten wir die Aufforderung, in diesen schweren Stunden den Mut nicht zu verlieren, unseren Kampf für Ehre und Recht mit allen Kräften zu unterstützen ... Wir haben tausende jüdischer Existenzen durch unsere Arbeit gerettet. Wir wollen weiterhin jeden Fußbreit Boden für unsere jüdischen Brüder im deutschen Vaterlande verteidigen und die Positionen halten, die noch zu halten sind. Wer unsere Arbeit schädigt, schädigt die Zukunft des deutschen Judentums. Nicht nur auf die Gegenwart sei unser Blick gerichtet, auch auf die Zukunft kommt es an!
REICHSBUND JÜDISCHER FRONTSOLDATEN E.V.
Bundesleitung.«

Das tat der RjF 1935 nach einer zweijährigen Phase der zumeist erfolglosen politisch-taktischen Anbiederung[387] an das NS-Regime jedoch nicht mehr: Nach dem verzweifelten Versuch, für Juden den Ausschluss aus der am 16. März 1935 verkündeten Wehrpflicht rückgängig zu machen, und der am 15. September 1935 verkündeten »Nürnberger Gesetze«, die die völlige Entrechtung einleiteten, richtete der Reichsbund jüdischer Frontsoldaten im Oktober eine Stelle für Auswanderung ein. Man hatte sich insbesondere nicht vorstellen können, dass das NS-Regime mit der Erklärung der »Wehrunwürdigkeit« von Juden noch über die Ansätze des preußischen »christlich-kooperativen« Staates hinausgehen würde. Zwei Jahre NS-Regime hatten den seit Ende des 18. Jahrhunderts geführten Anpassungsprozess im Glauben an universelle Freiheits- und Gleichheitsrechte auch als noch vage vorhandene Hoffnung jüdischer Soldaten zerstört. Die Systemfehler des deutschen Nationalverständnisses hatten als rassistischer deutscher Nationalismus und Chauvinismus ihre bösartige Fratze gezeigt.

Zu Beginn hatte der RjF mit seinem taktischen Operieren insoweit Erfolg, als er mit Unterstützung des noch lebenden Reichspräsidenten Paul von Hindenburg Ausnahmeregelungen von der NS-Gesetzgebung für jüdische Frontkämpfer erreichen konnte. So hatte der RjF durch die Übernahme sämtlicher »nationaler« Tugenden, einschließlich des nie in der Fläche umgesetzten »Führerprinzips«,[388] zu beweisen versucht, dass er in keiner Weise dem in der NS-Propaganda gezeichneten Bild entsprach. Der RjF gab aber auch in diesem, aus heutiger Sicht durchweg kritisch zu betrachtenden Vorgehen von 1933–1935 dennoch die Zusammenarbeit mit allen anderen Kräften nicht auf. So stellte er ein Vorstandsmitglied in der Reichsvertretung der deutschen Juden, die am 17. September 1933 gegründet wurde, um eine gemeinsame starke Organisation aller Juden zu erreichen. Hier arbeitete der Reichsbund jüdischer Frontsoldaten u. a. auch mit den Zionisten zusammen und hob sich von anderen spaltenden Organisationen deutlich ab.[389] Der Leitspruch des RjF »Sei stark und standhaft« musste unter diesen Bedingungen auf die gesamte jüdische Gemeinschaft übertragen werden.

Aufrufe zum Durchhalten waren auch die Politik der anderen jüdischen Verbände. Deshalb rückten die verschiedenen jüdischen Verbände und Organisationen trotz z. T. erheblicher politischer Unterschiede enger zusammen, um sich gegen die zunehmend brutalere antisemitische Hetze effektiver organisieren zu können. »Im September 1933 … wurde die ›Reichsvertretung der deutschen Juden‹ gegründet, welche die zentralen Körperschaften des Judentums in Deutschland vereinigte (sowohl zionistische wie auch assimilatorische Kreise)«, um »ihr internes Leben neu aufzubauen und einen neuen Rahmen zu schaffen für ein Jüdisches Gesellschafts- und Kulturleben für jene, die von der allgemeinen Bevölkerung ausgeschlossen worden waren«.[390] »Jeder bleibt auf seinem Posten« war die Parole der am 17. September 1933 gegründeten »Reichsvertretung der deutschen Juden«. Zudem wurde mit der Reichsvertretung eine Dachorganisation geschaffen, die im Namen aller deutschen Juden mit den neuen Machthabern verhandeln konnte. Man ging zunächst davon aus, dass sich die Lage in Deutschland bald wieder beruhigen und es auch in dieser Situation eine Zukunft für Juden in Deutschland geben würde. Neben den Zionisten, die ihre Zukunft im Aufbau eines jüdischen Staates in Palästina sahen, und den Juden, die im Centralverein organisiert waren und die Bindung an das Judentum mit ihren deutschen Wurzeln vereinten, gab es die Gruppe der national denkenden Juden, die Deutschland auf keinen Fall verlassen wollten. Zu ihnen gehörten der RjF, der »Verband nationaldeutscher Juden« und der »Deutsche Vortrupp. Gefolgschaft deutscher Juden«.

Trotz allem setzten die deutschen Juden auch in den folgenden Jahren weiter auf die Überzeugungskraft ihres aufopfernden Patriotismus: »Im großen und ganzen gab es unter der überwältigenden Mehrheit der annähernd 525 000 Juden, die im Januar 1933 in Deutschland lebten, kein erkennbares Gefühl von Panik oder auch nur Dringlichkeit. Im Laufe der Wochen hofften Max Naumanns Verband Nationaldeutscher Juden und der Reichsbund jüdischer Frontsoldaten auf nichts Geringeres als die Integration in die neue Ordnung. So verschieden die Ansichten der einzelnen Gruppierungen auch waren, versuchten sie dennoch im Interesse der jüdischen Gemeinschaft zusammenzuarbeiten, wenn es um die Verteidigung der staatsbürgerlichen Rechte ging. Die Reichsvertretung und die Vertreter der einzelnen Verbände bekundeten in Schreiben an die Reichsregierung ihre Zugehörigkeit zu Deutschland und dem deutschen Volk und forderten gleichzeitig das sofortige Ende von Diskriminierung und Ausgrenzung. Bald bestätigte Hitlers Büro Eingaben der jüdischen Organisation nicht mehr. Wie der Centralverein glaubten die Zionisten weiterhin, daß sich die anfänglichen Umwälzungen durch eine Neubehauptung jüdischer Identität oder einfach durch Geduld überwinden ließen; die Juden waren der Ansicht, daß die Verantwortung der Macht, der Einfluß der konservativen Regierungsmitglieder und eine wachsame Außenwelt auf alle Tendenzen der Nazis zu Exzessen einen mäßigenden Einfluß ausüben würden.«[391]

Am 2. August 1934 starb der Reichspräsident Paul von Hindenburg. Dieses Ereignis bedeutete für die meisten deutschen Juden, und gerade auch für die jüdischen Frontsoldaten, das Ende einer Ära, die fast genau zwanzig Jahre zuvor mit dem Begeisterungstaumel der ersten Augusttage 1914 begonnen hatte. Mit seinem Tod starb die letzte Hoffnung, dass er noch verhindern könnte, was bereits begonnen hatte. Die Illusion, die viele mit seiner Person als ein Symbol für Recht und Ordnung verbanden, war trügerisch, denn war es nicht Paul von Hindenburg, der Hitler und seinen Genossen den Weg geebnet hatte.[392]

Die Situation der Juden in Deutschland wurde indessen immer unerträglicher. Sie wurden aus dem Staatsdienst ausgeschlossen und aus vielen Berufen verdrängt. Gleichzeitig wurde auf wirtschaftlichem Gebiet ein umfassender antijüdischer Boykott durchgeführt, der die Erwerbsmöglichkeiten weiter minderte. Durch die zunehmende Diffamierung wurde auch die Ausübung der religiösen Praxis eingeschränkt und damit das religiöse Leben im Allgemeinen gehemmt. Für den Reichsbund jüdischer Frontsoldaten brachte das Jahr 1935 die Erkenntnis, dass die Rahmenbedingungen für ihre Politik weggefallen waren. Das Gesetz zur Wiedereinführung der Wehrpflicht und das Reichsbürgergesetz vom September 1935 beinhalteten einen vollständigen Ausschluss der deutschen Juden sowohl vom Wehrdienst als auch von den Rechten als Staatsbürger. Der Vorstoß des Reichsbundes in einer Eingabe an den Reichswehrminister vom 27.03.1935, in der sich ca. 1000 ehemalige jüdische Offiziere als »alte Frontoffiziere« zur Verfügung stellten, hatte keinen Erfolg.

Im August 1936 verbot die Gestapo die Verwendung der Abkürzung RjF für Reichsbund jüdischer Frontsoldaten und bald darauf erfolgte die Einschränkung der Aktivitäten des Bundes auf die Betreuung der jüdischen Kriegsopfer. Allerspätestens mit den Novemberpogromen 1938, die den Übergang von der Diskriminierung der deutschen Juden zur systematischen Verfolgung markieren, wurde jeder Jüdin und jedem Juden eindeutig bewusst, dass diese deutsche Gesellschaft nicht bereit war, Juden als einen integralen Bestandteil einer gemeinsamen Werte- und Solidargemeinschaft, als Teil der »deutschen Nation« zu betrachten. Der Reichsbund jüdischer Frontsoldaten sowie auch alle anderen jüdischen Organisationen stellten nach der Pogromnacht vom 9. auf den 10. November 1938 ihre Arbeit ein. Die jüdischen Frontkämpfer, die im Verlauf des Pogroms verhaftet und in Konzentrationslager verschleppt worden waren, wurden wegen ihrer Einsätze als Frontkämpfer wieder entlassen. Viele von ihnen wurden jedoch nur wenig später in Lager verschleppt und dort ermordet.[393]

Fallbeispiel: Dr. Bernhard Weiß – Sein Kampf für Demokratie und Rechtsstaat in der Weimarer Republik

> *»Wichtiger als die Polizeiorganisation bleibt immer der Geist, der eine Polizei beherrscht und der in jedem einzelnen Beamten lebendig sein muß. ... Die Bevölkerung soll die Polizei als ihren Freund empfinden.« (Bernhard Weiß, Vortrag am 30.09.1949 im RIAS Berlin)*

Bernhard Weiß war preußischer Jude und Offizier, Rittmeister der Reserve, Berliner Polizeivizepräsident und einer der bekanntesten Persönlichkeiten der späten Weimarer Republik. Was erinnert an diesen außergewöhnlichen Mann und seinen unerschrockenen Einsatz für Recht und Ordnung, für den Erhalt der noch jungen Demokratie der Weimarer Republik?

Einem Polizeipräsidenten widmet die Nachwelt keine Hymnen. Selbst begeisterte Anhänger Preußens singen ihm kein Lobeslied. Sie rühmen mit Vorliebe die »Ordnung«, die er hinterließ, und vergessen dabei den, der diese Ordnung schuf und aufrechterhielt. So geriet auch Person und Wirken von Bernhard Weiß in Vergessenheit. Nur wenigen ist bekannt, dass seiner Karriere als Polizist eine ebenso eindrucksvolle als Offizier und Jurist im Staatsdienst voranging, und das zu einer Zeit, als Juden der Zugang zum Offizierskorps und dem höheren Staatsdienst bis auf wenige Ausnahmen noch verwehrt wurde. Gerade seine außergewöhnliche Laufbahn als Offizier erklärt seine Bedeutung in der Tradition des Andenkens der jüdischen Soldaten in deutschen Armeen und damit für den Bund jüdischer Soldaten.

Vom Rittmeister zum Polizeivizepräsidenten[394]

Dr. Bernhard Weiß wurde 1880 in eine wohlhabende Berliner Familie geboren.[395] Er wuchs in einer durch traditionelles Judentum geprägten Atmosphäre auf,[396] besuchte das Französische Gymnasium[397] und studierte anschließend Jura; 1909 wurde er zum Gerichtsassessor, später dann zum Amtsrichter ernannt.[398] Auch Bernhard Weiß musste, um Reserveoffizier werden zu können, in das etwas liberalere Bayern ausweichen, da das preußische Offizierskorps nach wie vor keine Juden zuließ.[399] Er diente als Freiwilliger in einem bayerischen Kavallerieregiment, wurde 1906 zur Laufbahn der Reserveoffiziere zugelassen und 1908 zum Leutnant der Reserve ernannt: Das war auch in der Königlich Bayerischen Armee eine absolute Ausnahme, ein jüdischer Kavallerieoffizier – im Vorkriegs-Preußen für einen Juden schlichtweg unmöglich. In den Jahren von 1880 bis 1909 dienten in der preußischen Armee ca. 25 000 bis 30 000 Einjährig-Freiwillige jüdischen Glaubens – davon wurde kein Einziger zum Reserveoffizier befördert – und im Vergleich dazu 1200 bis 1500 Einjährig-Freiwillige rein jüdischer Abstammung, aber zum christlichen Glauben übergetreten, von denen etwa 300 zu Reserveoffizieren befördert wurden.[400] Während am Vorabend des Ersten Weltkrieges in der preußischen Armee kein jüdischer Offizier stand, dienten auch in der bayerischen Armee gerade mal 46 jüdische Reserve- und 42 Landwehroffiziere.[401]

Bernhard Weiß' Offiziersakte[402] aus dem Ersten Weltkrieg ist ein Zeugnis beispielloser Tapferkeit und hervorragender Führungsqualitäten. Stets an der Front eingesetzt, nahm er an zahlreichen Schlachten und Stellungskämpfen teil,[403] erhielt das Eiserne Kreuz I. und II. Klasse sowie fünf weitere Orden und avancierte zum Rittmeister, war eingesetzt als Kompaniechef und wurde sogar stellvertretender Bataillonskommandeur. Diese Karriere ist umso bemerkenswerter angesichts der antisemitischen Ressentiments, denen jüdische Soldaten üblicherweise und vor allem dann ausgesetzt waren, wenn sie zur Beförderung anstanden. Der vom Kaiser verkündete Burgfriede und die allgemeine Kriegsbegeisterung hatten den zeit- und ortsüblichen Antisemitismus zwar vorübergehend verdrängt – nach Kriegsbeginn wurden auch jüdische Offiziersaspiranten wieder zu Reserveoffizieren ernannt –, der Zerfall des Burgfriedens jedoch, die vom preußischen Kriegsministerium im Jahre 1916 verfügte Judenzählung, die drohende Niederlage und die zunehmende antisemitische Agitation rechter Gruppierungen hatten die Situation jüdischer Soldaten spätestens seit 1916 nahezu unerträglich werden lassen.[404]

So einzigartig die militärische Laufbahn des Bernhard Weiß – gerade unter diesen Umständen – war, sie sollte auf anderem Gebiet ihre Fortsetzung finden. Die Karriere des Rittmeisters Weiß war in Berlin aufgefallen. Der preußische Innenminister Bill Drews[405] ernannte Weiß im Juni 1918 zum stellvertretenden Chef der Kripo im Polizeipräsidium Berlin. Damit war Bernhard Weiß der erste ungetaufte Jude im Innenministerium.[406] Von 1920 bis 1925 leitete er im Polizeipräsidium die Abteilung I A, die sogenannte Politische Polizei, nach einer kurzen Zeit als Chef der Kripo wurde er 1927 Polizeivizepräsident.[407] Er war der Initiator für die Einführung neuer demokratischer Prinzipien im Verhältnis zwischen Obrigkeit, in diesem Falle Polizei, und dem Bürger. Bernhard Weiß schuf zusammen mit dem Berliner Polizeipräsidenten Albert Grzesinski[408] und dem Kommandeur der Schutzpolizei Magnus Heimannsberg[409] ein neues Konzept im Umgang mit der Bevölkerung – die Polizei als »Helfer und Freund«.[410]

Seine Ernennung zum Polizeivizepräsidenten fiel zusammen mit dem Zeitpunkt, als die Nazis unter Josef Goebbels, dem Gauleiter der NSDAP in Berlin und Brandenburg, die ersten Vorbereitungen trafen, die Hauptstadt zu erobern. Bollwerk und Organisator der Verteidigung gegen die Nationalsozialisten war Bernhard Weiß. Eine seiner ersten Maßnahmen war ein Verbot der NSDAP.[411] Die Auseinandersetzungen zwischen Bernhard Weiß, dem hoch dekorierten Frontoffizier und hohen Repräsentanten der Ordnungsmacht, gebildet, kultiviert, aus wohlhabender Familie stammend, und dem aus kleinen Verhältnissen kommenden Goebbels, der noch nicht einmal gedient hatte, waren berühmt im Berlin der späten zwanziger Jahre. Goebbels startete eine beispiellose Hetzkampagne gegen Weiß, den er in seinem Naziblatt »Der Angriff« Isidor[412] nannte. Immer wieder erschienen Schmähartikel verziert mit Isidor-Karikaturen der schlimmsten Sorte. Mit Weiß als »Isidor« hatte Goebbels seinen idealen Feind gefunden: Jude und Repräsentant der Republik, die Nazis nennen das damals wie heute »Vertreter des Systems«. Weiß schlug zurück und überzog Goebbels mit unzähligen Prozessen, die er alle gewann. Insgesamt dreizehn Mal musste Goebbels allein wegen der Beschimpfung Isidor vor Gericht und verlor jeden Prozess. Einmal wurde er sogar verhaftet, um dem Gericht vorgeführt zu werden.[413]

Flucht und Emigration

Diese Beschimpfungen, waren sie noch so dumm und primitiv, verfehlten jedoch ihre Wirkung bei den Massen nicht. Wie war sonst die zunehmende Zahl an

Menschen zu erklären, die der NSDAP zuströmten? Nachdem am 20. Juli 1932 mit Berlin die letzte Bastion der Republik gefallen war, wurde Bernhard Weiß aus dem Amt gejagt.[414] Bis zuletzt war er für die Ideale von Demokratie und Rechtsstaat eingetreten und wurde zum Vorbild für alle deutschen Juden im Kampf gegen Unterdrückung und Verfolgung. »Je mehr man uns angreift, desto lebendiger und kraftvoller wollen wir aufrechten, selbstbewußten deutschen Staatsbürger jüdischen Glaubens uns zur Wehr setzen, vor allem aber sachlich und unerschrocken für das Wohl der Volksgemeinschaft unsere Pflicht erfüllen, jeder an dem Platz, an den das Schicksal ihn gestellt hat«, so seine Worte. Nach der Machtübernahme durch die Nationalsozialisten im Januar 1933 gelangte Bernhard Weiß in einer abenteuerlichen Flucht quer durch Europa schließlich nach London. Dort baute er sich mit der Gründung einer kleinen Druckerei eine bescheidene Existenz auf. Nach dem Krieg bat ihn Ernst Reuter, beim Wiederaufbau der Berliner Polizei mitzuwirken.[415] Doch Bernhard Weiß, an Krebs erkrankt, musste ablehnen. Im Juli 1951, kurz vor seinem 72. Geburtstag, starb er in London. Unmittelbar vor seinem Tod erreichte ihn aus Deutschland die Nachricht über seine Wiedereinbürgerung.[416]

2. Juden im Bundesheer der Ersten Republik Österreich

Der Zerfall des habsburgischen Vielvölkerstaates und der Zusammenbruch der k. u. k. Österreichisch-Ungarischen Armee im November 1918 war ohne jeden Zweifel eine der größten Tragödien der europäischen Geschichte. Über Jahrhunderte hinweg hatte die Armee Österreich-Ungarns die Grenzen des Reiches geschützt und war gleichzeitig wesentlicher integrierender Faktor für die verschiedenen Nationalitäten des Vielvölkerstaates. Selbst Kritiker der Habsburgermonarchie kamen zu der Feststellung, dass der Dienst in den Reihen dieser Armee niemals einer Unterdrückung gleichkam.[417] Im Friedensvertrag von St. Germain (1919) wurde die Größe des österreichischen Heeres auf 30 000 Mann begrenzt. Ähnlich wie in der Reichswehr der Weimarer Republik war auch im Berufsheer der Ersten Republik Österreich die Zahl jüdischer Soldaten entsprechend gering. So führte erst die Einführung der allgemeinen Wehrpflicht im Jahre 1936 zu einem Anstieg, zumal gleichzeitig der einjährig-freiwillige Dienst als verkürzte Form des Wehrdienstes wieder eingeführt wurde.[418]

Eine der formenden Kräfte der neuen republikanischen Armee war Dr. Julius Deutsch. Im Ersten Weltkrieg Frontoffizier wurde Julius Deutsch zur Jahreswende 1917/18 an das Kriegsministerium in Wien versetzt. Nach Gründung der Republik im November 1918 ernannte ihn die Regierung zum Unterstaatssekretär im Staatsamt für Heerwesen, im März 1919 dann zum Staatssekretär für Heereswesen. Seine Aufgabe als Heeresminister im neuen Österreich war die Abrüstung und Auflösung des Kriegsheeres und der Aufbau einer in Wesen, Geist und Organisation neuen Armee.[419] Julius Deutsch gelang es unter schwierigsten Bedingungen, eine funktionierende Ordnungsmacht aufzubauen, und er trug somit in erheblichem Maße zur raschen Konsolidierung der Republik bis zum Frühjahr 1920 bei. Das von ihm initiierte Programm für das Heerwesen sah »… eine demokratische, republikanische Armee …« vor, deren Angehörige sich ehrenwörtlich verpflichten mussten, »… die demokratische Republik zu verteidigen und an politischen Aktionen, die gegen die demokratische Republik gerichtet sind, nicht teilzunehmen. …«[420] Das Bundesheer der Ersten Republik wurde somit schon im Entstehen auf die Republik verpflichtet und es entstand eine mit Regierung und Politik eng verbundene Armee, im Gegensatz zu der im Deutschen Reich von Generaloberst Hans von Seeckt als »unpolitische« Wehrmacht geschaffenen Reichswehr, die sich in nur wenigen Jahren vollständig der Kontrolle durch die Regierung zu entziehen vermochte.[421]

In Österreich hatte der Antisemitismus nach dem Zusammenbruch der Donaumonarchie gewaltigen Auftrieb erhalten. Für Niederlage, Revolution und die Missstände in der Heeresversorgung wurden die Juden verantwortlich gemacht.[422] Trotz Zunahme eines die Politik, Gesellschaft und Bevölkerung durchdringenden rassisch geprägten Antisemitismus dienten jüdische Soldaten vor allem in der Volkswehr und später im Bundesheer der Ersten Republik.[423] Einige jüdische Generalstabsoffiziere gelangten auf höhere Positionen in Heer und Ministerium. Einer davon war Emil von Sommer, später erster Bundesführer des Bundes jüdischer Frontsoldaten Österreichs (BJF). Sommer war im Ersten Weltkrieg Regimentskommandant, trat 1923 als Oberst in den Ruhestand und wurde später ehrenhalber zum Generalmajor ernannt.[424] Ein Generalstabsoffizier jüdischer Herkunft, Johann Friedländer, wurde 1925 Regimentskommandant und 1928 Leiter der Ausbildungsabteilung im Bundesministerium für Landesverteidigung. Im Jahre 1931 zum Generalmajor ernannt, kam er im Oktober 1936 auf einen Dienstposten im Heeresinspektorat und wurde kurz darauf, am 31. März 1937, im Range eines Feldmarschallleutnants in den Ruhestand versetzt.[425] Jüdischer Herkunft war auch Dr. Robert Hecht, Sektionschef im Verteidigungsministerium und in den dreißiger Jahren Berater der Regierungschefs Österreichs.[426] Während Dr. Hecht bereits 1938 und Johann Friedländer 1944 von den Nationalsozialisten ermordet wurden, überlebte Emil von Sommer das Konzentrationslager Theresienstadt und kehrte nach Wien zurück, wo er bis zu seinem Tode im Jahre 1947 Vorsitzender der Israelitischen Kultusgemeinde war.

Die Zeit der Ersten Republik war durch einen sogenannten »Kalten Bürgerkrieg« gekennzeichnet. Neben dem Bundesheer gab es zahlreiche militärisch organisierte Parteiformationen, den Frontkämpferverband und weitere Wehrverbände.[427] Zahlreiche Juden unterstützten wie auch in der Weimarer Republik die Sozialdemokraten und traten dem »Republikanischen Schutzbund« bei, der Wehrformation der Sozialdemokratischen Arbeiterpartei.[428] Dr. Julius Deutsch war der federführende Gründer und Vorsitzende des Schutzbundes. Andere schlossen sich den Heimwehren oder kleineren Wehrverbänden an, vor allem ab Beginn der dreißiger Jahre, als die Bedrohung durch den Nationalsozialismus stetig zunahm. Nach den Erinnerungen von Dr. Max Graf Thurn waren in seinem motorisierten Verband des Wiener Heimatschutzes mehr als ein Viertel Juden, darunter der Kommandant.[429]

Als Antwort auf die immer radikalere Formen annehmende antisemitische Hetze verschiedener politischer Parteien und die nationalsozialistischen Ausschreitungen im Umfeld der Gemeinderatswahlen in Wien im April 1932 wurde im August 1932 der Bund jüdischer Frontsoldaten (BJF)[430] Österreichs gegründet.

Bund jüdischer Frontsoldaten Österreichs (BJF) – Geschichte eines jüdischen Abwehrvereins in der Spätphase der Ersten Republik Österreich 1932–1938[431]

Die Gründungs- und Aufbaujahre

In den ersten Monaten des Jahres 1932 traten die Nationalsozialisten in Wien mit aggressiver Propaganda und gewalttätigen Aktionen wie z. B. Krawallen an der Universität und bei öffentlichen Veranstaltungen in Erscheinung. Diese Gewalttaten richteten sich auch gegen jüdische Bürger und endeten mit schweren Körperverletzungen und teilweise auch mit Mord. Auf diese Weise gelang es der NSDAP, Teile des Beamtentums und der Mittelschicht für sich zu gewinnen und bei den Gemeinderatswahlen am 24. April 1932 mit dem Gewinn von 15 Mandaten einen Wahlerfolg zu erzielen.[432] Die neue Regierung mit Engelbert Dollfuß als Bundeskanzler trat am 20. Mai 1932 ihr Amt an. Die Regierungskoalition verfügte im Parlament lediglich über eine Stimme mehr als die Opposition. Mit dem neuen Kanzler, der schon als Korporationsstudent für antisemitisch motivierte Ausschlussverfahren im Cartellverband der katholischen deutschen Studentenverbindungen (CV) gestimmt hatte, kam der »Frontgeist« in die österreichische Politik.[433] Vom alten Frontgeist war es nicht weit bis zur Dolchstoßlegende, die Liberale, Sozialdemokraten, Kommunisten und Juden für die Niederlage verantwortlich machte. Dies war der Geist, der auch von den Heimwehren und rechten Wehrverbänden getragen wurde.[434]

Als Reaktion auf die zunehmende Bedrohung der jüdischen Bürger Wiens fand sich eine kleine Gruppe ehemaliger Frontsoldaten zusammen und beschloss, einen Verband ins Leben zu rufen, der sowohl als Veteranenverband wie auch als jüdischer Abwehrverein in Erscheinung treten sollte.[435] In Österreich wie auch im Deutschen Reich waren nach dem Ersten Weltkrieg viele verschiedene Veteranenvereine entstanden, die Tradition und Kameradschaft ehemaliger Verbände der k.u.k. Armee und der Armee des Deutschen Kaiserreiches pflegten. Unter ähnlichen Voraussetzungen war in Berlin bereits 1919/20 ein Vaterländischer Bund jüdischer Frontsoldaten, dann Reichsbund jüdischer Frontsoldaten (RjF) gegründet worden, mit dem Ziel, die ehemaligen jüdischen Frontsoldaten in einem Verband zusammenzufassen und ihre Ehre gegen Angriffe von rechts zu verteidigen.[436] So erschien am 27. Mai 1932 in mehreren Wiener Tageszeitungen ein Aufruf an jüdische Frontkämpfer zu einem Treffen im Café Siller: »Jüdische Frontsoldaten! Morgen, 8 Uhr abends, wichtige Besprechung im Café Siller, Schwedenplatz, Spielsaal. Neuanmeldungen mit Angabe von Tapferkeitsauszeichnungen samt allen Einzelheiten erbeten an ›Jüdische Liga‹, Sektion ›Frontsoldaten‹, Café Siller, Schwedenplatz.«[437] In der im Café Siller stattfindenden Sitzung wurde ein Komitee gegründet, das die Gründungsversammlung des Bundes jüdischer Frontsoldaten Österreichs vorbereiten sollte, die dann am 31. August 1932 im Hotel Bayerischer Hof in der Taborstraße 4 stattfand.[438] Zum ersten Bundesführer wurde der Generalmajor i. R. Emil von Sommer gewählt. 1869 in der Bukowina geboren, diente Emil von Sommer in verschiedenen Regimentern als Berufsoffizier, absolvierte in Hermannstadt die Generalstabsausbildung und kämpfte im Ersten Weltkrieg an der Ostfront. Dort geriet er im Jahre 1915 verwundet in Gefangenschaft. Im letzten Kriegsjahr war er Kommandant eines Regimentes auf dem Kriegsschauplatz in Italien. Emil von Sommer wurde mehrfach ausgezeichnet und in den Adelsstand erhoben. Nach dem Krieg vom Bundesheer übernommen, wurde er 1923 als Oberst pensioniert und später ehrenhalber mit dem Rang eines Generalmajors versehen.[439] Dem ersten Vorstand gehörte u. a. auch der spätere Bundesführer Hauptmann i. R. Sigmund Edler von Friedmann an.

Der Wahlspruch des Bundes lautete »Treue zu Österreich! Treue zum Judentum! Treue zum Bund jüdischer Frontsoldaten Österreichs!« Damit waren die Statuten bereits vorgegeben. Der BJF sah seine zukünftige Arbeit in der Pflege traditioneller Kameradschaft mit vaterländischer Gesinnung unter den Mitgliedern, dem Schutz und der Wahrung der Ehre der jüdischen Österreicher, der Unterstützung aller Bestrebungen zur Hebung der Wehrfähigkeit jüdischer Österreicher sowie in humanitären Zielen. Wie auch der Reichsbund jüdischer Frontsoldaten fühlte sich der BJF dazu verpflichtet, nicht nur die Ehre der jüdischen Frontsoldaten, sondern auch die Ehre des gesamten österreichischen Judentums zu verteidigen, und verstand sich ebenso in politischen wie auch religiösen Fragen streng überparteilich. Bereits wenige Tage nach der offiziellen Gründung konnte innerhalb des BJF ein militärischer Verband ins Leben gerufen werden, dessen Aufstellung bereits am 11. September 1932 mit einem Appell auf dem Sportplatz Hakoah abgeschlossen wurde. Wie auch die Selbstschutzabteilungen (AW) des Reichsbundes jüdischer Frontsoldaten hatte der Schutzverband des BJF die Aufgabe, jüdische Einrichtungen und Gemeindemitglieder vor rechten Schlägertrupps zu schützen. Zum ersten Mal kam der Verband während des nationalsozialistischen Gauparteitages im September 1932 zum Einsatz und schützte mit Erfolg jüdische Gotteshäuser und Beter. So gelang es zum Beispiel am Neujahrstag 1932 einer Streife des Schutzverbandes, die Erstürmung einer Synagoge durch einen nationalsozialistischen Schlägertrupp zu verhindern.[440] Ab Oktober 1932 war der BJF in Bezirks- und Ortsgruppen gegliedert und Ende desselben Jahres wurde die Zeitung »Jüdische Front« als politisches Sprachrohr des Verbandes gegründet.[441]

Der Sitz des Bundes jüdischer Frontsoldaten war in der Aspernbrückengasse 2 in Wiens II. Bezirk. Die erste Ortsgruppe außerhalb der Hauptstadt wurde in Baden bei Wien gegründet. Am 27. November 1932 fand dort die erste Gedenkveranstaltung für die im Ersten Weltkrieg gefallenen jüdischen Soldaten statt. Noch im Spätherbst nahm die Ortsgruppe in Linz ihre Arbeit auf, gefolgt von einer weiteren Vertretung in Graz im Juni 1933.[442]

Die Machtergreifung der Nationalsozialisten im Deutschen Reich hatte in erheblichem Maße Auswirkungen auch nach Österreich. Im Mai 1933 begannen nationalsozialistische Krawalle an der Universität in Wien, die sich hauptsächlich gegen jüdische Studierende richteten. Die Bundesführung des BJF forderte in einem Schreiben an den Unterrichts- und Sicherheitsminister weitreichende Maßnahmen zum Schutz der Studenten, die kurz darauf auch so umgesetzt wurden.[443]

Im März 1933 hatte Bundeskanzler Engelbert Dollfuß nach der »Selbstausschaltung« des Parlaments mit Hilfe des Kriegswirtschaftlichen Ermächtigungsgesetzes von 1917 die Macht übernommen und regierte fortan ohne Parlament. Es begann nun in Österreich die Zeit des Austrofaschismus, eines autoritären, an ständestaatlichen Ideen orientierten Herrschaftssystems. Entwickelt wurde der Austrofaschismus von Dollfuß, fortgeführt nach dessen Ermordung 1934 von Kurt Schuschnigg, der sich dabei auf die sogenannte »Vaterländische Front« (VF), eine Sammelbewegung und Einheitspartei aus Christlichsozialen, Heimwehr und Landbund stützte. Der Austrofaschismus wurde nach dem Anschluss Österreichs an das Deutsche Reich am 12. März 1938 durch die Herrschaft der Nationalsozialisten abgelöst.[444]

Die Signale von Seiten des BJF auf die neuen Machtverhältnisse waren positiv, weil »die Regierung Dollfuß vom Frontgeist beseelt sei. Außerdem sei nur

Männern mit so einer hehren Pflichtauffassung zu vertrauen.« Aus diesem Grund vertrauten die Juden Österreichs auch darauf, dass an ihren durch die Verfassung garantierten Rechten nicht gerüttelt werde.[445] Am 28. Mai 1933 fasste die Bundesführung des BJF den einstimmigen Beschluss, der neugegründeten Vaterländischen Front beizutreten. Man wollte damit die Unterstützung für ein selbstständiges, freies Österreich signalisieren und hoffte gleichzeitig darauf, so dem Antisemitismus besser entgegentreten zu können.[446] Der offizielle Beitritt erfolgte am 9. Juni 1933.

Mit dem in der Jüdischen Front vom 31.Oktober 1933 veröffentlichten neuen Programm artikulierte der Bund jüdischer Frontsoldaten seine beiden Hauptziele: das Bekenntnis zu Österreich und den Schutz des Judentums. Die Thematisierung politischer und innerjüdischer Streitigkeiten galt als unerwünscht, der BJF verstand sich als überparteilich und war stolz auf die Vielfalt der politischen und jüdisch-religiösen Orientierungen seiner Mitglieder.

Programm des Bundes jüdischer Frontsoldaten:

1. Wir bekennen uns zu einem freien, unabhängigen Österreich als unserem Vaterlande.
2. Wir wollen als gleichberechtigte Staatsbürger unsere Pflichten gegen den Staat und gegen die Allgemeinheit loyal erfüllen.
3. Wir wollen uns gegen antisemitische Angriffe jedweder Art wehren und insbesondere jüdische Ehre, jüdisches Leben, jüdische Existenz und jüdisches Eigentum schützen.
4. Wir wollen durch Vorträge jüdischen und allgemeinen Inhalts und durch Pflege von Sport das geistige und körperliche Wohl unserer Mitglieder fördern.
5. Wir wollen die Traditionen der altösterreichischen Armee hochhalten, gute Kameradschaft und vaterländische Gesinnung pflegen.
6. Wir wollen die Sammlung aller österreichischen Juden in einer Front anstreben.
7. Wir wollen uns in jeder Hinsicht unterstützen.
8. Wir wollen nach besten Kräften das Aufbauwerk in Palästina fördern.[447]

Das Programm betonte im Einzelnen das Bekenntnis zum Vaterlande Österreich, das Bekenntnis zum Judentum, das Versprechen, sich überall dort einzusetzen, wo jüdische Ehre, jüdisches Ansehen und jüdisches Leben in Gefahr waren, und das Hochhalten der Tradition der altösterreichischen Armee. Übergehend auf das innerjüdische Leben, verlangte das Programm die Einigung im Judentum und versprach, das Aufbauwerk in Palästina zu fördern.[448]

Einen weiteren Schwerpunkt seiner Arbeit sah der BJF in der Ehrung der gefallenen jüdischen Soldaten, die in Gedenkveranstaltungen sowie der Errichtung von Ehrenmälern und Gedenktafeln ihren Ausdruck fand. So wurde am 27. August 1933 in der Synagoge Braunhubergasse eine Gedenktafel für die gefallenen Juden des XI. Wiener Gemeindebezirkes enthüllt, weitere Gedenktafeln folgten.[449] In Wien fand alljährlich eine Heldengedenkfeier an dem im Jahre 1929 auf dem Alten Jüdischen Friedhof errichteten Kriegerdenkmal statt und im Juni 1936 wurde auf dem jüdischen Friedhof in Graz nach tatkräftiger Unterstützung durch den Bund jüdischer Frontsoldaten ein Denkmal für die im Weltkrieg 1914–18 gefallenen Grazer Juden errichtet.[450]

1934 – das Jahr der Zerreißprobe und Bewährung

Zu Beginn des Jahres 1934 hatte der Bund jüdischer Frontsoldaten bereits 8000 Mitglieder.[451] Bei der im gleichen Jahr stattfindenden Volkszählung bekannten sich in Österreich 191 481 Personen (2,8 % der Gesamtbevölkerung) zur israelitischen Religionsgemeinschaft. Davon lebten allein 176 034 (9,4 % der Bevölkerung) in Wien.[452] Die erste ordentliche Generalversammlung des BJF fand am 1. Februar 1934 statt. Der Bundesführer Generalmajor i. R. Emil von Sommer nahm die Wahl nicht an, da die von ihm eingebrachten Anträge auf Statutenänderung von einer überwiegenden Mehrheit der Versammlung abgelehnt wurden. Offenbar ging es darum, dass die Generalversammlung den autoritären Führungsstil des Bundesführers nicht mehr akzeptieren wollte und Anträge, die eine Erweiterung seiner Machtbefugnisse bedeutet hätten, ablehnte. Die Führung des Bundes übernahm der gewählte Stellvertreter Ernst Stiaßny[453]

Emil von Sommer gründete daraufhin einen weiteren jüdischen Frontkämpferverband unter dem Namen »Legitimistische Jüdische Frontkämpfer« (LJF). Die Statuten des Verbandes, aus denen eindeutig hervorgeht, wie sich Emil von Sommer seine Position als Bundesführer des BJF vorgestellt hatte, wurden der Vereinsbehörde am 30. März 1934 vorgelegt.[454] Der neue Verband war stark monarchistisch geprägt und stellte sich später unter das Protektorat des Otto von Habsburg.[455]

Im Juni 1934 gründete der BJF eine Sportsektion, um der Forderung seines Programms nach sportlicher Ertüchtigung gerecht zu werden. Nach der Ermordung des Bundeskanzlers Engelbert Dollfuß am 25. Juli 1934 wurde der militärische Verband des BJF in Bereitschaft versetzt, um möglichen Auswirkungen des Ereignisses entgegentreten zu können.[456] Am 15. September 1934 wählte die außerordentliche Generalversammlung den bisherigen Stabschef Hauptmann a. D. Sigmund Edler von Friedmann zum neuen Bundesführer[457] und im Dezember desselben Jahres fand die Aufstellung eines Jungbundes innerhalb des BJF statt. Die Mitglieder des Jungbundes führten neben militärischer Ausbildung auch Vortragsveranstaltungen zu Themen der jüdischen Geschichte sowie des jüdischen Volkslebens durch und besuchten regelmäßig gemeinsam die Synagoge.

1935 zählte der Bund jüdischer Frontsoldaten Österreichs bereits 20 000 Mitglieder[458] und konnte eine große Delegation zum Weltkongress der jüdischen Frontkämpfer nach Paris entsenden.[459] Der zweite Weltkongress fand vom 27. Juni bis 4. Juli 1936 unter dem Motto »Frieden, Völkerversöhnung, Glaubensfreiheit und Gleichberechtigung« in Wien statt – dieses Mal war der BJF Gastgeber der Veranstaltung.[460] Die Repräsentanten des Bundes jüdischer Frontsoldaten hatten Gewicht und Stimme in Politik und Öffentlichkeit und waren Garant für den Schutz der Ehre des jüdischen Soldaten sowie des jüdischen Lebens, der jüdischen Existenz und des jüdischen Eigentums in Österreich.

Die letzten Jahre bis zur Auflösung

In der Generalversammlung vom 7. Januar 1937 betonte die Bundesführung des BJF erneut die Notwendigkeit der Schaffung einer jüdischen Einheitsfront, um der ständig wachsenden Bedrohung von rechts besser begegnen zu können. So war das Jahr 1937 durch verschiedene Abwehrmaßnahmen des BJF gegen den weiter anwachsenden Antisemitismus im Aus- und vor allem im Inland gekennzeichnet.[461] Gleichzeitig wurde die Situation Österreichs – vor allem seit Bildung der Achse Rom-Berlin 1936 – durch den von Seiten des Deutschen Reiches ausgeübten Druck und nicht zuletzt durch die Aktivitäten der NSDAP im Untergrund immer schwieriger. Der deutsche Reichsaußenminister Konstantin Freiherr von Neurath konfrontierte auf seinem Besuch am 22. Februar 1937 die österreichische Regierung mit einem Forderungsprogramm, das mit der Souveränität Österreichs nicht mehr zu vereinen war. Neurath forderte einen wirtschaftlichen Anschluss Österreichs an das Deutsche Reich und machte gleichzeitig deutlich, dass eine Restauration der Habsburgermonarchie für Deutschland ein Kriegsgrund wäre.[462]

Auf dem Treffen Schuschniggs mit Hitler in Berchtesgaden am 12. Februar 1938 wurde das Ende der Republik Österreich eingeleitet. Die österreichischen Juden hatten den Besuch Schuschniggs bei Hitler mit großer Sorge wahrgenommen, da es offensichtlich war, dass dort große Zugeständnisse an das Deutsche Reich und die Nationalsozialisten gemacht wurden. Tatsächlich sollte Österreich fortan in außenpolitischen Fragen, die beide Länder betrafen, stets die deutsche Regierung konsultieren, ferner sämtliche nationalsozialistische Straftäter amnestieren sowie Arthur Seyß-Inquart zum Innenminister ernennen. Die Zusicherung Schuschniggs, die Regierung halte an der Gleichberechtigung aller Staatsbürger und ebenso an den Minderheitenschutzbestimmungen fest, konnte die Gesamtheit der österreichischen Juden allenfalls vorübergehend beruhigen.[463]

Am 9. März 1938 kündigte Bundeskanzler Kurt Schuschnigg für den 13. März eine Volksabstimmung über die Unabhängigkeit Österreichs an. Schuschnigg rechnete mit einem Ergebnis von 70 % Ja-Stimmen, zumal die Sozialdemokraten zugesagt hatten, für die Unabhängigkeit Österreichs zu stimmen.[464] Die Israelitische Kultusgemeinde Wien gab insgesamt 800 000 Schilling für die Durchführung der Volksbefragung. Die Unabhängigkeit Österreichs war für jeden jüdischen Österreicher zur Überlebensfrage geworden.[465]

Am 12. März, ein Tag vor der geplanten Volksabstimmung, marschierten die deutschen Truppen in Österreich ein. Unmittelbar danach begann der Terror der Nationalsozialisten mit der gezielten Verhaftung politischer Gegner, zu denen viele Juden zählten, und der Verschleppung der jüdischen Elite in die deutschen Konzentrationslager. In den größeren Städten fanden pogromartige Ausschreitungen gegen die jüdische Bevölkerung statt, viele politische Gegner wurden ermordet oder in den Selbstmord getrieben.

Der Bund jüdischer Frontsoldaten Österreichs wurde am 4. Oktober 1938 von der Gestapo aufgelöst.[466] Bundesführer Hauptmann a. D. Sigmund Edler von Friedmann emigrierte nach Palästina, nannte sich fortan Eitan Avisar und stieg in der Haganah und Zahal bis in den Rang eines Generalmajors auf. Er starb 1964 in Israel.[467] Generalmajor i. R. Emil von Sommer, der erste Bundesführer und spätere Gründer des Verbandes der Legitimistischen Jüdischen Frontkämpfer, wurde zusammen mit seiner Frau im September 1942 nach Theresienstadt deportiert. Beide überlebten. Emil von Sommer war nach dem Krieg Vorsitzender der Israelitischen Kultusgemeinde Wien. Er starb am 10. April 1947 auf einer USA-Reise.[468] Nach dem Krieg gab es noch 1946 zwei Versuche, den Bund jüdischer Frontsoldaten Österreichs (BJF) zu restituieren. Beide Versuche blieben erfolglos.[469]

Die jüdischen Kriegerdenkmäler in Wien und Graz – Zeugnisse jüdischer Gedenkkultur in der Ersten Republik Österreich[470]

Das wenig bekannte Jüdische Heldendenkmal am Wiener Zentralfriedhof ragt durch seine untypische Gestaltung aus der Masse der in der Zwischenkriegszeit errichteten Kriegerdenkmäler heraus. Bereits 1919 gab es Pläne von Seiten der Israelitischen Kultusgemeinde (IKG) Wien, auf dem Zentralfriedhof ein Ehrenmal für die im Ersten Weltkrieg gefallenen jüdischen Soldaten Wiens zu errichten. Doch erst im Jahre 1926 konnte ein Beschluss für die Finanzierung des Denkmales gefasst werden. Die Bausumme in Höhe von 20 000 bis 30 000 Schilling wurde von der Gemeinde größtenteils selbst aufgebracht.[471] Mit der Gestaltung des Denkmals beauftragte die IKG den Architekten Ing. Leopold Ponzen. Sein Entwurf sah einen achteckigen Wehrturm mit Zinnen und einem Vorbau als Eingang vor.

Die Israelitische Kultusgemeinde veröffentlichte am 8. Juli 1927 in mehreren Wiener Tageszeitungen einen Aufruf an die Angehörigen gefallener jüdischer Soldaten, Namen, Einheit etc. mitzuteilen, damit diese am Denkmal verewigt werden könnten. Im September 1927 begann man mit dem Bau des Heldendenkmales, das im darauffolgenden Jahr fertiggestellt wurde. Auf der Eingangsdecke des Denkmales befindet sich die Inschrift: »Die Israelitische Kultusgemeinde Wien – Ihren im Weltkriege 1914–1918 gefallenen Söhnen«. Im Innern befinden sich sieben frei stehende Marmortafeln, an jeder Seite eine, und gegenüber dem Eingang die Inschrift: »Nicht wird Nation gegen Nation das Schwert erheben, und sie werden den Krieg nicht mehr lernen.«[472] sowie die Jahreszahlen 1914–1918 und 5674–5679.

Die Kultusgemeinde erhielt mehrere tausend Zusendungen als Reaktion auf den Aufruf in den Zeitungen, so dass man beschloss, die Namen der Gefallenen auf zwei Ehrenmäler aufzuteilen.[473] Die Namen der in Wien begrabenen Soldaten wurden auf den Marmortafeln im Heldendenkmal verewigt,[474] die der anderen Soldaten führte man auf zwei Tafeln in der Zeremonienhalle des Zentralfriedhofs an.[475] Die eine Tafel erhielt eine hebräische Überschrift: »Zum Gedenken an die Männer unserer Gemeinde, die gefallen sind am Schlachtfeld im großen Krieg und Ruhe fanden in fremdem Land«, die andere eine deutsche: »Ihren, auf diesen

Gedenktafeln verewigten und allen ihren anderen, im Weltkrieg gefallenen und in fremder Erde ruhenden Söhnen, gewidmet von der Israelitischen Kultusgemeinde Wien.« Im Zusammenhang mit der Herstellung und Anbringung der Tafeln in der Zeremonienhalle entschloss man sich auch, die Begräbnisanlage der 16 in Kriegsgefangenschaft verstorbenen und auf dem Zentralfriedhof bestatteten russischen jüdischen Soldaten neu zu gestalten.[476]

Das Heldendenkmal wurde am 13. Oktober 1929 durch die Israelitische Kultusgemeinde und dessen Präsidenten Prof. Dr. Alois Pick[477] unter Anwesenheit von Bundeskanzler Johann Schober und Stadtkommandant Generalmajor Otto Wiesinger eingeweiht.

Der Bund jüdischer Frontsoldaten Österreichs (BJF) führte bis 1937 auf dem Zentralfriedhof jährlich eine Heldengedenkfeier durch. An der Gedenkfeier am 16. September 1934 nahmen 30 000 Menschen teil: Der Bund jüdischer Frontsoldaten hatte die Aufstellung von 100 Grabsteinen für bisher namenlose Gräber initiiert, gleichzeitig wurden zwei vom BJF gestiftete Gedenksteine vor dem Heldendenkmal aufgestellt.[478]

Die Zeremonienhalle fiel in der Pogromnacht vom 9. auf den 10. November 1938 der Zerstörungswut der Nationalsozialisten zum Opfer, die Reste wurden nach Kriegsende abgetragen, wohingegen Heldendenkmal und Kriegsgräberanlage unversehrt blieben. Jedes Jahr findet dort eine Shoah-Gedenkveranstaltung mit Kranzniederlegung[479] zusammen mit der Israelitischen Kultusgemeinde und dem Österreichischen Schwarzen Kreuz[480] statt.

Ganz in traditionellem Stil hingegen fiel der Entwurf für das Kriegerdenkmal auf dem jüdischen Friedhof in Graz aus. Dort hatte sich im Juni 1933 nach Baden und Linz die dritte Ortsgruppe des Bundes jüdischer Frontsoldaten Österreichs gegründet. Vorsitzender wurde der Oberleutnant d. R. Dr. Ernst Wechsler.[481] 1889 in Graz geboren, wuchs Ernst Wechsler als Vollwaise bei Pflegeeltern auf, besuchte in seiner Heimatstadt das Realgymnasium und studierte Bauwesen an der Technischen Hochschule in Berlin. Nach Abschluss seines Studiums trat er als Einjährig-Freiwilliger in das Feldkanonen-Regiment Nr. 9 in Klagenfurt ein und wurde nach Beginn des Ersten Weltkriegs an der Ostfront eingesetzt. Mehrfach ausgezeichnet, erlitt er, bereits zum Leutnant ernannt, im September 1915 eine schwere Verwundung. Nicht mehr frontdiensttauglich wurde er 1916 auf die Fliegeroffizierschule in der Wiener Neustadt und dann zur Ersatzbatterie seines Regimentes versetzt. Das Kriegsende erlebte er als Oberleutnant beim technischen

Militärkomitee in Wien. In der Annahme, aufgrund der erlittenen Armverletzung seinen Beruf als Bauingenieur nicht mehr ausüben zu können, hatte er das Studium der Rechtswissenschaften in Graz und Wien begonnen. Sein 1919 gestellter Antrag auf Übernahme in das österreichische Bundesheer wurde abschlägig beschieden, seine durch die Auflösung des Kriegsheeres bedingte Entlassung hatte er im Sommer 1919 erhalten. Ernst Wechsler promovierte noch im Jahre 1919, heiratete wenig später und baute sich eine Existenz als Metallwarenfabrikant auf.[482]

Als Gründungsvorsitzender des BJF in Graz war er maßgeblich am Aufbau der Ortsgruppe Graz sowie der Landesgruppe Steiermark beteiligt. Auf der Generalversammlung des BJF am 15. September 1934 erhielt er seine Ernennung zum Landesführer für die Steiermark und das südliche Burgenland, 1938 zum stellvertretenden Bundesführer.[483] Dr. Ernst Wechsler wurde im April 1938 bald nach dem »Anschluss« Österreichs verhaftet und musste einige Wochen im Grazer Polizeigefängnis verbringen. Nach seiner Entlassung konnte er mit seiner Familie in das damalige Palästina emigrieren, wo er sich mit dem Aufbau einer Metallwarenfabrik erneut eine Existenz schuf. Dr. Ernst Wechsler starb 1947 in Ramat-Gan an den Folgen eines Herzanfalls.[484]

Das auf Initiative und mit Unterstützung der Ortsgruppe des BJF auf dem jüdischen Friedhof in Graz errichtete Kriegerdenkmal besteht aus einem Steinblock mit Marmorplatte, in die 85 Namen gefallener Soldaten eingemeißelt wurden. Das Denkmal steht inmitten einer Gräberanlage mit 48 Grabsteinen. Die Einweihung fand im Rahmen einer Heldengedenkfeier am 23. Juni 1935 statt, an der 500 Mitglieder des Bundes jüdischer Frontsoldaten sowie eine Ehrenkompanie des Bundesheeres teilnahmen.[485] Im Jahre 1995 fand auf Einladung des Militärkommandos Steiermark anlässlich des 60. Jahrestages der Einweihung vor dem Ehrenmal eine Gedenkfeier statt, in der an die im Ersten Weltkrieg gefallenen Grazer Juden, aber auch an den Gründer der Ortsgruppe des BJF Dr. Ernst Wechsler und die Geschichte des Kriegerdenkmals erinnert wurde.[486]

Fallbeispiele: Emil von Sommer und Sigmund Edler von Friedmann (Eitan Avisar)

Der erste Bundesführer und spätere Gründer des Verbandes der Legitimistischen Jüdischen Frontkämpfer, Generalmajor Emil von Sommer, wurde 1869 in der Bukowina geboren. Nach dem Schulabschluss besuchte er die Militärakademie, die er im Jahre 1889 mit Auszeichnung abschloss. Während ein Großteil der

Offiziere nach einer vierjährigen Ausbildung an einer der Kadettenschulen in den Truppendienst ging, hatten die Absolventen der Militärakademien gute Chancen, in den Generalstabsdienst aufzusteigen und ihre Laufbahn als Generale zu beschließen. Die Ausbildung auf den Akademien dauerte drei Jahre und schloss mit der Beförderung zum Leutnant ab.[487] Diesen privilegierten Weg ging auch Emil von Sommer. Nachdem er in verschiedenen Regimentern der Österreichisch-Ungarischen Armee gedient hatte, absolvierte er in Hermannstadt die Generalstabsausbildung und wurde anschließend in das Infanterie Regiment Nr. 24 versetzt. Im Ersten Weltkrieg kämpfte er an der Ostfront in den Karpaten, wurde zweimal verwundet und geriet 1915 in Gefangenschaft. Nach zwei vergeblichen Fluchtversuchen kam er 1917 durch einen Gefangenenaustausch frei.[488] Im letzten Kriegsjahr war er Kommandant eines Regimentes auf dem Kriegsschauplatz in Italien. Emil von Sommer wurde mehrfach ausgezeichnet und in den Adelsstand erhoben. Nach dem Krieg vom Bundesheer übernommen, kämpfte er gegen ungarische Freischärler im Burgenland und sicherte so diese Provinz für Österreich.[489] Nachdem man ihn 1923 als Oberst pensioniert hatte, erhielt er später ehrenhalber den Rang eines Generalmajors.[490]

Generalmajor i. R. Emil von Sommer wurde am 31. August 1932 zum ersten Bundesführer des Bundes jüdischer Frontsoldaten Österreichs (BJF) gewählt.[491] Dem ersten Vorstand des BJF gehörte u. a. auch der spätere Vorsitzende Hauptmann i. R. Sigmund Edler von Friedmann an. Auf der ersten ordentlichen Generalversammlung am 1. Februar 1934 kam es zu einem Eklat, als Emil von Sommer die Wiederwahl nicht annahm. Grund dafür war, dass die von ihm eingebrachten Anträge auf Statutenänderung von einer überwiegenden Mehrheit der Versammlung abgelehnt wurden.[492] Emil von Sommer gründete daraufhin einen weiteren jüdischen Frontkämpferverband unter dem Namen »Legitimistische Jüdische Frontkämpfer« (LJF). Die Statuten des neuen Verbandes wurden der Vereinsbehörde am 30. März 1934 vorgelegt.[493]

Unmittelbar nach dem gewaltsamen Anschluss Österreichs an das Deutsche Reich durch den Einmarsch deutscher Truppen begannen die ersten Gewaltmaßnahmen gegen die jüdische Bevölkerung. Überall in Österreich, aber insbesondere in der Hauptstadt, fanden pogromartigen Ausschreitung von SA und Teilen der Bevölkerung gegen jüdische Mitbürger statt. Juden wurden verprügelt, geschlagen und zum Reinigen der Straßen gezwungen.[494] Als die SA Emil von Sommer zur »Straßenreinigung« abholte, ging der General in seine Wohnung, legte seine Uniform mit allen Orden an und trat so zum Säubern des Gehsteigs an – was ihn in ganz Wien berühmt machte.[495] Im September 1942 wurde er zusammen mit seiner Frau nach Theresienstadt deportiert. Beide überlebten, Emil von Sommer war nach dem Krieg Vorsitzender der Israelitischen Kultusgemeinde Wien. Er starb am 10. April 1947 auf eine USA-Reise.[496]

Sommers Nachfolger als Vorsitzender des Bundes jüdischer Frontsoldaten war Hauptmann a. D. Sigmund Edler von Friedmann. Der 1892 geborene Weltkriegsoffizier war der Sohn des Berufsoffiziers Oberst Moritz Edler von Friedmann. Im Ersten Weltkrieg als Offizier bei der Artillerie eingesetzt, erhielt er zahlreiche hohe Auszeichnungen.[497] Edler von Friedmann wurde auf der außerordentlichen Generalversammlung des BJF am 15. September 1934 zum neuen Bundesführer gewählt.[498] Wie viele seiner jüdischen Kameraden wurde er nach dem Einmarsch der Nationalsozialisten festgenommen, aber nach einem halben Jahr wieder freigelassen. Sigmund von Friedmann emigrierte nach Palästina und hebräisierte seinen Namen auf Eitan Avisar.[499] Als Militär-Fachmann führte sein Weg umgehend in die Hagana.[500] Dort war er Lehrer für Taktik und Leiter des Planungs-Stabes der Hagana, ab 1943 stellvertretender Generalstabschef. Die Briten versuchten ihn als einen der führenden Köpfe der Untergrundarmee mehrfach vergebens festzunehmen. Nach Gründung des Staates Israel wurde Eitan Avisar Präsident des Obersten Militärgerichtes der Zahal[501] im Range eines Generalmajors.[502] Nach seiner Pensionierung im Jahre 1954 war er als Militär-Kommentator tätig und veröffentlichte mehrere Bücher zu militärischen und militärhistorischen Themen, u. a. »2500 Jahre Taktik«, »Höhere Strategie in Verwirklichung« sowie ein Buch über die Makkabäerkriege. Eitan Avisar starb im Januar 1964 – der damalige Generalstabschef der israelischen Armee Yitzchak Rabin sprach bei seiner Beerdigung.

Teil III: Jüdischer Widerstand[503]

1. Für Spaniens Freiheit!

In der öffentlichen Diskussion wie auch in der Geschichtsschreibung über die Shoah stehen zumeist Verfolgung und Völkermord an den europäischen Juden im Mittelpunkt der Betrachtungen. Gerade in der öffentlichen Diskussion wird vielfach die Frage gestellt: »Warum haben Juden keinen Widerstand geleistet?« Tatsächlich wurde die Geschichte der Shoah in einzelnen Aspekten auf den Eindruck reduziert, »Juden hätten sich wie Schafe zur Schlachtbank führen lassen«, ein Bild, das bis heute die öffentliche Vorstellung des Verhaltens der jüdischen Bevölkerung während der Zeit der Verfolgung dominiert. In der Geschichtsschreibung war der jüdische Widerstand gegen den Nationalsozialismus lange ignoriert bzw. unterschätzt worden. Dabei war das Thema Jüdischer Widerstand durch die Holocaust- und Widerstandsforschung bereits in den 1970er Jahren so gut aufgearbeitet, dass man dieses Bild mit guten Argumenten hätte infrage stellen können.

Nicht wenige Juden leisteten – trotz einer weitgehend isolierten und aussichtslosen Position – in dem von NS-Deutschland beherrschten Territorium aktiven Widerstand. So waren jüdische Männer und Frauen innerhalb des deutschen Reichsgebietes, zu dem nach dem Einmarsch der Wehrmacht im März 1938 auch Österreich gehörte, am politischen Widerstand aller Richtungen beteiligt. Einige gehörten den verbotenen kommunistischen und sozialdemokratischen Parteien und Gruppierungen an, manche hatten auch durchaus Verbindung zu den christlich-konservativen Kreisen um die Verschwörer vom 20. Juli 1944.

Darüber hinaus beteiligten sich Juden in allen von der deutschen Wehrmacht besetzten Gebieten Europas am Widerstand, wobei hier der Aspekt des militärischen Widerstandes eine besondere Rolle spielte. Deutsche und österreichische Juden kämpften während des Spanischen Bürgerkrieges in den Internationalen Brigaden und im Heer der Republik. Sie waren Mitglieder der französischen

Résistance und des italienischen Widerstandes und kämpften in den Partisanenarmeen auf dem Balkan und in Osteuropa. So leisteten deutsche und österreichische Juden zusammen mit zahllosen jüdischen Emigranten, die in die Armeen der Alliierten eingetreten waren, einen wesentlichen Beitrag zur Befreiung Europas von der nationalsozialistischen Gewaltherrschaft.

Die Beteiligung der europäischen Juden am Widerstand ist Bestandteil des seit Jahrtausenden andauernden Kampfes der Juden um ihr »Recht auf ihren Platz und um den Platz ihres Rechts«.[504] Dieser Kampf um die Existenz ist die fortwährende Herausforderung an das jüdische Volk, wie es Dr. Leo Baeck im zweiten Band von »Dieses Volk – Jüdische Existenz« beschreibt:

»Alle Völker im Reiche fügen sich dem, früher oder später, nur dieses Volk nicht. Es war entschlossen, das zu bleiben, was es durch Kraft von Jahrtausenden war und was es in aller Gewissheit seiner Seele sein wollte. So war es hier ein Volk innerhalb des Imperiums und zugleich außerhalb desselben, ein Volk, das um seinen unerschütterlichen inneren Platz wusste und zugleich fast ohne den Platz im Lande war. Der Kampf, der stille und laute, um sein Recht auf den Platz und um den Platz seines Rechts wurde mehr und mehr ein Teil seiner Geschichte. … Selbst das Buch, … die alte hebräische Bibel, musste zu etwas Trennendem werden. Die Kirche hatte es annektiert, und sie hatte das tun müssen, um sich vor sich selber zu rechtfertigen. Das Buch, das ein Buch dieses Volkes und ein Buch für dieses Volk war, sollte ein Buch gegen dieses Volk nun sein und einem anderen in Wahrheit zugehören. Der seelische Kampf um sein Recht, den dieses Volk führte, war auch so ein Kampf um sein Eigentum, sein Erbe.«[505]

Dieser Kampf um Existenz erreichte seine »metaphysische Dimension« im Aufstand der Juden im Warschauer Ghetto. »Es gab nichts zu gewinnen … außer den Tod. Doch diese Juden wollten sich ihren Tod erkämpfen. Sie wollten sich zumindest eine Art letztes menschliches Recht vorbehalten: zu bestimmen, wie sie sterben müssten: als freie Menschen.« Der Vorsitzende des Zentralrates der Juden in Deutschland beschrieb so in seiner Rede anlässlich des 60. Jahrestages des Aufstandes die Motivation der Kämpfer im Warschauer Ghetto, die in einen hoffnungslosen Kampf gegen die an Waffen und Zahl weit überlegene SS gingen. »Indem wir uns mit aller Kraft wehren, notfalls selbst mit Waffengewalt, halten wir an unserem göttlichen Auftrag, an unserer Bestimmung fest.«[506]

In den nun folgenden Beispielen soll eine Facette des jüdischen Widerstandes – der militärische Widerstand der Spanienkämpfer – beleuchtet werden.

Dabei geht es nicht um die Form des Widerstandes allein, sondern auch um Personen, die durch ihr Wirken dem jüdischen Volk zum Vorbild wurden.

Deutsche und österreichische Juden im Spanischen Bürgerkrieg 1936–1939[507]

Am 1. April 1939 endete der Spanische Bürgerkrieg mit dem Sieg der Faschisten über die demokratisch gewählte Volksfrontregierung. Ausgelöst wurde der Krieg im Juli 1936 durch den versuchten Staatsstreich einer Offiziersjunta, die in Spanien eine faschistisch-klerikale Diktatur errichten wollte. Treibende Kraft bei der Vorbereitung und Durchführung des Putsches war General Francisco Franco.[508] Am 1. Oktober 1936 inszenierte Franco seine Proklamation zum Regierungschef und Generalissimus, später nannte er sich »Caudillo por la gracia de Dios« (Führer von Gottes Gnaden).[509] Nach anfangs raschen Erfolgen stießen die Putschisten auf die zunehmende Gegenwehr der Regierungstruppen und Internationalen Brigaden. Es begann ein sich bis in den späten März 1939 hinziehender Bürgerkrieg, der Spanien verwüstete und zahllose Opfer, vor allem unter der Zivilbevölkerung, forderte.

Der Sieg Francos war in erster Linie auf die massive Intervention Hitlers und Mussolinis auf Seiten der Faschisten zurückzuführen. Deutschland und Frankreich schickten nicht nur Truppen, sondern auch moderne Waffen in großer Zahl. Der Kriegseinsatz des deutschen Expeditionskorps diente Hitler als Generalprobe für seinen Vernichtungskrieg in Europa.[510] Im September 1939 legten seine durch die Luftangriffe auf Guernica und andere spanische Städte geübten Luftwaffenpiloten Warschau in Schutt und Asche.

Die Spanische Republik war zunächst innerhalb der westlichen Welt recht isoliert, allein aus Mexiko kamen Waffen. Erst ab Oktober 1936 lieferte die Sowjetunion Waffen in größerem Umfang und entsandte Militärberater.[511] Aber gerade diese wenig aussichtsreiche Lage sicherte der Republik die uneingeschränkte Anteilnahme der Weltöffentlichkeit. Der US-amerikanische Rabbiner Stephen Wise[512] schrieb kurz nach Ausbruch des Bürgerkrieges: »Der spanische Konflikt ist etwas Neues und Befremdendes, eine Rebellion der Macht, der Privilegien und der Armee, zusammen mit der alten Aristokratie gegen die republikanische Regierung, die trotz aller Unzulänglichkeiten die Unterstützung durch das Volk genießt. Macht und Privilegien werden nicht leichthin vor der Gerechtigkeit kapitulieren.... Die vollständige und vernichtende Niederlage der faschistischen Rebellen möge die Söhne der Freiheit in vielen Ländern aufmuntern und die Herzen der faschistischen Feiglinge mit Angst erfüllen.«[513] Wie selbstverständlich waren die Sympathien der Sozialisten, Kommunisten, Liberalen, Bürgerlichen und auch der Juden in ganz Europa auf Seiten der Republik. Sie wussten, was ein Sieg Francos und Hitlers für die freien Völker Europas bedeuten würde.

Deutschsprachige Emigranten als Freiwillige in der Armee der Republik

Viele von ihnen waren Deutsche, die bereits 1933 emigriert waren oder nach Ausbruch des Krieges als Freiwillige nach Spanien eilten, um für die politischen Ziele zu kämpfen, für die sie in Deutschland verfolgt wurden. Zum zahlenmäßig größten Teil der Emigranten gehörten Juden, die nach der Machtübernahme Hitlers durch die antisemitische Gesetzgebung der Nazis und die zahlreichen Pogrome physisch bedroht wurden.[514] Dazu kamen die Personen, die aus parteipolitischen Gründen verfolgt wurden, Kommunisten, Sozialdemokraten[515] sowie einzelne liberale und christliche Politiker.[516] Die deutschen Emigranten stellten sich ohne Zögern in den Dienst der Spanischen Republik, vielfach aus der Überzeugung, dass ihr Einsatz in Spanien zugleich ein Kampf gegen Nazideutschland war.

Mehr als 7000 Deutsche und Österreicher kämpften in den Milizen, im Heer der Spanischen Republik und in den Internationalen Brigaden.[517] Dabei wird die Zahl deutsch sprechender jüdischer Spanienkämpfer auf mindestens 500 geschätzt,[518] bei einer Gesamtzahl von acht- bis zehntausend jüdischen Bürgerkriegsteilnehmern.[519] Eine der bedeutendsten Persönlichkeiten der deutschsprachigen Emigration war der aus Österreich stammende Sozialdemokrat Julius Deutsch, Sohn eines jüdischen Gastwirts aus Lackenbach im Burgenland. Deutsch kämpfte als Frontoffizier im Ersten Weltkrieg, war nach dem Krieg zeitweilig Staatssekretär im Wiener Heeresministerium und gründete 1923 den Republikanischen Schutzbund. Im November 1936 ging Julius Deutsch als Militärberater nach Spanien und wurde wenig später General sowie Kommandeur der 3. Spanischen Division.[520]

Der Berliner Hermann Feld trat kurz nach Ausbruch des Krieges in den Dienst der republikanischen Luftwaffe und wurde Flieger in der internationalen Flugstaffel España. Nach seiner Beförderung zum Leutnant Anfang 1937 erhielt er einen Dienstposten als Stabschef eines Geschwaders. Hermann Feld fiel am 18. Juli 1937 bei einem Erkundungsflug, als sein Flugzeug von der feindlichen Flugabwehr getroffen wurde.[521] Der deutsche Jude Walter Katz war Jagdflieger der republikanischen Luftwaffe und führte eine Nachtjagd-Staffel. Er wurde als letzter internationaler Jagdflieger am 20. November 1938 bei einem Einsatz am Segre-Fluss über Katalonien abgeschossen.[522] Der am 8. Dezember 1900 in Berlin geborene Georg Hornstein trat noch 1918 als Freiwilliger in die k. u. k. Armee ein und diente als Fähnrich beim 33. Landwehr-Jägerregiment in Krakau. 1930 erhielt er in Amsterdam bei einem niederländischen Warenhauskonzern eine Anstellung als Zentraleinkäufer für Europa. Nach Ausbruch des Bürgerkrieges meldete er sich als Freiwilliger und wurde bereits nach zwei Monaten Offizier im republikanischen Heer. Zuerst Oberleutnant bei einem Frontstab in Guadalajara, kämpfte er im Juli 1937 als Kompanieführer in den Kämpfen um Madrid und erlitt eine schwere Verwundung. Von September 1937 bis April 1938 war Georg Hornstein Verbindungsoffizier zwischen der republikanischen Regierung und dem Generalstab der Internationalen Brigaden. Ende April 1938 verließ er Spanien und kehrte nach Amsterdam zurück. Nach der Besetzung der Niederlande durch deutsche Truppen wurde er entdeckt, in das Konzentrationslager Buchenwald verschleppt und dort am 3. September 1942 von der SS ermordet.[523]

Die Kampfgruppe »Thälmann«, im Juli 1936 in Barcelona als erste internationale Einheit aufgestellt, wurde von dem deutschen Juden Max Friedemann geführt. Von den 18 Mitgliedern der Kampfgruppe waren 14 Juden, sechs davon deutsche Juden.[524] Erster Kommandeur der XI. Internationalen Brigade war der aus der Bukowina stammende Jude Manfred Stern. Im Ersten Weltkrieg war Stern Soldat in der k. u. k. Armee, wurde zum Fähnrich befördert und geriet 1916 in russische Gefangenschaft. Nach der Oktoberrevolution 1917 kämpfte er auf Seiten der Revolution, stieg nach dem Bürgerkrieg in Führungsfunktionen der Roten Armee auf und war Anfang der dreißiger Jahre höchster Militärberater in China. Im September 1936 wurde er von der sowjetischen Regierung nach Spanien entsandt und führte unter dem Namen Emilio Kléber die XI. Brigade in den Kämpfen um Madrid. Die sowjetische Führung rief Manfred Stern im Sommer 1937 zurück nach Moskau, wo er Opfer der stalinistischen »Säuberungen« wurde.[525]

Wie in den Milizen linker Parteien kämpften auch in den anarchistischen Milizen ca. 200 Deutsche, bekannt ist der Name einer kleinen Einheit, die »Centuria Erich Mühsam«.[526] Der in Karlsruhe geborene Kunsthistoriker und Schriftsteller Carl Einstein[527] ging mit seiner Frau bereits im September 1936 nach Spanien und schloss sich den anarchistischen Milizen unter Buenaventura Durruti[528] an. Weitere Freiwillige waren in Dienststellen der Republik sowie in den Büros ihrer Parteien und Gewerkschaften eingesetzt, als Berater, Verbindungsleute, Propagandisten und Journalisten.

Motivation und Schicksal der Spanienkämpfer

Wie viele Spanienkämpfer in den Schlachten des Bürgerkrieges ihr Leben ließen, lässt sich heute nicht mehr feststellen. Zuverlässige Schätzungen gehen von einer Verlustziffer von 17–25 % aus.[529] Ein großer Teil der im Zuge der Demobilisierung der Internationalen Brigaden ab Ende September 1938 nach Frankreich entlassenen jüdischen Spanienkämpfer musste nun, gerade dem Schrecken des Krieges entronnen, weiter um sein Leben kämpfen. Die Spanienkämpfer deutscher und österreichischer Nationalität wurden bei Kriegsausbruch aufgrund eines Dekrets vom 18. November 1939[530] als »feindliche Ausländer« in den französischen Lagern Gurs[531] und Le Vernet[532] interniert,[533] ab Sommer 1940, sofern sie nicht untertauchen konnten oder sich der Résistance anschlossen, den NS-Behörden ausgeliefert und in den deutschen Vernichtungslagern ermordet.[534]

Wie ist nun die hohe Zahl jüdischer Freiwilliger im Spanischen Bürgerkrieg zu erklären? Vielen Juden war bewusst, dass ein Sieg der Faschisten in Spanien ein weiterer Sieg Hitlers wäre, der zudem viele Emigranten um einen der letzten Zufluchtsorte in Europa berauben würde. Wenige Wochen nach Ausbruch des Bürgerkrieges schrieb Roger Brany, Präsident einer jüdisch-sephardischen Gemeinde in den USA, im »Jewish Journal«: »Sollten die faschistischen Aufständischen Erfolg haben,… wird der letzte Damm, der die Juden vor der Verfolgung schützt, zusammenbrechen.«[535] Zudem war die Teilnahme am Bürgerkrieg eine Gelegenheit, die von den Antisemiten verbreitete Mär vom »feigen Juden« ein weiteres Mal zu widerlegen. Einige kämpften auch für politische Ideale. In vielen Fällen war es wohl die Überzeugung, gerade als Angehörige eines seit zwei Jahrtausenden unterdrückten Volkes für die Freiheit kämpfen zu müssen. Sie wurden geleitet von ihrer Bestimmung, »ein Licht den Völkern zu sein«. Denn so steht es geschrieben.

Entsprechend den von Mitgliedern linker Parteien und christlicher Kreise gebildeten Widerstandsgruppen in Deutschland, die im Vergleich zum militärischen Widerstand gegen Hitler in der nationalen Erinnerungskultur stets eine untergeordnete Rolle spielten, mussten auch die ehemaligen Spanienkämpfer in der BRD jahrzehntelang um ihre Anerkennung kämpfen. Während in der DDR die Geschichte der Spanienkämpfer in die Tradition des antifaschistischen Widerstandes einbezogen wurde, stießen sie in der Bundesrepublik als »Bolschewisten und rote Söldner« auf Ablehnung, zumal die Adenauer-Regierung zum Franco-Regime gute Beziehungen unterhielt.[536] Erst 1972 stellte man die ehemaligen Interbrigadisten hinsichtlich ihrer Versorgungsansprüche den Condor-Legionären gleich; diese längst überfällige sozialpolitische Korrektur konnte offensichtlich erst unter einer Bundesregierung, die von einem ehemaligen Vertreter einer deutschen Exilpartei und Augenzeugen des Spanischen Bürgerkrieges geführt wurde, umgesetzt werden.[537]

Die Legion Condor – ungesühnte Kriegsverbrechen, falsche Heldenverehrung und ihre Folgen

Die von der Legion Condor an der Zivilbevölkerung verübten Kriegsverbrechen – dem Luftangriff auf Guernica fielen hunderte Zivilisten zum Opfer – sind bis heute ungesühnt. Schon zu Beginn des Bürgerkrieges verbreitete die deutsche Bomberstaffel des Rudolf von Moreau Angst und Schrecken unter der Zivilbevölkerung.[538] Der Bombenterror der hier erstmals kontinuierlich zum Einsatz kommenden deutschen Fliegertruppe hatte – in Zusammenarbeit mit den Italienern[539] – maßgeblichen Anteil am raschen Vormarsch der faschistischen Verbände, die auf ihrem Weg durch die Provinz Estremadura zahllose Massaker an der Zivilbevölkerung begingen.[540] Die eilig aufgestellten und kaum bewaffneten Milizverbände der Republikaner konnten nur geringen Widerstand leisten. Aus dem anfangs eher sporadischen Zusammenspiel zwischen Francos Bodentruppen und deutschen Luftwaffenverbänden entwickelte sich ein strategisches Konzept, das für den weiteren Verlauf des Bürgerkrieges charakteristisch werden sollte. Die Republikaner wurden aus ihren Verteidigungsstellungen gebombt, die feindliche Infanterie rückte nach, während die sich zurückziehenden republikanischen Soldaten und die fliehende Zivilbevölkerung von deutschen Bomber- und Jagdstaffeln attackiert wurden.[541] Nachdem der Vormarsch der franquistischen Truppen durch die zunehmende Gegenwehr der republikanischen Verbände zum Stehen gekommen war, konzentrierte sich die Legion Condor unter Führung des Generalmajors Hugo Sperrle und seines Stabschefs Wolfram von Richthofen auf die Erprobung neuer Waffensysteme und Luftkriegstechniken. Nach einer im Dezember 1936 begonnenen »Testreihe« wurden die durch die Bombenwirkung verursachten Schäden schriftlich wie fotografisch dokumentiert.[542] Bei der im Rahmen dieser »Testreihe« von Richthofen am 14. Dezember 1936 kommandierten

Bombardierung von Bujalance und Montoro starben etwa 100 Menschen; mehr als 200 Gebäude wurden zerstört.

Im Frühjahr 1937 befahl Franco angesichts der Misserfolge bei den Angriffen auf Madrid und auf Ratschlag der Legion Condor-Führung den Angriff auf den militärisch schwachen, aber rohstoffreichen Norden Spaniens.[543] Hier wurde das im Sommer 1936 erstmals erprobte, strategische Konzept mit Erfolg angewendet. Die Stellungen der republikanischen Soldaten im baskischen Bergland wurden durch systematische Bombardements für einen anschließenden Angriff der Infanterie vorbereitet; das Gleiche galt für die baskischen Städte Ochandiano, Durango, Elorrio, Eibar oder Guernica, die an Knotenpunkten für den Nachschub lagen, und für Straßen, auf denen Zivilisten und Soldaten vor dem nachrückenden Feind flohen.[544]

Beim Angriff auf Guernica am 26. April 1937 wurde das Zusammenwirken von Bombern und Jägern sowie ein neues Bombenabwurfverfahren erprobt. Die Versuchsbomberstaffel unter Führung des Oberleutnant Rudolf von Moreau kam hier erneut zum Einsatz.[545] »Zuerst warfen kleine Gruppen von Flugzeugen schwere Bomben und Handgranaten über der ganzen Stadt ab, wobei sie sich hübsch ordentlich ein Gebiet nach dem anderen vornahmen. Dann kamen die Jagdflieger im Tiefflug und beschossen aus Maschinengewehren die, die in Panik aus den [bereits getroffenen] Bunkern rannten. … Das Ziel war es offenbar, die Bevölkerung wieder unter die Erde zu treiben, denn nun erschienen bis zu 12 Bomber auf einmal und warfen schwere Bomben und Brandbomben, … um die Häuser zu zerstören und sie über den Opfern verbrennen zu lassen.«[546]

Die Reihe der von der Legion Condor begangenen Kriegsverbrechen setzte sich bei den Kämpfen am Ebro-Bogen im Sommer 1938 sowie dem Dauerbombardement der katalanischen Hauptstadt Barcelona zwischen dem 21. und 25. Januar 1939 fort. Tausende Einwohner Barcelonas fielen den Luftangriffen und anschließenden Massakern der franquistischen Truppen zum Opfer.[547] Die von dem Jagdflieger Werner Mölders befehligte Jagdstaffel[548] flog in der Schlacht um den Ebro-Bogen zahlreiche Einsätze – Jagdschutz für die dort eingesetzten Bomber- und Stukaverbände. Tatsächlich hatte die republikanische Luftwaffe der erdrückenden Übermacht der feindlichen Fliegerverbände nur wenig mehr als den Mut der Verzweiflung entgegenzusetzen,[549] so dass die Truppen der Republik durch Bombardierungen und Artilleriebeschuss die bis zu diesem Zeitpunkt höchsten Verluste zu erleiden hatten. Die Legion Condor flog Angriff auf Angriff, gegen Truppenansammlungen, Stellungen, Flussübergänge und Ortschaften (u. a. Corbera).[550]

Zehntausende Soldaten und Zivilisten starben im Laufe der sich bis in den November hinziehenden Kämpfe am Ebro, die allgemein als Verdun des Spanischen Bürgerkrieges bezeichnet werden.[551] Angesichts der Luftüberlegenheit der auf Francos Seite kämpfenden Fliegerverbände waren ein Eingreifen der Jagdstaffeln in den Bodenkampf und Angriffe auf Truppenverbände, Ortschaften und Zivilisten mehr als wahrscheinlich, zumal diese in Selbstzeugnissen Mölders bereits aus dem Mai 1938 nachgewiesen sind.[552] Der Erfahrungsbericht des Kommandeurs der Jagdgruppe 88[553] sowie Ergebnisse militärhistorischer Forschung[554] bestätigen diese Annahme: »Die Störung des Gegners hinter der Front beschränkte sich in der Hauptsache auf Angriffe auf den Straßenverkehr, Bereitstellungen, Angriffe auf Züge, Bahnhöfe und Artilleriestellungen. Die Angriffe sind materiell, besonders aber moralisch sehr wirksam. … In der letzten Zeit wurden kurz vor Einbruch der Dunkelheit des öfteren Tieflieger auf teilweise 15 km hinter der Front liegende Etappenstädte der Roten angesetzt, die gepfropft voll Menschen und Material waren. Die Wirkung dieser Angriffe waren panikartig.« Von Anfang 1937 bis zum Kriegsende 1939 war die Legion Condor an allen größeren Kämpfen beteiligt. In diesem Zeitraum warfen deutsche Flugzeuge eine Bombenlast von 21 Millionen Tonnen ab.[555]

Ungeachtet dieser Vielzahl von dokumentierten Kriegsverbrechen blieben die Einsätze der Legion Condor in der Bundesrepublik Deutschland vielfach Gegenstand unreflektierter Verehrung. Dies führte zu zahlreichen Benennungen sowohl außer- als auch innerhalb der Bundeswehr, u. a. mit dem Traditionsnamen Mölders.

Diesem Spuk setzte der damalige Bundesminister der Verteidigung Dr. Peter Struck im Jahre 2005 mit der Umbenennung der nach dem Legion Condor Jagdflieger Werner Mölders benannten Bundeswehreinrichtungen ein energisches und deutliches Ende.[556] Grundlage für die Entfernung des belasteten Namens war ein Beschluss des Deutschen Bundestages[557] vom 24. April 1998 sowie ein Gutachten des Militärgeschichtlichen Forschungsamtes aus dem Jahr 2004.[558] Das Parlament hatte vor dem Hintergrund des 60. Jahrestages der Bombardierung der spanischen Stadt Guernica durch die Legion Condor entschieden, für Bundeswehreinrichtungen Namen der Angehörigen dieser Einheit nicht weiter zu verwenden. Bereits erfolgte Benennungen von Bundeswehreinrichtungen nach Mitgliedern der Legion

Condor seien aufzuheben. Das Militärgeschichtliche Forschungsamt berücksichtigte in seinem Gutachten sowohl Mölders Rolle als Angehöriger der Legion Condor im Spanischen Bürgerkrieg als auch seine NS-konforme Haltung und sein Handeln im Sinne der Kriegsführungspolitik des Nazi-Regimes.

Trotz dieser eindeutigen Entscheidungen der militärischen wie auch politischen Führung zeigt sich die Kamarilla der »Mölders-Anhänger«, unter ihnen ehemalige Generale der Bundeswehr, unverbesserlich. Kritiker der Mölders-Verehrung werden angegriffen, öffentlich diffamiert und mit Klagedrohungen unter Druck gesetzt. Bestärkt werden die »Mölders-Anhänger« unter anderem durch die Tatsache, dass der Legion Condor auch heute noch in der Öffentlichkeit ehrendes Andenken zuteilwird. Eine der bedeutenden Straßen Berlins, die Spanische Allee, trägt immer noch den Namen, den sie zu Ehren der Legion Condor erhielt. In zahlreichen deutschen Städten gibt es nach wie vor Möldersstraßen.

So konnten letztendlich die in den Jahren 1998 und 2005 auf Grundlage politischer Entscheidungen durchgeführten – längst fälligen – Korrekturen das einseitig geprägte Geschichtsbild über die Einsätze der Legion Condor wieder geraderücken, die Ehre der Spanienkämpfer wiederherzustellen vermochten sie jedoch nicht. Das Festhalten an mit der Legion Condor in Verbindung stehenden Traditionsnamen erscheint angesichts des Schicksals der ehemaligen Spanienkämpfer, die nach Ende des Bürgerkriegs in die Hände der spanischen und deutschen Faschisten fielen, besonders verwerflich, denn: »Wer ein Gedenken an die Täter zulässt, der verhöhnt die Opfer!«

Die zahllosen jüdischen Freiwilligen, die auf Seiten der Republik kämpften, stehen in der Tradition des jüdischen Widerstandes gegen den Hitlerfaschismus in Europa. Tausende Juden kämpften in den Ghettoaufständen Osteuropas, in den polnischen Untergrundarmeen, als Partisanen in den Wäldern Polens und Russlands, als Soldaten in den Armeen der Alliierten und als Angehörige der Jüdischen Brigade. Sie ließen sich nicht »wie ein Lamm zum Schlachten« führen![559]

2. Fallbeispiele für den jüdischen Widerstand im Spanischen Bürgerkrieg

Dr. Julius Deutsch – k. u. k. Frontoffizier, sozialdemokratischer Politiker und General der republikanischen Armee im Spanischen Bürgerkrieg[560]

Jugendzeit und Militärdienst

Der sozialdemokratische Politiker Julius Deutsch (1884–1968) war einer der maßgeblichen Gestalter der ersten österreichischen Republik. Als Staatssekretär für Heerwesen war er der geistige Vater der »Volkswehr«, der ersten bewaffneten Macht der jungen Republik, und wirkte federführend beim Aufbau des österreichischen Bundesheeres. Julius Deutsch spielte eine bedeutende Rolle in den entscheidenden Augenblicken der österreichischen Geschichte und stand im Widerstand gegen den Faschismus in Österreich und Europa in der ersten Reihe.

Seine frühe Kindheit verbrachte Julius Deutsch in Lackenbach im österreichischen Burgenland als Sohn eines jüdischen Gastwirts. Die Familie zog später nach Wien, dort wuchs Deutsch in bescheidenen Verhältnissen auf und besuchte Volksschule sowie Bürgerschule.[561] Für den Besuch eines Gymnasiums fehlte den Eltern das Geld – das Familienoberhaupt konnte die Familie mit dem Verdienst aus Gelegenheitsarbeiten nur mit Mühe ernähren. Der Vater von Julius Deutsch war leidenschaftlicher Anhänger der Arbeiterpartei und so wuchs der junge Deutsch in einer vom Klassenkampf der Arbeiter geprägten Atmosphäre auf. Im Jahre 1898 begann er eine Lehre als Buchdrucker, fast zeitgleich begann sein Engagement für die Arbeiterbewegung. Bald lernte er auch Victor Adler kennen, den Gründer der Sozialdemokratischen Arbeiterpartei (SDAP) in Österreich.[562]

Mit der Unterstützung von Victor Adler bereitete sich Deutsch auf die Abschlussprüfungen der Mittelschule vor, die er bestand und so im Jahre 1905 das Studium der Rechtswissenschaften an der Universität Zürich aufnehmen konnte, wo er auch im Jahre 1908 zum Doktor promovierte.[563] Julius Deutsch ging zurück nach Wien und arbeitete dort in den Jahren bis zum Krieg für die Sozialdemokratische Arbeiterpartei. Von 1914 bis 1916 kämpfte Julius Deutsch an der Front in Italien, nahm 1916/17 am Feldzug gegen Rumänien teil und war dann im Frühjahr und Sommer 1917 an der russischen Front eingesetzt. Im Anschluss wurde seine Artillerie-Abteilung – Deutsch war Landsturmoffizier einer Artillerieeinheit – wieder an die italienische Front verlegt, wo sie in der Zwölften Isonzoschlacht Ende Oktober 1917 zum Einsatz kam. Kurz darauf rief man den mehrfach ausgezeichneten Frontoffizier ins Kriegsministerium nach Wien.[564]

Aufbau eines demokratischen Heeres und Verteidigung der Republik

Die erste Aufgabe des Sozialdemokraten Julius Deutsch im Kriegsministerium war die eines Vertrauensmannes, der gemeinsam mit Vertretern von Gewerkschaften und Unternehmerverbänden das Kriegsministerium in Fragen des Arbeiterschutzes beraten sollte. Gleichzeitig baute er gemeinsam mit anderen Soldaten Anfang 1918 eine eigene Vertrauensmännerorganisation innerhalb der Wiener Garnison auf.[565] »Sie sollte die Soldaten veranlassen, im Falle eines Konfliktes nicht auf das Volk zu schießen … Wenn es, wie zu erwarten war, neuerlich zu einer wirtschaftlichen Auseinandersetzung zwischen Unternehmern und Arbeitern kam, sollte das Heer neutral bleiben.«[566] Tatsächlich gelang es der von Deutsch geleiteten Vertrauensmännerorganisation in den Tagen des Umsturzes, dass die Soldaten der Wiener Garnison sich nicht gegen das Volk verwenden ließen, sondern geschlossen an die Seite des neuen Staates Deutschösterreich traten.[567]

In den letzten Oktobertagen des Jahres 1918 gründete sich die Republik Deutschösterreich, deren Regierung Julius Deutsch in einer ihrer ersten Sitzungen das Amt eines Unterstaatssekretärs im Staatsamt für Heerwesen übertrug. Dem Staatsrat Deutschösterreichs schlug Deutsch »die Aufstellung einer neuen Wehrmacht, einer Freiwilligenarmee, als unausweichlich« vor.[568] Im März 1919 wurde er dann zum Staatssekretär für Heereswesen ernannt, ein Amt, in dem er bis zum Austritt der Sozialdemokraten aus der Regierung im Oktober 1920 blieb. Die Aufgaben, die Julius Deutsch zu lösen hatte, waren die Abrüstung sowie Auflösung des Kriegsheeres und der Aufbau einer in Wesen, Geist und Organisation neuen Armee[569] – dabei war einer seiner engsten Mitarbeiter der damalige Major und spätere Feldmarschallleutnant Johann Friedländer.[570] Der Friedensvertrag von St. Germain schrieb Österreich ein Berufsheer von nicht mehr als 30 000 Mann vor. Während der einfache Soldat schnell ins Privatleben zurückkehrte, war das größere Problem die Entlassung von einigen Zehntausend aktiven Offizieren und Unteroffizieren sowie mehreren Hundert Generalen. So kam auch aus dieser Gruppe der größte Widerstand gegen eine deutliche Verkleinerung und Reform des Heeres. Das Offizierskorps machte für den Verlust ihrer Vorrechte nicht den verlorenen Krieg, sondern die neue Staatsform verantwortlich.[571] Gegen diesen und auch den Widerstand der rechten politischen Kräfte gelang es Julius Deutsch unter schwierigsten Bedingungen eine funktionierende Ordnungsmacht aufzubauen. Er trug somit in erheblichem Maße zur raschen Konsolidierung der Republik bis zum Frühjahr 1920 bei.[572] Das von ihm initiierte Programm für das Heerwesen sah »... eine demokratische, republikanische Armee ...« vor, deren Angehörige sich ehrenwörtlich verpflichten mussten, »... die demokratische Republik zu verteidigen und an politischen Aktionen, die gegen die demokratische Republik gerichtet sind, nicht teilzunehmen.«[573] So schreibt Deutsch in seinen Lebenserinnerungen: »Im Heer blieb, dank der von den Sozialdemokraten durchgesetzten Reformen, der Geist der Demokratie länger lebendig als in den anderen bewaffneten Formationen des Staates. Dieser Umstand hat die antidemokratischen Kräfte lange Zeit daran gehindert, ihre Absichten durchsetzen zu können. Aber die geänderten Machtverhältnisse nicht nur in Österreich, sondern in ganz Europa bewirkten, daß der zeitweilige Untergang der Demokratie zwar hinausgeschoben, aber nicht verhindert werden konnte.«

Nachdem die Christlichsozialen die Nationalratswahlen in Österreich gewonnen hatten, ging die Sozialdemokratische Arbeiterpartei in die Opposition. Dort blieb sie bis zu ihrem Verbot 1934. Mit dem Austritt der SDAP aus der Regierung im Jahre 1920 begann eine neue Epoche in der Geschichte Deutschösterreichs.[574] Letztendlich führte die Überlassung der Staatsmacht an die bürgerlichen Parteien geradewegs in den Austrofaschismus. Die Niederlage der Arbeiter und des Republikanischen Schutzbundes im Aufstand gegen die Dollfuß-Regierung im Februar 1934 führte zum Verbot der SDAP und damit zur Ausschaltung der Opposition im diktatorisch regierten Ständestaat.

Abgeordneter zum Nationalrat und Obmann des Republikanischen Schutzbundes

Julius Deutsch war für die Sozialdemokraten 1919/20 in der Konstituierenden Nationalversammlung und bis Februar 1934 Abgeordneter zum Nationalrat. Er erlangte zudem Bedeutung als federführender Gründer des Republikanischen Schutzbundes und wurde auf dessen erster Reichskonferenz zum Obmann gewählt. Der Schutzbund entstand 1923 als Gegengewicht zu den christlichsozialen Heimwehren und dem ebenfalls zunehmend von den Christlichsozialen dominierten Bundesheer. Gegliedert in Regimenter, Bataillone und Kompanien war der Schutzbund eine militärische Formation mit bis zu 80000 aktiven Mitgliedern. Unter dem Eindruck der von der Nationalsozialistischen Deutschen Arbeiterpartei (NSDAP) und ihrem österreichischen Ableger ausgehenden Gefahr suchten der Republikanische Schutzbund und der deutsche Reichsbanner Schwarz-Rot-Gold den Schulterschluss mit gleichartigen Selbstschutzorganisationen anderer Länder. Ziel war die Einrichtung einer internationalen, antifaschistischen Zentralstelle. Im Zusammenhang mit dem Internationalen Sozialistenkongress in Brüssel 1929 fand die erste Tagung der Vertreter der antifaschistischen Kampfverbände statt. Diese führte zur Gründung einer Internationalen Kommission zur Abwehr des Faschismus, dessen Vorsitzender Julius Deutsch wurde. Den Internationalen Sozialistenkongress, die Olympiade der Arbeitersportler und den Aufmarsch der antifaschistischen Kampfverbände in Wien im Sommer 1931 bezeichnete Julius Deutsch in seinen Erinnerungen als die »für lange Zeit letzte Heerschau des internationalen demokratischen Sozialismus.«[575]

In den frühen 1930er Jahren hatten die Nationalsozialisten und andere rechte Gruppierungen starken Zulauf zu verzeichnen. Die Rechten, bestehend aus Monarchisten, Anhängern des Ständestaates, Faschisten italienischer und Nationalsozialisten deutscher Prägung, hatten in den österreichischen Heimwehren ihr Betätigungsfeld gefunden. Im September 1931 fand ein Putschversuch der steirischen Heimwehr unter Walter Pfrimer statt, der rasch zusammenbrach, weil die anderen Landesverbände den Putsch nicht unterstützen. Polizei und Bundesheer waren sehr zurückhaltend gegen die Aufständischen vorgegangen. Der Republikanische Schutzbund hingegen hatte rasch mobil gemacht und sich auf die Verteidigung seiner Machtpositionen in den Industriegebieten vorbereitet, wobei Polizei und Bundesheer in einigen Fällen sogar gegen die Einheiten des Schutzbundes vorgingen.[576]

Am 30. Mai 1933, wenige Wochen nach dem Staatsstreich von Engelbert Dollfuß und der Errichtung des Ständestaates, erfolgte das Verbot des Republikanischen Schutzbundes, der jedoch als nunmehr illegale Organisation weiterbestand. Emil Fey, Landesführer des Wiener Heimatschutzes, ehemals Berufsoffizier der k. u. k. Armee und Major im Wiener Hausregiment Hoch- und Deutschmeister Nr. 4, im Laufe des Jahres 1933 zum Bundesminister für öffentliche Sicherheit und Vizekanzler ernannt, war ein erklärter Gegner der Sozialdemokratie und nutzte seine Machtstellung als Vizekanzler und Sicherheitsminister rücksichtslos aus, um gegen Sozialdemokraten und Schutzbündler vorzugehen. Ernst Rüdiger Fürst Starhemberg, Nachfolger Feys als Vizekanzler, schrieb in seinen Memoiren: »Ohne Rücksicht auf mögliche politische Konsequenzen ging Fey aus heiterem

Himmel gegen den Republikanischen Schutzbund los und begann eine Waffensuche. Dieser unprovozierte Schritt wirkte unweigerlich als eine Herausforderung. Und um die Herausforderung zu steigern, informierte Fey am Abend vor der Waffensuche den Wiener Heimatschutz: ›Morgen werden wir ausputzen ...‹«[577] Am nächsten Tag erfolgte eine Durchsuchung im Parteisekretariat der Sozialdemokraten in Linz, wogegen der Schutzbund bewaffneten Widerstand leistete. Neben Wien, wo die heftigsten Kämpfe zwischen Polizei, Bundesheer und Heimwehr gegen den unterlegenen Schutzbund stattfanden, kam es in Linz, Steyr, St. Pölten, Wörgl und im obersteirischen Industriegebiet zu weiteren schweren Gefechten. Ein gleichzeitig ausgerufener Generalstreik schlug fehl.

Als der Aufstand am 15. Februar zu Ende ging, waren den Kämpfen mehr als 1600 Menschen zum Opfer gefallen. Julius Deutsch und dem stellvertretenden Vorsitzenden der Sozialdemokratischen Arbeiterpartei Otto Bauer war es gelungen, nach Bratislawa zu fliehen. In Wien und anderen Städten wurden Standgerichte gegen die gefangenen Schutzbundführer eingerichtet und einige von ihnen zum Tode verurteilt. Zahlreiche Sozialdemokraten wurden verhaftet und die Mandate der Sozialdemokraten verfielen. Nahezu sämtliche Mitglieder der Sozialdemokratischen Partei wurden aus dem öffentlichen Dienst entlassen, viele der so freigewordenen Posten übernahmen Heimatschutzmitglieder.[578]

Spanischer Bürgerkrieg, Flucht aus Europa und Rückkehr nach Österreich

Julius Deutsch und Otto Bauer hatten im Exil in Brünn das Auslandsbüro der österreichischen Sozialdemokraten (ALÖS) aufgebaut, als Julius Deutsch im Spätsommer 1936 am Weltfriedenskongress in Brüssel teilnahm – der Spanische Bürgerkrieg war bereits ausgebrochen. Deutsch meldete sich als Freiwilliger: »Wieder in Brünn angekommen, sandte ich ein Telegramm an die spanische Gesandtschaft in Paris. Ich beglückwünschte das spanische Volk zu seiner Kampfentschlossenheit und stellte mich ihm zur Verfügung.«[579] Von 1936 bis 1939 war Julius Deutsch als General und militärischer Berater der republikanischen Regierung an fast allen Fronten des Spanischen Bürgerkrieges. Einer seiner Adjutanten war Major Rolf Reventlow, ein deutscher Sozialdemokrat. Nach der Niederlage der Republikaner im Bürgerkrieg 1939 ging Julius Deutsch nach Paris und engagierte sich in der Auslandsvertretung der österreichischen Sozialisten (AVOES). Gleichzeitig setzte er sich zusammen mit dem französischen Minister Jules Moch für eine Verbesserung der Situation der in französischen Lagern inhaftierten Spanienkämpfer ein.[580] Nach der Besetzung Frankreichs durch die Wehrmacht musste Deutsch erneut emigrieren. Sein Weg führte ihn ins Exil in die Vereinigten Staaten. Deutsch lernte dort seine zweite Frau Adrienne Thomas kennen, eine deutsche Schriftstellerin jüdischer Abstammung. Mit ihr zusammen kehrte er 1947 nach Wien zurück. Julius Deutsch leitete bis 1951 die Sozialistischen Verlagsanstalten und starb am 17. Januar 1968 in seiner Heimatstadt Wien.

Gerda Taro – Kriegsberichterstatterin im Spanischen Bürgerkrieg

Als Fotoreporterin im Spanischen Bürgerkrieg schrieb sie Geschichte. Gerda Taro[581] starb am 26. Juli 1937 an den Folgen einer Verletzung[582], die sie bei Rückzugsgefechten der Republikanischen Armee in der Schlacht von Brunete[583] erlitten hatte. Taros Beisetzung in Paris wurde zur politischen Demonstration gegen den Faschismus, ihr Tod machte die gerade 27-Jährige unsterblich, als Märtyrerin und Jeanne d'Arc der Volksfront[584]. Das fotografische Werk Gerda Taros stand jedoch lange Jahre im Schatten ihres Kollegen und Lebensgefährten Robert Capa[585], dem späteren Mitbegründer der legendären Fotoagentur Magnum. Die Entdeckung bislang unveröffentlichter Aufnahmen von Capa, Taro und David »Chim« Seymour[586] aus der Zeit des Spanischen Bürgerkrieges konnten Taros Lebenswerk dem Vergessen entreißen. Mehr als 4000 Negative waren 2008 im Nachlass eines Diplomaten in Mexiko gefunden worden.[587]

1910 als Gerta Pohorylle in Stuttgart geboren, wuchs Taro in einer Zeit auf, die von Weltkrieg, Revolution und einem stetig anwachsenden Antisemitismus geprägt war.[588] Dank finanzieller Unterstützung durch eine Tante erhielt die Tochter eines aus Ostgalizien eingewanderten jüdischen Kaufmannes eine moderne Erziehung.[589] Die Familie ging 1929 nach Leipzig, dort wurde Taro Mitglied sozialistischer Gruppierungen.[590] Sie beteiligte sich an Flugblattaktionen gegen die Nationalsozialisten, wurde im März 1933 kurzzeitig verhaftet[591] und ging anschließend ins Exil nach Paris.[592] Dort lernte sie den ebenfalls vor den Nazis geflohenen André Friedmann kennen und gründete zusammen mit ihm eine Bildagentur.[593] Aus Pohorylle und Friedmann wurden Gerda Taro und Robert Capa, aus einer privaten Beziehung das Fotografenteam Taro-Capa.[594]

Der Spanische Bürgerkrieg begann am 17. Juli 1936 mit dem versuchten Staatsstreich einer Offiziersjunta, die in Spanien eine faschistisch-klerikale Diktatur errichten wollte. Wie selbstverständlich waren die Sympathien der Sozialisten, Kommunisten, Liberalen, Bürgerlichen und auch der Juden in ganz Europa auf

Seiten der Republik. Sie wussten, was ein Sieg Francos und Hitlers für die freien Völker Europas bedeuten würde. Die deutschen Emigranten stellten sich ohne Zögern in den Dienst der Spanischen Republik, vielfach aus der Überzeugung, dass ihr Einsatz in Spanien zugleich ein Kampf gegen Nazideutschland war.[595] So gingen auch Robert Capa und Gerda Taro nach Spanien, um als Fotoreporter über den Kampf der Republikaner gegen Francos Faschisten zu berichten. Die ersten Aufnahmen Taros in Barcelona zeigen die Bewohner der katalanischen Hauptstadt in der Milizuniform, dem »Mono Azul«, Frauen beim Waffentraining oder spielende Kinder in Milizkleidung. Anfang September 1936 begeben sich Taro und Capa an die Front im Süden. Dort schießt Capa sein berühmtestes Foto: »Der Fallende Milizionär« wurde zur Ikone der Kriegsfotografie. In der Folge setzte sich auch das Autorenprinzip in der journalistischen Fotografie durch – denn waren bislang nur Texte vom Urheber gezeichnet, so galt dies fortan auch für Fotos.[596]

Der Bürgerkrieg in Spanien wurde zum ersten wirklichen Medienkrieg der Geschichte. Beide Seiten nutzten von Beginn an die parteinahe Presse sowie Kontakte zu internationalen Illustriertenmagazinen, um der Weltöffentlichkeit ihre Version des »gerechten Krieges« zu präsentieren. Gezielt brachten die Kriegsfotografen das dokumentarische Foto als publizistische Waffe zum Einsatz. Auch Gerda Taro, die sich zur deutschen linken Exilgemeinde zählte, war sich ihrer Rolle als subjektive Berichterstatterin durchaus bewusst. Die Nähe zum kämpfenden Soldaten wurde als parteiische Anteilnahme verstanden und so nahmen Taro und Capa am Geschehen in vorderster Front teil. Es war die Geburtsstunde der sogenannten »Combat-Fotografie«. Aufnahmen, die im Kugelhagel des Feindes entstanden, bürgten für Authentizität. Robert Capas »Wenn dein Bild nicht gut genug ist, warst du nicht nahe genug dran« wurde zum Maßstab für alle folgenden Generationen von Kriegsberichterstattern.[597] Und Gerda Taro war nahe genug dran. In ein Schützenloch gekauert, fotografierte sie am 25. Juli 1937 deutsche Flugzeuge, wie diese die republikanischen Truppen an der Brunetefront angriffen. Im Bombenhagel der deutschen Legion Condor schoss sie mit hochgehaltener Kamera ein Bild nach dem anderen und feuerte gleichzeitig die zurückweichenden republikanischen Soldaten an, ihre Reihen wieder zu schließen. Gerda Taro gelangen atemberaubende Bilder – die kurz zuvor begonnene Serie über die Schlacht um Brunete war bereits weltweit publiziert worden.[598]

Stunden später wurde »la pequeña rubita«, der kleine Blondschopf, wie sie ihre spanischen Kameraden liebevoll nannten, versehentlich von einem republikanischen Panzer überrollt und erlag am darauffolgenden Tag in einem Hospital in der Nähe von Madrid ihren Verletzungen.[599] Tausende Menschen gaben Gerda Taro das letzte Geleit, als sie am 1. August 1937 auf dem Friedhof Père-Lachaise in Paris beigesetzt wurde.[600] Pablo Neruda und Louis Aragon führten den Trauerzug an, die Repräsentanten der französischen Volksfront folgten dem Sarg, vereint in kollektiver Trauer um eine Märtyrerin, die ihr Leben für die Freiheit Spaniens geopfert hatte. Eine Kameradin »gleich der Rose«, so besingt der Dichter Luis Pérez Infante Gerda Taro in einem Gedicht.[601] Ihre Ruhestätte, mit dem von Alberto Giacometti gestalteten Grabmal[602], wurde zu einem Wallfahrtsort für die sozialistische Bewegung und zum Symbol für den Kampf gegen den Faschismus.

Taros Lebensgefährte Robert Capa wurde zu einem der berühmtesten Kriegsfotografen. 1947 gründete er mit Henri Cartier-Bresson[603], David Seymour und George Rodger[604] die Foto- und Fotografenagentur Magnum. Capa lieferte weiterhin spektakuläre Fotos aus allen Krisengebieten der Welt, seine Bilder waren Meisterstücke der Fotografie. 1948 begleitete er mit seiner Kamera die Gründung des Staates Israel. Robert Capa starb 1954 als Berichterstatter im Indochinakrieg durch einen Minenunfall. Taro, Capa und ihre Zeitgenossen waren die Wegbereiter der modernen Kriegsberichterstattung. Der Fotoreporter musste von nun an in vorderster Linie neben dem kämpfenden Soldaten stehen. Die Authentizität der Aufnahme wurde Voraussetzung für eine gute und vermarktbare Reportage, die dann auch das Sensationsbedürfnis von Presse und Medien zu befriedigen in der Lage war. Erst in den letzten Jahren wird diese Form der authentischen Berichterstattung unter moralischen Aspekten neu betrachtet und bewertet, nicht zuletzt unter dem Eindruck der Kriege im Irak und Afghanistan.[605]

Teil IV: Die Zeit der Verfolgung – Schicksale jüdischer Frontsoldaten in der Shoah

1. Die Ausgrenzung und Entrechtung der jüdischen Bevölkerung durch die nationalsozialistische »Rassenpolitik« am Beispiel der jüdischen Soldaten[606]

Die Wende zu den dreißiger Jahren brachte Ereignisse mit sich, die ankündigten, was drei Jahre später zur erschreckenden Realität werden sollte. Die Wahlerfolge der Nazis gingen einher mit einer Woge antisemitischer Gewalt neuen Ausmaßes. In der Hauptstadt fanden im September 1931 während des jüdischen Neujahrsfestes Ausschreitungen gegen jüdische Gottesdienstbesucher statt, die pogromartigen Charakter annahmen. Die Staatsmacht, der es erst nach mehr als einer Stunde gelang, die Lage unter Kontrolle zu bringen, zeigte sich zunehmend hilfloser gegenüber den Ausbrüchen rechter Gewalt, zumal die antisemitischen Hetzer bereits in den eigenen Reihen saßen. Die NSDAP hatte ihre Verbindungen nicht nur zur Reichswehr, auch in den Reihen der Polizei und wichtigen Behörden saßen Parteimitglieder. Die Nazis riefen zum Boykott jüdischer Geschäfte auf und traten mit besonderer Aggressivität überall dort auf, wo Juden von Berufs wegen oder anderen Gründen in großer Zahl vertreten waren.[607] Der »Programmantisemitismus« der radikalen Rechten hatte in den Jahren seit Ende des Ersten Weltkrieges in die deutsche Gesellschaft zunehmend Eingang gefunden. Diese Form des Antisemitismus unterschied sich von der im Kaiserreich verbreiteten Judenfeindschaft insofern, als die Anfang der zwanziger Jahre entstandenen rechtsradikalen Gruppierungen auf einen Sturz der von ihnen als »Judenrepublik« diffamierten Weimarer Republik hinarbeiteten und zu Gewaltmaßnahmen gegen die jüdische Bevölkerung aufriefen.[608] Diesen Gewaltmaßnahmen fielen zahlreiche Vertreter demokratischer Parteien zum Opfer.[609]

Unterstützung fand die antisemitische Politik der NSDAP bei den konservativen bürgerlichen Parteien und Organisationen, die Gewalttaten überwiegend ablehnten, jedoch antijüdische Maßnahmen in Form diskriminierender Sondergesetze forderten.[610] Die Machtergreifung der Nationalsozialisten am 30. Januar 1933 war somit der Endpunkt einer Entwicklung, die schon in den Jahren des Niedergangs der Weimarer Republik begonnen hatte und die nicht das Werk einiger weniger »Volksverführer« war, sondern von einem großen Teil des deutschen Volkes unterstützt wurde. Sie war gleichzeitig der Beginn einer systematischen Ausgrenzung und Entrechtung der deutschen Juden, an deren Ende ein Zustand der gänzlichen Rechtlosigkeit und des Ausgeliefertseins stand, der es den Nazis leicht machte, die physische Vernichtung des deutschen Judentums zu vollziehen.[611]

Die ersten Monate des Jahres 1933 ließen allenfalls erahnen, was der jüdischen Gemeinschaft in Deutschland bevorstand. Mit dem Boykott jüdischer Geschäfte am 1. April und dem »Gesetz zur Wiederherstellung des Berufsbeamtentums«[612] vom 7. April 1934 begannen die dem Programm der NSDAP entsprechenden ersten Schritte zur Vertreibung der deutschen Juden aus Staatsdienst, Wirtschaft, Kultur und dem gesamten gesellschaftlichen Leben.[613]

Die Armee, die der Ideologie der rechten Parteien gegenüber stets sehr aufgeschlossen war, fügte sich nahtlos in das Machtgefüge des neuen Regimes ein und bemühte sich, die von der Regierung eingeleitete Entlassung jüdischer Staatsdiener in vorauseilendem Gehorsam umzusetzen. Der ideologische Konsens zwischen Wehrmacht und Nationalsozialismus entstand nicht erst in der Folge des 30. Januar 1933, seine Ursprünge reichten zurück in die Zeit des Ersten Weltkrieges. Der verlorene Krieg, die Revolution und Versailles waren dabei die zentralen Punkte identischer Denkmuster. Die schon in der kaiserlichen Armee regelmäßig zu beobachtenden antisemitischen Aktivitäten fanden ihre Fortsetzung in der Armee der Republik.[614] Was mit der »Judenzählung«[615] im Oktober 1916 begann, endete mit der Umsetzung antijüdischer Gesetze in der Reichswehr/Wehrmacht in den Jahren 1934 und 1935. Zudem hatte sich die Reichswehr durch die Politik ihrer militärischen Führung und die Ohnmacht der Reichsregierungen, die diese tolerierten, zu einem Staat im Staate entwickelt. Dies waren auch die Gründe, weshalb wenige jüdische Soldaten und Offiziere in der Armee der Weimarer Republik dienten. 1931 sollen insgesamt nur acht Juden der Reichswehr angehört haben.[616] Zudem wurde den ehemaligen jüdischen Frontsoldaten der Zutritt zu den bestehenden Veteranen- und Kriegervereinen verwehrt. Deren größter Frontkämpferverband, der Stahlhelm, hatte gar mit einem eigenen »Arierparagraphen« den Beitritt ehemaliger jüdischer Frontsoldaten verhindert.

Nach der Machtübernahme durch Hitler schwor der Reichswehrminister Werner von Blomberg die Armee und vor allem das Offizierskorps auf die neue Regierung ein und zeigte seine willfährige Haltung in der Berücksichtigung ausschließlich regimetreuer Bewerber bei der Ergänzung des Bestandes an Offizieren.[617] Von den 1934 in das Heer übernommenen 518 ehemaligen Offizieren waren 341 aus der NSDAP einschließlich SA, SS, HJ und Arbeitsdienst, 177 vom Stahlhelm einschließlich SA-Reserve I und II.[618]

Am 27. Mai 1933 ordnete der Reichswehrminister in zwei Erlassen an, den § 3 des »Gesetzes zur Wiederherstellung des Berufsbeamtentums« für den Geschäftsbereich des Ministeriums umzusetzen.[619] Ausnahmen galten für »Beamte, die bereits seit dem 1. August 1914 Beamte gewesen sind oder die im Weltkrieg an der Front für das Deutsche Reich oder für seine Verbündeten gekämpft haben oder deren Väter oder Söhne im Weltkrieg gefallen sind.« Dieser sogenannte »Arierparagraph« fand vorerst nur bei Beamten, Angestellten und Arbeitern der Reichswehr Anwendung. Von den Bestimmungen des Gesetzes ausgenommen waren gemäß der Dritten Durchführungsverordnung zum § 3 des »Gesetzes zur Wiederherstellung des Berufsbeamtentums« vom 6. Mai 1933 über den bereits genannten Personenkreis hinaus Frontkämpfer sowie den Frontkämpfern Gleichgestellte (ehemalige Angehörige der Freikorps etc.).

Obwohl die in der Wehrmacht dienenden jüdischen Soldaten vorerst nicht betroffen waren, ließen Haltung und Äußerungen des Reichswehrministers auf einer Befehlshaberbesprechung im Juni 1933 keinen Zweifel daran, dass er die Ausdehnung der Arierbestimmung auf Soldaten so bald als möglich in Angriff nehmen würde.[620] Weitere Schritte waren die Ergänzungen des Paragraphen 9 der Heeres- und Marine-Ergänzungsbestimmungen und der Heiratsordnung. Somit war die Einstellung »nicht arischer« Bewerber verboten und Soldaten durften zukünftig keine Frauen ehelichen, die als »nicht arisch« galten.[621]

Mit Erlass vom 28. Februar 1934 ordnete Reichswehrminister von Blomberg die sinngemäße Anwendung des Gesetzes zur Wiederherstellung des Berufsbeamtentums auf Soldaten an.[622] Offiziere, Unteroffiziere und Soldaten, die nach § 3 in Verbindung mit der dazugehörenden Durchführungsverordnung »nicht arisch« waren, wurden aus der Wehrmacht entlassen.[623] Das Ministerium ordnete ferner an, dass die Durchführung des Erlasses mit Angabe der Gesamtzahl der entlassenen Soldaten bis 31. Mai gemeldet sein musste. Auch der Appell des Vorsitzenden des Reichsbundes jüdischer Frontsoldaten konnte die Entlassung der jüdischen

Soldaten aus der Wehrmacht nicht verhindern.[624] Betroffen waren gemäß der dem Wehrmachtsamt vorliegenden Zahlen: »7 Offiziere, 8 Offiziersanwärter, 13 Unteroffiziere und 28 Mannschaften.«[625]

Es ist nicht ausgeschlossen, dass auch nach dieser Zählung noch weitere Soldaten von der Ausführung des Erlasses vom 28. Februar betroffen waren. Grundsätzlich wurden jedoch alle jüdischen Soldaten mit Ausnahme der Frontkämpfer gezwungen, die Streitkräfte zu verlassen. So hatte die Wehrmacht und ihre militärische Führung in vorauseilendem Gehorsam bereits das vollzogen, wozu sie erst infolge der »Nürnberger Gesetze« verpflichtet gewesen wäre. Sie schloss ihre jüdischen Kameraden aus der Armee aus. Der Reichswehrminister hatte diese Maßnahmen in seinen Äußerungen bereits angekündigt und zu verstehen gegeben, welche Voraussetzungen für den Dienst in der Wehrmacht gelten müssten: »Wer sich heute noch nicht den Gedanken der Volksgemeinschaft innerlich ganz zu eigen gemacht hat, schaltet sich selbst aus. Die Wehrmacht hat keine Veranlassung, auf ihn Rücksicht zu nehmen.« Der Nationalsozialismus beruhe auf der Blut- und Schicksalsgemeinschaft aller deutschen Menschen, »dieses Gesetz« sei auch die Grundlage für die dienstliche Arbeit der Wehrmacht.[626] Der Chef der Heeresleitung, General Werner von Fritsch[627], formulierte seinen diesbezüglichen Standpunkt in einem Erlass vom 21. Dezember 1934, dass es »eine Selbstverständlichkeit sein« müsse, »daß der Offizier sich seine Frau nur in den arischen Schichten des Volkes suche.«[628]

Im März 1935 wurde die allgemeine Wehrpflicht eingeführt. Die Rahmenbedingungen gab das Wehrgesetz vor, das im Paragraph 15 den Zugang zum aktiven Wehrdienst auf Personen mit arischer Abstammung einschränkte.[629] Während im Falle des Wehrdienstes bei »nicht arischen« Wehrpflichtigen Ausnahmen zugelassen wurden, schloss man die Verwendung als Vorgesetzte grundsätzlich aus. Mit der Einführung der Wehrpflicht und dem Inkrafttreten des Wehrgesetzes war auch die bis dahin gültige Ausnahmeregelung für Frontkämpfer weggefallen.

Das »Gesetz zur Wiederherstellung des Berufsbeamtentums«, die Umsetzung des Gesetzes in der Wehrmacht mit allen ergänzenden Erlassen und das neue Wehrgesetz hatten alle jüdischen Soldaten und schließlich auch die Frontkämpfer von Beruf und Rechten ausgeschlossen. Dies war jedoch nur der Beginn dessen, was die nationalsozialistischen Machthaber als Ziel vor Augen hatten; die deutschen Juden sollten, jeglicher Rechte als Staatsbürger beraubt, der Willkür des Systems ausgeliefert werden. Mit den »Nürnberger Gesetzen«, dem Reichsbürgergesetz und dem »Gesetz zum Schutze des deutschen Blutes und der deutschen Ehre« vom 15. September 1935 hatten die Nationalsozialisten ihr Vorhaben in die Tat umgesetzt. Die auf diesen Gesetzen beruhenden Verordnungen führten zu einer vollständigen Entrechtung der im Deutschen Reich lebenden jüdischen Bevölkerung. Wieder einmal standen die Wehrmacht und ihre Führung an erster Stelle und erließen umgehend Weisungen im Bestreben, die Bestimmungen des Reichsbürgergesetzes in der Wehrmacht umzusetzen.[630]

Die Bestimmungen des Reichsbürgergesetzes wurden in der Folge auf das Wehrgesetz übertragen. Der Paragraph 15 des Wehrgesetzes erhielt am 26. Juni 1936 folgende Fassung: »(1) Ein Jude kann nicht aktiven Wehrdienst leisten. (2) Jüdische Mischlinge können nicht Vorgesetzte in der Wehrmacht werden. (3) Die Dienstleistung von Juden im Kriege bleibt besonderer Regelung vorbehalten.«[631] Damit waren die nach den Bestimmungen des Reichsbürgergesetzes als »jüdische Mischlinge 1. und 2. Grades« Eingestuften – den Terminus Mischling haben die Nazis erfunden – noch nicht vom Wehrdienst ausgeschlossen. Grundsätzlich wurden »Mischlinge 1. und 2. Grades«, was den Wehrdienst betraf, gleich behandelt. Sie waren verpflichtet, den aktiven Wehrdienst und Übungen im Beurlaubtenstand abzuleisten. Sie durften jedoch nicht Vorgesetzte werden.[632] Dazu führte die amtliche Begründung zu Paragraph 15 Wehrgesetz »Arische Abstammung« aus: »Die im § 15 enthaltenen Vorschriften sind nach Grundsätzen entstanden, die der Führer und Reichskanzler aufgestellt hat. Die Richtlinien für die Prüfungsausschüsse werden vom Reichsminister des Inneren zusammen mit dem Reichskriegsminister ausgearbeitet werden. Nach ihnen können Nichtarier und Personen, die mit Frauen nichtarischer Abkunft verheiratet sind, bei freiwilliger Meldung zum aktiven Wehrdienst zugelassen werden. Nach der Art ihrer bisherigen Betätigung, nach dem persönlichen Gesamteindruck und nach Prüfung der politischen Zuverlässigkeit entscheidet der Prüfungsausschuß über die Zulassung. Reinrassige Juden dürfen keinen Wehrdienst leisten. Alle Nichtarier unterliegen der militärischen Meldepflicht und der Wehrüberwachung. Die zum aktiven Wehrdienst zugelassenen Nichtarier gelangen nicht in Vorgesetztenstellungen. Während im Kriege Volljuden und andere zum Wehrdienst bisher nicht herangezogene Nichtarier nur für Verwendung in Arbeitsformationen in Betracht kommen, können die militärisch ausgebildeten Nichtarier auch im Waffendienst verwendet werden. Inwieweit solche Leute im Kriege bei besonderer Tapferkeit von den für Nichtarier geltenden Vorschriften ausgenommen werden können, muß einer besonderer Regelung vorbehalten bleiben.« In zusätzlichen Verfügungen wurden Ausnahmen bezüglich Beförderung und Weiterverpflichtung gestattet.

Mit Ausbruch des Zweiten Weltkrieges wurden »jüdische Mischlinge«, sofern sie nicht ohnehin Wehrdienst leisteten oder Längerdienende waren, zur Wehrmacht einberufen. Im Jahr 1940 erging ein Befehl Hitlers, der insbesondere die »Mischlinge 1. Grades« betraf. Dieser Befehl wurde vom Oberkommando der Wehrmacht mit Erlass vom 8. April 1940 verteilt und ordnete u. a. an, »Mischlinge 1. Grades« nicht mehr als Soldaten zu verwenden. Ausnahmen galten gemäß Weisung OKW für »50 % Mischlinge«, die sich durch »hervorragende Tapferkeit und Beweise soldatischer Einsatzbereitschaft im Kriege besonders bewährt und eine Auszeichnung des Dritten Reiches erhalten haben.«[633] »Mischlinge 2. Grades« durften zunächst in der Wehrmacht verbleiben, sie wurden auch als Wehrpflichtige weiterhin einberufen. Als Offiziere, Beamte der Wehrmacht und Unteroffiziere, die bereits im aktiven Wehrdienst standen, konnten sie als Vorgesetzte weiterverwendet und auch befördert werden. Alle Ausnahmefälle mussten Hitler als Oberstem Befehlshaber der Wehrmacht zur Entscheidung vorgelegt werden.[634]

Am 25. September 1942 wurde durch das Oberkommando der Wehrmacht angeordnet, alle »50 % Mischlinge« aus der Wehrmacht zu entlassen.[635] Im Januar des gleichen Jahres war auf der Wannsee-Konferenz die »Endlösung«, d. h. die physische Vernichtung des gesamten deutschen und europäischen Judentums beschlossen worden. Die »Endlösung« wurde auch auf die »50 % Mischlinge« ausgedehnt: »Mischlinge ersten Grades sind im Hinblick auf die Endlösung der Judenfrage den Juden gleichgestellt.«[636] Damit war jeder aus der Wehrmacht entlassene, in diese Kategorie fallende Soldat und Wehrmachtsbeamte der Deportation und Ermordung preisgegeben.

Im Oktober 1944 wurden auf Befehl Hitlers auch jene Offiziere aus dem aktiven Dienst entlassen, die »Mischlinge 1. Grades« waren und von ihm die »Deutschblütigkeitserklärung« erhalten hatten, bzw. mit Personen, auf die dies zutraf, verheiratet waren.[637] Damit war der vollständige Ausschluss jener Angehörigen der Wehrmacht abgeschlossen, die jüdische Vorfahren hatten und von den Nazis als »nicht arisch« bezeichnet wurden. Mit einzelnen Ausnahmen verblieben nur wenige sogenannte »25 % Mischlinge« in der Wehrmacht.

Die Entfernung jüdischer Soldaten aus der Armee, die Ausdehnung der Rassengesetze auf Soldaten teilweise jüdischer Abstammung mit den geschilderten Folgen ging einher mit der fortschreitenden Ausgrenzung, dann Entrechtung, schließlich Vertreibung und Ermordung der deutschen Juden. Hass und Rassenwahn hatten mit den antisemitischen Ausschreitungen der letzten Kriegsjahre des Ersten Weltkrieges ihren Anfang und mit der Vernichtung eines Teils des eigenen Volkes und fast des gesamten europäischen Judentums ihr Ende gefunden. In dem Maße, in dem der jüdische Mensch von der Rassenideologie der Nationalsozialisten als Feind Deutschlands erklärt wurde, begannen die Deutschen sich gegen den Teil der eigenen Nation zu wenden, der jahrhundertelang fester Bestandteil dieser Nation gewesen war und wesentlich auf die deutsche Kultur und auf den Fortschritt Deutschlands gewirkt hatte.[638]

2. Schicksale jüdischer Frontsoldaten des Ersten Weltkrieges in der Shoah

Die Reaktionen der ehemaligen jüdischen Soldaten und Frontkämpfer auf die Machtübernahme durch die Nazis waren recht unterschiedlich. Nicht jeder erkannte die ganze Tragweite und die zu erwartenden Folgen der Naziherrschaft. Auch waren bis 1935 die Signale, die von den Machthabern ausgingen, recht unterschiedlich. Auf der einen Seite standen die Ausschreitungen der SA, der Boykott und die Berufsverbote, auf der anderen Seite waren die ehemaligen Frontkämpfer von den Gesetzen, das Berufsbeamtentum und die jüdischen Soldaten betreffend, ausgenommen. Noch 1935 wurde »im Namen des Führers und Reichskanzlers« das Ehrenkreuz für Frontkämpfer auch an ehemalige jüdische Soldaten ausgehändigt.[639]

Ein Teil der ehemaligen Frontkämpfer erkannte jedoch sehr schnell die Gefahr, die von den nationalsozialistischen Machthabern ausging. Sie verließen Deutschland, so wie z. B. Edwin Landau, der Leiter einer Ortsgruppe des Reichsbundes jüdischer Frontsoldaten. Landau wurde orthodox erzogen und war gleichzeitig betont deutsch eingestellt. Von 1914 bis 1918 kämpfte er an den Fronten des Ersten Weltkrieges und gründete nach Kriegsende die Ortsgruppe des Reichsbundes jüdischer Frontsoldaten in Deutsch Krone in Westpreußen. Er führte dort mit großem Erfolg das von seinem Vater übernommene Installationsgeschäft und war auch Vorsteher der jüdischen Gemeinde. Edwin Landau legte am Tag des Boykotts jüdischer Geschäfte seine Kriegsauszeichnungen an und erlebte, wie das Vaterland, das er im Weltkrieg verteidigt hatte, plötzlich zum Feind geworden war: »Auch vor unserem Geschäft postierten sich zwei junge Nazis und hinderten die Kunden am Eintritt. Mir erschien das Ganze unbegreiflich. Es konnte mir nicht einleuchten, daß so etwas im 20. Jahrhundert überhaupt möglich sein konnte, denn solche Dinge hatten sich doch höchstens im Mittelalter ereignet. Und doch war es bittere Wahrheit, daß da draußen vor der Tür zwei Jungen in braunem Hemd standen, die ausführenden Organe Hitlers. Und für dieses Volk hatten wir jungen Juden einst im Schützengraben in Kälte und Regen gestanden und haben unser Blut vergossen, um das Land vor dem Feind zu schützen. Gab es keinen Kameraden mehr aus dieser Zeit, den dieses Treiben anekelte? Da sah man sie auf der Straße vorübergehen, darunter gar viele, denen man Gutes erwiesen hatte. Sie hatten ein Lächeln auf dem Gesicht, das ihre heimtückische Freude verriet. Früher hieß es einmal im Überschwang ›An deutschem Wesen soll die Welt genesen‹, aber dies hier war schon Satanismus, und es war eigentlich erst der Anfang. Ich nahm meine Kriegsauszeichnungen und legte sie an, ging auf die Straße und besuchte jüdische Geschäfte, wo man mich auch zuerst anhielt. Aber in mir gärte es, und ich hätte am liebsten diesen Barbaren meinen Haß ins Gesicht geschrien.« In diesem Augenblick brach Edwin Landaus Welt zusammen, er wurde Zionist und wanderte 1934 mit seiner Familie nach Palästina aus.[640]

Nach der Pogromnacht vom November 1938 unterschied sich das Schicksal der jüdischen Frontkämpfer nicht mehr von dem anderer deutscher Juden. Die jüdischen Frontsoldaten, die im Verlauf des Pogroms verhaftet und in Konzentrationslager verschleppt worden waren, wurden zwar wegen ihrer Frontkämpfereigenschaften vorübergehend entlassen, nur wenig später aber wurden viele von ihnen erneut in Lager verschleppt und ermordet.[641]

Der Kaufmannssohn Hermann Pineas wurde im Weltkrieg als Frontkämpfer schwer verwundet. Nach Kriegsende arbeitete er als Arzt für Neurologie an verschiedenen Krankenhäusern, von 1932 bis 1939 in einer Privatpraxis als Neurologe, nach Entziehung seiner Zulassung durch die Nazis im Juli 1938 als »Krankenbehandler« und von 1939 bis 1943 als Leiter der neuropsychiatrischen Abteilung im Jüdischen Krankenhaus in Berlin. Als Reaktion auf die immer unerträglicheren Angriffe der SA-Trupps war Dr. Pineas erst Anfang der dreißiger Jahre dem Reichsbund jüdischer Frontsoldaten beigetreten. Während seine Söhne noch vor Kriegsbeginn emigrieren konnten, mussten er und seine Frau in Deutschland bleiben. Im März 1943 tauchte das Ehepaar unter und überlebte unter falscher Identität in Österreich und Deutschland.[642]

Die Familien Zürndorfer und Waldmann sind ein Beispiel von vielen deutschen jüdischen Familien, deren männliche Familienmitglieder im Ersten Weltkrieg mit größter Tapferkeit für ihr Land kämpften. Sie und ihre Familien erlitten zusammen mit zahllosen anderen das Schicksal der Entrechtung, Deportation und Ermordung. Der bereits erwähnte Fliegerleutnant Josef Zürndorfer stammte aus einer jüdischen Kaufmannsfamilie, die im württembergischen Rexingen beheimatet war.[643]

Einer seiner Verwandten, Max Waldmann, Sohn einer angesehenen Mainzer Kaufmannsfamilie und späterer Ehemann von Josef Zürndorfers Nichte Ruth, meldete sich 1916, gerade 18-jährig, als Kriegsfreiwilliger. Er kämpfte in allen großen Vernichtungsschlachten, u. a. an der Somme und vor Verdun und erlitt im

März 1918 eine schwere Kopfverletzung, die eine linksseitige Blind- und Taubheit hervorrief. Der Unteroffizier der Reserve Max Waldmann erhielt für seine Einsätze an den Fronten des Ersten Weltkrieges das Eiserne Kreuz II. Klasse und zahlreiche weitere Auszeichnungen. Noch im Jahr 1935 erhielt er das Ehrenkreuz für Frontkämpfer. Max Waldmann war erfolgreicher Kaufmann in Mainz und Wiesbaden. Er betrieb zusammen mit seinem Bruder Siegfried, dessen Ehefrau und seiner Mutter Hermine das 1889 gegründete Familienunternehmen mit insgesamt vier Geschäften, die er ab 1935 bedingt durch den Terror der SA und die Schikanen der Behörden aufgeben musste. Im Jahre 1939 heiratete er Ruth Zürndorfer. Nachdem Max und Ruth Waldmanns Antrag auf Auswanderung in die Vereinigten Staaten vom zuständigen Konsul abgelehnt worden war, setzte sich ihr Kampf ums Überleben fort. Im Februar 1943, am Tag vor seiner Deportation nach Theresienstadt, erschien ein Gestapobeamter im Auffanglager Darmstadt und forderte Max Waldmann auf, seine Orden und Ehrenzeichen abzugeben.[644] Diese weitere Demütigung mussten auch die anderen ehemaligen Frontkämpfer über sich ergehen lassen. Am 10. Februar 1943 wurde die Familie Waldmann nach Theresienstadt[645] deportiert. Max Waldmann, seine Frau Ruth und sein kleiner, im September 1940 geborener Sohn Jona überlebten die Schrecken des Lagers. Seine Mutter Hermine starb in Theresienstadt, sein Bruder Siegfried, der ebenfalls Weltkriegsteilnehmer war, dessen Ehefrau und Fanny Zürndorfer, die Mutter von Ruth Waldmann und Schwägerin des Fliegerleutnants Josef Zürndorfer wurden in den Vernichtungslagern im Osten ermordet.[646]

Die von mir erwähnten Lebens- und Leidenswege jüdischer Frontsoldaten und ihrer Familien sind nur einige von zahllosen Schicksalen jüdischer Familien in Deutschland. Sie sollen stellvertretend für all die anderen daran erinnern, was Deutsche ihren Mitbürgern angetan haben, und ewige Mahnung sein, dass das Geschehene sich niemals wiederholen darf.

Auch Ludwig Philippson, der Enkel des Rabbiners gleichen Namens, der im 19. Jahrhundert für die Rechte der deutschen Juden eingetreten war und viel für die Festigung der Rechtsstellung der preußischen Juden erreicht hatte,[647] war der Verfolgung durch die Nationalsozialisten ausgesetzt. Zahlreiche Mitglieder der Familie Philippson hatten als Rabbiner, Wissenschaftler, Ärzte und Schriftsteller Deutschland wertvolle Dienste erwiesen und als Soldaten für ihr Vaterland gekämpft. Einer der Brüder des Rabbiners Ludwig Philippson war Freiwilliger in den Freiheitskriegen, wurde zum Unteroffizier befördert, bei Waterloo verwundet und mit dem Eisernen Kreuz ausgezeichnet. Einer der Söhne des Rabbiners Ludwig Philippson, der Historiker Martin Philippson, diente als Freiwilliger im Deutsch-Französischen Krieg 1870/71. Ein weiteres Mitglied der Familie, Moritz Philippson, nahm an den Kriegen von 1864 und 1866 teil und war im Deutsch-Französischen Krieg Stabsarzt. Ein Verwandter aus Magdeburg, Heinrich, kämpfte als Angehöriger des Königin-Elisabeth-Garde-Grenadier-Regimentes ebenfalls im Krieg von 1870/71.[648] Ludwig Philippson selbst war im Ersten Weltkrieg als Unteroffizier an der Westfront eingesetzt und wurde mit dem Eisernen Kreuz ausgezeichnet. Er überlebte Verfolgung und Krieg in Frankreich.[649]

Viele wurden jedoch zusammen mit ihren Familien in die Konzentrationslager deportiert. Manche überlebten wie Max Waldmann, die meisten wurden in den Lagern ermordet. Von 238 000 Juden, die 1939 noch im Reichsgebiet lebten und von denen sich 218 000 zum jüdischen Glauben bekannten, verloren mehr als 160 000 ihr Leben als Opfer der Verfolgung unter der nationalsozialistischen Gewaltherrschaft.[650]

Fallbeispiel I: Alwin Lippmann – Ein Frontsoldat stirbt in Auschwitz[651]

Am 24. August 1944 wurde der Frontoffizier des Ersten Weltkrieges und Angehörige der Fliegertruppe Alwin Lippmann mit einem Häftlingstransport von Mauthausen in das Konzentrationslager Auschwitz überstellt. Dort verliert sich seine Spur. Vermutlich wurde er unmittelbar nach seiner Ankunft zusammen mit den anderen Häftlingen des Transports ermordet. Seine Ehefrau und beiden Töchter waren schon Ende 1942 in einem der Vernichtungslager im Osten, wahrscheinlich Bełżec oder Sobibór, dem nationalsozialistischen Völkermord zum Opfer gefallen. Alwin Lippmann teilte dieses Schicksal mit vielen anderen jüdischen Frontsoldaten, die von 1914 bis 1918 tapfer für ihr deutsches Vaterland gekämpft hatten – mehr als 100 000 deutsche Juden waren Soldaten im Ersten Weltkrieg – und nach der Machtübernahme Hitlers entrechtet, verfolgt und schließlich ermordet wurden.

Wir wissen nur wenig über Alwin Lippmanns Leben; die einzelnen aus Dokumenten, Notizen und Aufzeichnungen gesammelten Informationen ließen sich jedoch anhand von Augenzeugenberichten zusammenfügen und ermöglichten eine, wenn auch nur teilweise Rekonstruktion seiner Lebensgeschichte. Sie ist Beispiel für das Schicksal vieler deutscher Juden und damit mahnende Erinnerung, gleichzeitig aber auch Teil der Geschichte jüdischer Soldaten in deutschen

Armeen, einer Geschichte, die 1813 in den Freiheitskriegen so hoffnungsvoll begonnen hatte und letztendlich in einer grausamen Täuschung endete.

Eines der erhaltenen Dokumente ist die Geburtsurkunde des Alwin Lippmann. Er wurde geboren am 22. Januar 1892 in Düsseldorf als Sohn des Kaufmannes Friedrich Lippmann und der Johanna Lippmann, geborene Vogelsang.[652] Die Urkunde enthält drei weitere Eintragungen, zwei Stempelabdrucke mit handschriftlichen Ergänzungen sowie eine handschriftliche Eintragung. Die erste Eintragung vom 23. Dezember 1938 dokumentiert, dass Alwin Lippmann gemäß der Zweiten Verordnung zur Durchführung des Gesetzes über die Änderung der Familiennamen und Vornamen vom 17. August 1938 zusätzlich den Vornamen Israel angenommen hat. Durch diese Verordnung wurden deutsche und staatenlose Juden gezwungen, den zusätzlichen Vornamen »Israel« bzw. »Sara« zu führen.[653] Die zweite, handschriftliche, Eintragung eines Standesbeamten vom 21. März 1947 beurkundet die Löschung des zusätzlichen Vornamens »Israel«. Ein weiterer Eintrag weist auf einen Beschluss des Amtsgerichtes Dortmund vom 25.11.1958 hin, durch den Alwin Lippmann für tot erklärt wurde.[654]

Seine militärische Vita lässt sich anhand von Zeitzeugen und einigen Literaturquellen nachvollziehen. In den Erinnerungen des Mieczyslaw (Mendel) Garfinkiel[655], Vorsitzender des Judenrates im Ghetto von Zamość, wurde der spätere Kommandant der jüdischen Polizei Alwin Lippmann mehrfach erwähnt: »Im Mai 1942 ernannte der Rat Alwin Lippmann zum Kommandanten des Ordnungsdienstes, einen deutschen Juden aus Dortmund, ehemaliger Oberleutnant der deutschen Armee vor 1918, Flieger im Geschwader Richthofen, persönlicher Bekannter Görings und Udets, ein Mann, der fast alle deutschen Kriegsauszeichnungen und handschriftliche Danksagungen Hindenburgs und Mackenzens besaß.«[656] Thomas (Toivi) Blatt, der zusammen mit Lippmann im Gefängnis in Stryj Izbicki einsaß, bestätigte in seinem Bericht Garfinkiels Angaben. Über seine Begegnung mit Alwin Lippman erzählt Blatt auch in seinem Buch »From the Ashes of Sobibor«.[657] Auch wenn in diesen Erinnerungen einige Widersprüchlichkeiten auffallen, stimmen sie doch im Kern mit Garfinkiels Bericht überein – die Tatsache, dass Lippmann Offizier im Ersten Weltkrieg war und eine Reihe von höchsten Auszeichnungen erhalten hatte. Blatts Hinweis, Lippmann »hätte General Erich Ludendorff bei Hitlers Rebellion unterstützt« und auch im »Polnischen Feldzug als Hauptmann in der Deutschen Armee gedient« weist auf dessen Zugehörigkeit zu einem der nach dem Ersten Weltkrieg gebildeten Freikorps hin. Daraus könnte man auch auf eine Beteiligung Lippmanns am Kapp-Lüttwitz-Putsch im März 1920, mit Sicherheit jedoch nicht am Hitler-Ludendorff-Putsch im November 1923 sowie auf seine Teilnahme als Führer einer Freikorpseinheit an der Niederschlagung der Aufstände in Oberschlesien von Mai bis Juli 1921 schließen. Deutsche Freikorps hatten sich zur Bekämpfung des Aufstandes zum sogenannten Selbstschutz (Grenzschutz) Oberschlesien (SSOS) zusammengeschlossen.[658]

Zuverlässigere Informationen über Lippmanns militärische Karriere findet man in Felix Theilhabers »Jüdische Flieger im Weltkrieg«[659], einer Publikation des Reichsbundes jüdischer Frontsoldaten (RJF) aus dem Jahre 1924 sowie einer Sonderausgabe der ebenfalls vom RJF herausgegebenen Zeitschrift »Der Schild«[660] von 1935. Theilhaber schreibt in »Jüdische Flieger im Weltkrieg« über Lippmann: »Ein Mann, der aufgrund seiner Lebensgeschichte bestimmt als ›Arier‹ reklamiert werden dürfte, ist der Düsseldorfer Alwin Lippmann, Lindemannstr. 23a. Seine Kriegsstammrolle zeigt kurz folgende Einträge auf: September 1914 Kriegsfreiwilliger beim 3. bayer. I.-R. Augsburg, Dezember 1914 mit bayer. R.-I.-R. 19 ins Feld. Juni 1917 Leutnant d. R., Oktober 1918 Oberleutnant d. R. Nach Kriegsende ein eigenes Detachement beim Grenzschutz in Oberschlesien, wo er im Kampf mit polnischen Insurgenten das fünftemal, und zwar durch Kopfschuß, verwundet wurde. Acht Auszeichnungen: E.K.I. und II., bayer. Militärverdienstkreuz mit Krone und Schwertern, Verwundeten-Abzeichen in Silber, bayer. Tapferkeitsmedaille, Schles. Adler I. und II. Klasse. Lippmann wurde als Flieger in Hasselt ausgebildet, gab aber das Fliegen infolge schwerer Verwundung (Verlust eines Knochens der linken Elle durch M.-G.-Schuß) auf und ging zur Infanterie zurück, wo er von 1916 bis Kriegsende beim bayer. I.-R. 12 war.« So findet man auch in den Erinnerungsblättern des Königlich Bayerischen 12. Infanterie-Regimentes »Prinz Arnulf« in der Offizierstellenbesetzung vom 10. Mai 1917 den Vizefeldwebel d. R. Lippmann in der 9. Kompanie des III. Bataillons.[661] Die Bezeichnung Vizefeldwebel war als militärinterne Sprachregelung für die überzähligen Feldwebel gebräuchlich. Zu überzähligen Feldwebeln befördert wurden überwiegend die sogenannten Einjährig-Freiwilligen[662] in ihrer Eigenschaft als Offiziersanwärter der Reserve (Offizieraspirant) nach bestandener Offiziersprüfung. Im Juni 1917 wurde Alwin Lippmann dann zum Leutnant, wenig später zum Oberleutnant d. R. ernannt. Damit hatte er die klassische Karriere eines Reserveoffiziers durchlaufen. Auch Alwin Lippmann musste, um Reserveoffizier werden zu können, in das etwas liberalere Bayern ausweichen, da das preußische Offizierskorps nach wie vor keine Juden zuließ.[663]

Nur wenig ist über Alwin Lippmanns Ausbildung an der Fliegerschule in Hasselt bekannt oder in welcher Fliegerabteilung er flog. Offensichtlich beendete eine schwere Verwundung seine Verwendung beim fliegenden Heer, so dass er von 1916 bis Kriegsende im bayerischen I.-R. 12 diente. Das Regiment war von Mai bis Juli 1916 im Schwerpunkt der Kämpfe bei Verdun eingesetzt, kämpfte im Herbst 1916 an der Somme und war bis September 1918 in zahlreichen weiteren Schlachten eingesetzt, so an der Aisne im Frühjahr 1917 und in der Michael-Schlacht im Rahmen der deutschen Frühjahrsoffensiven 1918. In den Rückzugsgefechten im Sommer 1918 wurde das Regiment fast völlig aufgerieben, die Reste des Regimentes befanden sich im November 1918 an der Maas und kehrten von dort in die Heimat zurück.

Alwin Lippmanns Zeit als Angehöriger eines Freikorps und sein Einsatz beim Grenzschutz Oberschlesien lassen sich nur in Bruchstücken rekonstruieren. Die wenigen dazu vorliegenden Informationen gehen auf seine Kriegsstammrolle zurück. Genauso wenig wissen wir über seine Lebensgeschichte in den zwanziger und dreißiger Jahren. Ein Dokument der Geheimen Staatspolizei Düsseldorf vom 1. April 1943[664] erwähnt Alwin Lippmann, seine jüdische Ehefrau und seine beiden Töchter und nennt seinen letzten Wohnort, Königswall 46 in Dortmund. In Theilhabers »Jüdische Flieger im Weltkrieg« von 1924 wird als Wohnort die Lindemannstraße 23a in Düsseldorf angegeben. Interessant ist in diesem Zusammenhang, dass Theilhaber die Adresse Lippmanns nennt und die ihm gewidmete Seite die Überschrift »Der schwarze Gegner« trägt. Was Felix Theilhaber damit sagen wollte, bleibt leider im Dunkeln.

Nachdem die Nationalsozialisten 1933 an die Macht gekommen waren, setzten sie alles daran, die jüdischen Soldaten, die im Ersten Weltkrieg für ihr Land, für Deutschland, gefallen waren, aus dem Gedenken auszuschließen. Ein Jude – ein Bürger zweiter Klasse – durfte weder Deutscher noch Held sein. Nach der Pogromnacht vom November 1938 unterschied sich das Schicksal der jüdischen Frontkämpfer nicht mehr von dem anderer deutscher Juden. So wurden auch Alwin Lippmann, seine Frau und seine Töchter 1942 zusammen mit weiteren jüdischen Familien aus Dortmund in das Ghetto der Stadt Zamość in der Woiwodschaft Lublin im südöstlichen Teil Polens deportiert. Der bereits erwähnte Mieczyslaw Garfinkiel, Vorsitzender des Judenrates, beschreibt die Ankunft des Transportes Anfang Mai[665]: »… der dritte und letzte Transport ausländischer Juden – tausend Personen aus Dortmund aus Westfalen. Da es nach der ersten Liquidierungsaktion in Zamość, bei der am 11. April 3000 Juden für die Öfen in Bełżec zusammengetrieben und weggeschafft wurden, Platz bei uns gab, hatten wir die Möglichkeit, diese Leute bei uns unterzubringen. Diese ausländischen Juden waren sich unserer Situation und der in Polen herrschenden Bedingungen nicht bewusst. Ihr persönliches Gepäck war sehr umfangreich und bewies ihren Reichtum. Außerdem zeigte sich, dass zu jedem der drei Transporte zwei bis drei Waggons mit schwerem Gepäck und Lebensmitteln gehörten. Diese Waggons wurden aber in Lublin, … vom Zug abgehängt und erreichten Zamość nicht. Nur ein deutscher Transport aus Dortmund, angeführt von dem uns bekannten Lippmann, schaffte es, mit seinem Lebensmittelwaggon in Zamość anzukommen – dank des persönlichen, sehr energischen Auftretens [Lippmanns]. … Besonders die Juden aus Deutschland, aus Dortmund, waren guten Mutes und voller Optimismus. Überzeugt, dass sie als Pioniere nach Osten zur Arbeit gingen, hatten die meisten sogar Arbeitsanzüge und Werkzeug sowie Musikinstrumente dabei.«[666] Garfinkiels Erinnerungen stimmen inhaltlich nur teilweise mit dem bereits erwähnten Fernschreiben der Geheimen Staatspolizei Dortmund an die Staatspolizeileitstelle Düsseldorf[667] überein, auch nicht, was den Zeitpunkt der Deportation angeht. Im Fernschreiben vom 1. April 1943 [!] steht: »Lippmann ist Volljude und hat sich mit seiner jüdischen Ehefrau bei der Evakuierung seiner beiden Töchter am 30.03.1943 freiwillig zu diesem Transport gemeldet. Als 1. Ordner seiner jüdischen Rassegenossen war er für die Ordnung und Führung an der Sammelstelle in Dortmund und für die Bahnfahrt zu Osten eingesetzt. L. ist nicht als Leiter eines Transportes mit nach dem Osten gegangen, sondern wie jeder andere Jude des Transportes evakuiert worden. In politischer, krimineller und sonstiger Hinsicht ist er hier nicht in Erscheinung getreten.« Der im Fernschreiben genannte Zeitpunkt 1. April 1943 stimmt mit Sicherheit nicht. Das Ghetto von Zamość wurde am 16. Oktober 1942 aufgelöst[668], Lippmann konnte zusammen mit einigen Mitgliedern des Judenrates zunächst untertauchen[669]. Sicher ist jedoch, dass Alwin Lippmann im Mai 1942 vom Judenrat zum Kommandanten des Ordnungsdienstes im Ghetto von Zamość ernannt wurde.

Mieczyslaw Garfinkiel schildert Lippmann positiv: »Er war Kommandant eines Transports von Juden, die von Dortmund nach Zamość ausgesiedelt wurden. Diesem Menschen gelang es, unseren Ordnungsdienst in jeder Hinsicht auf höchstem Niveau zu halten. Gegen Versuche der Gestapo, Provokateure in die Reihen der Polizei einzuschleusen, haben wir uns mit seiner Hilfe erfolgreich verteidigt. Erst ganz zum Schluss gab es einen solchen Provokateur in den Reihen der Polizei. Auch gab es während der ganzen Zeit keine Klagen der Bevölkerung über die Polizei. Der Helfer Lippmanns war ein tschechischer Jude… .[670] Thomas Toivi Blatt beschreibt Lippmann in seinem Buch »From the Ashes of Sobibor« als typischen deutschen Juden, schweigsam und pedantisch. Darüber hinaus – durchtränkt mit dem Drill der deutschen Armee – sei er im Dienst unglaublich beflissen gewesen.[671]

Nach der Auflösung des Ghettos am 16. Oktober 1942 wurden alle Juden aus Zamość in das 21 Kilometer entfernte Dorf Izbica getrieben und von dort nach Bełżec oder Sobibór deportiert.[672] Alwin Lippmann flüchtete aus Izbica nach Stryj, wurde dort verhaftet und ins Gefängnis gebracht. Dort saß er mit dem bereits erwähnten Thomas Blatt in einer Zelle. Auf Anraten eines weiteren Häftlings, einem jungen Anwalt, schrieb Lippmann einen Brief an die Kanzlei des Generalgouvernements, in dem er sich auf seine Kriegsverdienste sowie den Umstand, nicht Jude zu sein (Vater Jude), berief. Bevor die Kanzlei des Generalgouvernements die Angaben Lippmanns bestätigen ließ, wurde er aus dem Gefängnis entlassen und zum Direktor der Gasanstalt in Stryj ernannt. Dies alles muss sich um die Jahreswende 1942/43 ereignet haben, denn Thomas Blatt berichtete über eine weitere Begegnung mit Alwin Lippmann im März 1943 in den Straßen des Ghettos von Stryj.[673] Bei dieser Gelegenheit erzählte Lippmann seinem ehemaligen Zellenkameraden, wie es ihm in der Zwischenzeit ergangen war und dass er immer wieder heimlich ins Ghetto kam, weil er es nicht aushielt, die ganze Zeit mit den deutschen »Schlächtern« zusammen zu sein. Vielleicht hoffte er auch, seine Frau und Kinder zu finden.[674]

Bald nach dieser Begegnung, wahrscheinlich Mitte 1943, wurde Alwin Lippmann nach der Aufdeckung seiner tatsächlichen Abstammung erneut verhaftet und nach Lemberg gebracht. Dies könnte mit dem Fernschreiben der Geheimen Staatspolizei Dortmund vom 1. April 1943 und möglichen Nachforschungen der Kanzlei des Generalgouvernements zusammenhängen. Somit wäre das Datum des Fernschreibens korrekt und nur der im Text genannte Zeitpunkt der Deportation falsch – das ist jedoch, wie gesagt, nur eine mögliche Erklärung. Von Lemberg kam Lippmann nach Plaszow, dann nach Mauthausen und schließlich nach Auschwitz, wo er wahrscheinlich ermordet wurde.[675] Im Archiv der KZ-Gedenkstätte Mauthausen finden sich verschiedene Einträge zu seiner Person. Er traf mit einem Transport am 10. August 1944 ein, bekam die Häftlingsnummer 88547, wurde – offensichtlich bereits in schlechtem Gesundheitszustand – in das Sanitätslager von Mauthausen, von dort am 24. August 1944 in das Konzentrationslager Auschwitz überstellt und vermutlich unmittelbar nach seiner Ankunft ermordet.[676]

Fallbeispiel II: Otto Grossmann und Johann Friedländer – Die nationalsozialistische Ausgrenzungs-, Verfolgungs- und Vernichtungspolitik am Beispiel österreichischer Offiziere jüdischer Abstammung[677]

Die österreichischen Juden waren zu Beginn des 20. Jahrhundert schon zwei Generationen lang emanzipiert. Sie genossen alle bürgerlichen Rechte und hatten Zugang zu allen Schichten der Gesellschaft und Berufen. Der Eintritt in das Offizierskorps der Armee wie auch in die höhere Laufbahn als Staatsbeamter war im Gegensatz zu der im Deutschen Reich gängigen Praxis der Nichtzulassung von Juden eine Selbstverständlichkeit. Ihre Rechte als religiöse Minderheit wurden durch das »Gesetz über die äußeren Rechtsverhältnisse der israelitischen Religionsgemeinschaft« vom 21. März 1890 geregelt.[678] Eine Gesamtvertretung und Gesamtorganisation der österreichischen Juden konnte jedoch erst zur Zeit der Zweiten Republik geschaffen werden.[679] Politisch wurden die Juden Österreichs durch die Österreichisch-Israelitische Union vertreten, die sich Republik Union deutschösterreichischer Juden und ab 1931 Union österreichischer Juden nannte.[680] Neunzig Prozent der Juden Österreichs lebten in Wien. Im Jahre 1923 erreichte der jüdische Bevölkerungsanteil auf dem Gebiet der Republik Österreich mit 220 208 Personen den Höchststand[681]; mehr als 200 000 Juden lebten damals in der Hauptstadt.

Der Nationalitätenstreit in der Zeit der k. u. k. Monarchie hatte unter den Juden keine Rolle gespielt. Die Bestrebungen einzelner Gruppen innerhalb des österreichischen Judentums, die Anerkennung der jüdischen Bevölkerung als eigene Nation zu erreichen, waren gescheitert, zumal damals die Muttersprache für die Zugehörigkeit zu einer Nationalität ausschlaggebend war und die Juden insbesondere auf dem zum österreichischen Teil der Doppelmonarchie gehörenden Gebiet seit jeher zum deutschsprachigen Bevölkerungsteil zählten.[682]

Die Situation der österreichischen Juden in der späten k. u. k. Monarchie und der Ersten Republik

Der Ausbruch des Krieges 1914 wurde von den Juden der k. u. k. Monarchie mit der gleichen Begeisterung begrüßt wie in Deutschland. Das von Dr. Hugo Zuckermann geschriebene und später vertonte »Österreichische Reiterlied« zeigt den Patriotismus der österreichischen Juden, in dem sie den deutschen Juden in nichts nachstanden.[683] Die bald folgenden Rückschläge und das mit dem Vordringen der russischen Armee nach Galizien und der Bukowina auftretende Flüchtlingsproblem dämpften rasch den anfänglichen Enthusiasmus in Bezug auf Sieg und Kriegsende. Von den insgesamt 137 000 Kriegsflüchtlingen, die sich nach einem Bericht des Innenministeriums im Herbst 1915 in Wien befanden, waren 77 000 Juden,[684] die schnell zum Angriffsobjekt der Antisemiten wurden. Aus der Hetze gegen die Kriegsflüchtlinge wurde ein Angriff auf das gesamte österreichische Judentum.[685] Die sich verschlechternde wirtschaftliche Situation und die durch die Kriegswirren verursachte instabile politische Lage wurden mit Blick auf die drohende Niederlage ganz selbstverständlich den Juden in die Schuhe geschoben. Da war es nicht weit zur Behauptung, die Juden hätten sich darüber hinaus vom Frontdienst gedrückt.

Am 4. November 1918 konstituierte sich in Wien ein jüdischer Nationalrat für Deutschösterreich. Gleichzeitig wurde eine bewaffnete jüdische Selbstwehr zur Sicherung der von Juden stärker bewohnten Stadtteile als Teil der Wiener Stadtschutzwache aufgestellt.[686]

Zur Ausrufung der Republik Österreich am 12. November 1918 erfolgte eine Stellungnahme der Österreichisch-Israelitischen Union, die sich ausdrücklich zum neuen Staatswesen bekannte[687]: »Die jüdischen Staatsbürger Deutschösterreichs, die mit Opfern und Blut für ihr altes Vaterland niemandem gegenüber zurückgestanden sind, werden auch dem neuen Staatswesen unentwegte Treue wahren.«[688]

Antisemitismus in der Ersten Republik Österreich

Die antisemitische Hetze insbesondere gegen die jüdischen Kriegsflüchtlinge wie die jüdische Gemeinschaft in Österreich als Gesamtes nahm in den ersten Jahren der Republik deutlich zu. Das Spektrum reichte vom christlich motivierten Antijudaismus konservativ und liberal christlicher Kreise wie den Christlichsozialen bis zum Rassenantisemitismus deutschnationaler Gruppierungen und Parteien.

Die Christlichsozialen bedienten sich dabei der klassischen christlich-judenfeindlichen wie auch antikapitalistischer Argumente. So schreibt der Wiener Journalist Pater Albert Wiesinger in seinen Memoiren, dass sein Kampf »gegen Preß- und Geldsackjudentum«, nicht aber gegen die Religion der Juden gerichtet war.[689] Ein weiterer Wegbereiter des christlichsozialen Antisemitismus war Karl von Vogelsang. Seine Formel, Kapitalismus ist gleich Judentum, fiel bei den kleinbürgerlichen Schichten und ihren politischen Vertretern wie z. B. dem Wiener Bürgermeister Dr. Karl Lueger auf fruchtbaren Boden. Diese Politik fand in der Ersten Republik ihre Fortsetzung und manifestierte sich im Wahlprogramm der christlichsozialen Partei vom 24. Dezember 1918. Darin heißt es: »Die auch im neuen Staat hervortretende Korruption und Herrschaft jüdischer Kreise zwingt die christlichsoziale Partei, das deutschösterreichische Volk zum schärfsten Abwehrkampf gegen die jüdische Gefahr aufzurufen. Als eigene Nation anerkannt, sollen die Juden ihre Selbstbestimmung haben; die Herren des deutschen Volkes aber dürfen sie nicht sein.«[690] Fortsetzung in ihrer schärfsten Form fand diese Hetze in der Rede Leopold Kunschaks am 16. Dezember 1918 vor dem 4. Parteitag der Christlichsozialen in Wien. Kunschak bediente sich in dieser Rede der Dolchstoßlegende und Pogromhetze.[691] Ähnliche Argumente führte der Theoretiker der Christlichsozialen Prälat Ignaz Seipel ins Feld. Damit wurde das sich politisch artikulierende christliche Lager der Ersten Republik Deutschösterreich zum Wegbereiter der Deutschnationalen, die mit ihrem auf pseudowissenschaftlicher Grundlage beruhenden Rassenantisemitismus bereits vorherrschende antijüdische Ideologien ergänzten.

Die deutschnationalen antisemitischen Gruppierungen waren durch die Jahre der Republik Träger regelmäßiger antijüdischer Krawalle und Kundgebungen. Antisemitische Straßenumzüge[692] und Demonstrationen, eine bisher unbekannte Erscheinung, wurden zum alltäglichen Bild. Erschreckende Ausmaße nahm der Antisemitismus an den Hochschulen an. So verweigerte man im Jahre 1920 jüdischen Studenten an der Wiener Universität die Inskription. Ihren Höhepunkt erreichte die antisemitische Agitation im Jahre 1923, als in Wien innerhalb weniger Tage drei antisemitische Großkundgebungen durchgeführt wurden.[693] Ab Mitte der zwanziger Jahre gingen antijüdische Gewalttaten zunehmend vom nationalsozialistischen Lager aus, deren erstes jüdisches Opfer im März 1925 der jüdische Schriftsteller Hugo Bettauer war. Die Gewalttaten nationalsozialistischer Kreise gegen Juden nahmen um 1930 terroristische Züge an. Zu

Boykottaufrufen »Kauft nicht bei Juden!« kamen Protestkundgebungen und Angriffe auf jüdische Gotteshäuser. Der zunehmende Terror der Nationalsozialisten, der im Jahre 1932 mit dem Einzug von 16 Abgeordneten dieser Partei in den Wiener Gemeinderat seinen Höhepunkt erreichte, führte zu jüdischen Reaktionen[694] und Selbstschutzmaßnahmen, so durch den im August 1932 gegründeten Reichsbund jüdischer Frontsoldaten Österreichs (BJF). Die Ausschaltung des Parlaments im Jahre 1933 durch Engelbert Dollfuß und die Ausrufung des Ständestaates am 1. Mai 1934 brachte für die österreichischen Juden keine ruhigeren Zeiten, zumal seit der Machtergreifung Hitlers 1933 auch in Österreich »die Judenfrage« wieder stärker in den Fokus gerückt war.

Der Anschluss und seine Folgen für die jüdische Bevölkerung Österreichs

Unmittelbar nach dem Einmarsch der Wehrmacht nach Österreich und der Besetzung stattlicher Machtpositionen durch nationalsozialistische Gefolgsleute begannen geplante und gelenkte Gewaltmaßnahmen gegen die jüdische Bevölkerung. In den ersten Tagen wurden vor allem Juden, die zugleich Angehörige der politischen Opposition waren, Repräsentanten des österreichischen Judentums und Intellektuelle festgenommen und in das Konzentrationslager Dachau verschickt. Erstes Ziel von Gestapo und Judenreferat im SD war die Zerschlagung der Organisationen des österreichischen Judentums. Es folgten weitere Ausschreitungen, Festnahmen durch die Gestapo sowie die Umsetzung der im Deutschen Reich bereits vollzogenen antijüdischen Gesetzgebung, durch die die Juden schrittweise aus der Gesellschaft und dem öffentlichen Leben ausgegrenzt wurden. Zahlreiche Selbstmorde waren die Folge. Am 15. März 1938 erschien der Erlass »über die Vereidigung der Beamten des Landes Österreich«.[695] Jüdische Beamte durften fortan nicht mehr vereidigt werden; sie wurden außer Dienst gestellt, später dann entlassen bzw. in den Ruhestand versetzt.[696] Innerhalb weniger Monate erfolgte eine umfassende Umsetzung der antijüdischen Rassegesetze des Dritten Reiches, deren Grundlage die sogenannten Nürnberger Gesetze aus dem Jahre 1935 waren.

Der Weg der österreichischen Juden führte über die Arisierung ihres Besitzes, das Novemberpogrom, die gegen die sogenannten Mischlinge 1. und 2. Grades verhängten Zwangsmaßnahmen im Anschluss an die von der nationalsozialistischen Führung 1941 beschlossene »Endlösung der Judenfrage« in mehreren Deportationswellen in die Vernichtungslager auf deutschem oder deutsch besetztem

Boden. Wer nicht rechtzeitig auswandern konnte, fiel, so wie der größte Teil des deutschen und österreichischen Judentums, der nationalsozialistischen Verfolgung und Vernichtung zum Opfer.[697]

Das Schicksal des k. u. k. Offiziers Otto Grossmann (1873–1942)[698]

Die beiden Kurzbiographien zu Oberst Otto Grossmann[699] und Feldmarschallleutnant Johann Friedländer[700] zeichnen die Schicksale zweier pensionierter Offiziere jüdischer Abstammung nach, die in deutschen Vernichtungslagern starben bzw. von nationalsozialistischen Gewalttätern ermordet wurden. Sie stehen stellvertretend für das Schicksal vieler zum Teil hoch dekorierter jüdischer Soldaten sowie Soldaten jüdischer Abstammung, die im Ersten Weltkrieg für ihr Vaterland gekämpft hatten und in vielen Fällen mehrfach und zum Teil schwer verwundet wurden.

Otto Grossmann wurde am 10. August 1873 in Wien als Sohn des Hausbesitzers Isidor Grossmann und dessen Frau Elisabeth geboren. Er besuchte zunächst das Gymnasium in Wien, trat dann jedoch im Alter von 17 Jahren in die Infanterie-Kadettenschule in Pressburg (Bratislava) ein.[701] Die Ausbildung auf der Kadettenschule war die neben der Militärakademie üblichste Variante, Offizier der k. u. k. Armee zu werden. Sieben von acht Infanterieoffizieren kamen von den Kadettenschulen, bei der Kavallerie war das Verhältnis zwei zu eins. Die Akademien hingegen boten eine dreijährige Ausbildung an, die mit der Beförderung zum Leutnant abgeschlossen wurde. In den Kadettenanstalten dauerte die Ausbildung vier Jahre und endete mit der Ausmusterung als »Kadett-Offiziers-Stellvertreter«, nach 1908 als Fähnriche. Nach ein bis zwei Dienstjahren wurden diese Offiziersanwärter üblicherweise zu Leutnanten ernannt. In der Regel führte der Weg von der Militärakademie in den Generalstab, während die Zöglinge an den Kadettenschulen für den Truppendienst ausgebildet wurden.[702] So wurde auch Otto Grossmann als Kadett-Offiziers-Stellvertreter zum k. u. k. Infanterieregiment Ludwig Wilhelm I. Markgraf von Baden-Baden Nr. 23 in Budapest versetzt und ein Jahr später beim bosnisch-herzegowinischen Infanterieregiment Nr. 3 zum Leutnant befördert.[703]

In den Jahren 1902–1904 holte der in der Zwischenzeit zum Oberleutnant beförderte Grossmann die Matura nach, die Prüfung legte er 1904 am Deutschen Staatsgymnasium in Olmütz ab. Danach diente er in der Truppe an verschiedenen Standorten in Ungarn und Bosnien.[704] Am 7. Oktober 1909 trat er zum evangelischen Glauben über.[705] Ob dies im Zusammenhang mit seiner bevorstehenden Beförderung stand, lässt sich nicht mehr nachvollziehen, erscheint jedoch eher unwahrscheinlich, da Grossmann in diesem Fall eher der römisch-katholischen Kirche hätte beitreten müssen.[706] Wie viele assimilierte Juden sah er offenbar keinen praktischen Grund, weiter der Israelitischen Religionsgemeinschaft anzugehören.[707]

Am 1. Mai 1910 wurde Otto Grossmann zum Hauptmann befördert und diente bis Kriegsbeginn bei den k. u. k. Infanterieregimentern Anton Galgótzy Nr. 71 (Tyrnau) und Nr. 78 Raimund Gerba (Esseg). Mit letzterem zog er in den Krieg und war auf dem serbischen, dann auf dem nordöstlichen Kriegsschauplatz eingesetzt. Anfangs als Kompaniekommandant eingeteilt, führte er ab November 1914 ein eigenes Bataillon. Otto Grossmann erwarb sich einen Ruf als tapferer Frontoffizier und erhielt zahlreiche Auszeichnungen.[708] Am 7. Juni 1916 wurde er an der Front in Galizien so schwer verwundet, dass ihm ein Bein amputiert werden musste und er in der Folge nicht mehr frontdiensttauglich war.[709] Otto Grossmann wurde im Dezember 1916 nach seiner Beförderung zum Major in das k. u. k. Kriegsarchiv versetzt und durchlief dort bis Kriegsende verschiedene Verwendungen, zuletzt als Referent in der »Kriegsgeschichtlichen Gruppe«. Im Range eines Oberstleutnant 1920 von der Republik Österreich »außer Dienst gesetzt« und in den Zivilstaatsdienst übernommen, erhielt er 1921 den Titel eines »Obersten a. D.«[710]

Nach seiner Heirat mit Dr. phil. Walpurga Kühne am 22. September 1920[711] begann er ein Studium der Staatswissenschaften, das er mit einer Dissertation über das Thema »Die Arbeitgeberverbände mit besonderer Berücksichtigung Österreichs«, die mit »sehr gut« beurteilt wurde, am 19. Dezember 1923 abschloss.[712] Otto Grossmann war zu diesem Zeitpunkt bereits im Ruhestand, genau seit dem 14. Februar 1923. Anlässlich seines Ausscheidens aus dem Staatsdienst wurde ihm der Titel »Regierungsrat« verliehen.[713] Nach dem Tod seiner Ehefrau im Jahre 1933 zog Otto Großmann in eine Wohnung an der Wiener Rathausstraße. Als hoch dekorierter Weltkriegsoffizier und pensionierter Bundesbediensteter lebte er in wirtschaftlich gesicherten Verhältnissen und genoss gesellschaftliche Wertschätzung und sozialen Schutz durch den österreichischen Staat.[714]

Dies änderte sich mit dem Anschluss Österreichs an das Deutsche Reich und der unmittelbar danach einsetzenden Ausgrenzungs- und Verfolgungspolitik der

Nationalsozialisten gegen die jüdische Bevölkerung, von der auch Otto Grossmann als »Nichtarier« erfasst wurde. Als Folge der Gesetzgebung musste er seine Wohnung in der Rathausstraße verlassen und in eine Notunterkunft ziehen, wenig später erfolgte die Kürzung seiner Versorgungsbezüge um 15 %. Eine Bitte an das Versorgungsamt um Unterstützung wurde ihm abgeschlagen. Otto Grossmann schrieb daraufhin am 21. Januar 1941 einen Brief an das Oberkommando der Wehrmacht in Berlin, in der Hoffnung, dort Gehör zu finden.[715] Am 4. Februar 1941 erhielt er Antwort aus Berlin: »In Ihrer Unterstützungsangelegenheit muß es bei dem ablehnenden Bescheide des Versorgungsamtes I Wien sein Bewenden behalten.«[716]

Otto Grossmann unterzeichnete am 12. Dezember 1941 beim Versorgungsamt in Wien ein Schriftstück mit »Dr. Otto Isr. Grossmann, Oberst d. R.«[717] Als Folge des Gesetzes über die Änderung von Familiennamen und Vornamen vom 17. August 1938 mussten alle im Deutschen Reich lebenden »Nichtarier« den Vornamen »Israel« oder »Sara« führen. Grossmanns Unterschrift vom 12. Dezember 1941 scheint auch sein letztes aktenmäßig feststellbares Lebenszeichen zu sein. Das Versorgungsamt ließ am 1. März 1943 beim Einwohnermeldeamt eine Meldeerhebung durchführen, auf die zwei Tage später die Antwort folgte: »... am 27. August 1942 nach Theresienstadt abgemeldet.«[718]

Im Konzentrationslager Theresienstadt waren im Sommer und Herbst 1942 insgesamt 58 000 Menschen untergebracht! Die schlechte Verpflegung und medizinische Betreuung sowie die infolge der beengten Verhältnisse und Sommerhitze katastrophalen hygienischen Verhältnisse hatten eine hohe Sterberate vor allem unter älteren Menschen zur Folge.[719] So waren allein im Oktober 1942 mehr als 3000 Todesopfer zu beklagen, unter ihnen auch Dr. Otto Grossmann, der am 25. Oktober 1942 im Alter von 70 Jahren verstarb.[720]

Feldmarschallleutnant Johann Friedländer (1882–1945), Offizier in der k. u. k. Armee und im österreichischen Bundesheer[721]

Am 20. Januar 1945 wurde der österreichische Feldmarschallleutnant Johann Friedländer auf dem Todesmarsch von Auschwitz in Richtung Pless (Pszyna) von dem SS-Oberscharführer Bruno Schlager durch Schüsse in den Hinterkopf ermordet. Der SS-Mann sagte dabei lachend zu den Leidensgefährten des Toten: »Der Feldmarschall hat zwei Kugeln bekommen«.[722] Johann Friedländer hatte als einer der führenden Offiziere des Ersten Bundesheeres das Militärwesen der Ersten Republik maßgeblich geprägt. Er gehörte wie Oberst Dr. Otto Grossmann zu den österreichischen Offizieren jüdischer Abstammung, die – obwohl nicht jüdischer Religion bzw. nur teilweise jüdischer Abstammung – dem Rassenwahn der Nationalsozialisten zum Opfer fielen.

Johann Friedländer wurde am 5. November 1882 in Bern geboren, sein Vater, Professor Hugo Friedländer, stammte aus einer jüdischen Familie, war aber schon in jungen Jahren zum Christentum übergetreten. Seine Mutter Wilhelmine war gebürtige Wienerin und Katholikin. Die Familie zog nach der Geburt des Sohnes nach Wien. Dort besuchte Johann Friedländer Volksschule und Gymnasium und trat 1897 in die Infanterie-Kadettenschule in Wien Hütteldorf ein. Nach der üblichen vierjährigen Ausbildung wurde er Kadett-Offizierstellvertreter im Feldjäger-Bataillon 21 in Tulln in Niederösterreich und 1902 zum Leutnant ernannt.[723] Obwohl er nicht an einer der Militärakademien zum Offizier ausgebildet worden war, gelang ihm der Einstieg in die Laufbahn der Generalstabsoffiziere, den Lehrgang absolvierte er 1906 bis 1909 an der Kriegsschule in Wien. Anschließend folgten verschiedene Verwendungen in Stäben und 1913 die Beförderung zum Hauptmann und die Übernahme in das Generalstabskorps.

Am 7. Dezember 1913 heiratete er Margarethe Leona Abel, die Tochter eines Budapester Kaufmannes. Margarethes Eltern waren Juden, sie selbst war im Alter von 13 Jahren getauft worden.[724]

Im Ersten Weltkrieg kämpfte Friedländer an der serbischen und russischen Front sowie auf dem Kriegsschauplatz in Italien. Mitte 1916 wurde er zur 5. Gebirgsbrigade nach Görz (Gorizia) versetzt. Dort erlitt er durch einen Schrapnellschuss eine schwere Verwundung. Nach der Genesung diente er beim Stab des Flottenkommandanten auf k. u. k. Kriegsschiffen in der Adria, dann wieder an der Front am Isonzo und wurde im Februar 1918, mittlerweile Major, in das Kriegsministerium nach Wien versetzt und nach Kriegsende in das neugeschaffene Staatsamt für Heerwesen übernommen.[725]

Johann Friedländer spielte eine wichtige Rolle bei der Schaffung der »Volkswehr« als erste bewaffnete Macht der jungen Republik und wirkte maßgeblich mit beim Aufbau des österreichischen Bundesheeres. Friedländers Chef war sein ehemaliger Untergebener Julius Deutsch, nun sozialdemokratischer Unterstaatssekretär im Staatsamt für Heerwesen und ab 1919 Staatssekretär für Heerwesen. Deutsch gilt als geistiger Vater der Volkswehr. Johann Friedländer wurde am 1. Januar 1921 zum Oberstleutnant ernannt und diente fortan im Präsidialbüro des neuen Bundesministeriums für Heerwesen, nach seiner Beförderung zum Oberst im Juni 1924 beim Infanterieregiment Nr. 2 in der Radetzky-Kaserne in Wien, ab Dezember 1925 als Regimentskommandant. 1932 übernahm er als Generalmajor die Leitung der Ausbildungsabteilung im Bundesministerium für Landesverteidigung. Am 31. März desselben Jahres wurde Johann Friedländer im Alter von 54 Jahren in den Ruhestand versetzt und anlässlich seiner Pensionierung erhielt er den Titel Feldmarschallleutnant.[726]

Nur ein Jahr später sollten er und seine Frau der Verfolgung durch die Nationalsozialisten ausgeliefert sein. Als Halbjude, der von zwei volljüdischen Großeltern abstammte und mit einer getauften Jüdin verheiratet war, fiel er in die Kategorie eines sogenannten »Geltungsjuden«. Am 2. September 1943 wurde das Ehepaar Friedländer nach Theresienstadt deportiert. Margarete Friedländer starb am 21. Mai 1944 in Theresienstadt,[727] Johann Friedländer wurde im Oktober 1944 nach Auschwitz deportiert und im Januar 1945 im Alter von 63 Jahren auf dem Todesmarsch ermordet.[728]

Teil V: Soldaten jüdischer Abstammung in den deutschen Streitkräften 1933–1945[729]

Die schrittweise Ausgrenzung der deutschen Juden sowie der Deutschen teilweise jüdischer Abstammung, den sogenannten »Halbjuden« und »Vierteljuden«, durch die Politik und Gesetzgebung der Nationalsozialisten wurde im vorangehenden Kapitel hinreichend erläutert. Dieser Abschnitt ist nun den Soldaten jüdischer Abstammung gewidmet, die trotz der Rassengesetze der Nationalsozialisten in der Wehrmacht dienten, auch während des Zweiten Weltkrieges. Hier begebe ich mich als Historiker auf ein heikles Terrain. In erster Linie soll der Eindruck vermieden werden, dass Juden als »Jüdische Soldaten« Teil des nationalsozialistischen Eroberungs- und Vernichtungskrieges waren. In allen Fällen handelte es sich um junge Deutsche mit teilweise jüdischer Abstammung, deren Vorfahren zum Christentum übergetreten waren und die in den meisten Fällen von ihrer jüdischen Abstammung nichts wussten und sich auch nicht als Juden sahen und fühlten. Dass die Geschichte dieser »Fälle« in der jüngsten Historiographie überhaupt zum Thema wurde, ist der reißerischen, pseudowissenschaftlichen Publikation des US-Amerikaners Bryan Mark Rigg, »Hitlers Jüdische Soldaten«[730], zu verdanken, die gänzlich unwissenschaftlich anhand einzelner Fallbeispiele den Eindruck vermittelt, »Jüdische Soldaten« hätten in Hitlers Wehrmacht gedient. In allen geschilderten Fällen handelte es sich jedoch um Fälle, die unter oben genannten Voraussetzungen mit sogenannten Ausnahmegenehmigungen in der Wehrmacht dienten und so ihr Leben und oft das ihrer Familie schützen konnten. So sehe ich dieses Kapitel auch als Versuch, diesen von Herrn Rigg durch seine unwissenschaftliche Publikation verursachten Schaden wieder etwas zu beheben und der seither in den Köpfen der Deutschen kreisenden Mär von einem Kriegsdienst von Juden in der deutschen Wehrmacht im Zweiten Weltkrieg ein Ende zu bereiten.

1. Die merkwürdige und verstörende Geschichte des Generalfeldmarschalls, Generalinspekteurs der Luftwaffe und Generalluftzeugmeisters Erhard Milch[731]

Die Karriere eines Opportunisten und aktiven Mitläufers

Milch wurde als Sohn eines Marinebeamten geboren und trat im Februar 1910 nach bestandenem Abitur als Fahnenjunker in das »Fußartillerie-Regiment von Linger[732] (Ostpreußisches) Nr. 1«[733] ein. Ein Jahr später wurde er zum Leutnant ernannt. Milch interessierte sich für den Dienst bei der hoch angesehenen fliegenden Truppe. Die Versetzung dorthin gelang ihm jedoch nicht. Zu Beginn des Ersten Weltkrieges war er Adjutant im II. Reserve-Bataillon des »Fußartillerie-Regiments von Dieskau (Schlesisches) Nr. 6«[734]. Im Jahre 1915 wurde er zum Flugzeugbeobachter ausgebildet und an der Front eingesetzt. Milch erhielt für seine Einsätze das Eiserne Kreuz I. Klasse verliehen. 1916 wurde Milch zum Oberleutnant ernannt und war in dieser Funktion Adjutant des Schulkommandeurs der Fliegerschule Alt-Autz in Kurland. Bei Kriegsende war Erhard Milch Hauptmann und führte die »Jagdgruppe 6«.

Nach 1918 war Erhard Milch wie viele ehemalige Offiziere des Kaiserlichen Heeres beim Grenzschutz Ost, dort Führer der »Freiwilligen Fliegerabteilung 412«, dann Führer der »Polizeifliegerstaffel Königsberg«. Erhard Milch verließ bald den Polizeidienst und wurde bei der »Danziger Luftpost GmbH« Geschäftsführer.

Erhard Milch wurde mit 33 Jahren Technischer Direktor und Vorstandsmitglied der 1926 gegründeten »Deutschen Lufthansa AG«, später dann Aufsichtsratsvorsitzender und Präsident.

Nach der Machtergreifung der Nationalsozialisten wurde er von Hermann Göring angeworben und trat in die NSDAP ein. Als Staatssekretär im Reichsluftfahrtministerium war er in den 1930er Jahren für den Aufbau der Luftwaffe zuständig, wurde in die Luftwaffe als Oberst aufgenommen, 1934 dann Generalmajor, 1935 Generalleutnant, 1937 General der Flieger und Generalinspekteur der Luftwaffe als Vertreter Görings, 1938 Generaloberst und 1940 zum Generalfeldmarschall ernannt. Erhard Milch wurde 1941 nach dem Selbstmord Ernst Udets als Generalluftzeugmeister der Leiter der technischen Entwicklung und der Rüstungsproduktion der Luftwaffe. Somit war er auch verantwortlich für die Menschenversuche der Luftwaffe im Konzentrationslager Dachau. Nach dem

Selbstmord von Ernst Udet hatte Milch die Aufgabe, die Versäumnisse und Fehler seines Vorgängers die Luftrüstung betreffend aufzuarbeiten.

Nach der Umstrukturierung des Reichsluftfahrtministeriums und der Abgabe der Luftrüstung an das Rüstungsministerium wurde Erhard Milch zum Stellvertreter Speers ernannt, war aber eigentlich entmachtet und »kaltgestellt«.

Erhard Milchs jüdische Abstammung

Als Erhard Milch 1933 Staatssekretär im Reichsluftfahrtministerium wurde, kam das Gerücht auf, Milch sei jüdischer Abstammung. Es wurde behauptet, dass Milchs Mutter mit einem konvertierten Juden verheiratet sei. Daraufhin bestritt Milch, aus dieser Verbindung zu stammen. Er holte von seinen Eltern eine schriftliche Bestätigung ein, dass er unehelicher Abstammung und der Onkel seiner Mutter, ein »Arier«, sein richtiger Vater sei. Hitler und Göring akzeptierten diese Version und es wird vermutet, dass Göring Dokumente passend fälschen ließ, getreu seiner Maxime: »Wer Jude ist, bestimme ich.«[735] Als Göring nach dem Krieg von den Amerikanern verhört wurde, soll er stolz darauf gewesen sein, dem »Halbjuden Milch« geholfen zu haben, in »seiner Luftwaffe« zu bleiben. Bis heute hält sich das Gerücht, auch Milchs Mutter sei Jüdin gewesen. Dieses Gerücht konnte jedoch nie bestätigt werden. Im Kreuzverhör, dem Milch sich 1946 als Entlastungszeuge im Nürnberger Prozess gegen die Hauptkriegsverbrecher stellte, ließ er weiterhin durchblicken, dass er außerehelich gezeugt worden sei.

Die Frage, ob Erhard Milch wirklich einen jüdischen Vater hatte und damit nach den Nürnberger Gesetzen »jüdischer Mischling 1. Grades« war, ist bis heute nicht beantwortet. So steht auch die Behauptung von Bryan Mark Rigg, dass Erhard Milch neben weiteren Offizieren, Unteroffizieren und Mannschaften ranghöchster »jüdischer« – im Sinne der nationalsozialistischen Rassenideologie und -gesetze – Soldat in der Wehrmacht gewesen sei, weiter unbewiesen im Raum.

Ein Tagebucheintrag Victor Klemperers[736] vom 18. Oktober 1936 weist auf die Milch betreffenden Gerüchte in der Bevölkerung hin: »Und Martha berichtet von dem Fliegergeneral Milch, der eine arische Mutter und einen jüdischen Vater habe: er gebe an, seine Mutter habe ihn im Ehebruch von einem Arier empfangen.«

Ohne Zweifel war Erhard Milch ein begeisterter Anhänger des Nationalsozialismus. Die Frage, ob Milch von Menschenversuchen im Konzentrationslager Dachau gewusst hatte, konnte im »Milch-Prozess« während der Nürnberger Prozesse nicht geklärt werden. Milch wurde in diesem Punkt freigesprochen. Sicher jedoch war er für den Einsatz von Zwangs- und Fremdarbeitern in der Rüstungswirtschaft des Dritten Reichs mitverantwortlich. Am 17. April 1947 wurde Milch vom Gericht wegen seiner Verbrechen zu lebenslanger Haft verurteilt, später begnadigt und 1954 aus der Haft entlassen.

2. Leutnant Hans-Günther von Gersdorff

Der Leutnant Hans-Günther von Gersdorff entstammte einem uradligen Geschlecht aus der Oberlausitz. Zahlreiche Gersdorffs dienten als Berufsoffiziere im Preußischen Heer, davon einige im Generalsrang. Am 30. September 1935 wurde Hans-Günther von Gersdorff in Anwendung des sogenannten »Arierparagraphen« aus dem Heer entlassen. Die »Reichsstelle für Sippenforschung« hatte herausgefunden, dass seine Großmutter Henriette Seligmann Jüdin war. Bereits die Eltern von Henriette Seligmann hatten sich taufen lassen. Hans-Günther von Gersdorff galt jedoch nach den Rassengesetzen der Nationalsozialisten als »Nichtarier«. Die Briefe seiner Mutter an den Chef des Heerespersonalamtes und den Reichskriegsminister Generaloberst von Blomberg im Jahre 1935 mit der Bitte, ihren Sohn wieder in das Heer aufzunehmen, wurden abschlägig beschieden. Vier Jahre später jedoch wurde Hans-Günther von Gersdorff von Hitler persönlich für »deutschblütig« erklärt und wieder in den aktiven Dienst des Heeres aufgenommen. Gersdorff wurde im Feldzug gegen Frankreich beim Artillerieregiment 156 verwendet, im Mai 1940 mit dem Eisernen Kreuz I. Klasse ausgezeichnet und blieb bis Kriegsende als aktiver Offizier im Dienst.

Ein Verwandter von Hans-Günther von Gersdorff, Rudolf-Christoph Freiherr von Gersdorff (1905–1980 in München)[737], war ebenfalls Offizier, zuletzt Generalmajor im Zweiten Weltkrieg und Mitglied des militärischen Widerstandes gegen Adolf Hitler. Er bewahrte Sprengstoff und Zünder für das Attentat vom 20. Juli 1944 auf, den ein weiterer Widerständler, Wessel Freytag von Loringhoven[738], aus Beständen der Abwehr »organisiert« hatte. Rudolf-Christoph Freiherr von Gersdorff überlebte als einer von wenigen Mitgliedern des militärischen Widerstandes die nationalsozialistische Gewaltherrschaft, da seine inhaftierten und später hingerichteten Kameraden seinen Namen nicht preisgaben.

Nach Aufstellung der neuen deutschen Streitkräfte im Jahre 1955 versuchte Rudolf-Christoph Freiherr von Gersdorff vergeblich, in die Bundeswehr aufgenommen zu werden. Dies verhinderten der überzeugte Nationalsozialist Hans Globke[739], der Staatssekretär unter und Vertrauter von Konrad Adenauer[740] war, sowie jene ehemaligen Offiziere der Wehrmacht, die sogenannten »Verrätern« den Weg in die Bundeswehr versperren wollten. Noch Jahrzehnte nach Kriegsende wurden überlebende Widerständler und Angehörige von ermordeten Widerständlern von diesen Kreisen als »Verräter« geschnitten. Diese in die Bundeswehr übernommenen Wehrmachtsoffiziere prägten die neue Bundeswehr. Ihr Einfluss ist bis in die heutigen Tage zu spüren.[741]

An den beschriebenen Beispielen des Hans-Günther von Gersdorff und des Erhard Milch zeigt es sich deutlich, was es mit der vermeintlichen Geschichte »Jüdischer Soldaten in der Wehrmacht« auf sich hatte. Gersdorff war in der Tradition und der Erziehung seiner Schicht aufgewachsen, als Junker und Nachfahre von preußischen Offizieren, der die Ideologie seiner Standesgenossen mit der Muttermilch eingesogen hatte. Dass dieser Gersdorff zufällig eine jüdische Großmutter hatte, von der er wahrscheinlich lange nicht wusste, macht ihn noch nicht zum »Jüdischen Soldaten«. Das gilt auch für den Generalfeldmarschall Erhard Milch, einen skrupellosen Opportunisten und Mitläufer des Naziregimes. Seine Mutter hatte ihren Ruf und den ihres Gatten geopfert, um ihre Kinder und die Karriere ihres Sohnes Erhard, sicherlich auf dessen drängende Bitte hin, zu schützen.

Anhand der genannten Beispiele hoffe ich, einen Beitrag dafür geleistet zu haben, mit dieser Mär endgültig aufzuräumen. »Juden als Täter« gegen die eigenen Leute, diese Vorstellung hätte der rechten und antisemitischen Ideologie in den Köpfen vieler Deutscher gut »in den Kram« gepasst. Schade nur, dass Autoren wie zum Beispiel Bryan Mark Rigg sich diesem Thema derart unsensibel und skrupellos sensationsgierig genähert haben.

Teil VI: Juden in der Bundeswehr – Jüdisch-religiöser Lebensweg und Militärdienst

1. Für immer vergangen?

Jüdische Soldaten in der Bundeswehr – Bund jüdischer Soldaten[742]

Was ist geblieben von diesem Teil der deutsch-jüdischen Geschichte, von der Erinnerung an die jüdischen Soldaten des Ersten Weltkrieges und der Kriege des 19. Jahrhunderts? Gibt es heute eine Pflege des Andenkens an das Schicksal der jüdischen Frontsoldaten und ihrer Familien in der Zeit der nationalsozialistischen Gewaltherrschaft?

Die Bundeswehr ist sich dieses Teils der deutschen Geschichte und der aus ihr resultierenden Verantwortung durchaus bewusst. Neben den Traditionslinien »Preußische Heeresreform«, militärischer Widerstand gegen Hitler und der eigenen 50-jährigen Geschichte hat auch die Geschichte deutscher jüdischer Soldaten einen wichtigen Stellenwert. Diese von der Bundeswehr gepflegte Tradition reicht bis in die Anfänge ihres Bestehens zurück. Das 1935 im Auftrag des RjF im Berliner Vortrupp-Verlag erschienene Buch »Kriegsbriefe gefallener deutscher Juden«[743] wurde 1961 im Auftrag des damaligen Bundesministers der Verteidigung Franz Josef Strauß neu aufgelegt[744] und in der Bundeswehr verteilt. Strauß hatte damit den Grundstein gelegt für einen neuen und unverzichtbaren Bestandteil der Traditionspflege in der Bundeswehr: die Geschichte deutscher jüdischer Soldaten, die Würdigung ihrer Leistungen für Deutschland und die Erinnerung an ihren Leidensweg in der Zeit der nationalsozialistischen Gewaltherrschaft.

Im Zusammenhang mit der Veröffentlichung der Kriegsbriefe erging ein Auftrag des Ministers an das Militärgeschichtliche Forschungsamt, die Geschichte und das Schicksal deutscher Soldaten jüdischen Glaubens zu erforschen und darzustellen. Das Ergebnis dieser Forschungen wurde in zwei Ausstellungen einem breiten Publikum in und außerhalb der Bundeswehr zugänglich gemacht. Die im

Jahre 1996 eröffnete zweite Ausstellung »Deutsche Jüdische Soldaten«[745] wurde in der Folge zu einer der erfolgreichsten historischen Wanderausstellungen im deutschsprachigen Raum. Die Geschichte deutscher jüdischer Soldaten entwickelte sich zu einem festen Bestandteil der Politischen Bildung in den Streitkräften. In Anerkennung der hervorragenden Leistungen jüdischer Soldaten wurden Bundeswehrkasernen mit den Namen jüdischer Soldaten benannt. Die Bundeswehr gedenkt am Volkstrauertag der jüdischen Gefallenen des Ersten Weltkrieges und sowohl Reservisten als auch aktive Soldaten pflegen jüdische Friedhöfe.

Juden als deutsche Soldaten – das war vor der Zeit des Nazi-Regimes Alltag im deutschen Militär. Zwölf Jahre später jedoch, nach der Shoah, war es für viele Juden undenkbar, in einer deutschen Armee zu dienen. Das Wehrpflichtgesetz legte fest, dass Angehörige jüdischen Glaubens keinen Wehrdienst in der Bundeswehr leisten müssen, wenn dieser für sie aus persönlichen Gründen eine besondere Härte darstellt (§ 12 Abs. 4 Satz 1). Trotz dieser Möglichkeit zur Freistellung dienten in den 60er Jahren aber schon deutsche Juden als Zeit- und Berufsoffiziere in der Bundeswehr. Einer der Ersten war 1966 Michael Fürst, Vorsitzender des Landesverbandes der jüdischen Gemeinden von Niedersachsen und Ehrenvorsitzender des Bundes jüdischer Soldaten. Diese Soldaten entstammten zum größten Teil der Nachkriegsgeneration »deutschstämmiger Juden«, die auf die radikale Abgrenzung der Bundeswehr zur Wehrmacht und einem Neubeginn von Grund auf vertrauten. So gibt es auch in der Bundeswehr von heute einige Soldaten jüdischen Glaubens, und diese schlossen sich am 8. November 2006 zum »Bund jüdischer Soldaten« zusammen, um auf die lange Tradition hinzuweisen, in der Juden in deutschen Armeen stehen.

Ein besonderes Anliegen dieses Soldatenbundes ist die Erinnerung an das Schicksal der ehemaligen jüdischen Frontsoldaten des Ersten Weltkrieges und ihrer Familien in der Zeit der nationalsozialistischen Gewaltherrschaft, aber auch das Andenken an die jüdischen Soldaten in den Kriegen des 19. Jahrhunderts soll bewahrt werden.

Am 18. und 19. November 2007, eine gute Woche nach dem Jahrestag der Gründung, kam der Bund in Berlin zusammen, um dieses Andenken auf einer Tagung zu pflegen. Unterstützt wurde er dabei vom Zentralrat der Juden und der Konrad-Adenauer-Stiftung.[746]

Erste Tagung und Kranzniederlegung des Bundes jüdischer Soldaten
Die Tagung fand im Anschluss an eine Kranzniederlegung zum Volkstrauertag für die 12 000 im Ersten Weltkrieg gefallenen jüdischen Soldaten durch den Zentralrat der Juden in Deutschland und die Bundeswehr statt. Der Bund jüdischer Soldaten legte im Rahmen dieser Gedenkveranstaltung erstmals an dem auf dem Jüdischen Friedhof in Berlin-Weißensee für die gefallenen Soldaten errichteten Ehrenmal einen Kranz nieder. Zum ersten Mal in der Geschichte der Bundeswehr wandten sich jüdische Soldaten, Vertreter der militärischen Führung und des Bundeswehrverbandes, des Zentralrates der Juden in Deutschland und der Orthodoxen Rabbinerkonferenz gemeinsam einem Thema zu, das bis 1933 nichts Ungewöhnliches, ja etwas ganz Selbstverständliches war: Jüdische Soldaten in einer deutschen Armee.[747]

In seinem Grußwort betonte der Generalinspekteur der Bundeswehr General Wolfgang Schneiderhan die große Bedeutung dieses Bundes innerhalb der Bundeswehr. Er zeige, dass der Verrat, den die Deutschen während des Nationalsozialismus an ihren jüdischen Mitbürgern geübt haben, für die heutige jüdische Bevölkerung keine unüberwindbare Hürde darstelle, ihrem deutschen Vaterland zu dienen: »Dies belegt, dass die Bundesrepublik Deutschland aufgrund ihrer freiheitlichen demokratischen Grundordnung und dank ihres aufrichtigen Bemühens, die Vergangenheit nicht zu verdrängen, sondern sich ihr zu stellen, es wert ist, geschützt und verteidigt zu werden.«[748]

Mit mehreren Vorträgen warf die Tagung in der Folge dann verschiedene Schlaglichter auf die Aspekte des Themas »Jüdische Soldaten in deutschen Armeen«. Im Mittelpunkt stand dabei Grußwort und Vortrag des Ehrenvorsitzenden des Bundes jüdischer Soldaten, Michael Fürst, der im Oktober 1966 als vermutlich der erste Jude nach der Shoah zur Bundeswehr ging. Er sprach über das Erbe seiner Vorfahren, die für ihr deutsches Vaterland im Ersten Weltkrieg gekämpft hatten, und ebenso erinnerte er an andere Juden, die in den sechziger Jahren wieder damit begannen, jüdische Teilhabe an der deutschen Gesellschaft aufzubauen. Seine Zeit in der Bundeswehr bereue er nicht, so Fürst, der bis heute der festen Meinung ist, dass es ein Miteinander nur auf der Basis gemeinsamer Werte geben kann. Weitere Vorträge kamen vom Vorsitzenden der Orthodoxen Rabbinerkonferenz in Deutschland, Rabbiner Yitzchak Ehrenberg, zum Dienst an der Waffe aus halachischer Sicht, sowie vom Generalsekretär des Zentralrats der Juden, Stephan J. Kramer, der über den bedenklichen Anstieg antisemitischer

Straftaten im heutigen Deutschland sprach. Stephan Kramer sicherte dem Bund jüdischer Soldaten Unterstützung zu und betonte, dass der Zentralrat dessen Arbeit nach Kräften befördern werde.

»Jüdische Soldaten in der Bundeswehr finden sich subjektiv betrachtet zwischen den Stühlen«, erklärte Dr. Gideon Römer-Hillebrecht, Oberstleutnant im Führungsstab der Streitkräfte und stellvertretender Vorsitzender des Bundes jüdischer Soldaten. Dieses liege aber nicht an der Bundeswehr: »Es gibt durchweg die Bereitschaft, auf den jüdischen Kameraden zuzugehen.« Oft hingegen treffe der Soldat auf innerjüdische Vorbehalte gegen seinen Entschluss, in den deutschen Streitkräften zu dienen. Dass diese als Armee in der Demokratie nicht mit der Wehrmacht gleichzusetzen sei, »ist bei vielen jüdischen Mitbürgern... zwar verstandesmäßig, aber nicht unbedingt emotional zu erfassen«, was auch ich, als Vorsitzender des jüdischen Soldatenbundes, nur bestätigen konnte. Das »zarte Pflänzchen« jüdischer Soldaten in der Bundeswehr bedürfe daher weiter der Pflege.

Bernhard-Weiß-Medaille

Erstmals verlieh der Bund jüdischer Soldaten im Rahmen dieser Tagung die neu gestiftete Bernhard-Weiß-Medaille für Verständigung und Toleranz. Ausgezeichnet wurde Oberst Bernhard Gertz, Vorsitzender des BundeswehrVerbandes. »Sie sind engagierter Sachwalter und Verteidiger der Grundsätze Toleranz und Verständigung in der Bundeswehr«, würdigte der Laudator den Geehrten. »Dies waren auch die Prinzipien, die Dr. Bernhard Weiß vertrat.« Weiß, geboren 1880, war als Vizepräsident der Berliner Polizei einer der schärfsten Widersacher von Joseph Goebbels. Allen seinen Auszeichnungen zum Trotz – der jüdische Soldat Weiß wurde im Ersten Weltkrieg hoch dekoriert – musste er nach der nationalsozialistischen Machtübernahme ins Exil fliehen.[749] Viele seiner Glaubensgenossen und Kameraden konnten oder wollten sich nicht retten und fielen mit ihren Familien dem Naziterror zum Opfer.[750]

In seinem Festvortrag vor der Verleihung der Medaille hob Gertz den hohen Standard an politischer Bildung der deutschen Soldaten hervor und forderte ein besonderes Gewicht für die historische Bildung. Für Mitbürgerinnen und Mitbürger sowie Kameraden jüdischen Glaubens trage die Bundeswehr eine besondere Verantwortung. Gertz wünschte dem Bund ein erfolgreiches Wirken, »denn dessen Erfolg ist ein weiterer zentraler Baustein für eine gelungene und vollendete Integration der Bundeswehr in unsere Gesellschaft«.

Verleihung der Bernhard-Weiß-Medaille an den Bundesminister a. D. Dr. Peter Struck

Als zweiter Preisträger erhielt der Bundesminister a. D. und Vorsitzende der SPD-Fraktion im Deutschen Bundestag Dr. Peter Struck am 28. Oktober 2008 die Bernhard-Weiß-Medaille für seinen Einsatz für Toleranz und Verständigung zwischen den unterschiedlichen Kulturen und Religionen sowie sein couragiertes Eintreten gegen Antisemitismus und Fremdenfeindlichkeit. Als Gründungsvorsitzender des Bundes jüdischer Soldaten betonte ich in meinem Grußwort anlässlich der Preisverleihung,[751] dass gerade dieses selbstlose Eintreten für Demokratie und Rechtsstaat die Person Bernhard Weiß mit den Trägern der Medaille verbinde. Der Bund jüdischer Soldaten wolle mit dieser Ehrung ein Signal in Bundeswehr und Gesellschaft senden: ein Signal wider den Ungeist der Gleichgültigkeit, des Wegschauens, ein Signal, das auch gleichzeitig die Sinne der Menschen in diesem Land für die von rechten Parteien und anderen totalitären Organisationen ausgehenden Gefahren schärfen solle. Die Präsidentin des Zentralrates der Juden in Deutschland, Frau Charlotte Knobloch, hob Dr. Peter Struck in ihrer Laudatio als einen Mann der Tat hervor, der stets konsequent gegen Rechtsextremismus in und außerhalb der Bundeswehr vorgegangen sei und sich so große Verdienste sowohl um die jüdischen Soldaten als auch um die jüdische Gemeinschaft in Deutschland insgesamt erworben habe.

Die Laudatio von Frau Präsidentin Knobloch anlässlich der Verleihung der Bernhard-Weiß-Medaille für Verständigung und Toleranz an Herrn Verteidigungsminister a. D. Dr. Peter Struck am 28. Oktober 2008 sei daher in ihrem vollen Wortlaut angeführt:[752]

»Sehr verehrter Herr Dr. Struck,
meine sehr geehrten Damen und Herren,
Verständigung und Toleranz sind Begriffe, die im politischen Diskurs häufig fallen. Immer dann, wenn Rechtsextremisten durch deutsche Städte stiefeln, immer dann, wenn sie ihre menschenverachtende Weltanschauung kundtun oder gar in die Tat umsetzen, werden Persönlichkeiten des öffentlichen Lebens auf den Plan gerufen, um an den Gedanken der Verständigung und der Toleranz zu appellieren.
Zu Recht, denn eine Gesellschaft, die Unterschiede nicht aushalten kann, ist zum Scheitern verurteilt. Demokratie bedeutet, Einheit in Vielfalt zu leben. Gegen-

seitiger Respekt und die Bereitschaft zur friedlichen Konfliktlösung gehören da dazu.

Und dennoch: Es ist ein Leichtes, Verständigung und Toleranz mit Worten einzufordern. Schwierig wird es, wenn es darum geht, diesen Anspruch auch zu verwirklichen. Und Rahmenbedingungen zu schaffen, in denen beides eine echte Chance hat.

Sie – verehrter Herr Dr. Struck – haben sich dieser Herausforderung gestellt. Als SPD-Fraktionsvorsitzender und als ehemaliger Verteidigungsminister haben Sie Ihre demokratische Gesinnung nicht nur mit Worten bezeugt, sondern in Ihrem Handeln gelebt.

Sie sind ein Mann der Tat. Einer, der weiß, dass Sonntagsreden nicht reichen, um den Ewiggestrigen Paroli zu bieten. Einer, der Entscheidungen fällt, wo andere lamentieren. Einer, der sich nicht scheut, Anliegen durchzusetzen, die umstritten sind. Ja, einer, der Konflikten nicht aus dem Weg geht, wenn demokratische Grundwerte zur Disposition stehen und gegen Antisemitismus verteidigt werden müssen.

Es ist mir deshalb Ehre und Freude zugleich, Sie heute anlässlich Ihrer Auszeichnung mit der Bernhard-Weiß-Medaille durch den Bund jüdischer Soldaten würdigen zu dürfen.

Meine Damen und Herren, vielleicht wissen Sie, dass mein Vater als stolzer deutscher Staatsbürger jüdischen Glaubens ins Feld gezogen ist, um sein bedrängtes Vaterland zu schützen.

Er folgte – wie Tausende andere jüdische Soldaten – dem Aufruf, ich zitiere: ›Alle Deutschen müssen ihre Pflicht tun, aber die deutschen Juden müssen mehr als ihre Pflicht tun.‹ Die deutschen Juden müssen mehr als ihre Pflicht tun. So lautete die diskriminierende Forderung.

Vielleicht hat der eine oder andere jüdische Soldat seine Pflicht deshalb so ernst genommen wie jener Feldrabbiner, der im Jahre 1918 schrieb – ich zitiere noch einmal: ›Um nichts Halbes, das fühlen wir alle, geht's in diesem Kriege, sondern um etwas Ganzes, um ein ganz großes Glück oder ein ganz großes Unglück. Das ist das Gewaltige, und ich will es ruhig aussprechen, auch das Schöne an diesem Krieg! Ja, auch ein Krieg kann schön sein. Ein Krieg, der so begonnen, so aufgenommen wurde, der ist schön trotz aller Schrecken.‹

In der Tat – aus diesen Worten spricht mehr als der allgemeine Hurra-Patriotismus. In ihnen steckte der Wunsch der deutschen Juden, endlich als gleichberech-

tigter Teil der Gesellschaft akzeptiert und vorurteilsfrei angenommen zu werden. Dieser Krieg war – so hofften viele – eine Chance, durch militärisches Engagement und Tapferkeit den Stand der deutschen Juden in der Gesellschaft zu verbessern, ja endlich die volle Gleichberechtigung zu erlangen.

Meine Damen und Herren, sie hofften vergeblich. Denn die ersehnte Anerkennung ist ausgeblieben. 100 000 jüdische Männer haben im Heer und in der Luftwaffe gedient, 80 000 von ihnen an der Front, 12 000 sind gefallen. Deutsche Juden stellten einen ebenso hohen Anteil an Frontsoldaten wie die nichtjüdische Bevölkerung. Die meisten von ihnen haben sich freiwillig zum Dienst an der Waffe gemeldet. So wie der 13-jährige jüdische Jugendliche Joseph Zippes, der sich – ein Kind noch – unerkannt unter die Soldaten gemischt hat, um für sein Land kämpfen zu können.

Umsonst. Der ›Geist von 1914‹, der alle Deutschen – egal welcher Religion, Partei oder Geisteshaltung – zusammenschweißte, dieser Geist verschwand, als der Krieg andauerte und sein Schrecken auf die Menschen zu wirken begann. Er wurde – so hat es Hauptmann Michael Berger in seinem Buch treffend beschrieben – aufgesogen vom Elend des Schützengrabens mit seinen Toten und Verwundeten.

Mit Blick auf die Erkenntnis, dass dieser Krieg in eine nationale Katastrophe münden würde, kamen alte Vorurteile plötzlich wieder zum Vorschein: In Offizierskasinos waren antisemitische Agitationen an der Tagesordnung. Jüdische Soldaten wurden beleidigt und mit der Dolchstoßlegende diffamiert. Im Jahre 1916 wurde gar eine sogenannte Judenzählung durchgeführt, um zu prüfen, ob sich jüdische Männer um den Heeresdienst drücken. Diese diskriminierende Maßnahme war ein Schlag ins Gesicht des patriotischen deutschen Judentums. Daran konnten selbst die höchsten militärischen Auszeichnungen nichts ändern.

Diese Situation verschärfte sich, nachdem die Nationalsozialisten an die Macht gekommen waren. Der Volkstrauertag, der ins Leben gerufen wurde, um die Gefallenen des Ersten Weltkriegs zu ehren und ihrer als Opfer von Krieg und Gewaltherrschaft zu gedenken, wurde jetzt für Propagandazwecke instrumentalisiert: Von 1933 an wurde nicht mehr vom ›Volkstrauertag‹, sondern vom ›Heldengedenktag‹ gesprochen. Die jüdischen Soldaten, die für ihr Land gefallen waren, wurden dabei aus dem Gedenken ausgeschlossen.

Denn ein Jude – ein Bürger zweiter Klasse – war weder Deutscher noch Held. Dass sich Juden mit ihrem Land identifizierten und tapfer in der deutschen

Armee kämpften, passte einfach nicht in das Propagandabild, das die Nazis zeichneten: Juden? Das waren feige, schmächtige Drückeberger – weder fähig, noch würdig für Deutschland zu kämpfen.

So wurden während des Novemberpogroms im Jahre 1938 systematisch jene Tafeln in den Synagogen zerstört, mit denen der Gefallenen des Ersten Weltkriegs gedacht wurde. Aus Soldatendenkmälern wurden die Namen der jüdischen Gefallenen gemeißelt – und Grabsteine mit Davidsternen wurden von deutschen Soldatenfriedhöfen entfernt. Der ›Reichsbund jüdischer Frontsoldaten‹ musste seine Arbeit einstellen.

Je länger das Nazi-Regime existierte, je lebensbedrohlicher die Lage für die deutschen Juden wurde, desto mehr mussten sich die jüdischen Soldaten des Ersten Weltkriegs widerlegt, gedemütigt und betrogen fühlen – betrogen um die eigene Biographie.

Meine Damen und Herren, diese Enttäuschung können wir heute nicht wiedergutmachen. Das ist aber auch gar nicht der Anspruch des Bunds jüdischer Soldaten, der heute die Bernhard-Weiß-Medaille für Verständigung und Toleranz an Herrn Dr. Peter Struck verleiht. Sein Anspruch besteht vielmehr darin, das Andenken an diese jüdischen Soldaten zu bewahren und sie symbolisch in unsere Gesellschaft zurückzuholen. Der Bund jüdischer Soldaten will ihnen mit seinem Engagement geben, wofür sie umsonst ins Feld gezogen sind: aufrichtige Anerkennung. Denn ihr mutiger, tapferer Einsatz für das Land, das sie geliebt haben – unerwidert geliebt haben –, hat diese Würdigung verdient.

Sie – sehr geehrter Herr Dr. Struck – haben als Verteidigungsminister alles in Ihrer Kraft Stehende getan, um die Belange jüdischer Soldaten in der Bundeswehr zu unterstützen. Die Pflege des Andenkens an die im Ersten Weltkrieg gefallenen Kameraden gehört da dazu.

Und mit der ist es schlichtweg nicht vereinbar, Jagdgeschwader oder andere Bundeswehreinrichtungen nach Personen zu benennen, die nachweislich mit den Nationalsozialisten sympathisierten und kollaborierten. Denn das ist ein Hohn für die jüdischen Soldaten des Ersten Weltkriegs wie für diejenigen jüdischen Bürger, die heute an deutscher Waffe dienen. Das Vertrauen, das sie diesem Land entgegenbringen – die Bereitschaft, ihr Leben für die Sicherheit Deutschlands zu riskieren –, darf nicht geringgeschätzt werden, indem Wehrmachtgrößen als Namensstifter herangezogen werden.

Sie – Herr Dr. Struck – haben das erkannt und alle belasteten Namen aus der Bundeswehr entfernen lassen. Ich erinnere nur an das Jagdgeschwader 74 in Neuburg an der Donau, das nach dem Wehrmachtssoldaten Werner Mölders benannt war, bis Herr Dr. Struck diesem unerträglichen Zustand ein Ende bereitet hat.

Ich bin mir sehr bewusst – Herr Dr. Struck – dass Sie diese Entscheidung viel Kraft gekostet hat. Dutzende Bundeswehrgenerale haben damals gegen Ihren Beschluss protestiert. Sie haben sich damit also nicht nur Freunde gemacht.

Doch ein altes Sprichwort sagt: ›Viel Feind, viel Ehr‹, und diese gebührt Ihnen für Ihre Geradlinigkeit, Ihren aufrechten Charakter und Ihre demokratische Gesinnung, die Sie damals gegen den Widerstand vieler namhafter Bundeswehrangehöriger behauptet haben.

Wenn also Deutschland heute über eine Armee verfügt, die sich an den Grundsätzen der Inneren Führung, am Leitbild des Staatsbürgers in Uniform orientiert, dann deshalb, weil Herr Dr. Struck den Widerspruch zwischen Anspruch und Wirklichkeit aufgelöst hat mit seinem Nein zum Namen Werner Mölders. Dafür sind wir ihm von Herzen dankbar.

Ebenso wie für seine Courage, als es darum ging, General Günzel aus dem aktiven Dienst in der Bundeswehr zu entfernen. Es kommt nicht häufig vor, dass Politiker so konkret – mit Taten – zeigen, dass Rechtsradikale in der Armee eines demokratischen Landes nichts verloren haben. Herr Dr. Struck hat damals betont, dass die Versetzung Günzels in den Ruhestand keine ehrenhafte Entlassung ist, und so deutlich gemacht, dass Antisemiten keine Ehre gebührt. Ja, dass es nicht reicht, ein hoch dekorierter Soldat zu sein. Sondern dass zum Generalsein ein demokratisches Berufsethos unbedingt dazugehört. Die jüdische Gemeinschaft hat Peter Strucks konsequente Haltung in der Causa Günzel nicht vergessen. Wir zollen ihm dafür unsere Hochachtung.

Meine Damen und Herren, dass Peter Struck ein echter Freund der jüdischen Gemeinschaft ist, zeigt sich auch an seiner unerbittlichen Haltung gegenüber der NPD. Der braune Schlägertrupp, der sich Partei nennt und sich mit sogenannten Schulhof-CDs an Kinder heranpirscht, um sie mit ihrem menschenverachtenden Gedankengut zu infiltrieren, hätte verboten werden müssen.

Ich bedauere, dass man sich dazu entschieden hat, kein neuerliches Verbotsverfahren einzuleiten. Und ich finde es unerträglich, dass die NPD nach wie vor 1,2 Millionen Euro jährlich aus der staatlichen Parteienfinanzierung kassiert, während an anderer Stelle die Gelder für Projekte gegen Fremdenfeindlichkeit knapp sind. Die NPD war und ist eine Partei, die diesen Staat und das Grundgesetz verachtet. Sie macht ihn lächerlich und beutet ihn über die Wahlkampfkostenerstattung aus. Sie vergiftet die Gesellschaft mit Fremdenfeindlichkeit und schlecht kaschiertem Antisemitismus.

Dabei bin ich mir sehr bewusst, dass ein Verbot der Partei allein nicht ausreicht, um den Neonazis das Wasser abzugraben. Wir haben die Verpflichtung, uns mit den dümmlichen – aber eben sehr gefährlichen – Argumenten der NPD auseinanderzusetzen. In vielen Teilen Deutschlands jedoch haben die Neonazis die Jugendarbeit und die Schulhöfe fest im Griff. Der Satz, man müsse die Rechten ›politisch bekämpfen‹, erweist sich dort schon seit langer Zeit als Leerformel. Politische Bekämpfung beginnt mit der Nennung der Tatsachen beim Namen, beginnt damit, Verfassungsfeinde als solche kenntlich und unwählbar zu machen. Sie – Herr Dr. Struck – haben das getan.

Klar und deutlich haben Sie gesagt, dass dieser braune Laden Gewalt praktiziert als Mittel der politischen Auseinandersetzung. Klar und deutlich haben Sie diese Partei als verfassungswidrig bezeichnet, und als Jurist wissen Sie, wovon Sie sprechen. Dabei haben Sie sich nicht gescheut, selbst in der eigenen Partei Konflikte einzugehen, denn nicht jeder teilte Ihre Position.

Wenn auch heute ein neuerliches Verbotsverfahren in die Ferne gerückt ist, so hat uns Peter Strucks Haltung doch gezeigt, dass es hierzulande Demokraten gibt, die fest auf unserer Seite stehen. Menschen wie Peter Struck geben uns Hoffnung. Sie signalisieren uns, dass unsere Entscheidung richtig ist, hier neue Gemeindezentren und Synagogen zu errichten. Peter Struck vermittelt uns das Gefühl, in Deutschland nicht nur toleriert, sondern auch respektiert zu werden. Denn sein Einsatz für jüdische Interessen – egal ob militärische oder zivile – bedeutet eine Wertschätzung des jüdischen Beitrags zu diesem Land. Und die erfahren wir – leider – nicht allzu oft. Auch dafür – sehr verehrter Herr Dr. Struck – möchte ich Ihnen herzlich danken.

Meine Damen und Herren, Herr Dr. Struck zeichnet sich außerdem durch eine Weitsicht aus, die ihresgleichen sucht. Schon im Jahr 2002 hat er darauf hingewiesen, dass die Sicherheit Deutschlands auch am Hindukusch verteidigt wird. Dort wo sich islamistische Terroristen zusammenrotten, um sich auf den Kampf gegen freiheitliche Grundwerte vorzubereiten. Schon damals hat Peter Struck von der Privatisierung der Gewalt gesprochen. Eine Bedrohung, von der die jüdische Gemeinschaft ganz besonders betroffen ist – in Deutschland wie in Israel, wo

Terroristen das staatliche Gewaltmonopol unterwandern und damit die Bedrohungslage unberechenbar machen.
Als Verteidigungsminister haben Sie sich, Herr Dr. Struck, durch ein Gespür für die Gefahren unserer Zeit ausgezeichnet. Diese betreffen unsere Gesellschaft insgesamt, aber vor allem die jüdische Gemeinschaft. Denn ihr Wohlergehen hängt ganz besonders ab von einer tief verwurzelten Überzeugung in Pluralismus und Demokratie. Doch gerade diese Werte stehen im Fadenkreuz islamistischer Terroristen.
Wir sind – leider – noch weit davon entfernt, jüdisches Leben, sei es in Deutschland oder andernorts, als selbstverständlich bezeichnen zu dürfen. Aber solange wir echte Freunde auf unserer Seite wissen – solange es Menschen gibt wie Peter Struck –, weiß ich, dass wir zuversichtlich sein dürfen. Denn all jene, die sich gegen den Gedanken der Verständigung und Toleranz richten, haben in Peter Struck einen unerbittlichen Gegner.
Für seine Verdienste um die Interessen jüdischer Soldaten, wie der jüdischen Gemeinschaft insgesamt verleihen wir ihm heute die Bernhard-Weiß-Medaille des Bundes jüdischer Soldaten.
Als Präsidentin des Zentralrats der Juden in Deutschland, aber auch ganz persönlich, darf ich Ihnen, Herr Dr. Struck, jetzt von Herzen zu dieser Auszeichnung gratulieren.«

Der Wehrbeauftragte des Deutschen Bundestages Reinhold Robbe erhält die Bernhard-Weiß-Medaille 2009

In einer gemeinsamen Veranstaltung der Friedrich-Ebert-Stiftung und des Bundes jüdischer Soldaten wurden am 6. Juli 2009 im Berliner Haus der Stiftung zwei Persönlichkeiten geehrt, ein Politiker der Gegenwart sowie ein jüdischer Offizier und großer Demokrat der Weimarer Republik. Der Wehrbeauftragte des Deutschen Bundestages Reinhold Robbe erhielt die Bernhard-Weiß-Medaille 2009 für seinen Einsatz für Toleranz und Verständigung zwischen den unterschiedlichen Kulturen und Religionen sowie sein couragiertes Eintreten gegen Antisemitismus und Fremdenfeindlichkeit. Begrüßt wurden die mehr als 300 Gäste, unter ihnen der Stellvertreter des Generalinspekteurs der Bundeswehr Generalleutnant Johann-Georg Dora, von Frau Anke Fuchs, der Vorsitzenden der Friedrich-Ebert-Stiftung.[753]

In ihrer Laudatio würdigte die Präsidentin des Zentralrates der Juden in Deutschland, Frau Dr. h. c. Charlotte Knobloch, die herausgehobene Stellung des Wehrbeauftragten innerhalb des deutschen Verfassungsgefüges als weltweit einmalige Einrichtung, die sich als große Errungenschaft der Demokratie auch zum Schutz vor inneren und äußeren Gefahren nicht zuletzt als Institution des Dialoges bewährt habe. Einen entscheidenden Betrag hierzu habe Reinhold Robbe geleistet, der sich mit einem überdurchschnittlichen Maß an Wachsamkeit, gepaart mit einer hohen sozialen und emotionalen Kompetenz seiner schwierigen Aufgabe angenommen habe. Als gewissenhafter Wächter und als loyaler Ansprechpartner werde er zum Wohl der Soldatinnen und Soldaten tätig und scheue sich dabei aber auch nicht, den Finger in die Wunde zu legen und Probleme wie rechtsextremistische Tendenzen in der Truppe offen und deutlich anzusprechen. Bernhard Weiß und Reinhold Robbe stimmten so überein in ihrem Dienst für die Demokratie und ihrem bürgerschaftlichen Engagement. Reinhold Robbe gab in seiner Dankesrede das Versprechen ab, nicht nachzulassen bei seinen Bemühungen, antisemitischen und rechtsradikalen Bestrebungen in allen Bereichen des öffentlichen Lebens, auch in der Bundeswehr, entschieden entgegenzutreten.[754]

In einem einleitenden Vortrag hatte der Vorsitzende des Bundes jüdischer Soldaten in eindrucksvoller Weise das Leben und Wirken von Bernhard Weiß geschildert, der sich als Jude und hoch dekorierter Offizier des Ersten Weltkrieges nicht nur in seiner Funktion als stellvertretender Polizeipräsident von Berlin, sondern auch als überzeugter Demokrat dem aufkommenden Nationalsozialismus in der Weimarer Republik entgegengestellt hatte.

Zweite Tagung des Bundes jüdischer Soldaten, Ausstellungseröffnung und Bildungsprojekt

Die Ausstellung »Deutsche Jüdische Soldaten« des Militärgeschichtlichen Forschungsamtes bildete den Rahmen für die zweite Tagung des Bundes jüdischer Soldaten in Bonn und Siegburg vom 17. bis 18. November 2008. Ausstellung und Tagung zeigten einen besonderen Aspekt der deutschen Geschichte des 19. und 20. Jahrhunderts.[755]

»Von der Epoche der Emanzipation bis zum Zeitalter der Weltkriege«, so lautet der Untertitel der Ausstellung, der zugleich auf die lange und erfolgreiche Geschichte jüdischer Soldaten in deutschen Armeen hinweist. Während des Ersten Weltkrieges leisteten auf deutscher Seite mehr als 100 000 deutsche Juden ihren soldatischen Dienst. Sie nahmen ihre staatsbürgerliche Pflicht als Soldaten bewusst wahr, nicht zuletzt, um so endlich als gleichberechtigte Bürger anerkannt zu werden. Doch nur wenige Jahre später sollte die Geschichte jüdischer Soldaten in einer grausamen Täuschung enden.

Vor 1933 war der Dienst an der Waffe für die auf Integration bedachte jüdische Bevölkerungsgruppe ein Teil ihres Selbstverständnisses. Während der Neuzeit leisteten jüdische Soldaten erstmals während der Freiheitskriege 1813–15 in Armeen deutscher Staaten ihren Dienst. »Es war zugleich der Beginn eines Kampfes der deutschen Juden um Gleichberechtigung – eine nie in Erfüllung gegangene Hoffnung, hinweggefegt vom Trauma der Shoah«, so hob ich damals in meiner Funktion als Vorsitzender des Bundes jüdischer Soldaten hervor.

Diese ungeheuerlichen Verbrechen dürften nicht vergessen werden, so der Appell des Parlamentarischen Staatssekretärs beim Bundesminister der Verteidigung Christian Schmidt in seiner Eröffnungsansprache. Gerade vor diesem Hintergrund müsste ein Bewusstsein geschaffen werden, welches antisemitische Entwicklungen in Zukunft unmöglich mache.

Auch wenn nach dem Zweiten Weltkrieg die Verfolgten des NS-Regimes und ihre Nachkommen auf Antrag vom Wehrdienst befreit wurden, dienen zunehmend auch jüdische Grundwehrdienstleistende freiwillig in der Truppe. Staatssekretär Schmidt erinnerte in diesem Zusammenhang daran, dass deutsche Juden schon in den 60er Jahren als Zeit- und Berufssoldaten in die Bundeswehr eingetreten sind.

Der Erste von ihnen war im Jahre 1966 der heutige Ehrenvorsitzende des Bundes jüdischer Soldaten und Vorsitzende des Landesverbandes der jüdischen Gemeinden von Niedersachsen Michael Fürst, der bei den Fallschirmjägern zum Reserveoffizier ausgebildet wurde.

Soldaten der Bundeswehr gehören heutzutage den unterschiedlichsten Religionen an und haben ihre Wurzeln in über 80 Ländern. Für die jüdischen Bundeswehrsoldaten gibt es mit dem 2006 gegründeten »Bund jüdischer Soldaten« mittlerweile auch eine eigene Interessenvertretung. Der Bund und jüdische Soldaten in der Bundeswehr seien jedoch noch ein zartes Pflänzchen, und auf tatkräftige Unterstützung angewiesen, so der stellvertretende Vorsitzende, Oberstleutnant i. G. Dr. Gideon Römer-Hillebrecht.

Von der Historie jüdischer Soldaten in deutschen Armeen wurde in der Podiumsdiskussion »Eine besondere Beziehung: Jüdische Soldaten in der Bundeswehr« die Brücke geschlagen zur aktuellen Situation. Der Wehrbeauftragte des Deutschen Bundestages Reinhold Robbe hob dabei unter anderem hervor, dass auch die vermeintlich kleinen Alltäglichkeiten wie beispielsweise die Regelung des Tragens der Kippa zur Uniform, aber auch die Rahmenbedingungen für die religiöse Praxis im Dienst durchaus von Bedeutung seien und die überwiegende Mehrheit der Vorgesetzten in der Bundeswehr entsprechende Anliegen mit hoher Sensibilität behandeln würden.

Das erste bundesweite Bildungsprojekt zum Thema »Juden im Militär«

Am 18. November 2009 eröffneten der Landrat des Rhein-Sieg-Kreises Frithjof Kühn und ich die »Kick-off-Veranstaltung« eines bundesweiten – wohl so einmaligen – Bildungsprojektes zum Thema »Deutsch-jüdisches Verhältnis«. Das Projekt »Juden und deutsches Militär: Zwischen Assimilation, Integration, Ausgrenzung und Vernichtung« entstand aus der Zusammenarbeit von Dr. Claudia Arndt, Gedenkstätte »Landjuden an der Sieg«, und dem Bund jüdischer Soldaten (RjF).[756]

In den folgenden Monaten beteiligten sich Bundeswehrdienststellen, Schulen, jüdische Gemeinden und Organisationen aus dem ganzen Bundesgebiet. Die Karl-Theodor-Molinari-Stiftung, das Bildungswerk des Deutschen Bundeswehrverbandes, unterstützte das Projekt, dessen Ergebnisse am 30. September 2009 in Siegburg als Buch präsentiert wurden. Der Wehrbeauftragte des Deutschen Bundestages, Reinhold Robbe, hatte die Schirmherrschaft des Bildungsprojektes übernommen. Die Bundeswehrführung unterstützte das Projekt nachdrücklich, zumal auch zahlreiche Dienststellen der Bundeswehr die Arbeitsergebnisse in ihrer Ausbildung nutzen wollten.[757]

Ursprünglich nur auf regionale Forschung begrenzt, erkannten jüdische Bundeswehrsoldaten und der Rhein-Sieg-Kreis rasch, dass sich die Fragestellungen auf andere Regionen übertragen und neue, noch unbeschrittene Pfade zur Erforschung der Geschichte finden lassen. So untersuchte das Siegburger Anno-Gymnasium unter Anleitung der Schulpfarrerin Annette Hirzel nicht nur eine Familiengeschichte, sondern näherte sich der Thematik auch durch einen kunsthistorischen Zugang: Benno Elkans Opferdenkmäler und Max Liebermanns Lithographie »Den Müttern der Zwölftausend« sind Beispiele für deutsch-jüdischen Patriotismus.

Bundeswehrärzte des Streitkräfteamtes erforschten die menschenverachtenden »Wehrtechnischen Versuche« an Juden im Konzentrationslager Dachau. Auch die Pflicht zum Wehrdienst aus Sicht des jüdischen Religionsgesetzes wurde analysiert, die Geschichte der deutschen Militärrabbiner betrachtet und die Behandlung jüdischer Soldaten in der DDR unter dem Gesichtspunkt des offiziellen Antizionismus und des erlebten Antisemitismus beschrieben. Ein Übersichtsanteil zu Beginn des Buches skizziert die Geschichte deutscher jüdischer Soldaten, um dem Laien den Zugang zu ermöglichen.

Doch es blieb nicht bei rein historischen Fragestellungen. Gideon Römer-Hillebrecht, Koordinator des Projekts vom Bund jüdischer Soldaten, stellte fest: »Die Erinnerung an das Schicksal und die Verdienste der jüdischen Mitbürger ist sicherlich eine sehr wichtige Aufgabe, noch wichtiger ist es jedoch, die Folgerungen für das Hier und Jetzt sowie die Zukunft zu ziehen.«

Die Offiziersschule der Luftwaffe unter Leitung des Militärhistorikers Dr. Peter Popp widmete sich unter anderem am Beispiel der Ausstellung »Deutsche Jüdische Soldaten« der Frage, ob die meist vorherrschende schrift-orientierte Darstellung noch dazu geeignet ist, den meist visuell-orientierten Jugendlichen die Vergangenheit zu vermitteln. Das Projekt stellte neben derartigen museumspädagogischen Fragen auch übergreifende Fragen an das heutige deutsch-jüdische Verhältnis: Ist die Vergangenheit wirklich Vergangenheit oder gibt es Ausgrenzungsversuche jüdischer Soldaten? Sind die Enkel von Holocaust-Opfern bereit, in der Bundeswehr zu dienen? Wie wird Antisemitismus heute erfahren?

Befragungen jüdischer Jugendlicher (Berlin, Frankfurt, Pinneberg, Hof etc.) und deutscher Wehrpflichtiger als Teilprojekte des Bundes jüdischer Soldaten wie auch der Unteroffizierschule aus Appen sowie Podiumsdiskussionen zwischen jüdischen Wehrpflichtigen und jüdischen Jugendlichen (Projekt des Fernmeldebataillons 284 aus Wesel) widmeten sich diesen Fragen. Eine erstmalige repräsentative Umfrage zu diesem Themenkomplex lieferte die Grundlage für weitere Forschung.

Doch das Projekt bietet mehr als eine Gesamtübersicht zu der Thematik »Jüdische Soldaten in Deutschland«, denn es betrachtet auch die Gegenwart und stellt Fragen an die Zukunft. So haben die vielen Teilprojekte schon in der Vorbereitung eine enge Zusammenarbeit zwischen Juden und Deutschen ermöglicht. Diese soll in der Zukunft weiter vertieft werden.

»Juden in Deutschen Armeen / Geschichte und Zukunft« – Dritte Tagung des Bundes jüdischer Soldaten[758]

Der Bund jüdischer Soldaten war bei seiner dritten Jahrestagung am 19. November 2009 Gast in der Vertretung des Landes Sachsen-Anhalt in Berlin. Nach der Begrüßung durch den Hausherrn und Schirmherrn der Tagung Staatssekretär Dr. Michael Schneider begann die Tagung mit meinem Vortrag zur Geschichte der Juden in Magdeburg. Der Impulsvortrag des stellvertretenden Vereinsvorsitzenden Dr. Gideon Römer-Hillebrecht »Bundeswehr unter dem Druck von Antisemiten? Rechte im Inneren, islamistische und linke Antisemiten von außen?« führte in einer anschließenden Podiumsdiskussion mit ausgewiesenen Experten und Zeitzeugen zu einem intensiven Meinungsaustausch zum Themenkomplex »Antisemitismus und Bundeswehr«. Die Ergebnisse des Impulsvortrages wurden zu den zentralen Themen der Diskussion.

Die Bundeswehr hat mit ihrer Konzeption der Inneren Führung gute Rahmenbedingungen, um mit antisemitischen Herausforderungen in ihren Reihen umzugehen. Durch den strukturellen Wandel und dem Ausscheiden noch durch die Wehrmachtsgeneration geprägter Ausbilder nimmt zudem die Gefahr, unreflektierte Traditionsbezüge zur Wehrmacht aufzubauen bzw. sich dem sekundären Antisemitismus zuzuwenden, erheblich ab. Antisemitische Tendenzen sind nicht kennzeichnend für diese Armee. Von rechten Randgruppen, die in großer Mehrheit aus nicht-aktiven Soldaten bestehen, sollte nicht auf die Bundeswehr geschlossen werden. Die Bundeswehr ist für rechte Antisemiten aufgrund ihrer Konzeption als Parlamentsarmee und ihrer Konzeption der Inneren Führung ein unattraktiver Arbeitgeber. Sie wird zudem von diesen als nichtdeutschen Interessen gehorchende, judaisierte Vasallenarmee des Weltjudentums betrachtet.

In islamistischen antisemitischen Weltverschwörungstheorien wird analog zu rechten Modellen die Bundeswehr als Instrument eines zionistischen Weltenkampfes gegen die Gläubigen eingeordnet. Die Bundeswehr wird somit ein legitimes Ziel islamistischen Kampfes. In linksradikalen Welterklärungsmodellen und globalisierungskritischen Positionen lassen sich Anknüpfungspunkte zu antisemitischen Welterklärungsmodellen finden, die die Bundeswehr bzw. die Einsätze der Bundeswehr ebenfalls in einen antisemitischen Verschwörungszusammenhang einordnen. Es besteht hierbei die Gefahr von »Querfronten« gegen Bundeswehreinsätze, die sich trotz aller ideologischen Unterschiede insbesondere zwischen dem linksradikalen Spektrum und dem islamistischen Bereich andeuten.

Die Ergebnisse der Podiumsdiskussion ließen ein komplexes Bild der auf die Bundeswehr wirkenden Bedrohung entstehen, wie sie von rechten und islamistischen Antisemiten ausgeht. Gleichzeitig fand eine Bewertung des von den unterschiedlichen Gruppen ausgehenden Gefahrenpotenzials statt. Als Fazit konnte daher festgehalten werden, dass Antisemitismus hauptsächlich in antipluralistisch eingestellten Gesellschaften bzw. Bewegungen entsteht, die nicht in einer als »stabil« zu bezeichnenden Tradition »eingebettet« sind. Solche Gesellschaften bzw. Bewegungen tendieren dazu, sich scharf gegen eine als übermächtig und bösartig empfundene Außenwelt abzugrenzen, die keine Orientierung zu geben vermag, diese dann mit dem Judentum zu identifizieren und sich so, d. h. auf diesem Umwege allererst eine eigene Identität zu schaffen.

Christian Schmidt mit Alfred-Dreyfus-Preis ausgezeichnet. Jüdische Soldaten würdigen die besonderen Verdienste des Parlamentarischen Staatssekretärs für das deutsch-jüdische Verhältnis[759]

Ein Mann der Tat, so hob der Ehrenvorsitzende des Bundes jüdischer Soldaten, Michael Fürst, in seiner Laudatio anlässlich der Verleihung des Alfred-Dreyfus-Preises am 19. November 2009 an den Parlamentarischen Staatssekretär beim Bundesminister der Verteidigung, Christian Schmidt (CSU) aus Fürth, dessen Verdienste hervor. Der 52-jährige Bundeswehrexperte fiel den jüdischen Soldatinnen und Soldaten nicht nur durch beispielhaftes Engagement in der Erinnerungs- und Gedenkarbeit auf, sondern vor allem auch durch zukunftsorientiertes Eintreten für die berechtigten Interessen der jüdischen Bundeswehrangehörigen. Als Vorsitzender der jüdischen Soldatenvereinigung habe ich dies genauso gesehen: »Während andere gerne über das deutsch-jüdische Verhältnis reden, hat sich Christian Schmidt in den letzten Jahren in nahezu wöchentlichen Treffen, Veranstaltungen und Publikationen in Deutschland und im Ausland beispielhaft eingesetzt.«

Die Auszeichnung mit dem Preis zum 150. Geburtstag von Alfred Dreyfus ist eine besondere Würdigung durch den Bund jüdischer Soldaten. Dieser will mit dem Preis an die Verteidigung staatsbürgerlicher Rechte und den Kampf um gesellschaftliche Gleichstellung der Juden im Rahmen der Alfred-Dreyfus-Affäre in Frankreich erinnern. Hauptmann Dreyfus wurde von Antisemiten mit fingierten

Beweisen der Spionage für Deutschland bezichtigt und daraufhin verurteilt. Die Affäre löste Ende des 19. Jahrhunderts in Frankreich eine gesellschaftliche Kontroverse über Antisemitismus und die Wahrung bürgerlicher Rechte aus. Darüber hinaus gilt sie als Symbol für die Benachteiligung von Juden im demokratischen Staat und trug wesentlich zur Aufwertung nationaler Bestrebungen im Judentum bei.

Für Schmidt ist das Eintreten für die Belange jüdischer Soldaten nicht nur eine Frage gesellschaftlicher Gleichstellung, sondern er verbindet damit auch die Hoffnung, das Vertrauen der jüdischen Bevölkerung in den deutschen Staat als solchen weiter zu stärken. In seiner Dankesrede hob der Staatssekretär hervor, dass es ihm stets um ein – im besten Sinne des Wortes – normales Verhältnis zwischen Juden und Deutschen gehe: »Das heißt: nicht isolieren, nicht auf eine besondere Situation sich beziehen, sondern in der täglichen Normalität so weit zu kommen, dass nicht nur Dreyfus nicht mehr möglich ist, sondern dass die alltägliche Kommunikation, dass die Chancen, dass die Möglichkeiten, dass die Perspektiven, dass der Respekt voreinander und das Miteinander dazu führen, dass bestimmte Entwicklungen gar nicht mehr eintreten können.«

Angesichts des Holocaust ist für viele jüdische Familien die Ableistung des Wehrdienstes in einer deutschen Armee noch immer undenkbar. Zu tief sitzen die Ängste und der Schmerz auch noch in der zweiten und dritten Generation nach dem Holocaust. Jedoch fassen zugleich auch immer mehr jüdische Jugendliche Vertrauen in die Bundeswehr und leisten ihren Wehrdienst ab. Diesen spürbaren Wandel hat Christian Schmidt maßgeblich durch viele persönliche Gespräche unterstützt, in denen er half, Ängste abzubauen und praktikable Lösungen für die besonderen Anforderungen der jüdischen Kultusvorschriften in der Bundeswehr zu finden.

2. Gedanken zum Jahrestag des 20. Juli und Rückblick auf 60 Jahre Bundeswehr

Die Bundeswehr im Spannungsfeld von Tradition und Armee der »Einheit in der Vielfalt«

Das Image der Attentäter vom 20. Juli entsprach lange dem Bild des »sauberen Offiziers der Wehrmacht« und prägte so Generationen von Bundeswehrsoldaten. Im Nachkriegsdeutschland sprach man vom »unpolitischen Soldaten«, vom »entpolitisierten Spezialistentum« der Generale und Generalstäbler der Wehrmacht. Aber längst lässt sich belegen, dass zum Kreis der Verschwörer, die Hitlers Kopf forderten, auch überzeugte Nationalsozialisten gehörten: Antisemiten, Antibolschewisten und Völkisch-Nationale. Auch spielte der von Mitgliedern linker Parteien und christlicher Kreise organisierte Widerstand gegen das Naziregime im Vergleich zum militärischen Widerstand gegen Hitler in der nationalen Erinnerungskultur bis heute stets eine untergeordnete Rolle.

Der Einfluss der »Traditionalisten« auf die frühe Bundeswehr

Der Gründung der Bundeswehr im Jahre 1955 und der damit verbundenen Wiederbewaffnung Deutschlands waren in weiten Teilen der deutschen Bevölkerung heftige Diskussionen vorausgegangen, war doch die Bundeswehr zum Zeitpunkt ihrer Gründung die Nachfolgearmee der Wehrmacht, einer Armee, die den Nationalsozialisten nicht nur als williges Werkzeug gedient, sondern sich auch aktiv an Verbrechen des Regimes beteiligt hatte. Trotz der eindeutigen Zäsur nach 1945 und der sorgfältigen Auswahl des militärischen Führungspersonals durch den vom Parlament eingerichteten »Personalgutachterausschuss« wurde die Bundeswehr in den ersten Jahrzehnten ihres Bestehens zwangsläufig durch von der Wehrmacht übernommene »Aufbauhelfer« und Söhne der Tätergeneration mitgeprägt. Diese waren bis in unsere Zeit hinein nicht an einem radikalen Traditionsbruch mit der Wehrmacht interessiert, da ein radikaler Neuanfang doch das Eingeständnis einer wie auch immer definierten Mitschuld bedeutet hätte. Mit der zur Eigenentlastung des Gewissens verständlichen Einengung der Perspektive auf die militärischen Einzelleistungen, die militärischen Sekundärtugenden (Tapferkeit, Kameradschaft, Treue) und die Leidensgeschichte der eigenen Familie im Zweiten Weltkrieg konstruierten einige Bundeswehroffiziere eine »ungebrochene« Traditionskette. In vielen Traditionsvereinen außerhalb der Bundeswehr wurde diese

Neukonstruktion der Geschichte regelrecht zu einem neuen Brauchtum kultiviert und ermöglichte zugleich die vorgeblich apolitische, »ideologiefreie« Ehrung eindeutig »belasteter« Vorbilder aus der Wehrmacht. Mit der Organisationsphilosophie der »Inneren Führung«, die sich am Leitbild des »Staatsbürgers in Uniform« orientierte – eine Meisterleistung der Aufbaugeneration –, konnten sich diese Offiziere nie identifizieren.

Spätestens in den Diskussionen um die »Wehrmachtsausstellung« in den Jahren 1995–1999 und 2001–2004 wurde diese Perspektive in der breiten Öffentlichkeit als untauglicher Versuch der Konstruktionsbildung einer »sauberen Wehrmacht« demaskiert. Noch heute finden sich jedoch zahlreiche ehemalige militärische Spitzenkräfte, die in rechtslastigen Verlagen und Organisationen – etwa in der sich als »konservativ« bezeichnenden Staats- und Wirtschaftspolitischen Gesellschaft (SWG) – auf einem derartigen Traditionsverständnis bestehen. So z. B. Siegfried F. Storbeck, bis 1991 Stellvertreter des Generalinspekteurs der Bundeswehr, in einem »Gastkommentar«: »Die verbrecherische Politik Hitlers unter Beihilfe der obersten Wehrmachtsführung und die Kriegsverbrechen einzelner Verbände wurden zum undifferenzierten Maßstab für die Traditionsunwürdigkeit der gesamten Wehrmacht. … Der Soldat … braucht … diese Vorbilder, wenn er nicht zum Technokraten werden will. … Die wichtigere und größere Aufgabe ist es, die geistige Haltung und das damit verbundene historisch erprobte soldatische Wertebewusstsein des Offiziers- und Unteroffizierskorps nicht einem kurzatmigen Zeitgeist zu überlassen.« Hier bleibt nur darauf hinzuweisen, dass gemeinschaftsfördernde, »ideologiefreie« militärische Sekundärtugenden wie Treue und Opferbereitschaft dem Soldaten als mündigem Staatsbürger wohl kaum den Sinn und Zweck seines Dienens erklären können. Auch werden in diesen Kreisen die Kriegsverbrechen der Wehrmacht als Ausnahmen dargestellt. General a.D. Günzel, bis November 2003 Kommandeur des Kommandos Spezialkräfte (KSK), verschrieb dem KSK gar die Tradition der durch Kriegsverbrechen belasteten Wehrmachtsdivision Brandenburg. Aber damit nicht genug: »Ein Offizier muss konservativ sein.« Diesen falsch verstandenen Konservativismus definiert er wie folgt: »Ich erwarte von meiner Truppe Disziplin wie bei den Spartanern, den Römern oder bei der Waffen-SS.« Die Bundeswehr hat auf solche Ansätze eines antidemokratischen Traditionsverständnisses gerade in den letzten Jahren mit zielgerichteten ministeriellen Weisungen, Überprüfungen aller Namenspatronen für Kasernen und einer Neufassung des »Traditionserlasses« konsequent reagiert.

Vertrauen in die Generalität?

Eine ganze, bisher ununterbrochene Ahnenreihe von ehemaligen Bundeswehrgeneralen zelebriert bis heute öffentlichkeitswirksam nach ihrer freiwilligen oder unfreiwilligen Entlassung einen schon als bemerkenswert zu bezeichnenden Bewusstseinswandel hin zu ultrarechten Positionen, als habe in den Jahrzehnten ihrer Dienstzeit ein anderer in der Uniform gesteckt. In Publikationen der Nationalzeitung und anderer rechtsextremer Verlage überschlagen sich Generale wie die Brüder Uhle-Wettler, Komossa, Schultze-Rhonhof oder zuletzt Günzel in ihrer direkten oder indirekten Kritik an der Inneren Führung, einige stellen auch die alleinige Kriegsschuld Deutschlands infrage. Nach Schultze-Rhonhof tragen die Alliierten eine Mitschuld am Ausbruch des Zweiten Weltkriegs, hat Hitler die Arbeitslosigkeit beseitigt, ist Deutschland nicht befreit worden und hat das deutsche Volk von heute seine Werte verloren. Günzel klatschte 2003 dem Abgeordneten Hohmann Beifall für dessen Darstellung der Juden »als Tätervolk«. Durchweg behaupten diese Generale, sie wären politisch durch die Siegermächte und ihre Büttel gezwungen, das Leid der »eigenen« Bevölkerung zu negieren und der Singularität des Holocaust »zu huldigen«. Der Weg zu rechtsextremen Weltverschwörungstheorien ist damit bereitet. Spätestens an dieser Stelle stellt sich die Frage, ob diese Generale in ihrer aktiven Dienstzeit tatsächlich unauffällig waren oder ein in diesem rechten Gedankengut heimisches, »konservatives« Führungskorps heranziehen konnten und ob dieses in ihrem Sinne weiterwirkt

Demokratisch gesinntes Offizierskorps?

Auch heute bestehen noch Fragezeichen, ob die Durchformung der Bundeswehr nach den Prinzipien der »Inneren Führung« in allen Bereichen der Großorganisation erfolgreich war: Der Blick auf eine Studie zu den politischen Orientierungen der Studenten an den Bundeswehruniversitäten aus 2001 scheint dies infrage zu stellen. Die Studie ergab, dass – wie in einer Vorgängerstudie von 1978 – 25 Prozent der Offiziersstudenten der Bundeswehr sich selbst als nationalkonservativ bezeichnen würden. Ein Teil der zu der Kategorie »nationalkonservativ« gehörenden Ansichten befand sich »bereits außerhalb der demokratischen Prinzipien«. Es ist tatsächlich keine gute Nachricht, dass jeder vierte junge Offizier offenbar mit demokratischen Prinzipien seine Probleme hat. Zeigt sich hier ein verstecktes Fortleben überkommen geglaubter antidemokratischer Einstellungen und Traditionsvorstellungen? Umfragen neueren Datums haben bestätigt, dass diese Studien offenbar repräsentativ sind.[760]

Trotz Vertrauens in die militärische Führung bleibt ein bitterer Beigeschmack
Allerdings sollte dies nicht darüber hinwegtäuschen, dass die Bundeswehrführung seit ihrem Bestehen unbeirrt gegen offene rechtsextreme Agitation und Antisemitismus vorging. Hier kommt es auf die aktive Durchsetzung der Inneren Führung, eine gezielte Politische Bildung und einen offensiven Umgang mit der Vergangenheit an. Die Bundeswehr unternahm und unternimmt dafür erhebliche Anstrengungen. Grundsätzlich kann jeder Soldat oder jede Soldatin seiner/ihrer militärischen Führung in dieser Hinsicht Vertrauen entgegenbringen. Ein gewisser Zweifel im Einzelfall bleibt aber auch heute trotz des Generationenwechsels angesichts der noch immer aktiven Kontakte dieser Ex-Generale in die Truppe, dem damit verbundenen Einfluss auf empfängliche ehemalige Untergebene und der Erkenntnisse der Bundeswehruniversitäten über rechtslastige Einstellungen im Offizierskorps angebracht.

Blick in die Zukunft
Deutsche Soldaten stammen heute aus über 80 Ländern. Angesichts des demografischen Wandels, der die Bundeswehr zunehmend zu einer multireligiösen und multiethnischen Großorganisation macht, wäre jede Konstruktion einer homogenen deutschen Gemeinschaft oder der Rekurs auf überkommene Wertvorstellungen untauglich, um ein »Wir-Gefühl« zu erzeugen. Die Bundeswehr ist gezwungen, sich der Realität zu stellen, dass sie nicht auf eine ungebrochene Tradition vor ihrer Gründung zurückgreifen kann. Unter den Bedingungen erheblicher Pluralität wird sich eine »Wir-Gemeinschaft« erst durch das Miteinander in der täglichen Praxis ergeben. Die über ein halbes Jahrhundert alte Praxis der »Inneren Führung« in der Bundeswehr hat dies bewiesen, und gezeigt, dass die Bundeswehr keineswegs ein Sammelsurium von individualistischen, unmilitärischen Staatsbürgern ist. Die Bundeswehr hat ihre Leistungsfähigkeit bewiesen und es besteht kein Grund für ausgeprägte Minderwertigkeitskomplexe gegenüber dem militärischen Sonderethos in so mancher Bündnisarmee. Die Bundeswehr hat mit der Neufassung der Zentralen Dienstvorschrift zur Inneren Führung 2008, die ein klares Bekenntnis zu dieser pluralistischen Wertegemeinschaft ablegt, die Grundlagen für die Bundeswehr der Zukunft noch einmal verbessert. Die Vorgaben zur Tradi-

tionspflege und zur Religionsfreiheit sind eindeutig. Die Väter der »Inneren Führung« kamen aufgrund ihrer Erfahrungen in der Wehrmacht folgerichtig zu dem Schluss, sich von einem nicht tragfähigen Ethos zu verabschieden. Diese großartige Leistung unterscheidet die Bundeswehr von allen Vorgängerarmeen und macht ihre innere Qualität aus, auch wenn dies Ewiggestrige nicht verstehen wollen oder können. Positiv gewendet kann auch festgestellt werden, dass die überwiegende Mehrheit des deutschen Offizierskorps angesichts einiger »verwirrter« Generale nur noch Unverständnis äußert. Es bleibt die Frage, welche Bereiche gegebenenfalls noch durch derartige Offiziere beeinflusst sind. Letztendlich wirken die Agitationen der Neuen Rechten und ehemaliger Generale wie Abwehrgefechte einer vergangenen Zeit, die nur von einem kleinen Teil des Offizierskorps in ihren Einstellungen und auch nur zum Teil übernommen worden sind.

Die Parlaments- und Einsatzarmee der Bundesrepublik Deutschland, die sich aus Soldaten aus mehr als 80 Herkunftsländern zusammensetzt, ist inzwischen multireligiös und multiethnisch. Nur wenig hat die Bundeswehr noch mit der durch die Wehrmachtsgeneration geformten, ethnisch und religiös weitestgehend homogenen Truppe der 1950er bis 1980er Jahre gemein. Dieser Fortschritt ist u. a. auch der Wehrpflicht und ihrem integrativen Charakter zu verdanken. Grundsätzlich sind Achtung und Toleranz gegenüber anderen Religionen und Ethnien wesentliche Merkmale der Inneren Führung, der maßgeblichen Gestaltungs- und Führungskonzeption unserer Armee. Dies unterscheidet die Bundeswehr von allen ihren Vorgängerarmeen und macht ihre innere Qualität aus. Darauf könnte die Bundeswehr mit Recht stolz sein, würde sie die Grundsätze der Inneren Führung in allen Bereichen konsequent durchsetzen und die Einhaltung derselben energisch überwachen.[761]

Teil VII: Ich klage an! »Es gibt immer einen Dreyfus!«

1. Der Fall Dreyfus – Frankreichs Armee und der neue Antisemitismus[762]

»… le capitaine Dreyfus est victime d´une machination abominable: il est innocent.«[763]

Am 31. Oktober 1894 gibt die amtliche französische Nachrichtenagentur bekannt, dass ein Offizier vorläufig festgenommen worden sei, unter dem Verdacht, vertrauliche Dokumente von geringer Bedeutung an einen Ausländer weitergegeben zu haben. Am folgenden Tag erscheint in der »Libre Parole«, einem bekannten antisemitischen Schmierblatt, ein Artikel mit der Überschrift: »Landesverrat, Verhaftung des jüdischen Offiziers A. Dreyfus.« In diesem Artikel wird behauptet, Dreyfus sei bereits geständig, dass er militärische Geheimnisse an Deutschland verkauft habe. Damit bekommt die Angelegenheit eine politische Dimension und das Ergebnis steht bereits fest. Alle nationalistischen Zeitungen versuchen nun sich gegenseitig zu übertreffen, die »Wahrheit« ans Licht zu bringen und den Kriegsminister unter Druck zu setzen.

Die nun beginnende Hetzjagd endet mit der Verurteilung, Degradierung und Deportation eines Unschuldigen und stürzt die Französische Republik in eine allgemeine Krise, die bis ins Jahr 1900 andauern wird.

Im selben Jahr, in dem der elsässische Fabrikantensohn und Jude Alfred Dreyfus zum Hauptmann der französischen Armee befördert wurde, feierte die französische Nation den 100. Jahrestag der Revolution. Alle französischen Juden beteiligten sich mit großer Begeisterung an den Jahrhundertfeiern, denn sie bedeuteten 100 Jahre Gleichberechtigung und französische Bürgerrechte. Sie verwiesen voller Stolz auf die Tatsache, dass sie die Vorreiter der jüdischen Emanzipation in Europa waren. In keinem anderen europäischen Land war die jüdische Gemeinschaft so vollständig in die Gesellschaft integriert wie in Frankreich. Sie hatten die Traditionen und Kultur ihres Vaterlandes angenommen, waren französische Patrioten aus innerster Überzeugung und hatten Zugang zu den elitärsten Schulen und Universitäten des Landes, zu Laufbahnen als Staatsbeamte und Karrieren in der Armee.

Aufklärung, bürgerliche Gleichstellung und Militärdienst

Im Zeitalter der Aufklärung im 18. Jahrhundert begann der langsame und steinige Weg der französischen Juden in die Emanzipation und die damit verbundene bürgerliche Gleichberechtigung. Bis zur Französischen Revolution waren die Juden in allen europäischen Staaten bis auf wenige Ausnahmen Bürger zweiter Klasse. Insbesondere in Frankreich nahm das aufstrebende Judentum am bürgerlichen Kampf um Freiheit, Gleichheit und Brüderlichkeit teil.

Einer der ersten Schritte in Richtung auf eine Verbesserung der rechtlichen Lage des europäischen Judentums war das vom österreichischen Kaiser Joseph II. im Jahre 1781 erlassene Toleranzedikt, das zumindest einige Beschränkungen für wohlhabende Juden milderte. Die Gewährung gewisser bürgerlicher Rechte musste letztendlich zur Wahrnehmung staatsbürgerlicher Pflichten wie dem Wehrdienst führen. So wurde in den Jahren 1788/89 in Österreich die Militärpflicht für Juden eingeführt.

In Deutschland forderten, getragen vom Geist der Aufklärung, Intellektuelle wie Dohm, Hardenberg, Humboldt und Lessing die Emanzipation der Juden. Der preußische Staatsrat Christian Wilhelm von Dohm veröffentlichte in den Jahren 1781/83 ein für den Geist der Aufklärung aufschlussreiches Buch mit dem Titel »Über die bürgerliche Verbesserung der Juden«. Die judenfeindliche Politik war für Dohm »ein Überbleibsel der Barbarei der verflossenen Jahrhunderte, eine Wirkung des fanatischen Religionshasses, die, der Aufklärung unserer Zeit unwürdig, durch dieselbe längst hätte getilgt werden sollen …« Doch schon der Titel macht deutlich, dass mit dem Wort »Verbesserung« eine gewisse Zweideutigkeit verbunden ist. Einerseits ist damit natürlich eine Verbesserung der Lebensbedingungen des größeren Teils der jüdischen Bevölkerung durch die Aufhebung antijüdischer Gesetze gemeint, andererseits sollen die Juden an sich verbessert werden.

Diese schon in Dohms Schrift erkennbare Richtung setzte sich fort in der folgenschweren Erklärung des Comte Stanislas Clermont-Tonnerre vor der französischen Nationalversammlung im September 1791: »Il faut tout refuser aux juifs comme nation, il faut tout leur accorder comme individus«. – Nicht die Emanzipation der jüdischen Nation wurde gefordert, nur der Jude als Individuum galt als emanzipationswürdig und emanzipationsfähig, und besonders dann, wenn er sich von seiner Tradition löste. Ohne die Verdienste des Grafen Mirabeau, des Abbé Grégoire und des Grafen Clermont-Tonnerre, der die volle und uneingeschränkte Gleichberechtigung der jüdischen Bevölkerung verlangte und auch durchsetzte, für die Emanzipation der europäischen Juden schmälern zu wollen, war diese Erklärung gleichwohl folgenschwer: für das französische, das österreichische und auch das deutsche Judentum.

Die Aufklärung und der Wunsch nach Emanzipation gaben den Anstoß für ein neues jüdisches Selbstverständnis. Viele Juden waren nun nicht mehr beseelt vom Wunsch nach Rückkehr in das Heilige Land, sondern fühlten sich mehr und mehr als Bürger eines Staates, von dem sie ihre bürgerlichen Rechte einforderten, und waren gleichzeitig auch bereit, den damit verbundenen Pflichten nachzukommen. Dies war in einigen Fällen mit nahezu vollständiger Anpassung verbunden, bis hin zum Abfall vom Judentum und der Taufe.

Die Toleranzedikte des österreichischen Kaisers Joseph II. von 1781/82, die im Jahre 1788/89 zur Einführung der Militärpflicht für Juden in Österreich führten, und die Beschlüsse der französischen Nationalversammlung vom September 1791 waren zwar ein Durchbruch auf dem Weg zur Gleichberechtigung, doch erst der Vormarsch der Truppen Napoleons in Europa brachte den Juden in den von Napoleon besetzten Staaten die bürgerliche Gleichstellung.

Napoleon hatte schon bei der Eroberung Norditaliens 1796 sämtliche Ghettomauern niederreißen lassen, sein Bruder Jérôme setzte als König von Westphalen die bürgerliche Gleichstellung der dort lebenden jüdischen Bevölkerung mit Nachdruck durch. Napoleon befürwortete wie Graf Clermont-Tonnerre eine vollständige Eingliederung der Juden in den französischen Staat bei gleichzeitiger Aufgabe sowohl der religiösen Tradition als auch des Bewusstseins, zur jüdischen Nation zu gehören. Am 30. Mai 1806 berief der Kaiser nach dem Vorbild des Sanhedrin in hellenistisch-römischer Zeit eine Versammlung jüdischer Notablen ein. Napoleon wollte mit diesem Schachzug die Sympathien der Juden Europas für sich gewinnen.

Der Sanhedrin erklärte in seiner zweiten Sitzung am 9. Februar 1807 nach langem Zögern seine Bereitschaft, die staatsbürgerlichen Pflichten den Religionsgesetzen voranzustellen. Auch die von den französischen Juden als »décret infâme«

bezeichnete Verordnung – die Betätigung der Juden in Handel und Kreditgeschäften wurde für zehn Jahre von Genehmigungen abhängig gemacht – wurde von Napoleon als eine Art Erziehungsmaßnahme gesehen. Sie sollten sich vollständig in Staat und Nation integrieren und sich »von den übrigen Mitbürgern in Unserem Kaiserreich nicht mehr unterscheiden«.

Die französischen Juden hatten 1791 im Zusammenhang mit den Beschlüssen der französischen Nationalversammlung das Recht erhalten, in das Heer aufgenommen zu werden und damit Dienst mit der Waffe zu leisten.

Die im frühen Mittelalter vorhandenen Privilegien, die zumindest einen Teil der jüdischen Bevölkerung in eine Rechtsstellung vergleichbar der der christlichen Bevölkerung setzten, waren nach und nach entzogen und durch demütigende Bestimmungen ersetzt worden. So verloren sie auch das im frühen Mittelalter vorhandene Recht, Waffen zu tragen, und gehörten damit spätestens seit Mitte des 13. Jahrhunderts zu den schutzbedürftigen, waffenlosen Gruppen, die unter den Schutz des Kaisers bzw. Landesherrn gestellt wurden.

Jedoch unterstützten Juden in Kriegs- und Notzeiten Maßnahmen zur Landesverteidigung und waren am Ausbau und der Unterhaltung von Stadtbefestigungen beteiligt. In der Regel wurden sie nur für Hilfsdienste herangezogen; nur in seltenen Fällen fanden sie Verwendung als Kämpfer. Ausnahmen vom Verbot des Waffentragens gab es für Juden in den folgenden Jahrhunderten nur selten.

Die durch die Französische Revolution erworbenen bürgerlichen Rechte wurden durch die jüdische Bevölkerung nicht nur mit großer Begeisterung aufgenommen, sondern die damit verbundenen Pflichten gegenüber dem Staat wurden im Gegenzug auch mit größter Ernsthaftigkeit wahrgenommen und zudem eingefordert.

Denn es ging dabei nicht nur um die Integration jüdischer Soldaten innerhalb des Militärs, es ging dabei vor allem auch um die Möglichkeit, durch geleisteten Militärdienst die Integration in die französische Gesellschaft zu vollziehen.

Gerade deswegen wurde schon seit Beginn der jüdischen Emanzipation innerhalb des französischen Judentums die Bedeutung des Zusammenhangs zwischen Militärdienst und Integration erkannt und nach geleistetem Dienst am Vaterland die vom Staat garantierten bürgerlichen Rechte dann auch eingefordert.

So beteiligten sich bereits zahlreiche französische Juden an den Revolutionskriegen und den Napoleonischen Kriegen. Eine der Ursachen für das »décret infâme« im Jahre 1808 war die Beschuldigung, dass die Juden sich der Konskription entzögen.

Im gleichen Jahr dienten von den 2543 Pariser Juden bereits 150 im Heer, während die gesamte jüdische Gemeinschaft des damaligen Frankreich 797 Soldaten stellte. Die berühmtesten jüdischen Offiziere der Grande Armée waren der Brigadegeneral Marc-Jean-Jérôme Wolffe (1776–1848), der Kommandeur der ersten Kavalleriebrigade, und Henri Rottembourg, der als Offizier in der kaiserlichen Garde diente, 1814 Generalmajor und dann Generalinspekteur der Infanterie wurde. Nach 1815 erfolgte seine Ernennung zum Präsidenten des Ausschusses für die Infanterie. Henri Rottembourg erhielt sowohl von Napoleon als auch von den Bourbonen zahllose Ehrungen. Sein Name ist auf der Nordseite des Arc de Triomphe verewigt.

Spätestens nach der vollständigen Verwirklichung der Emanzipation haben zahlreiche französische Juden in der französischen Armee gedient und die höchsten militärischen Ränge erreicht. Im Jahre 1846 wurde einer der herausragendsten jüdischen Offiziere, Martin Cerfberr, zum Oberst befördert.

Die Situation jüdischer Soldaten in der Armee blieb trotz dieser Erfolge weiterhin schwierig. Viele Kommandeure lehnten jüdische Offiziersbewerber ab und übergingen jüdische Offiziere, wenn sie zur Beförderung anstanden.

In den Kriegen der zweiten Hälfte des 19. Jahrhunderts zeichneten sich jüdische Offiziere durch besondere Tapferkeit aus, wurden dekoriert und befördert. Hier sind die Obristen Leopold See und Abraham Lévy zu erwähnen, die sich sowohl im Krimkrieg als auch im Italienischen Krieg von 1859 durch Tapferkeit vor dem Feind auszeichneten und hohe Orden erhielten. Abraham Lévy wurde später Generalmajor und Divisionskommandeur, Leopold See war Absolvent der Militärakademie in St. Cyr, wurde 1880 Generalleutnant und Divisionskommandeur. Er war stets aktives Mitglied der jüdischen Gemeinschaft und gehörte dem »Consistoire Central des Israélites« an, eine Art Zentralrat der Juden. Auch am Deutsch-Französischen Krieg von 1870/71 nahmen zahlreiche jüdische Soldaten teil. Oberst Jules Moch und der Hauptmann Halphen durchbrachen die preußischen Linien, nachdem die französische Armee bei Metz eingeschlossen worden war.

Obwohl es für jüdische Offiziere keine offiziellen Beschränkungen gab, wurden sie vor allem wegen ihrer herausragenden Leistungen regelmäßig das Ziel antisemitischer Angriffe.

Im Jahr 1895 gab es mindestens sieben aktive französische Generale, 14 Obristen, mehr als 150 Stabsoffiziere und ca. 200 Subalternoffiziere. Unmittelbar vor Ausbruch des Ersten Weltkrieges gab es in der französischen Armee acht jüdische Generale, 68 Majore und 150 weitere Offiziere.

Zu den ersten Kriegsfreiwilligen von 1914 zählten die Hauptleute Charles Lehmann und René Frank, die bereits 44 Jahre zuvor im Deutsch-Französischen Krieg gekämpft hatten. 50 000 französische Juden, mehr als 20 % der gesamten jüdischen Bevölkerung Frankreichs, kämpften zwischen 1914 und 1918 in der französischen Armee, zwölf von ihnen im Generalsrang. Mardochée Georges Valabrègue war nach seinem Studium an der École Polytechnique und der Militärakademie bereits 1884 Regimentskommandeur, seit 1902 Stabschef des Kriegsministers und Kommandeur der Artillerieschule und in den Jahren vor dem Weltkrieg Kommandeur des 3. Armeekorps und der Pariser Militärakademie. Im Ersten Weltkrieg führte er als Generalleutnant die Reservedivisionen der 4. Armeegruppe und gehörte dem Obersten Kriegsrat an.

Auch nach dem Ersten Weltkrieg gab es einige jüdische Generale in der französischen Armee.

Selbst in den Jahren unter dem Vichy-Regime durften General Charles Huntzinger und Generalmajor Pierre Brisac trotz der Rassengesetze ihren Rang und Dienstposten weiter führen.

Der Dienst in der Armee war für französische Juden, die mit der Revolution ihre staatsbürgerlichen Rechte erhalten hatten, als Patrioten eine Selbstverständlichkeit und die ehrenvollste Aufgabe im Dienste der französischen Republik.

Für den jungen Elsässer aus Mülhausen, Alfred Dreyfus, war der Eintritt in die Armee und die Wahl der Offizierslaufbahn eine Demonstration seines für sein Vaterland Frankreich empfundenen Patriotismus.

Alfred Dreyfus stammte aus einer jüdischen Familie, die seit dem 18. Jahrhundert im Elsass ansässig war. Die Beschlüsse der Nationalversammlung von 1791, die auch den elsässischen Juden die bürgerliche Gleichberechtigung zusicherten, waren der Ausgangspunkt für ihre Integration in den französischen Staat und die Gesellschaft.

Diese Integration war natürlich mit neuen Möglichkeiten und einem schnellen sozialen Aufstieg verbunden. Der Urgroßvater Alfreds zog 1835 nach Mühlhausen, das sich zum östlichen Zentrum der französischen Textilproduktion entwickelt hatte.

Alfreds Vater gelang es, sich an Textilunternehmen zu beteiligen, und sammelte im Zuge der Expansion dieses Gewerbezweiges ein beträchtliches Vermögen an. Die Familie Dreyfus gehörte bald zum Kreis der reicheren und anerkannten Familien Mühlhausens. Ob Katholiken, Protestanten oder Juden – diese Familien fühlten sich als französische Patrioten und waren überzeugt von der zivilisatorischen Größe der Nation Frankreich. Als die Deutschen einmarschierten und das Elsass dem Deutschen Kaiserreich einverleibt wurde, blieb der älteste Bruder Alfreds im Elsass und wurde Deutscher, während Alfred und sein Bruder Mathieu nach Paris zogen.

Mathieu stieg in das Textilgewerbe ein, Alfred wählte die militärische Laufbahn.

In seinem Buch »Fünf Jahre meines Lebens 1894–1899« schilderte er seine durch Erfolg und Zufriedenheit geprägten Lebensumstände:

»Ich bin in Mühlhausen im Elsass am 9. Oktober 1859 geboren. Ich verlebte unter dem wohltuenden Einfluss von Mutter und Schwestern, durch die liebevolle Fürsorge des Vaters uns Kindern gegenüber und in der Hut zärtlicher älterer Brüder eine frohe Kindheit. Mein erstes trauriges Erlebnis, das mir schmerzlich in Erinnerung blieb, ist der Krieg 1870. Mein Vater entschied sich nach dem Friedensschluss für die französische Nationalität; wir mussten daher das Elsass verlassen. Ich begab mich nach Paris, um dort meine Studien fortzusetzen.
Ich wurde 1878 in die Kriegsschule aufgenommen und verließ sie 1880, um als Fähnrich die Artillerieschule in Fontainebleau zu besuchen. Am 1. Oktober 1882 ernannte man mich zum Leutnant des 31. Artillerieregiments in Mans. Gegen Ende des Jahres 1883 wurde ich in die erste Division der reitenden Feldartillerie nach Paris versetzt. Am 12. September 1889 wurde ich zum Hauptmann im 21. Artillerieregiment befördert und von dort aus an die Feuerwerker-Zentralschule in Bourges abkommandiert. Im selben Winter verlobte ich mich mit Lucie Hadamard, die mir eine hingebungsvolle und tapfere Lebensgefährtin geworden ist.
Während meiner Verlobungszeit bereitete ich mich für die höhere Kriegsschule vor und wurde am 20. April 1890 dort zugelassen. Am folgenden Tag, dem 21. April, verheiratete ich mich. Ich verließ die höhere Kriegsschule mit dem Prädikat ›sehr gut‹ und der Qualifikation zum Generalstab. Dank meiner Klassifikation beim Austritt aus der höheren Kriegsschule wurde ich zum Generalstab abkomman-

diert. Ich trat dort am 1. Januar 1893 den Dienst an. Meine Karriere lag glänzend und vielversprechend vor mir, die Zukunft stand unter den besten Vorzeichen. Nach der Tagesarbeit fand ich in meiner Familie Behaglichkeit und den Reiz des häuslichen Lebens. Die Abende verbrachte ich gemeinsam mit meiner Frau bei anregender Lektüre, denn wir interessierten uns für alles, was Menschengeist geschaffen. Wir waren vollkommen glücklich; ein erstes Kind belebte und erhellte unser Heim; ich hatte keine materiellen Sorgen, und auch zwischen den Mitgliedern meiner Familie und der meiner Gattin herrschte tiefe Zuneigung.
Alles im Leben schien mir freundlich gesonnen.«

Die französische Armee hatte zwar bereits einige jüdische Offiziere in ihren Reihen, Dreyfus ist jedoch der erste Jude, der gegen den Widerstand hoher Offiziere in den Generalstab aufgenommen wird. Durch den Wohlstand seiner Familie und eine größere Mitgift verfügt Dreyfus über ein Vermögen von 400 000 Goldfranken, die in der Fabrik der Familie im Elsass angelegt sind. Dieses Vermögen wirft eine Rente von 30 000 Goldfranken ab. Im Gegensatz zu anderen Offizieren ist er dadurch finanziell bestens abgesichert und kann sich auf Karriere und Familie konzentrieren.

Er zeichnet sich aus durch hohe Intelligenz, ein ausgezeichnetes Gedächtnis und eine unerhörte Arbeitskraft. In seinen Akten finden sich durchwegs ausgezeichnete Zeugnisse. Sein sehnlichster Wunsch ist eine schnelle und glänzende Karriere als Offizier. Als man ihm 1892 bei der Eignungsprüfung für den Generalstab nur den neunten Platz gibt, obwohl er den fünften oder vierten verdient hat, fühlt er sich tief getroffen und bezeichnet diese Zurücksetzung als Infamie. Im Auftreten wird er als schüchtern beschrieben, der mit seiner Schüchternheit kämpft, im militärischen Dienst als übereifrig und überkorrekt.

Kameraden und Vorgesetzte schildern ihn als Musterschüler, als ehrgeizigen Streber, der, weil er Jude ist, immer besser als die anderen sein will und wohl auch sein muss. Er hat nicht allzu viel Freunde, ist ohne die Gabe, Sympathien zu erwecken. So bleibt er stets ein Außenseiter, den man spüren lässt, dass er trotz seines Reichtums, seiner Intelligenz und seiner fortwährenden Bemühungen, sich anzupassen, im französischen Offizierskorps und vor allem im Generalstab allenfalls geduldet wird.

Was war nun die Ursache dafür, dass ein unbedeutender jüdischer Hauptmann zum Anlass für eine Affäre wurde, die ganz Frankreich über mehr als ein

Jahrzehnt hinweg erschütterte und Politik und Gesellschaft in zwei Lager spaltete, die sich erbittert bekämpften.

Antisemitismus in Gesellschaft und Armee der Dritten Republik

Die Ursachen für die Dreyfus-Affäre sind im Wesentlichen in den Geburtswehen der Dritten Französischen Republik zu suchen.

Die Französische Nation hatte in den Jahren nach dem Krieg von 1870/71 vor allem mit dem Trauma der Niederlage zu kämpfen. Die Umsetzung der durch Gambetta im September 1870 verkündeten Staatsform – der republikanische Neubeginn – erwies sich als überaus schwierig. Die Wahlen zur Nationalversammlung am 8. Februar 1871 brachten ein Ergebnis, das eindeutig gegen eine republikanische Staatsform sprach. Von 675 gewählten Abgeordneten sind 400 aus dem monarchistischen Lager.

Zu diesem Zeitpunkt wäre eine verfassungsmäßige Verankerung der Monarchie durchaus möglich gewesen. Das Parlament wählte den Historiker und Politiker Adolphe Thiers zum Regierungschef, der, gestützt auf die konservative Mehrheit, am 10. Mai 1871 den Friedensvertrag mit dem neu gegründeten Deutschen Kaiserreich abschloss. Dies bedeutete die Abtrennung des Elsass und eines Teil Lothringens, die Zahlung von fünf Milliarden Francs Kriegsentschädigung, eine für die damalige Zeit unvorstellbare Summe, und die Besetzung sechs östlicher Departements bis zur Zahlung der Entschädigungssumme. Aus den von Deutschland annektierten Gebieten wurde kein deutscher Staat, sondern ein praktisch von Preußen verwaltetes »Reichsland« Elsass-Lothringen.

Dieser Friedensvertrag sollte für Frankreich und für Europa schwerwiegende Folgen haben. Er spaltete die französische Gesellschaft über Jahre hinweg und schuf eine unüberbrückbare Kluft zwischen Deutschland und Frankreich. Die deutsch-französischen Beziehungen waren fortan von Nationalismus und Revanchismus geprägt. Eine Spätfolge dieser Gegensätze war der Erste Weltkrieg und seine Auswirkungen.

Die Besetzung Ostfrankreichs wird bereits nach Aufbringung einer Anleihe von drei Milliarden Francs im September 1873 beendet und auch die Kriegsentschädigung wird unerwartet schnell gezahlt.

Wie auch ein Teil der Familie Dreyfus verlassen viele Elsässer, deren Herz für Frankreich schlägt, ihre alte Heimat und treten als überzeugte Patrioten in den Dienst des französischen Staates als Beamte und Offiziere des Heeres.

Am 25. Februar 1875, erst vier Jahre nach Ausrufung der Republik, wird die republikanische Verfassung Gesetz. Die Verfassung tritt am 1. Januar 1876 in Kraft. Die ersten Wahlen zur Deputiertenkammer ergeben ein Verhältnis von 360 Republikanern zu 170 Konservativen. 1879 erringen die Republikaner auch im Senat die Mehrheit, 1881 haben die Monarchisten nur noch 88 Sitze. Obwohl die Fragestellung »Republik oder Monarchie« weiterhin umstritten bleibt, sind die Monarchisten fortan politisch bedeutungslos.

Die Regierung der Republik führte Reformen im Innern durch: Absetzung von monarchistischen Richtern und Aufhebung der Jesuitenschulen. 1886 werden die Prinzen des Hauses Orléans aus Frankreich verwiesen. Diese Maßnahmen verstärken die Gegensätze zwischen der Republik und ihren »Feinden«, die unverändert eine Restauration der Monarchie anstreben.

Die Monarchisten hatten zwar in Deputiertenkammer und Senat die Mehrheit verloren, besaßen jedoch nach wie vor starken Rückhalt in den Kreisen des Adels und vor allem im Offizierskorps, das die Republik als unerwünschtes Ergebnis des verlorenen Krieges sah.

Die Armee hatte in Frankreich stets hohe Achtung genossen. Sie war ein Symbol und Garant für die »französische Größe« und diente vermehrt als Druckmittel in der von Nationalismus und Revanchismus geprägten Außenpolitik. Aus diesem Grund stärkten die regierenden Republikaner den politischen Einfluss und die Schlagkraft der Armee und ließen dem Offizierskorps dessen traditionelle Exklusivität.

Das Offizierskorps belohnte diese uneingeschränkte Unterstützung und fast mystische Verehrung mit offener Verachtung für die Republik und ihre Repräsentanten. So sehr die Armee von Frankreich stets in Ehren gehalten wurde, so wenig interessierte sich die Armee für die Belange der Nation. Die Armee war im Wesentlichen ein Erbe der vorherigen Regime. Das Offizierskorps wurde vom Adel dominiert, die leitenden militärischen Stellen sind von Männern besetzt, die entweder monarchistisch oder nationalistisch gesinnt sind und die republikanische Regierung innerlich ablehnen. In dieser Republik mit ihren zahllosen Krisen und ihren ständig wechselnden Regierungen, mit einem Staatsoberhaupt, das aus dem Volk gewählt wurde, entwickelte sich die Armee mit ihrem Kastengeist und Elitebewusstsein zu einem Staat im Staat. Die Dritte Republik hatte die alten Eliten, den Adel und die mit ihm verbundenen bürgerlichen Kreise, von den hohen zivilen Ämtern ausgeschlossen. So versuchte diese Schicht, die hohen

Stellen in der Armee für sich zu reservieren. Die feudalen Kavallerieregimenter und der Generalstab waren fest in Händen von Adel und christlichem Großbürgertum. Offizieren, die nicht zu diesem Kreis gehörten, also insbesondere jüdischen Offizieren wurde der Zugang zu diesen Verwendungen erschwert bzw. unmöglich gemacht. Die wenigen jüdischen Offiziere waren in der Regel Absolventen der École Polytechnique. Diese besser ausgebildeten Offiziere standen in erfolgreicher Konkurrenz mit den Schülern der Militärakademie von Saint-Cyr.

Ein weiterer entschiedener Feind der Republik war die katholische Kirche. Die Kirche und vor allem der hohe französische Klerus sympathisierten mit den Monarchisten und Nationalisten und machten Front gegen jede Art von Fortschritt in Politik, Wirtschaft, Wissenschaft und Kultur. Die durch den Feudalismus geprägte Kirche lehnte demokratische Anschauungen als mit ihren Vorstellungen von »Glauben und Ordnung« unvereinbar ab. Diese offene Ablehnung von bürgerlicher Demokratie und modernen Ideen führte zwangsläufig zu einem Bündnis mit den nationalistischen und monarchistischen Kräften. Übersteigerte Frömmigkeit in Verbindung mit nationalistischem und revanchistischem Gedankengut führten bis zum Missbrauch religiöser Symbole für politische Kampagnen. Im Jahre 1875 wurde die Jungfrau von Lourdes zur »Schutzpatronin der Revanche« erklärt.

So wurde die katholische Kirche ein Wegbereiter des nach der schmachvollen Niederlage von 1870/71 aufkommenden Nationalismus. Ziel war die Wiederherstellung der »nationalen Größe« und die Restauration der Monarchie mit Hilfe von Militär und Kirche.

Diese konservativen, monarchistischen Kräfte bedienten sich im Kampf gegen die Republik des Antisemitismus, der seit 1880 immer mehr eine politische Rolle zu spielen begann. Frankreich war eines der wenigen Länder, in denen die Emanzipation der Juden auch in die Wirklichkeit umgesetzt wurde und das seine jüdische Bevölkerung vollständig in Gesellschaft und Staat integriert hatte. Die Zahl der französischen Juden war im Vergleich zu anderen europäischen Ländern stets gering. Sie hat wohl auch gegen Ende des 19. Jhs. trotz der Immigranten aus Osteuropa und den Juden aus dem von Deutschland annektierten Elsass-Lothringen die 100 000 nie überschritten. Die nach Frankreich einwandernden Juden kamen aus Gebieten Osteuropas, in denen sie Verfolgungen ausgesetzt waren. Der Zustrom dieser osteuropäischen Juden stieß bei den etablierten französischen

Juden auf Ablehnung, da sie befürchteten, dass deren Sitten und Erscheinungsbild Antisemitismus hervorrufen würde.

Der in den achtziger Jahren des 19. Jhs. entstehende moderne Antisemitismus richtete sich jedoch nicht nur gegen die Einwanderer aus Osteuropa, sondern gegen das gesamte französische Judentum. In dieser Zeit griff in Frankreich eine Welle der Fremdenfeindlichkeit als Folge der Wirtschaftskrise, der steigenden Arbeitslosigkeit, der Lebensunsicherheit und des Zweifels an Demokratie und Kapitalismus um sich. Man begab sich auf die Suche nach einem Sündenbock, der für die ganze Misere verantwortlich sein sollte, und fand ihn in den französischen Juden. Dieser neue Antisemitismus war ein Gebräu aus christlichem Judenhass der Konservativen und des Klerus, des judenfeindlichen Antikapitalismus der Linken und der kleinen Leute sowie einer auf pseudobiologischer Basis stehender Rassentheorie.

Die Verbreitung dieser Ideen erfolgte durch Literatur und Presse. Das 1869 erschienene Buch des Chevalier Henri Gougenot des Mousseaux, »Le Juif, le Judaïsme et la Judaïsation des peuples chrétiens« (Der Jude, das Judentum und die Judaisierung der christlichen Völker) wurde in den folgenden Jahren zu einer Art Bibel des Antisemitismus. Als 1882 die von einem ehemaligen Angestellten der Familie Rothschild gegründete katholische Banque Union Générale zusammenbrach und viele Sparer ihr Geld verloren, führte dies zu einer neuen Flut antisemitischer Publikationen. Diese Publikationen verbreiteten die Auffassung, der Bankrott sei das Werk des Finanzjudentums à la Rothschild. Im Jahre 1886, zwischen dem Zusammenbruch der Union Générale und dem Panamaskandal, erschien das zweibändige Werk von Edouard Drumont, »La France juive« (Das verjudete Frankreich). Drumont war ursprünglich eifriger Republikaner, wandte sich aber später in Richtung Klerikalismus und Antisemitismus. Sein Hauptwerk »La France juive« war ein Konglomerat aus den verschiedensten antisemitischen Strömungen, erreichte schon im ersten Jahr eine Auflage von mehr als 100 000 Exemplaren und wurde zum Evangelium der antisemitischen und antirepublikanischen Reaktionäre. Frankreich sei, so schreibt Drumont, fest in der Hand der Juden, die als Agenten einer weltweiten Verschwörung des Geldes agieren und auf Kosten der kleinen Leute ihre Geschäfte betreiben. Diese Saat fiel in dem von Krisen geschüttelten Frankreich auf fruchtbaren Boden und entwickelte sich zu einer gefährlichen Ideologie, die sich rasend schnell in allen Bevölkerungsschichten verbreitete. Im Jahre 1889 gründete Drumont zusammen mit Jaques Biez die antisemitische Liga und seit 1892 erschien Drumonts eigene Zeitung, La Libre Parole, die sich der Aufdeckung des Panamaskandals rühmte. Dieses Blatt war das Sprachrohr eines unglaublich primitiven und aggressiven Antisemitismus, der sich in allen Bevölkerungsschichten rasch verbreitete. Daneben gab es noch die verschiedenen Auflagen von La Croix, der Zeitschrift der Assumptionisten, und des Pèlerin (Der Pilger) mit über 500 000 Exemplaren, sowie Vereine wie die Ligue antisémitique mit einigen tausend Mitgliedern. Diese Zeitungen und Vereinigungen trugen zum weiteren Anschwellen des Antisemitismus bei, so dass ein Funke genügte, um ihn während der Dreyfus-Affäre zur Explosion zu bringen.

Auch im französischen Offizierskorps verbreitete sich antisemitisches Gedankengut mit ansteckender Geschwindigkeit. Die Offiziere des Heeres, im Zweiten Kaiserreich die gesellschaftliche Elite repräsentierend, fühlten sich, vor allem wenn sie ohne Vermögen waren, durch die neue Werteordnung in der Gesellschaft zurückgesetzt. Die Karrieren einiger brillanter jüdischer Offiziere verstärkten den von Zeitungen wie La Libre Parole geschürten Hass. Zudem wuchs die Zahl jüdischer Offiziere stetig. Zu Beginn des Ersten Weltkrieges lagen die höchsten Befehlsstellen fast der gesamten Artillerie in jüdischen Händen. Eine der ersten Pressekampagnen der Libre Parole richtete sich gegen jüdische Offiziere, wie etwa die seit dem 23. Mai 1892 veröffentlichten Artikel gegen »Juden in der Armee«, in der sie als »künftige Verräter« gebrandmarkt werden, sowie die antisemitischen Karikaturen des Soldaten Chapuzot, die einer von Drumonts Mitarbeitern zeichnete.

In der Armee häuften sich Ehrenhändel. Als einer der Ersten forderte der Hauptmann Crémieu-Foa im Namen von dreihundert jüdischen Offizieren Drumont zu einem Duell. Was für eine Ironie der Geschichte ist es doch, dass der Major Walsin-Esterházy, der später der eigentliche Auslöser für die gesamte Affäre war, in diesem Duell als Zeuge des jüdischen Hauptmanns auf die Bühne der Ereignisse trat!

Ein Zweikampf des elsässischen Juden und Absolventen der École Polytechnique, Hauptmann Armand Mayer, mit dem Marquis de Morès, einem demissionierten Offizier und Mitarbeiter von Drumont schloss sich an. Der Hauptmann Mayer fiel, durchbohrt vom Degen des Marquis, der in einem anschließenden Gerichtsverfahren freigesprochen wurde. Sein Tod rief bei den europäischen Juden eine beträchtliche Aufregung hervor. Bei seiner Beerdigung würdigten ihn die »Ehemaligen« der École Polytechnique als vorbildlichen Republikaner, fähigen Offizier und untadeligen Staatsbürger. Ein Mitglied der weitverzweigten Dreyfus-Familie, Ferdinand Camille Dreyfus, Mitarbeiter mehrerer liberaler Zeitungen und Abgeordneter der Deputiertenkammer, kämpfte erbittert gegen den von Drumont geschürten Judenhass. Er hatte mehrere Duelle mit Antisemiten, u. a. mit Drumont selbst, von dem er schwer verwundet wurde. Drumont hatte infolge seiner antisemitischen Angriffe gegen Juden im Militär und im öffentlichen Leben zahlreiche weitere Duelle zu bestreiten, u. a. gegen den Journalisten Arthur Meyer. Arthur Meyer gehörte der konservativen, monarchistischen Partei an und war Besitzer verschiedener Zeitungen, von denen die bekannteste der monarchistische Gaulois war. Er trat bei seiner Heirat zum Katholizismus über, wurde aber in jüdischen Kreisen immer als Jude gesehen und hat sich auch als solcher gefühlt.

Diese Ereignisse verdeutlichen, dass judenfeindliches Gedankengut sowohl das Militär als auch die gesamte französische Gesellschaft durchdrungen hatte und sich vor dem Hintergrund der Feindschaft mit dem Deutschen Kaiserreich irrwitziger Phantasien und Verschwörungstheorien bediente. Die zunehmende Verteufelung des jüdischen Anteils der französischen Bevölkerung war zu einem großen Teil das Werk skrupelloser Journalisten wie Drumont. Seine Hetzreden waren von beispielloser Primitivität – »Laßt die Juden noch zwanzig Jahre frei, und sie werden Paris, Frankreich und Europa in die Luft sprengen«. Mit dieser Argumentation versuchte er, einen angeblichen Zusammenhang zwischen jüdischer und deutscher »Gefahr« nachzuweisen und weckte damit bei den Franzosen tiefsitzende Ängste. Frankreich sei von außen durch den »alten Feind« Deutschland bedroht und im Innern von Juden korrumpiert. Diese Verleumdungen waren besonders brisant angesichts der weitverbreiteten Vorstellung, Deutschland warte nur auf eine Gelegenheit, das zu vollenden, was mit dem schmachvollen Vertrag von Frankfurt 1871 begonnen wurde. Militärische Gründe für die Niederlage wurden von der militärischen Führung nicht zugegeben. Das Wort vom Verrat in den eigenen Reihen machte die Runde.

In diese durch Verleumdungen, Ängste, Neid und Hass aufgeladene Atmosphäre schlug die Nachricht von der Verhaftung des jüdischen Hauptmanns Dreyfus wie eine Granate ein. Der Kriegsminister General Mercier, auf die Informationen des Kommandeurs des »Nachrichtenbüros«, Oberst Sandherr, einem passionierten Antisemiten, vertrauend, war an einer schnellen Lösung der Spionageaffäre interessiert. Zudem stand er unter heftigem Beschuss der nationalkonservativen Presse, die ihn beschuldigte, republikanisch gesonnen zu sein und im Generalstab Juden zu dulden. Merciers vorrangiges Ziel war demzufolge, die nationalkonservativen Kräfte und vor allem die antisemitische Presse schnellstmöglich zufrieden zu stellen.

So war die logische Konsequenz, dass man im Generalstab und im »Nachrichtenbüro« relativ schnell den »einzig möglichen Verdächtigen fand«. Der Hauptmann Alfred Dreyfus war Artillerist – die gefundenen Spionageunterlagen betrafen militärische Geheimnisse aus dem Bereich der Artillerietruppe –, er hatte verschiedene Abteilungen des Generalstabes durchlaufen und er war Jude. Des Weiteren kam er aus dem Elsass, war also fast ein Deutscher und damit ohnehin ein potenzieller Landesverräter. Die Untersuchung des Falles und auch der Vergleich der Schriftprobe des Hauptmanns Dreyfus mit dem besagten Schriftstück, dem Bordereau, ergaben keinerlei Beweise für dessen Schuld. Dennoch unterschrieb General Mercier am 14. Oktober 1894 den Haftbefehl gegen Hauptmann Dreyfus, der am folgenden Tag vollstreckt wurde.

Als die Verhaftung bekannt wurde, verstärkten die nationalistischen Zeitungen, allen voran La Libre Parole, den Druck auf das Kriegsministerium mit Behauptungen, es habe Dreyfus' Verhaftung verschweigen wollen und sei verantwortlich für die Anwesenheit eines »Landesverräters« im Generalstab.

Als am 19. Dezember 1894 der Prozess gegen Hauptmann Alfred Dreyfus vor dem Obersten Kriegsgericht in Paris eröffnet wurde, war der Angeklagte bereits schuldig gesprochen. Der Angeklagte war jener außergewöhnlich begabte Offizier, der 1878 seine militärische Karriere mit dem Eintritt in die École Polytechnique begonnen hatte und später als Hauptmann der Artillerie seine Zulassung zum Generalstab erhalten hatte. Er musste sich nun gegen die Anklage der »Komplizenschaft mit einer ausländischen Macht« verteidigen. Trotz einer ungenauen Anklage, dem Fehlen eindeutiger Beweise und plausibler Motive bestand über den Ausgang des Prozesses kein Zweifel. Dies war vor allem das Werk der nationalistischen und antisemitischen Presse, der sich zahlreiche Zeitungen in Paris und der Provinz angeschlossen hatten. Sie alle forderten eine exemplarische Verurteilung. Die großen Zeitungen wie Le Petit Journal des Nationalisten Ernest Judet, Le Petit Parisien, Le Matin und Le Journal verleumdeten den »Landesverräter« in einer Atmosphäre, die durch übersteigerten Nationalismus und von Verfolgungswahn geprägter Spionagephobie gekennzeichnet war. Seine intellektuellen Fähigkeiten und sein Patriotismus seien ihm bei seiner Spionagetätigkeit für

Deutschland zugutegekommen. Der daraus entstandene Schaden für die nationale Verteidigung sei so gravierend und die Beweise so eindeutig, so die Argumentation der Nationalisten, dass sie einen Prozess eigentlich überflüssig machten.

Die Verhandlung war eine Farce – die Öffentlichkeit wurde vom ersten Tag an ausgeschlossen und Dreyfus´ Anwalt, Maître Albert Demange, der von der Unschuld seines Mandanten überzeugt war, das Wort verweigert. Am 22. Dezember wurde der Hauptmann der Artillerie Alfred Dreyfus schuldig gesprochen, »1894 in Paris einer fremden Macht oder ihren Agenten eine gewisse Anzahl von geheimen und vertraulichen Dokumenten, die die nationale Verteidigung betreffen, übergeben zu haben …«. Das Gericht verurteilte ihn einstimmig zu Degradierung und Verbannung an einen befestigten Platz.

Der Schuldspruch wurde allgemein begrüßt. Die Dreyfusards gab es noch nicht und die französischen Juden vermieden es, Stellung zu beziehen aus Angst vor Repressalien und davor, den Antisemitismus weiter zu schüren. Einige waren sicherlich auch von seiner Schuld überzeugt. Maurice Paléologue, ein Zeitgenosse und selbst in die Dreyfus-Affäre involviert, schrieb am 23. Dezember in seinem Tagebuch: »Heute morgen kennt die ganze Pariser Presse – von der äußersten Linken bis zur äußersten Rechten, von den klerikalen und monarchistischen Blättern bis zu den avantgardistischen Organen der Sozialisten – in ihren Kommentaren über das Urteil des Kriegsgerichts nur eine einzige Tonart. Zustimmung, Erleichterung, Aufatmen, Freude – eine triumphierende, wilde, rachsüchtige Freude.«

Am Tage nach der Verkündigung des Urteils schreibt Dreyfus aus dem Gefängnis an seine Frau: »Unschuldig sein, hinter sich ein Leben ohne Makel zu haben und wegen des schlimmsten Verbrechens, das ein Soldat begehen kann, verurteilt zu werden, was kann es Schrecklicheres geben? … Was vor allem not tut – gleichgültig was aus mir wird – ist, die Wahrheit zu suchen. Unser ganzes Vermögen muss, wenn es not tut, daraufgehen, damit mein Name, der in den Staub gezogen ist, wieder hergestellt wird. Dieser unverdiente Flecken muss um jeden Preis weggewischt werden.«

Hauptmann Dreyfus legte erfolglos Revision ein. Am 5. Januar 1895 wurde er in einer äußerst demütigenden Prozedur im Hof der École Militaire öffentlich degradiert. Die Degradierung war von einem heftigen Ausbruch antisemitischer Emotionen begleitet. Alfred Dreyfus musste vor der angetretenen Truppe defilieren und schrie seine Unschuld heraus, während die auf der Straße versammelte

Menge tobte: »Hängt ihn auf!« Nur mit Mühe konnten die Polizisten den Pöbel davon abhalten, auf den Paradeplatz zu stürmen und Selbstjustiz zu üben.

Am 21. Februar wurde Alfred Dreyfus auf die Teufelsinsel vor der Küste von Französisch-Guayana deportiert. Der unvorstellbare Hass, der Dreyfus bei seiner Degradierung entgegenschlug, und die Haltung des Verurteilten ließen schnell die ersten Zweifel über seine Schuld aufkommen.

Es wurde bald klar, dass die Armeeführung, das Kriegsgericht und sogar Mitglieder der Regierung wissentlich einen Unschuldigen geopfert hatten, um den wahren Schuldigen, den Major Walsin-Esterházy zu decken. Dieser offensichtliche Justizirrtum sollte die politische Landschaft Frankreichs über Jahre hinweg in zwei Lager spalten, Dreyfusards und Anti-Dreyfusards.

Der von Émile Zola am 13. Januar 1898 in der Zeitung L'Aurore an den Präsidenten der Republik veröffentlichte Brief »J'accuse« führte zu Demonstrationen gegen Zola und die Juden sowie zu Sympathiekundgebungen für die Armee. In Algerien kam es zu gewalttätigen antijüdischen Ausschreitungen. Es wurden erste Forderungen für eine Wiederaufnahme des Verfahrens laut, die schließlich zu einem erneuten Prozess im August 1899 führten, mit einem erneuten Schuldspruch und anschließender Begnadigung durch Präsident Loubet als Ergebnis. Alfred Dreyfus konnte jedoch nur eine vollständige Wiedergutmachung akzeptieren. Am 12. Juli 1906 wurde er schließlich rehabilitiert und wieder in die Armee aufgenommen, am 13. Juli zum Major und sein Mitstreiter Picquart zum Brigadegeneral befördert. Sieben Tage danach wurde er zum Ritter der Ehrenlegion geschlagen, auf öffentlichem Platz, vor versammelter Truppe, an der gleichen Stelle, an der er die entwürdigende Prozedur der Degradierung hatte über sich ergehen lassen müssen.

Die Affäre Dreyfus führte zur Spaltung Frankreichs, obgleich es sich anfangs um ein recht unbedeutendes Ereignis handelte. So wie der Antisemitismus, angestachelt durch Nationalisten und Katholiken, innerhalb kürzester Zeit breite Volksmassen erfasste und die übelsten Auswüchse hervorbrachte, ging er nach der Rehabilitierung von Dreyfus schnell wieder zurück und wurde mit dem Beginn des Ersten Weltkrieges von einer Woge patriotischer Begeisterung weggeschwemmt.

Die Reaktionen des Deutschen Kaiserreiches und seine Haltung gegenüber jüdischen Offizieren in der Armee

Das außenpolitische Klima zwischen der Republik Frankreich und dem Deutschen Kaiserreich war am Vorabend der Dreyfus-Affäre von Versuchen der Annäherung Deutschlands an Frankreich gekennzeichnet. Kaiser Wilhelm II. zeigte sich persönlich voller Aufmerksamkeiten für Frankreich. Er dinierte gelegentlich beim französischen Botschafter und legte einen Kranz beim Tode des Marschalls Mac Mahon nieder. Der deutsche Botschafter in Paris, Graf Münster von Derneburg, war ein aufrichtiger Anhänger deutsch-französischer Verständigung und dokumentierte jedes Zeichen einer Annäherung mit großer Begeisterung.

Frankreich jedoch betrachtete Deutschland nach wie vor als den drohenden Feind, der die erste sich bietende Gelegenheit nutzen würde, über Frankreich herzufallen.

Die Nachricht über die Verhaftung des Hauptmanns Dreyfus war somit für die nationalistische französische Presse ein willkommenes Geschenk, die »deutsche Gefahr« in schillernden Farben an die Wand zu malen.

Das Dementi des deutschen Militärattachés Oberstleutnant von Schwartzkoppen verhallte fast ungehört. Am 10. November 1894 veröffentlichte Le Figaro eine Protestnote der Deutschen Botschaft: »Nie erhielt Oberstleutnant von Schwartzkoppen Briefe von Dreyfus. Weder hatte er eine direkte noch indirekte Verbindung zu ihm. Selbst wenn dieser Offizier des Verbrechens, für das er angeklagt wird, schuldig sein sollte, ist die deutsche Botschaft nicht in diese Affäre verwickelt.« Nach Verleumdungen in Le Matin protestierte Graf Münster erneut und es findet ein Treffen mit dem französischen Außenminister statt. Der Botschafter war von der Unschuld seines Militärattachés überzeugt, während der Außenminister eine Erklärung über die Verantwortung »ausländischer Botschaften und Legationen in Paris« dementieren musste. Dies war für die Presse ein weiterer Beweis für Dreyfus' Schuld: Der deutsche Botschafter log, um seine in Frankreich operierenden Spione zu decken. Es war darüber hinaus ein Indiz dafür, dass Frankreichs Juden mit dem Erzfeind Deutschland kooperierten.

Die deutschen Zeitungen zeigten sich schon deshalb an der Affäre interessiert, weil von französischer Seite behauptet wurde, Dreyfus habe für Deutschland spioniert. Die deutsche Presse hielt sich dieser Anschuldigung gegenüber an die offizielle Stellungnahme der deutschen Regierung: Die Dreyfus-Affäre sei eine rein innerfranzösische Angelegenheit, Deutschland habe mit ihr nichts zu tun.

Die liberale deutsche Tagespresse, im Wilhelminischen Kaiserreich die einflussreichste und auflagenstärkste, sieht den Fall Dreyfus als einen Auswuchs des französischen Antisemitismus, betrachtet ihn aber auch als Widerstreit zwischen monarchischem und republikanischem Regierungssystem. Die rechts-konservative Presse nützt die Affäre zur Verbreitung eines negativen Frankreich-Bildes und vor allem für eine Kritik an der republikanischen Staatsform. Sie sei der Beweis für das Versagen der Republik und den Erfolg der Monarchie

Im Verlauf der Affäre wurden alle Mitteilungen von deutscher Seite, die zur Beruhigung der französischen Öffentlichkeit bestimmt waren, mit Schweigen übergangen. Die deutsch-französischen Beziehungen traten in eine kritische Phase.

Der deutsche Botschafter hatte in seinem ersten Bericht dem Kanzler und damit dem Kaiser gemeldet, dass kein Angehöriger der Deutschen Botschaft Dreyfus kannte. Der Kaiser begann sich nun für die Angelegenheit zu interessieren und beteiligte sich aktiv am Geschehen. Alle Akten, die Dreyfus-Affäre betreffend, tragen seine Randbemerkungen. Auch nach der Deportation von Dreyfus auf die Teufelsinsel und in den Jahren des Kampfes der Dreyfusards für dessen Rehabilitierung beobachtete er die Geschehnisse im Umfeld der Affäre. Wilhelm II. war von Dreyfus' Unschuld von Anfang an fest überzeugt. Er hat diese Überzeugung auch öffentlich vertreten, so gegenüber dem Fürsten von Monaco, der dies als Zeuge vor dem Kassationshof im Sommer 1899 auch bekundete. Zu einem – nicht veröffentlichten – Bericht des Botschafters vom 9. November 1896 bemerkte Kaiser Wilhelm: »Der Ansicht [dass Dreyfus seinerzeit auf ungesetzliche Weise verurteilt worden sei] war ich früher und bin es auch heute noch.« Er entschließt sich jedoch nicht zu aktivem Vorgehen. Obwohl er in dieser Sache stets die politisch fortgeschrittenere Tendenz vertritt, lässt er sich in seiner Meinung allzu leicht von seinen Beratern zurückdrängen. Von der Notwendigkeit deutsch-französischer Verständigung überzeugt, von französischer Kultur und Eleganz begeistert, im Wesen sprunghaft und bei heftigem Widerstand nachgebend – so erscheint das Bild des Kaisers in diesem Abschnitt deutsch-französischer Geschichte.

Abschließend ergibt sich nun die Möglichkeit eines Vergleichs mit antisemitischen Tendenzen im Deutschland des ausgehenden 19. Jhs. sowie der Situation jüdischer Soldaten in der Armee des Deutschen Kaiserreiches.

Wenngleich auch im Wilhelminischen Deutschland in allen gesellschaftlichen Schichten ein wachsender Antisemitismus zu beobachten war und selbst der

Kaiser von Vorurteilen nicht frei war – wie aus einigen seiner Bemerkungen im Zusammenhang mit der Affäre Dreyfus zu erkennen ist –, kam es doch niemals zu solch extremen Auswüchsen wie in Frankreich zur Zeit der Dreyfus-Affäre.

Wie auch in Frankreich gelang es den deutschen Juden im Laufe des 19. Jhs., ihre gesetzlich verankerte Gleichberechtigung in den meisten Bereichen des öffentlichen und gesellschaftlichen Lebens zu verwirklichen. Auf gesellschaftlicher Ebene gab es, vor allem in der Provinz, zunehmend Annäherung an die christliche Umgebung. Trotz immer wiederkehrender antisemitischer Wellen in der Politik und an den Hochschulen betrachteten die Juden ihre Position in Deutschland als gesichert. Viele waren in den bürgerlichen Mittelstand aufgestiegen, manche waren wohlhabend. Man hoffte, dass mit weiterem Fortschritt die letzten Schranken in Beruf und Gesellschaft fallen würden, denn in Justiz-, Militär- und Schuldienst wurden Juden weiter benachteiligt oder gar ausgeschlossen. Sie konnten in der Regel keine Offiziere, Richter oder höhere Staatsbeamte werden. Unter der Kanzlerschaft Bismarcks wurde Juden der Zugang zum Auswärtigen Dienst, der allgemeinen Staatsverwaltung, der preußischen Staatsanwaltschaft und natürlich dem Offizierskorps verwehrt. Diese Praxis setzte sich auch unter der Regentschaft Kaiser Wilhelms II. fort. In einem sogenannten christlichen Staat war der jüdische Vorgesetzte weder als Beamter noch als Offizier erwünscht. Dieser Antisemitismus war ein religiös motivierter und noch nicht der von einer Rassenideologie gestützte Antisemitismus eines Edouard Drumont. Zudem war das Offizierskorps der Armee des Kaiserreiches noch stärker geprägt und bestimmt von den alten Eliten der Monarchie, die den Aufstieg eines Juden in ihre Kreise fast immer zu verhindern wussten. Selbst Angehörige des jüdischen Großbürgertums wie Max Warburg und Walther Rathenau wurden bei ihrer Bewerbung zum Offizier abgelehnt.

Walther Rathenau, der Industrielle und Reichsaußenminister der Weimarer Republik, versuchte ebenfalls über den Einstieg als Einjährig-Freiwilliger die Beförderung zum Reserveoffizier zu erlangen. Er trat in eines der feudalsten Regimenter ein, das in Berlin stationierte Garde-Kürassierregiment, ein Regiment, dessen Offizierskorps nur aus Angehörigen des preußischen Adels bestand. Rathenau wählte dieses Regiment, obwohl die Chance, dort Reserveoffizier zu werden, gleich null war. Rathenau hoffte dennoch durch besonders gute Leistungen zur Offiziersprüfung zugelassen zu werden. Er bereitete sich auf die Offiziersprüfung vor und wurde abgelehnt, weil eine Weisung des Kaisers, die eindeutig Gesetz und

Verfassung widersprach, anordnete, Juden zukünftig nicht mehr zur Laufbahn der Offiziere und Reserveoffiziere zuzulassen.

Walther Rathenau widerstand der Versuchung, zum christlichen Glauben überzutreten, verzichtete auf den im Kaiserreich mit hohem Prestige versehenen Status des Reserveoffiziers und begnügte sich mit dem Dienstgrad eines Vizewachtmeisters, einem Unteroffiziersdienstgrad; einer der »schmerzlichsten Augenblicke« seines Lebens, wie er 1911 in seinem Aufsatz »Staat und Judentum« erwähnte. Er schreibt dort: »[D]er schmerzliche Augenblick, den es in den Jugendjahren eines jeden deutschen Juden gibt, an den er sich zeitlebens erinnert: wenn ihm zum ersten Male voll bewußt wird, daß er als Bürger zweiter Klasse in die Welt getreten ist, und daß keine Tüchtigkeit und kein Verdienst ihn aus dieser Lage befreien kann.«

Diese Vorgehensweisen erscheinen bekannt, und auch Dreyfus hat bei seiner Eignungsprüfung für den Generalstab eine ähnliche, wenn auch weniger schwerwiegende Zurücksetzung erfahren. Es gibt jedoch schon in der Armee Napoleon Bonapartes und vor allem in der Armee der Dritten Republik zahlreiche Beispiele für herausragende Karrieren jüdischer Offiziere. Die alten monarchischen Eliten hatten in der Armee der Französischen Republik die Vormachtstellung verloren, die sie in der Armee des Wilhelminischen Kaiserreiches noch besaßen, und waren dadurch besonders empfänglich für die Ideologie eines Drumont, der die französischen Juden für alle politische Krisen und die allgemeine Unzufriedenheit verantwortlich machte.

Der verlorene Krieg von 1870/71 und die Angst vor dem übermächtigen Nachbarn Deutschland hatten Mechanismen in Gang gesetzt, die nur in diesem Zusammenhang zu begreifen sind. Doch so, wie dieses nur aus den damaligen Ereignissen erklärbare Phänomen nach dem Ende der Dreyfus-Affäre in Frankreich rasch und weitgehend wieder verschwand, so sollte es zwei Jahrzehnte später im Nachbarland Deutschland zu einer nie dagewesenen Intensität mit grauenhaftesten Folgen anschwellen.

»Quand je suis le plus faible, je vous demande la liberté, parce que tel est votre principe; mais quand je suis le plus fort, je vous l'ôte, parce que tel est le mien.«[764]

(Louis Veuillot zugeschrieben)

2. Hauptmann Samuel Tänzer[765] – Der Fall eines jüdischen Berufsoffiziers in der Bundeswehr und sein verzweifelter Kampf gegen Faschismus und Antisemitismus

In diesem Fallbeispiel wird die Geschichte eines jüdischen Berufsoffiziers in der Bundeswehr geschildert. Diese Geschichte stellt die vorgebliche Integration jüdischer Soldaten in die Bundeswehr deutlich in Frage. Auch scheint die Bundeswehr gegen zunehmende rechtsradikale Tendenzen in den eigenen Reihen nicht immun zu sein und macht auch keine Anstalten, damit aufzuräumen. Hören wir also, was Samuel Tänzer zu berichten hat:

»Ich bin Berufsoffizier in der Bundeswehr und seit nunmehr fast dreißig Jahren Soldat. Ich berichte von Ereignissen, die sich in meiner letzten Dienststelle ereignet haben. Diese Dienststelle macht seit 2011 Schlagzeilen wegen rechtsradikaler Umtriebe. Wolfgang Fleischer, ein dort eingesetzter hoher Beamter, veröffentlichte 2011 im Verlag ›Deutsche Stimme‹ der NPD ein Buch, ›Sachsen 1945‹.[766] Was darüber hinaus auffällt: Bewusster Herr Fleischer hat in den vergangenen 17 Jahren insgesamt 69 Bücher zum Thema ›Wehrmacht und SS‹ in rechtsextremen Verlagen veröffentlicht. Selbst wenn Fleischer jede Minute seiner Freizeit durchgeschrieben hätte, wäre dies nicht möglich gewesen. Anzunehmen ist, dass diese Publikationen im Dienst mit Billigung oder gar Unterstützung seiner Vorgesetzten entstanden.
Nicht genug damit: Für den fast zeitgleich von bewusster Bundeswehr-Dienststelle veröffentlichten ›Wegweiser Naher Osten‹ für den Einsatz der Bundeswehr durfte der notorische Antisemit und Israelhasser Dr. Udo Steinbach[767] den Grundsatzbeitrag zum Nahostkonflikt schreiben.
Als ich gegen diese Vorgänge mit Beschwerden vorging, wurde ich fortwährend mit Zwangsmaßnahmen wie zum Beispiel Versetzung und weiteren Schikanen unter Druck gesetzt. Gegen diese Maßnahmen konnte ich auf dem Rechtswege erfolgreich vorgehen. Ein Rechtsweg führte mich bis vor ein höchstes Bundesgericht, das die Vorgehensweise der betreffenden Vorgesetzten als rechtswidrig und falsch bezeichnete. Dieses Urteil hatte für die betreffenden Vorgesetzten jedoch keine Folgen. In bundeswehrinternen Untersuchungen wurde alles abgewiegelt und vertuscht. Der rechtsradikale Beamte in Dresden ist nach wie vor im Dienst. Mich jedoch haben die Schikanen in der Folge meiner Beschwerden krank gemacht. Aus

diesem Grund ließ ich mich Ende 2013 in eine Dienststelle nach Berlin versetzen. Eine Verbesserung meines Gesundheitszustandes ist jedoch nicht zu erwarten. Meine berufliche und private Zukunft wurden durch diese Vorgänge zerstört. Katastrophal ist auch die Wirkung dieser Geschichte auf die Integration jüdischer Soldaten in die Bundeswehr. So befürchte ich, dass jeder jüdische Bundeswehrsoldat irgendwann mit ähnlichen rechtsradikalen Ereignissen konfrontiert sein und dann vor der Entscheidung stehen wird, sich zu wehren oder den Mund zu halten. Wird er sich wehren, wird man ihn auf eine ähnliche Weise ›fertigmachen‹.

Die bundeswehrinterne Untersuchung der Angelegenheit hat erwartungsgemäß zu nichts geführt. Beide Vorgesetzte, die für diese Vorgänge verantwortlich waren, wurden im Rahmen einer sogenannten ›Selbstreinigung‹ – so nannte es der untersuchende Wehrdisziplinaranwalt – aufgefordert, eine Untersuchung einzuleiten, die natürlich ergab, dass nichts falsch gemacht wurde. Das ist aus meiner Sicht eine neue perfide Version der Entnazifizierung. Die Tatsache, dass ich aufgrund der Ereignisse in meiner Dienststelle eine Beschwerde schrieb, hätte nicht zu Zwangsmaßnahmen gegen meine Person führen dürfen. Die Rechtsprechung der Bundeswehr sieht seit Anbeginn ihrer Gründung den Schutz des Soldaten vor, der sich beschwert. ›Aus einer Beschwerde dürfen einem Soldaten keine Nachteile entstehen‹, so lautet dieser Grundsatz. Allein aus diesem Grund war das Vorgehen der genannten Vorgesetzten rechtswidrig. Auch dieses Vergehen wird auf bekanntem Wege vertuscht.

Da es in meiner ›alten Dienststelle‹ eine ›schwarze Liste‹ betreffend Publikationen aus rechtsradikalen Verlagen gibt, hatte jeder Vorgesetzte merken müssen, was da in den letzten 20 Jahren vor sich ging. Die Publikation des Herrn Wolfgang Fleischer im Verlag der NPD war ›nur‹ die Spitze des Eisberges und führte zum Bekanntwerden der Angelegenheit.

Diese Geschichte erinnert mich an das Vorgehen der Deutschen Sicherheitsbehörden bei der Verfolgung der Terrorgruppe ›NSU‹, auch wenn die von mir geschilderten Vorgänge im Vergleich dazu harmlos erscheinen.

War ich noch zu Beginn des neuen Jahrtausends grundsätzlich optimistisch, die Zukunft von Juden in Deutschland betreffend, hat sich meine Einstellung diesbezüglich zu tiefem Pessimismus gewandelt.«

Teil VIII: Jüdische Soldaten in der Schweizer Armee[768]

1. Kurze Geschichte der Schweizer Juden

Wann die ersten Juden in der Schweiz siedelten, lässt sich heute nicht mehr zweifelsfrei feststellen, jedoch werden sie in Basel im Jahre 1213 in handschriftlichen Dokumenten der bischöflichen Kanzlei erwähnt. Eine weitere Erwähnung findet sich 1241 in den Steuerlisten für die wichtigsten jüdischen Gemeinden des Heiligen Römischen Reiches, in diesem Fall von Basel und Konstanz. In den folgenden Jahrzehnten entstanden jüdische Gemeinden in Luzern (1252), Bern (1262/63), St. Gallen (1268), Winterthur (vor 1270), Zürich (1273), Schaffhausen (1278), Zofingen und Bischofszell (1288) und Rheinfelden (1290). Im 14. Jahrhundert nahm die Zahl der jüdischen Gemeinden im deutschsprachigen Teil der Schweiz auf mehr als 30 zu, im französischsprachigen Teil entstanden ebenfalls Gemeinden, in Genf (1281/82), in Chillon, Montreux und Lausanne. Offensichtlich kamen die Juden im deutschsprachigen Teil aus dem Elsass und Süddeutschland, die im französischsprachigen Teil aus Frankreich, in stark steigender Zahl nach der Vertreibung der Juden aus Frankreich im Jahr 1306. Im deutschen Teil zahlten die dort ansässigen Juden ihre Steuern an die Habsburger, im französischen Teil an das Haus Savoyen. Die bedeutendsten Judengemeinden in dieser Zeit waren in Bern, Zürich und Luzern.

Bis zum Ausbruch der Pest im Jahr 1348 war die Schweizer Judenschaft von Verfolgungen verschont geblieben, mit Ausnahme einer Ritualmordbeschuldigung 1294 in Bern. Im Laufe der Pest wurden Juden überall beschuldigt, Quellen vergiftet und somit die Pest ausgelöst zu haben. Dies führte zu Pogromen gegen die Juden, in deren Folge fast alle Juden ermordet oder vertrieben wurden. Die jüdischen Gemeinden in der Schweiz waren somit ausgelöscht und es dauerte Jahrzehnte, bis die Überlebenden die Gemeinden wiederaufbauen konnten, fortwährend gehindert durch Niederlassungsbeschränkungen und erneute Vertreibungen. Letztendlich und bis auf einzelne Ausnahmen blieb die Niederlassung von Juden auf den Kanton Aargau und die Gemeinden Lengnau und Oberendingen beschränkt.

Die Proklamation der Helvetischen Republik 1798[769] war auch zugleich ein Wendepunkt in der Geschichte der Schweizer Juden. Bereits ein Jahr zuvor hatte die Schweizer Föderation unter dem Eindruck der gesellschaftlichen Veränderungen durch die Französische Revolution in ganz Europa beschlossen, von diskriminierenden Bestimmungen gegen Juden Abstand zu nehmen. Doch es sollte noch Jahrzehnte dauern, bis sich die rechtliche Situation der Schweizer Juden umfassend verbesserte und eine rechtliche Gleichstellung mit den nichtjüdischen Schweizern erreicht wurde. Erst mit den Revisionen der Bundesverfassung von 1866 und 1874 wurden die Einschränkungen der Bürgerrechte von Juden beseitigt und sie erhielten die vollständige rechtliche Gleichstellung. Danach nahm die Zahl der in der Schweiz lebenden Juden stetig zu, neue Gemeinden entstanden und Juden aus Frankreich und anderen zentraleuropäischen Ländern wanderten in die Schweiz ein.

Da das Schweizer Judentum die Shoah physisch nahezu unbeschädigt überstanden hat, haben wir hier ein für Europa seltenes Beispiel für eine jahrhundertelange ununterbrochene Entwicklung einer jüdischen Gemeinschaft seit dem Mittelalter, eine Entwicklung, auf welche die Schweizer und gerade die Schweizer Juden mit Stolz blicken können, während im Rest Europas die Existenz von Juden vor dem Hintergrund eines stetig wachsenden Antisemitismus zunehmend bedroht ist. Heute lebt ein Großteil der Schweizer Juden in den Städten, als Mitglieder zahlreicher orthodoxer, konservativer und auch liberaler Gemeinden. Vertreten werden diese Gemeinden durch den 1904 gegründeten Dachverband Schweizerischer Israelitischer Gemeindebund (SIG). In der Schweiz leben heute circa 17 000 Jüdinnen und Juden, die meisten sind Mitglieder der 17 SIG-Gemeinden. Das religiöse, kulturelle und gesellschaftliche Leben der Schweizer Juden ist auf die Städte Zürich, Basel, Bern, Lausanne und Genf konzentriert.

2. Der Militärdienst der Schweizer Juden

Die Epoche bis zum Ende des Ersten Weltkrieges

Das Fundament der modernen Schweiz beruht auf drei Säulen: die allgemeine Wehrpflicht, die außenpolitische Neutralität und die Mittel der direkten Demokratie wie Volksinitiative und Referendum. Dies galt bis in die jüngste Vergangenheit und ist für die Schweiz von großer Bedeutung. Die Wehrhaftigkeit der Eidgenossenschaft vor 1798 beruhte auf den Taten von Freiheitshelden wie Wilhelm Tell[770] und Arnold Winkelried[771]. Seit dem Ende des Mittelalters waren eidgenössische Truppen jedoch selten in kriegerische Auseinandersetzungen mit den Nachbarstaaten verwickelt. Schweizer dienten jedoch über Jahrhunderte hinweg als Söldner in zahlreichen Armeen. Mit dem Wiener Kongress 1815 wurde die Neutralität der Schweiz für alle Zeiten festgeschrieben. Im Zuge der Schaffung des liberalen Bundesstaates im Jahr 1848 entstand die Grundlage für die heutige Milizarmee.[772]

Im Jahre 1848 lebten etwa 3000 Juden in der Schweiz, nur die Hälfte davon hatte den Status von Schweizer Bürgern.[773] In Wirklichkeit waren sie jedoch Bürger zweiter Klasse und wohnten in den alten jüdischen Ansiedlungen Lengnau und Endingen im Kanton Aargau.[774] Erst im Jahr 1857 durften sie an der Wahl zum Schweizer Nationalrat teilnehmen. Erst durch die Revisionen der Bundesverfassung 1866 und 1874 wurden die Einschränkungen der Bürgerrechte von Juden beseitigt, wodurch sie die vollständige rechtliche Gleichstellung erhielten. Nach diesem Fortschritt ließen sich auch zahlreiche ausländische Juden einbürgern, so dass die Zahl der Juden mit Schweizer Bürgerrecht in den folgenden Jahrzehnten auf mehr als 10 000 anstieg.[775]

1853 wurde durch die Verwaltung das neue Militärreglement umgesetzt und die 22- und 23-jährigen Juden aus Lengnau und Endingen wurden zum Militärdienst einberufen.[776] Den älteren und jüngeren Jahrgängen wurde eine Militärpflichtersatzsteuer auferlegt. Zwei Jahre später gab es bereits jüdische Offiziere in der Schweizer Armee – die Oberleutnante Julius Wyler und Josef Dreyfus, einen Unterleutnant Moritz Meier[777] und einen Artillerieoffizier Wilhelm Bernheim. Im Deutsch-Französischen Krieg von 1870/71 machte die Schweizer Armee mobil und schützte die Nordgrenzen des Landes. In Militärdokumenten wird ein Hauptmann Wyler genannt, vermutlich der bereits 1855 erwähnte Oberleutnat Julius Wyler. Zu Beginn des 20. Jahrhunderts wurden die Beschwerden eines jüdischen Unteroffiziers dokumentiert, dass es für Juden keine Aufstiegschancen gebe.[778]

In den Jahren 1914 bis 1918 machte die Schweizer Armee erneut zum Schutz der Landesgrenzen mobil. Über die Zeit des Krieges berichtet der Historiker Ralph Weingarten: »Als 1914–1918 mit dem Ersten Weltkrieg eine Epoche zu Ende ging, hatte sich das Schweizer Judentum in den rund 50 Jahren seit der Emanzipation ohne große Reibung als weitere Facette in die Vielfalt der schweizerischen Pluralität eingefügt«[779], und zeigt dazu eine Fotografie, auf der drei Soldaten mit einer Schweizerfahne abgebildet sind. Der Text zur Fotografie: »Mit besonderem Stolz erfüllten die Juden ihre Dienstpflicht: Drei Mitglieder einer Pferdehändlerfamilie in Kavalleristenuniform zu Beginn des Ersten Weltkrieges«.[780]

Diese Geschichte weist darauf hin, dass Juden als Schweizer Bürger seit der Emanzipation die Integration in die bürgerliche Gesellschaft ermöglicht wurde. So konnten jüdische Männer aus bürgerlichen Verhältnissen mit der entsprechenden Bildung in die Laufbahn der Unteroffiziere und Offiziere aufsteigen. Damit war ihre Situation – für die Zeit bis zum Ersten Weltkrieg – wesentlich besser als im Deutschen Reich, nicht nur, aber mit Sicherheit auch, was den Dienst in der Armee anging. Der Erste Weltkrieg brachte jedoch für die Schweizer und insbesondere für die jüdische Bevölkerung der Schweiz eine deutliche Verschlechterung der Lebensverhältnisse. Einer der Gründe dafür war, dass von Seiten der Schweizer Regierung für die Zeit des Ersten Weltkrieges keine militärische Erwerbsersatzversicherung vorgesehen war. Dies führte zur Verschärfung der ohnehin schwierigen wirtschaftlichen Situation der Familien vieler Dienst leistender Wehrmänner.[781] Statt Abhilfe zu schaffen, wurde von Seiten der Behörden die Schuld den aus Osteuropa zugewanderten Juden zugeschoben. Dies schuf die vermeintliche Rechtfertigung, gegen Juden diskriminierende Verordnungen zu erlassen, was die Bewilligung der Niederlassung und Einbürgerung von Juden anging. Einige dieser Verordnungen hatten bis nach dem Zweiten Weltkrieg Bestand. Die Schweizer Militärführung, so zum Beispiel General Wille,[782] orientierte sich stark am Deutschen Kaiserreich. In dieser Zeit färbte die durchweg antisemitische Grundhaltung des preußischen Offizierskorps auch etwas auf die Schweizer Militärführung ab.[783]

Die Zeit seit dem Ersten Weltkrieg

Auch in der Schweiz kam es gegen Ende des Ersten Weltkrieges zu schweren sozialen Unruhen. Der Einsatz von Teilen der Armee gegen Demonstranten wirkte negativ auf das Ansehen der Armee in der Bevölkerung, die in ihr zunehmend ein

Mittel zur Machterhaltung der Eliten sah. So hatten autoritäre Ideologien wie zum Beispiel der italienische Faschismus in Teilen der bürgerlichen Schweizer Gesellschaft der Zwischenkriegszeit durchaus Popularität erlangt. Gerade der italienische Faschismus war bei der gesellschaftlichen Elite durchaus populär. Die im Deutschland der Weimarer Republik aufkommenden antisemitischen Strömungen beeinflussten das Denken einiger Schweizer Politiker der bürgerlichen Mitte. Die Thematisierung der Existenz von Juden im Land führte jedoch in Teilen der Bevölkerung zu einer irrealen Angst vor Überfremdung und beeinflusste das Verhältnis zwischen Nichtjuden und Juden in der Schweiz negativ.[784]

In der Zwischenkriegszeit wurden weitere jüdische Soldaten zu Offizieren ernannt, so 1923 ein Isidor Nordmann zum Oberstleutnant.

Die sogenannte »Fronten-Bewegung«[785] in der Schweiz stand stark unter dem Einfluss des Nationalsozialismus, ohne jedoch Erfolg bei den Schweizer Wählern zu erzielen. Die Propaganda der »Frontisten« beeinflusste jedoch Teile der traditionellen Eliten in der Armee.[786]

Während der Zeit der Mobilisierung der Schweizer Armee im Zweiten Weltkrieg wurden mehrere jüdische Wehrmänner zu Unteroffizieren befördert und Offizieren ernannt. Es gab den bereits 1923 zum Oberstleutnant ernannten Isidor Nordmann, einen Oberstleutnant Otto Weil, einen Hauptmann Georges Brunschvig sowie die Oberleutnante Jean Nordmann, Robert Braunschweig und Leo Littmann.

Von Seiten der Armeeführung gab es Anstrengungen, den Antisemitismus im Schweizer Heer zu bekämpfen. Gesuche von jüdischer Seite, das Amt eines Feldrabbiners einzurichten, wurden abgelehnt.[787] Wie im Deutschen Reich vor 1918 hatten sich Juden in Armee und Gesellschaft der dominierenden christlichen Mehrheitskultur unterzuordnen. Entsprechend hoch war der Assimilationsdruck.

Die Schweizer Regierung verfolgte indessen eine strikte Neutralitätspolitik in Verbindung mit einer »Das-Boot-ist-voll«-Politik[788] und schloss die Grenzen für jüdische Flüchtlinge aus Deutschland sowie aus den von der Deutschen Wehrmacht besetzten Ländern Europas. Die Schweizer Armee war für die Grenzüberwachung zuständig.[789] Aus dieser Zeit wird von Fällen jüdischer Flüchtlinge berichtet, die von der Schweizer Armeepolizei beim illegalen Grenzübertritt festgesetzt, anschließend den deutschen Behörden übergeben und von den Deutschen dann nach Auschwitz deportiert wurden.[790]

Die Situation der Schweizer Juden und ihrer Vertretung, dem Schweizerischen Israelitischen Gemeindebund (SIG), war damals nicht einfach.[791] Einerseits war da die unterschwellig antisemitische Haltung der Schweizer Bundesbehörden, andererseits die Forderung der Bundesbehörden gegenüber den Gemeindevorständen und der SIG, sich in Flüchtlingsfragen den Behörden gegenüber kooperativ und loyal zu verhalten. Denn nur so konnte von Seiten der Gemeinden Flüchtlingen geholfen werden.

Nach dem Ende der nationalsozialistischen Gewaltherrschaft in Europa war festzustellen, dass die Schweizer Juden die Shoah zwar ohne Opfer zu beklagen, aber nur fast unbeschädigt überlebt hatten. Die nahezu vollständige Vernichtung des Judentums im großen Rest Europas lösten auch im Schweizer Judentum ein Trauma aus, zumal die jahrhundertelange stetige Zuwanderung von Juden aus allen Teilen Europas eine kontinuierliche Bereicherung für die doch kleine jüdische Gemeinschaft in der Schweiz gewesen war. So war die Zeit nach dem Krieg bei den Schweizer Juden sowohl durch eine große Erleichterung über das Ende der nationalsozialistischen Gewaltherrschaft als auch von Verunsicherung und Orientierungslosigkeit gekennzeichnet – »man war jetzt wieder einsamer in der Diaspora, fast wie auf einem verlorenen Posten.«[792]

So führte die Gründung Israels 1948 zu großer Erleichterung und neuem Selbstbewusstsein unter den Schweizer Juden. Die siegreiche Armee des jungen jüdischen Staates brachte den Juden in der Schweiz viel Sympathie und Anerkennung in der nichtjüdischen Gesellschaft ein. Die erfolgreichen ersten Aufbaujahre des Staates Israel wurden in der Schweiz mit großem Interesse verfolgt, waren doch die Parallelen zur vom deutschen Militär eingekreisten und isolierten Schweiz im Zweiten Weltkrieg offensichtlich. In dieser Zeit wurden die zuvor erwähnten Offiziere Jean Nordmann und Robert Braunschweig Obristen, weitere jüdische Offiziere zu Hauptleutnanten und Majoren ernannt.

Auch der Sieg Israels im Sechstagekrieg wurde von den Schweizern und ihrer Armee mit großer Begeisterung aufgenommen, wie überall im westlichen Europa. »Die Juden« hatten nun ihre Wehrhaftigkeit und ihre Fähigkeit, hervorragende Soldaten zu sein, nicht nur zweifelsfrei unter Beweis gestellt, sondern in diesem Können, und vor allem an Tapferkeit, auch ihre Feinde und all jene, die sie immer geschmäht hatten, weit übertroffen. Die Zusammenarbeit der neutralen Schweiz mit dem seinerzeit blockfreien Israel auf militärischem Gebiet wurde von den Schweizern begrüßt und unterstützt.[793]

Vor dem Hintergrund der Studentenbewegung Ende der 1960er Jahre begann man sich auch in der jüdischen Gemeinschaft der Schweiz intensiver mit der Rolle der Schweiz im Zweiten Weltkrieg auseinanderzusetzen. Der »Ludwig-Bericht« von 1956[794] und der »Bonjour-Bericht« von 1970 spielten dabei eine wesentliche Rolle. Unter den jüdischen Studenten und Intellektuellen wurde der Widerstand im Warschauer Ghetto und der bedeutende jüdische Anteil am Widerstand in den von der Deutschen Wehrmacht besetzten Ländern Europas einerseits bewundert, die behauptete Gleichgültigkeit von Schweizer Juden gegenüber der deutschen Judenvernichtungspolitik andererseits kritisiert.

Wie in Deutschland war die jüdische Jugend in der Schweiz seit den 70er Jahren geteilt in Zionisten und Nicht-Zionisten. Die Zionisten emigrierten in großer Zahl nach Israel. Hier gab es einen wesentlichen Unterschied zu anderen Ländern Mittel- und Westeuropas. In der Schweiz waren doppelte Staatsangehörigkeiten zugelassen. Zugleich war der Militärdienst eines Schweizer Bürgers in der Israelischen Armee möglich. So machten viele junge Schweizer Juden Alija und Dienst in der Zahal. Da auch viele Schweizer einen Landwirtschaftsdienst in Kibbuzim leisteten und das israelische Militär als »befreundet« galt, wurde die Wahl des Militärdienstes in Israel statt in der Schweiz keinesfalls wie in anderen Ländern als doppelte Loyalität[795] hinterfragt, sondern ausdrücklich begrüßt. Gut die Hälfte der jungen dienstpflichtigen Schweizer Juden ging jedoch nicht diesen Weg. Ein Teil lehnte den Militärdienst aus politischen Gründen ab.[796]

Ein guter Teil der jungen, jüdischen Männer entschied sich jedoch für eine weitere Integration in das Schweizer Bürgertum und für den Militärdienst oder sogar für die Laufbahn des Milizoffiziers. Dabei spielten auch die Vereinbarungen und Regelungen zwischen dem Schweizerischen Israelitischen Gemeindebund (SIG) und den Militärbehörden eine große Rolle, da diese Regelungen auch einem orthodoxen Juden den Dienst in der Armee ohne unüberwindbare Schwierigkeiten ermöglichten. Dies war auch dem Einsatz des Oberst Robert Braunschweig zu verdanken, der seit 1973 die Rolle eines Verbindungsmannes zwischen dem Eidgenössischen Militärdepartement (EMD) und dem SIG übernahm.[797] Er konnte eine Verfügung des EMD vom 22. August 1957, die Berücksichtigung jüdischer Feiertage durch die Truppe betreffend, sowie eine Regelung, die koschere Verpflegung gläubiger Juden betreffend, ergänzen und in eine für Militärs verständliche Form bringen (siehe die aktuelle Version von 2015 am Ende des Kapitels). In diese Zeit fielen weitere Offiziersernennungen. Ein Alfred Donath und ein Ralph

Zloczower wurden Obristen, eine Margrit Korek[798] und eine Silvia Feinstein Offiziere im freiwilligen Frauenhilfsdienst bzw. Rotkreuzdienst der Armee.

Die Zusammenarbeit zwischen dem EMD und der SIG, um, »wie man so sagt«, Juden in den Dienstbetrieb zu integrieren, waren vorbildlich und einzigartig. Im Alltag der Truppe kam es jedoch hin und wieder zu den üblichen antisemitischen Vorbehalten und Anfeindungen, wie sie in den deutschsprachigen Armeen der Nachbarstaaten bis heute »an der Tagesordnung« sind. Auch von Zurücksetzungen in Fällen, bei denen jüdische Soldaten Anträge auf Gewährung von Urlaub an den jüdischen Feiertagen stellten, wurden berichtet. In vielen Fällen jedoch war das Problem offenbar die Unkenntnis der Vorgesetzten, die oben genannten Regelungen betreffend.

Die heutige Situation

Die Ereignisse seit dem Fall des Eisernen Vorhangs hatten auch ihre Auswirkungen auf die Rolle der Armee in der Schweiz, das Verhältnis der Schweiz zu Israel und das Verhältnis der Schweizer Juden zur Schweiz, ihrer Armee und zu Israel. Die Bedrohung durch den riesigen Militärapparat des Warschauer Paktes war von heute auf morgen verschwunden. Dadurch wurde auch die Schweizer Armee vor neue Herausforderungen gestellt. Fast gleichzeitig hatten auch Israel und die Zahal in der Öffentlichkeit einen beträchtlichen Imageverlust erlitten. Wie im benachbarten Deutschland begannen einzelne politische Gruppierungen Israel zunehmend in die Ecke des Aggressors zu stellen.[799]

Hinzu kam die Belastung des Verhältnisses der jüdischen Minderheit zum überwiegenden Teil der Schweizer Gesellschaft, ausgelöst durch die Themen »Flüchtlingspolitik im Zweiten Weltkrieg« und die »nachrichtenlosen Vermögen«. Die Forderung jüdischerseits, die offizielle Politik der Schweiz im Zweiten Weltkrieg und auch das Verhalten der Banken zu untersuchen sowie geschehenes Unrecht anzuerkennen und zu entschädigen, war für viele nichtjüdische Schweizer ein Angriff auf ihre »heile Welt«. Die Auseinandersetzung mit dem Thema der »nachrichtenlosen Vermögen«[800] in Schweizer Bankhäusern im Zweiten Weltkriegs war 1996 von den USA aus initiiert worden. Dies veranlasste die Schweizer Regierung, nach dem Ludwig- und Bonjour-Bericht eine weitere Historikeruntersuchung über die Schweiz während des Zweiten Weltkrieges in Auftrag zu geben. Im Jahre 2002 erschien ein umfassender Bericht (»Bergier-Bericht«), der jedoch außerhalb der akademischen Welt kaum wahrgenommen wurde.[801]

In der gleichen Zeit wurde die Schweizer Armee verkleinert. Zum Glück wurde die allgemeine Wehrpflicht nicht abgeschafft, jedoch konnten sich Stellungspflichtige immer leichter vom Militärdienst befreien lassen. Diese Option wurde von immer mehr Jugendlichen wahrgenommen.

Prognose

Es sind nun mehr als 160 Jahre vergangen, seit die ersten Schweizer Juden ihren Militärdienst geleistet haben. Heutzutage sind dieses Recht und diese Pflicht in der modernen Schweiz zur Selbstverständlichkeit geworden. Jüdische Männer leisten Militärdienst und machen Karriere in der Schweizer Armee, ohne dass dies wie noch vor Jahren in den deutschsprachigen Nachbarländern Deutschland und Österreich irgendwelches Aufsehen erregen würde.

Die Schweizer Armee ist wie alle Armeen dieser Welt von ihrer Struktur her eine Institution, die wohl eher konservativ ausgerichtet ist und nur ungern Rücksicht auf religiöse und kulturelle Besonderheiten nimmt. Judenfeindlichkeit ist in der Schweizer Armee aber auf jeden Fall eine Ausnahmeerscheinung. Die Armee fand in Zusammenarbeit mit den jüdischen Gemeinden Regelungen, die es auch einem gläubigen Juden ermöglichen, Militärdienst zu leisten, ohne gegen religiöse Gebote zu verstoßen. Die Schweizer Armee hat sich geöffnet und anerkennt die kulturelle und religiöse Vielfalt der Schweizer Soldaten. Dabei kann der Umgang mit den jüdischen Soldaten als vorbildlich für Europa bezeichnet werden.[802]

Identitätskonflikte für Schweizer Juden, den Militärdienst in der Schweiz oder in Israel betreffend, sind nicht zu finden. Ein Schweizer Jude kann in seinem Lande Militärdienst leisten und dennoch mit Israel Verbundenheit fühlen.

Die teilweise komplizierte schweizerisch-jüdische Vergangenheit hindert Schweizer Juden offenbar nicht daran, als stolzer Schweizer und stolzer Jude in der Armee der Eidgenossenschaft zu dienen.

Regelungen, jüdische Soldaten betreffend[803]

Nachfolgendes Merkblatt ist ein bemerkenswertes Beispiel für Regelungen, die den Dienst jüdischer Soldaten regeln. Ein vergleichbares Merkblatt gibt es nicht für den Dienst jüdischer Soldaten in der Deutschen Bundeswehr. Diese müssen sich an einer Weisung des BMI für jüdische Beamte und Richter aus dem Jahr 1967 orientieren, die jedoch dem überwiegenden Teil der Vorgesetzten nicht bekannt ist.

Auszug aus dem »Merkblatt für jüdische Angehörige der Armee und des Zivilschutzes«:

Militär:
Die zuständigen Stellen der Armee und des Zivilschutzes bringen den besonderen Anliegen der jüdischen Dienstpflichtigen viel Verständnis entgegen. In den meisten Fällen können die jüdischen Armee- und Zivilschutzangehörigen ihren religiösen Pflichten während des Dienstes nachkommen.

Weiterführende Informationen:
Detaillierte Auskunft bietet das »Merkblatt für jüdische Angehörige der Armee und des Zivilschutzes«.

Die Armee anerkennt folgende *jüdische Feiertage*:
- Pessach
- Schawuot (Wochenfest)
- Rosch Haschana (Neujahrsfest)
- Jom Kippur (Versöhnungstag)
- Sukkot (Laubhüttenfest)
- Simchat Thora (Thora Freudenfest)

Die entsprechenden Feiertage beginnen am Vorabend eine Stunde vor Sonnenuntergang und enden am letzten Tag eine Stunde nach Sonnenuntergang, gemäss dem vom zuständigen Rabbinat veröffentlichten Kalender.

Koscherverpflegung im Militär:
Den Angehörigen der Armee wird gemäss Ziffer 45 des Reglements 51.024d auf Gesuch gestattet, »die Mahlzeiten aus religiösen Gründen anderwärts einzunehmen«. Wer sich so selber verköstigt, hat Anspruch auf Vergütung einer Entschädigung in bar gemäss Reglement 51.003d »Verwaltungsreglement«.

Urlaub:
Einem Urlaubsgesuch für besondere religiöse Feiertage wird in der Regel entsprochen. Ferner wird denjenigen, die den Sabbat heilig halten, nach Möglichkeit Urlaub gewährt, was mit Dienst am Sonntag zu kompensieren ist.

Bei Auftreten von Fragen oder irgendwelchen Unklarheiten steht das Ressort »Religiöse Angelegenheiten« des SIG den jüdischen Dienstpflichtigen gerne zur Verfügung.

Anhang

Bund jüdischer Frontsoldaten Österreichs (BJF)

Funktionäre/Mitglieder der Bundesführung und Auszug aus der Ehrenzeichenliste (Stand August 1935)[804]

Treue zu Österreich!
Treue zum Judentum!
Treue zum Bund jüdischer Frontsoldaten Österreichs![805]

Die Funktionäre des Bundes im August 1935:
Bundesführer: Hauptmann a. D. Sigmund Edler von Friedmann,
Bundesführer-Stellvertreter: Dipl.-Kfm Ernst Stiaßny,
Generalsekretär: Dr. Arthur Weizmann

Mitglieder der Bundesführung:
Kam. Dr. Fritz Benedikt,
Kam Dr. Hugo Bojko,
Kam. Ing. Eugen Buchbinder,
Kam. Benno Deutsch,
Kam. Oberstabsarzt Dr. Franz Fischer,
Kam. Dr. Julius Grünwald,
Kam. Ernst Klimt,
Kam. Arthur Kohn,
Kam. Dr. Ernst Lamberg,
Kam. Dir. Max Lassner,
Kam. Dr. Walter Löwenfeld,
Kam. Alfred May,
Kam. Dr. Friedrich Reif,
Kam. Armin Schwarz,
Kam. Dr. Heinrich Sokal,
Kam. Ernst Strauss,
Kam. Alfred Winzer,
Kam. Dir. Gerson Wittlin.

Mitglieder der erweiterten Bundesführung:
Landesführer Niederösterreich: Kam. Dr. Ernst Lamberg, Wien,
Oberösterreich u. Salzburg: Kam. Viktor Taussig, Linz,
Steiermark und Kärnten: Kam. Dr. Ing. Ernst Wechsler,
Tirol und Vorarlberg: Kam. Stabsarzt Dr. Maxim Gerber, Innsbruck,
das Burgenland: Kam. Robert Politzer, Wien,
Jungbundführer: Kam. Dr. Emil Gutheil, Wien.

Adjutantur der Wehrführung:
Kam. Ing. Emmerich Heller,
Kam. Fritz Fürst.

Goldene Ehrenzeichen
Chaim Langer (derzeit Palästina)

Große silberne Ehrenzeichen
Insgesamt 21 Kameraden

Silberne Ehrenzeichen
Insgesamt 20 Kameraden

Bronzene Ehrenzeichen
Insgesamt 120 Kameraden

Den Hinterbliebenen
Mutter – es kommt nicht nach Haus
den du geboren –
Frau – von allen
Männern ist deiner gefallen –
Kinder – ihr habt euren Vater verloren
Eine große Mutter
ist unser Land
Heldentod
hat eine sanfte Hand
Kinder –
werdet wie er,
macht ihm nicht Schand!

(Walter Heymann, geboren am 19. Mai 1882 zu Königsberg, gefallen in der Nacht vom 8. zum 9. Januar 1915 bei einem Sturmangriff in der Gegend von Soissons)

Anmerkungen

1 Zit. nach Felix A. Theilhaber, jüdische Flieger im Weltkrieg, Berlin, 1924, S. 20.
2 Vgl. dazu: Golo Mann, Antisemitismus, Frankfurt a. M., 1962.
3 Aufruf König Friedrich Wilhelm III. »An Mein Volk«, veröffentlicht in der »Schlesischen privilegierten Zeitung«, Breslau, 20. März 1813.
4 Zit. nach Julius H. Schoeps, Der Anpassungsprozess (1790–1870) in: Andreas Nachama/Julius H. Schoeps/Hermann Simon (Hrsg.), Juden in Berlin, Berlin, 2002, S. 59; Vgl. auch die Flugschrift »Zuruf an die Jünglinge, welche den Fahnen des Vaterlandes folgen«, zit. nach W. Dietrici, Berlin, 1813; Hoffnung und Vertrauen. Predigt wegen des Ausmarsches des vaterländischen Heeres, gehalten am 28. März 1813 in Gegenwart mehrerer freiwilligen Jäger jüdischen Glaubens in der großen Synagoge zu Berlin von dem Vice-Ober-Landes-Rabbiner Herrn Meyer Simon Weyl, Berlin [1813]; vgl. ferner: Rede und Gebet zur Einweihungsfeier der Synagoge und zur Einsegnung der freiwilligen Krieger der israelitischen Gemeinde zu Königsberg, gehalten am 19. April 1815, Königsberg [1815]; Horst Fischer, Judentum, Staat und Heer in Preußen im frühen 19. Jahrhundert. Zur Geschichte der staatlichen Judenpolitik, Tübingen, 1968 (= Schriftenreihe wiss. Abhandlungen des Leo Baeck Instituts, 20), S. 37–41.
5 Preußisches Emanzipationsedikt »Edikt betreffend die bürgerlichen Verhältnisse der Juden in dem Preußischen Staate«, Friedrich Wilhelm Hardenberg, Kircheisen, Gegeben Berlin, den 11ten März 1812.
6 Vgl. Stephan Huck, Geschichte der Freiheitskriege. Hilfen für die historische Bildung, hrsg. vom Militärgeschichtlichen Forschungsamt, Potsdam, 2004, S. 49–57; ders., Vom Berufsmilitär zur allgemeinen Wehrpflicht – Militärgeschichte zwischen Französischer Revolution und Freiheitskriegen 1789 bis 1815, in: Grundkurs deutsche Militärgeschichte, Bd. 1: Die Zeit bis 1914. Vom Kriegshaufen zum Massenheer, München, 2006, S. 140–148.
7 Anstelle des Begriffes Holocaust wird häufig das hebräische Wort Shoah verwendet. Es bedeutet »Unheil«, »Zerstörung«, »große Katastrophe«. In der Bibel (Jes 10,3) bezeichnet es eine von Gott gesandte und von außen kommende Existenzbedrohung für das Volk Israel.
8 Der preußische Leutnant Jakob Michaelis war Angehöriger des Infanterie-Regimentes »Graf Bülow von Dennewitz« (6. Westfälisches) Nr. 55, das im Preußisch-Österreichischen Krieg von 1866 der Mainarmee unterstellt war. Leutnant Michaelis fiel am 10.07.1866 in der Schlacht bei Bad Kissingen gegen die mit Österreich verbündeten bayerischen Truppen. Vgl. Michael Berger, Eisernes Kreuz und Davidstern. Die Geschichte Jüdischer Soldaten in Deutschen Armeen, Berlin, 2006, S. 94; Günther Voigt, Deutschlands Heere bis 1918, Bd. 2, Osnabrück, 1981, S. 599.
9 Aus der Reihe der hierzu erschienenen Monografien, Arbeiten und Ausstellungen sei exemplarisch hingewiesen auf Michael Berger, Eisernes Kreuz und Davidstern. Die Geschichte Jüdischer Soldaten in Deutschen Armeen, Berlin, 2006; Michael Berger/Gideon Römer-Hillebrecht (Hrsg.), Juden und Militär in Deutschland. Zwischen Integration, Assimilation, Ausgrenzung und Vernichtung, Baden-Baden, 2009; Militärgeschichtliches Forschungsamt (Hrsg.), Deutsche Jüdische Soldaten. Von der Epoche der Emanzipation bis zum Zeitalter der Weltkriege, Begleitband zur Wanderausstellung, Potsdam, 1996; Gleichnamige Ausstellung des Militärgeschichtlichen Forschungsamtes aus dem Jahre 1996; Ausstellung Deutsche Jüdische Soldaten 1914–1945 des Militärgeschichtlichen Forschungsamtes, eröffnet am

16.04.1981; Katalog zu eben genannter Wanderausstellung, Rastatt, 3., erw. und überarb. Aufl., Herford/Bonn, 1987.

10 Jüdisches Lexikon. Ein enzyklopädisches Handbuch des jüdischen Wissens in vier Bänden, Georg Herlitz/Bruno Kirschner (Hrsg.), Nachdr. d. 1. Aufl., Bd. III, Ib–Ma, 2. Aufl., Frankfurt a. M., 1987, S. 573 f.; Werner Keller, Und wurden zerstreut unter alle Völker. Die nachbiblische Geschichte des jüdischen Volkes, Wuppertal/Zürich, 1993, S. 251 f.; J. Friedrich Battenberg, Des Kaisers Kammerknechte: Gedanken zur rechtlich-sozialen Situation der Juden in Spätmittelalter und früher Neuzeit, in: Historische Zeitschrift 245/3 (1987), S. 545–599.

11 Aaron Tänzer, Die Geschichte der Juden in Württemberg, Frankfurt a. M., 1983, S. 3.

12 Vgl. dazu: Heinrich Graetz, Volkstümliche Geschichte der Juden in zwei Bänden, Bd. 2, Von der jüdisch-spanischen Zeitepoche bis zur Epoche der Wiedergeburt, Nachdr. d. 1. Aufl., Köln, 2000, S. 888 f.; Jüdisches Lexikon. Ein enzyklopädisches Handbuch des jüdischen Wissens in vier Bänden, Bd. IV, Me–R, 2. Aufl., Frankfurt a. M., 1987, S. 629 f.; Joseph Karniel, Die Toleranzpolitik Kaiser Josephs II. (= Schriftenreihe des Instituts für Deutsche Geschichte der Universität Tel-Aviv, 9), Gerlingen, 1986; Shulamit Volkov, Die Juden in Deutschland 1780–1918 (= Enzyklopädie Deutscher Geschichte, Bd. 16), München, 1994, S. 18 f.; Ulrich Wyrwa, Juden in der Toskana und in Preußen im Vergleich, London, 2003, (= Schriftenreihe wiss. Abhandlungen des Leo Baeck Instituts, 67), S. 63, 108 f.

13 Erwin A. Schmidl, Juden in der k.(u.)k. Armee 1788–1918 (= Studia Judaica Austriaca XI, hrsg. vom Verein »Österreichisches Jüdisches Museum in Eisenstadt«), Eisenstadt, 1989, S. 37.

14 Vgl. ebd., S. 30–37.

15 Karl August, Fürst von Hardenberg, preußischer Staatsmann (1750–1822), unter dessen reformerischer Tätigkeit als Staatskanzler die Emanzipation der Juden in Preußen durchgeführt wurde.

16 Christian Wilhelm von Dohm, politischer Schriftsteller und Staatsmann (1751–1820). Seine Bedeutung beruht auf dem 1781 bis 1783 erschienenen Werk »Über die bürgerliche Verbesserung der Juden«, das man als »Bibel« für die Emanzipation der Juden bezeichnen kann.

17 Christian Wilhelm von Dohm, Über die bürgerliche Verbesserung der Juden, 2 Teile in 1 Bd., Berlin u. Stettin, 1781–83.

18 Ebd.

19 Stanislas-Marie-Adélaïde, Graf von Clermont-Tonnerre, französischer Staatsmann (1757–1792).

20 Der exakte Wortlaut der Rede des Grafen Clermont-Tonnerre in der Sitzung der französischen Nationalversammlung vom 21.–24.12.1789 war wie folgt: »Man soll alles den Juden verweigern, und alles ihnen als Individuen gewähren; sie dürfen im Staate weder eine politische Körperschaft noch einen Orden bilden; sie sollen individuell Staatsbürger sein. Man behauptet, dass sie das nicht sein wollen. So mögen sie es (klar) sagen und man verbanne sie dann! Es darf keine Nation in der Nation geben.«

21 Der oft zitierte Satz (»Der Taufzettel ist das Entrébillet zur europäischen Kultur«) findet sich in »Gedanken und Einfälle«. Er wurde erstmals von Adolf Strodtmann in den letzten »Gedichten und Gedanken«, dem ersten Ergänzungsband der Hamburger Werkausgabe (21 Bde, Hamburg, 1861–1869), veröffentlicht.

22 Hierzu Julius H. Schoeps, Ephraim Veitel Ephraim – Ein Vorkämpfer der Judenemanzipation, in: Cécile Loewenthal-Hensel (Hrsg.), Mendelssohn Studien. Beiträge zur neueren deutschen Kultur- und Wirtschaftsgeschichte, Band 2, Berlin, 1975, S. 51–70.

23 Sanhedrin (»Synhedrion«, »Gerichtshof«), Richterkollegium in hellenistisch-römischer Zeit. Neben einem aus drei Richtern bestehenden Kollegium gab es einen kleines Synhedrion mit 23 Mitgliedern sowie ein aus 71 Mitgliedern bestehendes großes Synhedrion in Jerusalem.
24 Vgl. dazu: Heinrich Graetz, Volkstümliche Geschichte der Juden, S. 935, 942–958.
25 Michael Berger, Eisernes Kreuz und Davidstern, S. 32.
26 Grundlegend hierzu Wolfgang Schmidt, Die Juden in der Bayerischen Armee, in: Militärgeschichtliches Forschungsamt (Hrsg.), Deutsche Jüdische Soldaten, S. 63–85.
27 Georg Döllinger (Hrsg.), Sammlung der im Gebiete der inneren Staats-Verwaltung des Königreiches Bayern bestehenden Verordnungen, Bd. 6, München, 1838, S. 219.
28 Eugen von Frauenholz, Das Heerwesen des 19. Jahrhunderts, München, 1941, S. 276.
29 Art. 3 des Konskriptionsgesetzes. In Auszügen abgedruckt bei Frauenholz, Das Heerwesen des 19. Jahrhunderts, S. 332.
30 Siehe oben, Preußisches Emanzipationsedikt.
31 Berek (Berko) Joselewicz, polnischer Heerführer, geb. in Krottingen (Litauen) um 1770, gefallen bei Kock am 08.05.1809 im Gefecht gegen österreichische Truppen. Sein Andenken als Held lebt in Liedern und Sagen der Polen fort.
32 Friedrich Leowwpold Reichsfreiherr von Schrötter, Minister beim Generaldirektorium, geb. am 01.02.1743 auf Gut Wohnsdorf zwischen Friedland und Allenburg (Ostpreußen), gest. am 30.06.1815 in Berlin.
33 Zit. nach Felix A. Theilhaber, Jüdische Flieger, S. 11.
34 Grundlegend hierzu Manfred Messerschmidt, Juden im preußisch-deutschen Heer, in: Militärgeschichtliches Forschungsamt (Hrsg.), Deutsche Jüdische Soldaten, S. 39–62; Michael Berger, Eisernes Kreuz und Davidstern, S. 32–67.
35 Vgl. näher Manfred Messerschmidt, Strukturen und Organisation, Die preußische Armee, in: Militärgeschichtlichen Forschungsamt (hrsg. durch Friedrich Forstmeier u. a.), Handbuch zur deutschen Militärgeschichte 1648–1939, Bd. 2, IV, 2, München, 1979, S. 202–211, mit weiteren Literaturangaben zum angesprochenen Problem S. 432–434.
36 Militärwochenblatt, 27 (1843), S. 348; Die Juden im Heere, hrsg. vom Verein zur Abwehr des Antisemitismus, Berlin, 1910, 9 f.; Julius Kopsch, Die Juden im deutschen Heer, Berlin, 1910, S. 6 f.; Näher dazu Horst Fischer, Judentum, S. 47–53.
37 Martin Philippson, Der Anteil der jüdischen Freiwilligen an dem Befreiungskriege 1813 und 1814, in: Monatsschrift für Geschichte und Wissenschaft des Judentums, 50 (1906), S. 12 f.; ders., Die jüdischen Freiwilligen im preußischen Heere während der Befreiungskriege 1813/14 in: Im Deutschen Reich, 12 (1906); Michael Fraenkel, Der Anteil der jüdischen Freiwilligen an dem Befreiungskriege 1813/1814, Breslau, 1922 (Sonderdruck aus: Jüdische Volkszeitung, Bd. 29, Nr. 2–9), S. 16 f..
38 Vgl. die Stärke eines Kavallerieregimentes.
39 Nachum T. Gidal, Die Juden in Deutschland von der Römerzeit bis zur Weimarer Republik, Köln, 1997, S. 146.
40 Ebd.; vgl. auch Horst Fischer, Judentum, S. 41. Nach Fischer erhielten in der preußischen Armee 71 Juden das Eiserne Kreuz, vier den russischen St.-Georgs-Orden und sieben das Eiserne Kreuz am Weißen Bande. Siehe auch: Martin Philippson, Der Anteil der jüdischen Freiwilligen an dem Befreiungskriege 1813 und 1814, S. 8; Michael Fraenkel, Der Anteil der jüdischen Freiwilligen, S. 15. Nach Philippson und Fraenkel hatten 72 Juden das Eiserne Kreuz für Kombattanten, vier den russischen St.-Georgs-Orden, vier das Militärehrenzeichen erhalten. Das Eiserne Kreuz am Weißen Bande für Nichtkombattanten wurde fünf Ärzten, einem Kaufmann und einem Gutsbesitzer jüdischen Glaubens verliehen.
41 Felix A. Theilhaber, Jüdische Flieger, S. 12.

42 Memoiren des Freiwilligen Jägers Löser Cohen. Nach einer Abschrift aus dem Nachlass von Moritz Stern, Jerusalem, eingel. und kommentiert von Erik Lindner (Hrsg.), Berlin, 1993.

43 Ebd., Anmerkungen des Herausgebers, S. 91–96.

44 Friedrich Franz I. (1756–1837), ab 1785 Herzog zu Mecklenburg, 1815 Großherzog von Mecklenburg.

45 Graf Friedrich August Bernhard von der Osten-Sacken (1778–1861), Regimentskommandeur Löser Cohens.

46 Priestersegen in Umschrift nach der sefardischen Aussprache des Hebräischen.

47 »Der Auszug der ostpreußischen Landwehr ins Feld im Mai 1813 nach ihrer Einsegnung in der Kirche zu Königsberg«, Gemälde von Gustav Graef (1860/61); vgl. auch Michael Berger, Eisernes Kreuz und Davidstern, S. 52–67.

48 Nachfolgend Rede und Gebet zur Einweihung der Synagoge und zur Einsegnung der freiwilligen Krieger der israelitischen Gemeinde zu Königsberg, gehalten am 19. April 1815, Königsberg 1815.

49 Vgl. Michael Berger, Eisernes Kreuz und Davidstern, S. 66.

50 Ebd.

51 Israel Schwierz, Steinerne Zeugnisse jüdischen Lebens in Bayern, hrsg. von der Bayerischen Landeszentrale für politisch Bildungsarbeit, München, 1992, S. 11 und 277; Israel Schwierz, Für das Vaterland starben. Denkmale und Gedenktafeln bayerisch-jüdischer Soldaten, Aschaffenburg/Main 1998, S. 260.

52 Vgl. Fischer, Judentum, S. 133.

53 Vgl. dazu Reinhard Rürup, Emanzipation und Krise. Zur Geschichte der »Judenfrage« in Deutschland vor 1890, in: Juden im Wilhelminischen Deutschland 1890–1914, hrsg. von Werner E. Mosse, Tübingen 1976, S. 8 f.

54 Manfred Messerschmidt, Juden im preußisch-deutschen Heer, in: Militärgeschichtliches Forschungsamt (Hrsg.), Deutsche Jüdische Soldaten, S. 45.

55 Sulamith, eine Zeitschrift zur Beförderung der Kultur und Humanität unter den Israeliten, David Fränkel (Hrsg.), 4 (1816?), Bd. 2, S. 180.

56 Manfred Messerschmidt, Juden im preußisch-deutschen Heer in: Militärgeschichtliches Forschungsamt (Hrsg.), Deutsche Jüdische Soldaten, S. 40 f.; siehe auch Horst Fischer, Judentum, S. 54 f..

57 Vgl. Ilja Mieck, Preußen von 1807 bis 1850. Reformen, Restauration und Revolution, in: Otto Büsch (Hrsg.), Handbuch der preußischen Geschichte, Bd. 2: Das 19. Jahrhundert und große Themen der Geschichte Preußens, Berlin/New York, 1992, S. 95; Wilhelm Freund (Hrsg.), Zur Judenfrage in Deutschland. Vom Standpunkte des Rechtes und der Gewissensfreiheit. Im Verein mit mehreren Gelehrten, Berlin, 1843, S. 7 ff.

58 Zit. nach Horst Fischer, Judentum, S. 123.

59 Manfred Messerschmidt, Juden im preußisch-deutschen Heer in: Militärgeschichtliches Forschungsamt (Hrsg.), Deutsche Jüdische Soldaten, S. 42.

60 Salomon Neumann, Zur Statistik der Juden in Preußen von 1816 bis 1880. 2. Beitrag aus den amtlichen Veröffentlichungen, Berlin, 1884, S. 27.

61 Der Minister des Innern, »Denkschrift, die Militairpflicht der Juden betreffend«, 15. September 1845, GStA Berlin-Dahlem, I HA, Rep. 84a, Nr. 11945, Bl. 98, Druckschrift, S. 11–13.

62 Zur Beförderungspraxis bei jüdischen Soldaten vgl. Horst Fischer, Judentum, S. 122–126, 130–133.

63 Renatus F. Rieger, Major Meno Burg (1789–1853). Der einzige preußische Stabsoffizier jüdischen Glaubens im 19. Jahrhundert, in: Militärgeschichtliches Forschungsamt (Hrsg.), Deut-

sche Jüdische Soldaten, S. 125–136; Meno Burg, Geschichte meines Dienstlebens, Erweiterter Neudruck der Ausgabe von 1916, Teetz, 1998.

64 Dazu ausführlich Horst Fischer, Judentum, S. 166–176.

65 Vgl. Horst Fischer, Judentum, S. 177–190; Jacob Toury, Soziale und politische Geschichte der Juden in Deutschland 1847–1871. Zwischen Revolution, Reaktion und Emanzipation, Düsseldorf, 1977, S. 285–288.

66 Michael Berger, Eisernes Kreuz und Davidstern, S. 91–93.

67 Die Juden im Heere, S. 27–29.

68 Ebd., S. 30–37.

69 Ebd., S. 39.

70 Siegismund Samuel (1841–1907), nahm an den Kriegen 1866 und 1870/71 teil, erhielt das Eiserne Kreuz und wurde zum Reserveoffizier befördert. Seine Briefe aus den Kriegsjahren wurden ein Jahr nach seinem Tod veröffentlicht. Vgl. Siegismund Samuel, Briefe aus den Feldzügen von 1866 und 1870–71, Erna Schmidt (Hrsg.), Berlin, 1908.

71 Theodor Fontane, Der Deutsche Krieg von 1866, Bd. I, Berlin, 1887, S. 413.

72 Deutsch-jüdische Geschichte in der Neuzeit, Bd. III: Umstrittene Integration 1871–1918, hrsg. von Steven M. Lowenstein, Paul Mendes-Flohr, Peter Pulzer und Monika Richarz, München, 1997, S. 157–159.

73 Michael Epkenhans, Einigung durch »Eisen und Blut« – Militärgeschichte im Zeitalter der Reichsgründung 1858 bis 1871, in: Grundkurs deutsche Militärgeschichte, Bd. 1: Die Zeit bis 1914. Vom Kriegshaufen zum Massenheer, München, 2006, S. 316–332.

74 Zahlen nach Die Juden im Heere, S. 40 und Werner T. Angress, Prussia's Army and the Jewish Reserve Officer Controversy before World War I, in: Year Book of the Leo Baeck Institute, 17, New York, 1972, S. 19–42. Siehe auch Reichstagsverhandlungen über die Zurücksetzung der jüdischen Einjährigen-Freiwilligen. Nach dem amtlichen stenographischen Bericht, in: Im deutschen Reich, 14 (1908), S. 266–276 abgedr. u. a. in: Max J. Loewenthal, Jüdische Reserveoffiziere (hrsg. im Auftr. des Verbandes der Deutschen Juden von seinem Generalsekretär), Berlin, 1914, vgl. auch Die Juden im Heere, S. 41–61; Comité zur Abwehr antisemitischer Angriffe in Berlin (Hrsg.), Die Juden als Soldaten, 2. Aufl., Berlin, 1897.

75 3. Königlich-Bayerisches Cheveauxlegersregiment.

76 Eckart Kleßmann, M. M. Warburg & CO. Die Geschichte eines Bankhauses, Hamburg, 1998, S. 35 f.; Ron Chernow, Die Warburgs. Odyssee einer Familie, Berlin, 1994, S. 60–62.

77 Walther Rathenau, Staat und Judentum. Eine Polemik, in: Gesammelte Schriften, Bd. I, Berlin, 1925.

78 Hintergrund ist die Thronrede Wilhelm II. zur Eröffnung des Reichstages am 04.08.1914 im Weißen Saal des Berliner Schlosses: »Ich kenne keine Parteien mehr, ich kenne nur noch Deutsche!«

79 Vgl. dazu Michael Berger, Eisernes Kreuz und Davidstern, S. 142–152 und Jüdisches Lexikon. Ein enzyklopädisches Handbuch des jüdischen Wissens in vier Bänden, Nachdruck der ersten Auflage von 1927, Frankfurt a. M., 1987, S. 128–183.

80 Erlaß des preußischen Kriegsministeriums zur Zählung der jüdischen Soldaten, 11.10.1916, abgedr. in: Werner T. Angress, Das deutsche Militär und die Juden im Ersten Weltkrieg, in: Militärgeschichtliche Mitteilungen, 19 (1976), S. 97 f.; Siehe dazu Deutsch-jüdische Geschichte in der Neuzeit, Bd. III, Umstrittene Integration 1871–1918, S. 367 f. und Jacob Rosenthal, Die Ehre des jüdischen Soldaten, Frankfurt a. M., 2007; vgl. auch Judenzählung im Weltkrieg, in: Jüdisches Lexikon. Ein enzyklopädisches Handbuch des jüdischen Wissens in vier Bänden, Bd. III, Ib–Ma, 2. Aufl., Frankfurt a. M., 1987, S. 460 f.

81 Vgl. Jacob Segall, Die deutschen Juden als Soldaten im Kriege 1914–1918. Eine statistische Studie, Berlin, 1921.
82 Michael Berger, Eisernes Kreuz und Davidstern, S. 171 f.
83 Darüber gab es zahlreiche jüdische Klagen, so etwa Julius Simon, Die Juden und die Gebildeten unserer Tage, in: Mitteilungen aus dem Verein zur Abwehr des Antisemitismus, XXVI, Nr. 6 (1916); zur Ernennungspraxis vgl. Werner T. Angress, Das deutsche Militär und die Juden im Ersten Weltkrieg, S. 79, und Dok. 4, 5 und 15 (Denkschrift Max Warburgs von Ende November 1916), in: ebd., S. 106–110.
84 Siehe oben.
85 Egmont Zechlin, Die deutsche Politik und die Juden im Ersten Weltkrieg, Göttingen, 1969, S. 525 f.
86 Ebd., S. 530 f.; Gerhard Ritter, Staatskunst und Kriegshandwerk, Bd. 3, München, 1964, S. 417–433.
87 Demokratie oder Monarchie (März 1917), veröffentlicht bei Oberst Bauer, Der große Krieg in Feld und Heimat, Tübingen, 1921, S. 134 ff.; Teilzitat bei Egmont Zechlin, Die deutsche Politik, S. 530.
88 Michael Berger, Eisernes Kreuz und Davidstern, S. 175 f.
89 Vgl. Jacob Rosenthal, Die Ehre des jüdischen Soldaten, S. 68 ff.
90 Golo Mann, Antisemitismus, Frankfurt a. M., 1962.
91 Ebd., S. 77 f.
92 Julius Marx, Kriegstagebuch eines Juden, Frankfurt a. M., 1964, S. 138.
93 Zit. nach Martin Salomonski, Jüdische Seelsorge an der Westfront, Berlin, 1918.
94 Vgl. dazu: Michael Berger, Eisernes Kreuz und Davidstern, S. 141.
95 Vgl. auch Militärdienst der Juden, in: Jüdisches Lexikon. Ein enzyklopädisches Handbuch des jüdischen Wissens in vier Bänden, Bd. IV/1, Me–R, S. 184–187 und Military Service, in: Encyclopaedia Judaica, Vol. 11, Lek–Mil, 3. Aufl., Jerusalem, 1972, S. 1568 f.
96 Michael Berger, Eisernes Kreuz und Davidstern, S. 143.
97 Georg Salzberger, Aus meinem Kriegstagebuch. Von dem Feldgeistlichen der 5. Armee (Sonderabdruck aus der Monatszeitschrift »Liberales Judentum«), Frankfurt a. M., 1916.
98 Michael Berger, Eisernes Kreuz und Davidstern, S. 147.
99 Heyman Chone, Ein Gruß der Feldrabbiner an die jüdischen Kameraden im deutschen Heere zu den Herbstfeiertagen 1915, in: Verband der Deutschen Juden (Hrsg.), Berlin, 1915.
100 Kriegsbriefe gefallener Deutscher Juden (hrsg. vom Reichsbund jüdischer Frontsoldaten), mit einer Zeichnung von Max Liebermann, Berlin, 1935, S. 89 f.
101 Ulrich Dunker, Der Reichsbund jüdischer Frontsoldaten 1919–1938. Geschichte eines jüdischen Abwehrvereins, Düsseldorf, 1977, S. 28 f.
102 Rainer Sabelleck (Hrsg.), Kriegs- und Friedenserlebnisse eines hannoverschen Jägers. Georg Steinbergs »Beim 3. Jägerbataillon«, 2. unveränderte Auflage, mit einem Nachwort des Herausgebers, Mannheim, 1991.
103 Anordnung in: Michael Berger, Eisernes Kreuz und Davidstern, S. 153 f.
104 Arnold Vogt, Religion im Militär. Seelsorge zwischen Kriegsverherrlichung und Humanität. Eine militärgeschichtliche Studie, Frankfurt a. M./Bern/New York, 1984 (= Europäische Hochschulschriften, Reihe III: Geschichte und ihre Hilfswissenschaften, Bd. 253), S. 283.
105 KA (= Kriegsarchiv), Mkr 10791, Prod. 34, 36, 85. Vgl. Rainer Braun, Juden in der Armee, in: Bayern und seine Armee. Eine Ausstellung des Bayerischen Hauptstaatsarchivs aus den Beständen des Kriegsarchivs, München, 1987 (= Ausstellungskataloge der Staatlichen Archive Bayerns), S. 51 f.
106 KA, Mkr 10971, Prod. 29.

107 KA, Mkr 10971, Prod. 118, 120, Kriegsministerialreskript vom 08.10.1913. Vgl. Arnold Vogt, Religion im Militär, S. 286.

108 Zit. in: Michael Berger, Eisernes Kreuz und Davidstern, S. 155–157.

109 KA, Mkr 10791, Prod. 130 f.

110 Ebd., Prod. 39 f.

111 Vgl. Manfred Messerschmidt, Juden im preußisch-deutschen Heer, in: Militärgeschichtliches Forschungsamt (Hrsg.), Deutsche Jüdische Soldaten, S. 54–60; Michael Berger, Eisernes Kreuz und Davidstern, S. 142–152.

112 Beispiele: Der Schild, Zeitschrift des Reichsbundes jüdischer Frontsoldaten, Berlin 1 (1921)–17 (1923); siehe auch: Bund jüdischer Soldaten (RjF) (Hrsg.), Der Schild, Zeitschrift des Bundes jüdischer Soldaten, Berlin 1 (2007)–2 (2008); Reichsbund jüdischer Frontsoldaten (Hrsg.), Die jüdischen Gefallenen des deutschen Heeres, der deutschen Marine und der Schutztruppen 1914–1918. Ein Gedenkbuch, Berlin, 1932; Kriegsbriefe gefallener Deutscher Juden (hrsg. vom Reichsbund jüdischer Frontsoldaten), mit einer Zeichnung von Max Liebermann, Berlin, 1935 sowie zahlr. weitere Publikationen u. a. von Felix A. Theilhaber.

113 Zum Reichsbund jüdischer Frontsoldaten vgl. ausführlich Ulrich Dunker, Der Reichsbund jüdischer Frontsoldaten 1919–1938. Geschichte eines jüdischen Abwehrvereins, Düsseldorf, 1977; vgl. auch Michael Berger, Eisernes Kreuz und Davidstern, S. 187–203 und Frank Nägler, Einführung in die Ausstellung, in: Militärgeschichtliches Forschungsamt (Hrsg.), Deutsche Jüdische Soldaten, S. 20–22.

114 Wichtige politische Verfügungen des Reichskriegsministers und Oberbefehlshabers der Wehrmacht – geheim –, Berlin, 1935, S. 40.

115 Die umfangreichste wissenschaftliche Arbeit über Meno Burg ist die 1990 von der Universität Duisburg angenommene Dissertation von Renatus F. Rieger »Major Meno Burg. Ein preußischer Stabsoffizier jüdischen Glaubens (1789-1853)«; siehe auch Renatus F. Rieger, Major Meno Burg (1789–1853). Der einzige preußische Stabsoffizier jüdischen Glaubens im 19. Jahrhundert, in: Militärgeschichtliches Forschungsamt (Hrsg.), Deutsche Jüdische Soldaten. Von der Epoche der Emanzipation bis zum Zeitalter der Weltkriege, Begleitband zur Ausstellung, Potsdam, 1996; Meno Burgs Erinnerungen als Nachdruck in: Meno Burg, Geschichte meines Dienstlebens. Erinnerungen eines jüdischen Majors der preußischen Armee, erweiterter Neudruck der Ausgabe von 1916, Teetz, 1998; die hier veröffentlichte Arbeit über Meno Burg basiert auf dem Beitrag von Michael Berger, Eisernes Kreuz und Davidstern, S. 75–88; des weiteren sei verwiesen auf die ausführliche Darstellung von Rainer L. Hoffmann und Gideon Römer-Hillebrecht zu Meno Burgs Nischen- und Ausnahmekarriere vor dem Hintergrund der jüdischen Hoffnung auf Integration im Preußen der ersten Hälfte des 19. Jahrhunderts, vgl. Rainer L. Hoffmann/Gideon Römer-Hillebrecht, Meno Burg, in: Michael Berger/Gideon Römer-Hillebrecht (Hrsg.), Juden und Militär in Deutschland. Zwischen Integration, Assimilation, Ausgrenzung und Vernichtung, Baden-Baden, 2009, S. 101–115.

116 Siehe Geleitwort von Ludwig Geiger zur Ausgabe von 1916, Meno Burg, Geschichte meines Dienstlebens, S. XXV–XXVI; vgl. auch Vossische Zeitung vom 27.08.1853, vom 28.08.1853, S. 3–4 und vom 30.08.1853, S. 8; Kraft Prinz zu Hohenlohe-Ingelfingen, Aus meinem Leben. Band I, Berlin, 1897, S. 222 f.

117 Vgl. Vorwort von Hermann Simon zu Meno Burg, Geschichte meines Dienstlebens, S. XII f.

118 Die Angaben zu Geburts- und Sterbedatum sind recht unteschiedlich. So steht auf dem Grabstein als Geburtsdatum der 19. Tischri 5550 = 09.10.1789. Die Sammlung Jacob Jacobson I 50, Geburtsregister 1778–1811, Leo Baeck Institute New York nennt den 07.11.1788 = 7. Cheschwan 5549. Das Gleiche gilt für das Sterbedatum, im Text werden die Daten aus der

urkundlichen Überlieferung 07.11.1788–26.08.1853 (7. Cheschwan 5549–22. Aw 5613) verwendet.

119 Siehe Allgemeine Zeitung des Judenthums VII, Nr. 38, vom 12.09.1853.

120 Vgl. Geleitwort von Ludwig Geiger zur Ausgabe von 1916, Meno Burg, Geschichte meines Dienstlebens, S. XXVII f

121 U. a. bei Michael Brenner, Vom Untertanen zum Bürger, in: Michael Brenner/Stefi Jersch-Wenzel/ Michael A. Meyer (Hrsg.), Deutsch jüdische Geschichte in der Neuzeit, Band II: Emanzipation und Akkulturation 1780–1871, München, 1996, S. 260–284, 269.

122 Inwieweit die in den Freiheitskriegen zu Offizieren beförderten Juden in Einzelfällen ihre Karriere fortsetzen konnten, lässt sich nicht mehr feststellen. Meno Burg berichtet in seinen Erinnerungen (Meno Burg, Geschichte meines Dienstlebens, S. 94 f.) von dem Sekondeleutnant D. der achten Artilleriebrigade, der Burg dafür dankte, dass dessen Beispiel seine Beförderung erst ermöglichte und ihn gleichzeitig davon abhielt, zum Christentum überzutreten.

123 Vgl. Renatus F. Rieger, Major Meno Burg (1789–1853). Der einzige preußische Stabsoffizier jüdischen Glaubens im 19. Jahrhundert, S. 125 f.

124 Jahrzehnte später war einem Feldmesser jüdischen Glaubens nach bestandener Prüfung und Vereidigung eröffnet worden, dass er dadurch keinen Anspruch auf eine Staatsstellung erlangen würde, so eine ministerielle Verfügung aus dem Jahre 1852; siehe Verfügung der Minister für Handel und für landwirtschaftliche Angelegenheiten vom 06.10.1852 (V.M.Bl., 269), zit. nach Alfred Michaelis, Die Rechtsverhältnisse der Juden in Preußen seit dem Beginn des 19. Jahrhunderts, Berlin, 1910, S. 108 f.

125 Meno Burg, Geschichte meines Dienstlebens, S. 10 f.

126 Edikt vom 11. März 1812 betreffend die bürgerlichen Verhältnisse der Juden in dem Preußischen Staate, § 9, 16; zit. nach: Gesetzessammlung für die Königlich-Preußischen Staaten, Nr. 5, 1812, S. 17 ff.

127 Meno Burg, Geschichte meines Dienstlebens, S. 11 f.

128 Ebd., S. 12.

129 Ebd., S. 14; siehe auch das Schreiben an die »Königliche Regierung« im Nachlass Moritz Stern, S. 17–418, in: The Central Archives for the History of the Jewish People, Jerusalem.

130 Einsegnung der Jüdischen Freiwilligen am 11.03.1813, zit. nach Meno Burg, Geschichte meines Dienstlebens, S. 16: Auf Befehl des Königs wurden an einem Tage in Breslau alle jüdischen Freiwilligen, deren Anzahl wahrlich nicht gering war, in die Synagoge geführt, wo nach einem einleitenden Gottesdienst der dortige Rabbiner sie einsegnete und feierlich ermahnte, ihre Pflichten als Soldaten treu und mit Aufopferung zu erfüllen, sie aufforderte, sich brav zu halten, tapfer für König und Vaterland zu streiten und ihren heiligen Glauben fest zu bewahren. Er entband sie, nicht etwa kraft seines Amtes, sondern kraft der zitierten Satzungen der heiligen Schrift, während der Dauer ihrer Dienstzeit von allen Zeremonialgesetzen, legte ihnen aber ans Herz, täglich zweimal das Glaubensbekenntnis der Juden »Höre Israel« usw. zu sagen. Vgl. Theodor Zlocisti, Die Einsegnung der jüdischen Soldaten in Breslau (1813), in: Im Deutschen Reich, (1900), S. 443 ff.; Die gegenwärtig beabsichtigte Umgestaltung der bürgerlichen Verhältnisse der Juden in Preußen, nach authentischen Quellen beleuchtet, Breslau 1842, S. 11; Vossische Zeitung, 27.03.1813.

131 Meno Burg, Geschichte meines Dienstlebens, S. 16 f.

132 Renatus F. Rieger, Major Meno Burg, S. 127.

133 Meno Burg, Geschichte meines Dienstlebens, S. 17.

134 Ebd., S. 18.

135 Ebd., S. 19.

136 Ebd., S. 20.

137 »Reglement vom 6. August 1808 über die Besetzung der Stellen der Portepeefähnriche und über die Wahl zum Offizier bei der Infanterie, Kavallerie und Artillerie«, Text in: Manfred Messerschmidt/Ursula v. Gersdorff., Offiziere im Bild von Dokumenten aus drei Jahrhunderten, Stuttgart 1964 (siehe § 1, Anm. 8), Dok. 42, S. 171–173.

138 Meno Burg, Geschichte meines Dienstlebens, S. 29–34.

139 Ebd., S. 35.

140 Ebd., S. 38–45.

141 Ebd., S. 45.

142 Ebd., S. 58.

143 Ebd., S. 59.

144 Ebd., S. 66.

145 Renatus F. Rieger, Major Meno Burg, S. 128.

146 Meno Burg, Geschichte meines Dienstlebens, S. 74.

147 Ebd., S. 87; Das Lehrbuch »Die geometrische Zeichenkunst« besteht aus drei Teilen, von denen zwei für die Artillerie zu nutzen waren (Teil 1 beschreibt die allgemeinen Grundlagen des Zeichnens, insbesondere der Geometrie, Teil 2 die Anwendung derselben auf Artilleriegegenstände und Teil 3 die Anwendung der Grundlagen auf die Architektur).

148 Renatus F. Rieger, Major Meno Burg, S. 128.

149 Ebd., S. 129.

150 Ebd.; vgl. Jacob Jacobson, Bemerkungen zum Artikel von Carl Cohen: »The Road to Conversion« – Leo Baeck Institute Year Book VI (1961), in: Leo Baeck Institute Year Book VII (1962), S. 333.

151 Meno Burg, Geschichte meines Dienstlebens, S. 121 f.

152 Renatus F. Rieger, Major Meno Burg, S. 130.

153 Ebd., S. 131.

154 Dennoch, so Messerschmidt, scheint der Befehl nicht überall bekannt gewesen zu sein, denn einzelne Beförderungen sind nachweisbar; vgl. Manfred Messerschmidt, Juden im preußisch-deutschen Heer, in: Militärgeschichtliches Forschungsamt (Hrsg.), Deutsche Jüdische Soldaten, Hamburg/Berlin/Bonn, 1996, S. 42; siehe auch oben Kapitel I.1 »Die Zeit nach den Freiheitskriegen«.

155 Am 15.10.1841.

156 Meno Burg, Geschichte meines Dienstlebens, S. 144 f.

157 Kraft Prinz zu Hohenlohe-Ingelfingen, Aus meinem Leben, Bd. I, Berlin, 1897, S. 222.

158 Michael Berger, Eisernes Kreuz und Davidstern, S. 85 f; siehe auch Renatus F. Rieger, Major Meno Burg, S. 134–136.

159 Michael Berger, Eisernes Kreuz und Davidstern, S. 86–88.

160 Aus der Reihe der hierzu erschienenen Monografien und Arbeiten sei exemplarisch hingewiesen auf Karl Otto Watzinger, Ludwig Frank. Ein deutscher Politiker jüdischer Herkunft, Sigmaringen, 1995; Hedwig Wachenheim, Ludwig Frank, in: Mannheimer Hefte 1964, H. 2, S. 28 ff.; Gerhard Widder/Alex Möller, Ludwig Frank. Ein Mahner für den Frieden, Bonn, 1984; Michael Berger, Eisernes Kreuz und Davidstern, S. 136 f.; Michael Berger/Gideon Römer-Hillebrecht, Juden und Militär in Deutschland, S. 116–131.

161 Dr. Ludwig Frank, geb. am 23.05.1874 in Nonnenweier (Schwanau) bei Kehl als zweiter Sohn des Handelsmannes Samuel Frank (1814–1915) und der Fanny, geb. Frank (1837–1926), gefallen am 03.09.1914 bei Nossoncourt südwestlich von Baccarat.

162 Gerhard Widder/Alex Möller, Ludwig Frank, S. 6 f.

163 Jean Jaurès (1859–1914), französischer sozialistischer Politiker revisionistischer Richtung, langjähriges Mitglied des französischen Parlaments, insbesondere wegen seiner pazifistischen

und um Verständigung mit Deutschland bemühten Haltung von französischen Nationalisten angegriffen, kurz vor Beginn des Ersten Weltkrieges ermordet.

164 Rosa Luxemburg (1870–1919), führende Vertreterin des linken Flügels in der SPD, wegen ihrer Opposition gegen den Krieg zwischen 1915 und 1918 mehrfach inhaftiert, 1918 Mitgründerin der KPD, von Freikorpsmitgliedern ermordet.

165 Ludwig Frank, Briefe aus Amsterdam, Offenburg, 1904, S. 30 f.

166 Hedwig Wachenheim, Die deutsche Arbeiterbewegung 1844–1914, 2. Aufl., Opladen, 1971, S. 460.

167 Wilhelm Rudolf Kolb (1870–1918), seit der Verlegung des »Volksfreund« von Offenburg nach Karlsruhe im Jahre 1899 Redakteur dieser sozialdemokratischen Zeitung, 1899–1908 Stadtverordneter, seitdem Stadtrat in Karlsruhe, als MdL seit 1905 Fraktionsvorsitzender, neben Ludwig Frank der führende Revisionist in der badischen SPD.

168 Gerhard Widder/Alex Möller, Ludwig Frank, S. 7.

169 August Bebel (1840–1913), Mitgründer und Führer der Sozialdemokratischen Partei, 1871–1881 und 1883–1913 MdR.

170 Ferdinand Lassalle, (1825–1864), Mitgründer der deutschen Arbeiterbewegung, 1863 1. Präsident des Allgemeinen Deutschen Arbeitervereins, hoffte, mit Hilfe des allgemeinen, gleichen Wahlrechts die Macht im Staat erobern zu können, um eine sozialistische Gesellschaft aufzubauen.

171 Theodor Heuss (1884–1963), schloss sich nach dem Studium der Kunstgeschichte und Volkswirtschaft dem Kreis um Friedrich Naumann an, 1905-1912 Redakteur der »Hilfe«. Trat 1903 der Freisinnigen Vereinigung (ab 1910 Fortschrittliche Volkspartei), 1918 der Deutschen Demokratischen Partei (ab 1930 Deutsche Staatspartei) bei, 1924–1928 und 1930–1933 MdR. 1920–1933 Studienleiter bzw. Dozent an der Hochschule für Politik in Berlin. 1933–1945 zur Einschränkung seiner politisch-publizistischen Tätigkeit gezwungen. 1945–1949 MdL (Demokratische Volkspartei), 1945/46 Kultusminister in Württemberg-Baden, 1948 Vorsitzender der FDP, 1948/49 Mitglied des Parlamentarischen Rates, 1949–1959 erster Bundespräsident.

172 Theodor Heuss/Elly Knapp, So bist Du mir Heimat geworden. Eine Liebesgeschichte in Briefen aus dem Anfang des Jahrhunderts, Hermann Rudolph (Hrsg.), Stuttgart, 1986, S. 120 f. Frank kam bei der geschilderten Begegnung mit Elly Knapp gerade von der Beerdigung August Dreesbachs (1844–1906). Dreesbach war Führer der Mannheimer SPD, 1884–1890 und 1896–1906 Stadtrat, 1891–1903 MdL, 1890–1893 und 1898–1906 MdR sowie Mitgründer des Mannheimer SPD-Organs »Volksstimme«.

173 Theodor Heuss, in: Die Hilfe, vom 17.09.1914, S. 618 f.

174 Am 28. März 1913 hatte die deutsche Reichsregierung eine Vorlage eingebracht, wonach das Heer um 3900 Offiziere, 15 000 Unteroffiziere und 117 000 Mann vergrößert werden sollte. Vgl. dazu Verhandlungen des Reichstags, Bd. 302, S. 1674.

175 Ludwig Frank, in: Die Friedenswarte, 1913, S. 232.

176 Robert Grimm (1881–1958), 1911–1955 Nationalrat (Sozialdemokratische Partei der Schweiz), 1909–1918 Redakteur der »Tagwacht« in Bern, 1913–1918 Herausgeber der Monatsschrift »Neues Leben«.

177 Karl Otto Watzinger, Ludwig Frank, S. 64.

178 Eduard Bernstein (1850–1932), seit 1872 Mitglied der Sozialdemokratischen Arbeiterpartei, maßgeblicher Theoretiker des Revisionismus in der SPD, 1917 USPD, 1920 wieder SPD, 1902–1906 sowie 1912–1918 und 1920–1928 MdR.

179 Hugo Haase (1863–1919), Rechtsanwalt, 1911–1913 mit A. Bebel, 1913–1916 mit F. Ebert Vorsitzender der SPD, 1917 USPD, 1897–1906 und 1912–1918 MdR, 1918 Mitglied des Rats der Volksbeauftragten, an den Folgen eines Attentats gestorben.

180 Karl Liebknecht (1871–1919), Rechtsanwalt, seit 1900 SPD, führender Vertreter des linken Flügels, Mitgründer (1907) und Präsident der Sozialistischen Jugendinternationale, 1912–1917 MdR, lehnte als Einziger 1914 die Kriegskredite ab, 1916 Spartakusbund, 1918 KPD, 1919 von Freikorpsangehörigen ermordet.

181 Philipp Scheidemann (1865–1939), 1911–1920 Mitglied des Parteivorstandes der SPD, 1903–1933 MdR, 1919 erster Reichskanzler der Weimarer Republik, 1933 Flucht über Österreich in die Tschechoslowakei, 1934 Emigration nach Dänemark.

182 Vgl. Alwin Hanschmidt, Die französisch-deutschen Parlamentarierkonferenzen von Bern (1913) und Basel (1914), in: Geschichte in Wissenschaft und Unterricht 26 (1975), S. 323.

183 Paul Henri Benjamin Balluet d'Estournelles, Baron de Constant de Rebecque (1852–1924), französischer Politiker u. Pazifist, 1904 Senator, 1909 gemeinsam mit A. M. F. Beernaert Friedensnobelpreis.

184 Ludwig Frank, Bern, in: März 1913, Bd. 2, S. 217 f.

185 Ludwig Frank, Reden, Aufsätze und Briefe, ausgewählt und eingeleitet von Hedwig Wachenheim, Berlin, 1924, S. 350 ff.

186 Ebd. S. 348.

187 Ernest Hamburger, Juden im öffentlichen Leben Deutschlands. Regierungsmitglieder, Beamte und Parlamentarier in der monarchistischen Zeit 1848–1918 (Schriftenreihe wissenschaftlicher Abhandlungen des Leo Baeck Instituts 19), Tübingen, 1968, S. 454 f.

188 Abdruck nach einem Ausschnitt aus »Volksfreund«, Karlsruhe, Nr. 216, 17.09.1914 (Generallandesarchiv Karlsruhe, 231/3415, Kopie StadtA Mannheim, D 6, L. Frank).

189 Dieter Groh, Negative Integration und revolutionärer Attentismus. Die deutsche Sozialdemokratie am Vorabend des Ersten Weltkrieges, Frankfurt a. M./Berlin/Wien, 1973, S. 646.

190 Sylvia Neuschl-Marzahn, Ludwig Frank (1874–1914), in: Politische Köpfe aus Südwestdeutschland, hrsg. von Reinhold Weber und Ines Mayer, Stuttgart, 2005, S. 54–63.

191 Leonie Meyerhof (1860–1933), Pseudonym Leo Hildeck, Schriftstellerin.

192 Brief vom 23.08.1914, in: Ludwig Frank, Reden, Aufsätze und Briefe, S. 356 f.

193 Hedwig Wachenheim, Vom Großbürgertum zur Sozialdemokratie. Memoiren einer Reformistin (Internationale wissenschaftliche Korrespondenz zur Geschichte der deutschen Arbeiterbewegung, Beiheft 1), Berlin, 1973, S. 52.

194 Michael Berger, Eisernes Kreuz und Davidstern, S. 136.

195 In der Mannheimer »Volksstimme« erschien unter der Überschrift »Wie er starb« am 08.09.1914 ein Artikel, der die letzten Stunden Franks schilderte. Der Artikel verwies u. a. auf einen Bericht des Mannheimer Stadtdekans Joseph Bauer (1864–1951), der als Feldprediger mit dem Ersatzbataillon 110 ausgerückt war (Generallandesarchiv Karlsruhe, 231/3415, Kopie StadtA Mannheim, D 6, L. Frank).

196 Gerhard von Schulze-Gaevernitz, Professor für Staatsrecht, war Korreferent für Franks Dissertation, MdR (Fortschrittliche Volkspartei).

197 Ausschnitt aus »Frankfurter Zeitung« Nr. 761, drittes Morgenblatt, 20.09.1914 (Generallandesarchiv Karlsruhe, 231/3415, Kopie StadtA Mannheim, D 6, L. Frank).

198 »Wie Dr. Ludwig Frank fiel«, in: Generalanzeiger (Mannheim), Nr. 486, vom 21.10.1919.

199 Vgl. Karl Otto Watzinger, Ludwig Frank, S. 167.

200 Hildegard Kattermann, Das Ende einer jüdischen Landgemeinde. Nonnenweier in Baden, 1933–1945, Freiburg i. Br., S. 111.

201 Vgl. Michael Berger, Eisernes Kreuz und Davidstern, S. 184–187.

202 Ebd., S. 21.
203 Vgl. ebd., S. 128–137.
204 Vgl. zur unterschiedlichen Motivation und Politik der jüdischen Organisationen während des Ersten Weltkrieges: Clemens Picht, Zwischen Vaterland und Volk. Das deutsche Judentum im Ersten Weltkrieg, in: Wolfgang Michalka (Hrsg.), Der Erste Weltkrieg, München/Zürich, 1994, S. 736–755.
205 Aufruf in der »Jüdischen Rundschau«, abgedruckt in: Jüdisches Leben in Deutschland, hrsg. und eingel. von Monika Richarz, Bd. 2: Selbstzeugnisse zur Sozialgeschichte im Kaiserreich, Stuttgart, 1979, S. 431.
206 Michael Berger, Eisernes Kreuz und Davidstern, S. 128.
207 Hintergrund ist die Thronrede Wilhelms II. zur Eröffnung des Reichstages am 04.08.1914 im Weißen Saal des Berliner Schlosses »Ich kenne keine Parteien mehr, ich kenne nur noch Deutsche!«
208 Michael Berger, Eisernes Kreuz und Davidstern, S. 130 f.
209 Ebd., S. 131. Das »Gemeindeblatt der Jüdischen Gemeinde« in Berlin berichtete über den ersten Gefallenen aus der Gemeindeverwaltung und über weitere, die mit dem Eisernen Kreuz ausgezeichnet wurden. In der Repräsentantenversammlung lag sogar der Antrag vor, die Synagogen beim »Eintreffen von Siegesmeldungen« zu beflaggen. Wie die Mehrheit der Deutschen verstanden sie den Krieg zunehmend als Kampf für Fortschritt, Freiheit und Kultur. Die Mobilmachung und die Ereignisse der ersten Kriegswochen wurden begleitet von einem patriotischen Aufbruch des ganzen deutschen Volkes, an dem auch die deutschen Juden teilnahmen. Die Reaktion der deutschen Juden auf den Kriegsbeginn unterschied sich nur wenig von dem ihrer nichtjüdischen Landsleute. Viele eilten freiwillig zur Armee, während die Älteren auf die Siegesmeldungen warteten.
210 Näher dazu Werner Jochmann, Die Ausbreitung des Antisemitismus, in: Werner E. Mosse (Hrsg.) unter Mitwirkung von Arnold Paucke, Deutsches Judentum in Krieg und Revolution 1916–1923, Tübingen, 1971, S. 409–510.
211 Vgl. Werner T. Angress, Das deutsche Militär und die Juden im Ersten Weltkrieg, S. 133 f. sowie Jacob Segall, Die deutschen Juden als Soldaten im Kriege 1914–1918. Eine statistische Studie, Berlin, 1921.
212 Zahlen nach Jacob Segall, Die deutschen Juden als Soldaten im Kriege 1914–1918, 11, S. 17–19, 27–29, 31 und Manfred Messerschmidt, Juden im preußisch-deutschen Heer, in: Militärgeschichtliches Forschungsamt (Hrsg.), Deutsche Jüdische Soldaten, S. 51; vgl. auch Franz Oppenheimer, Die Judenstatistik des preußischen Kriegsministeriums, München, 1922.
213 Michael Berger, Eisernes Kreuz und Davidstern, S. 135.
214 »Israelitisches Familienblatt«, 10.12.1914.
215 Allgemeine Zeitung des Judenthums (AZJ), 79 (1915), S. 48.
216 Vgl. Felix A. Theilhaber, Jüdische Flieger, S. 53–68.
217 Ebd.; Walter Heymann wurde 1882 in Königsberg in eine seit Generationen in Ostpreußen ansässige Kaufmannsfamilie geboren. Er stand stets treu zu seinem Glauben und war fest mit seiner ostpreußischen Heimat verwurzelt. Ihm und seinem Wirken zum Andenken wurde am Ostseestrand ein Denkmal erbaut. Seine 1915 in München veröffentlichten Kriegsbriefe enthalten auch Gedichte, die von der Verzweiflung junger Soldaten erzählen, im Schrecken des Krieges einen Sinn zu erkennen.
218 Vgl. Ludwig Frank, Reden, Aufsätze und Briefe, S. 324.
219 Vgl. Franz Hundsnurscher/Gerhard Taddey, Die Jüdischen Gemeinden in Baden. Denkmale – Geschichte – Schicksale, Archivdirektion Stuttgart (Veröffentlichungen der staatlichen Archivverwaltung Baden-Württemberg 19), Stuttgart/Berlin/Köln/Mainz ,1968, S. 214 ff.

220 Vgl. Elfie Labsch-Benz, Die jüdische Gemeinde Nonnenweier. Jüdisches Leben und Brauchtum in einer badischen Landgemeinde zu Beginn des 20. Jahrhunderts, Freiburg i. Br., 1981, S. 23.
221 Vgl. Jacob Picard, Die alte Lehre, Stuttgart, 1963, S. 10.
222 Zu Franks Weggefährtin Hedwig Wachenheim: am 27.08.1891 in Mannheim als Tochter eines jüdischen Bankiers geboren, als SPD-Abgeordnete Mitglied des preußischen Landtags 1928–1933, 1935 in die USA emigriert, gestorben am 08.10.1969 in Hannover; siehe auch ihre autobiografischen Aufzeichnungen »Vom Großbürgertum zur Sozialdemokratie. Memoiren einer Reformistin« (Internationale wissenschaftliche Korrespondenz zur Geschichte der deutschen Arbeiterbewegung, Beiheft 1), Berlin, 1973.
223 Vgl. Ludwig Frank, Reden, Aufsätze und Briefe, S. 6 f.
224 Grundsätzlich hierzu Michael Berger, Eisernes Kreuz und Davidstern, S. 112–127.
225 Das Datum von Franks Beitritt zur SPD steht nicht genau fest. Erinnerungsberichte befreundeter sozialdemokratischer Politiker und Publizisten nach Franks Tod scheinen darauf hinzudeuten, dass Frank 1900 bereits als Sozialdemokrat nach Mannheim kam. Dies bestätigen Briefe Franks an den Nestor der badischen SPD Adolf Geck (1854–1942) aus dem Jahre 1899.
226 Jakob Toury, Die politischen Orientierungen der Juden in Deutschland, Tübingen, 1966, 216.
227 Ernest Hamburger, Juden im öffentlichen Leben Deutschlands, S. 404.
228 Ebd., S. 421.
229 Ludwig Frank, Reden, Aufsätze und Briefe, S. 323.
230 Ernest Hamburger, Juden im öffentlichen Leben Deutschlands, S. 446.
231 Friedrich Stampfer (1874–1957), 1916–1933 Chefredakteur des »Vorwärts«, 1920–1933 MdR, 1933 kurzzeitig inhaftiert, erneuter Verhaftung durch Flucht nach Prag entgangen, 1938 nach Frankreich, 1940 in die USA, 1948 Rückkehr nach Deutschland.
232 Abdruck nach einem Ausschnitt aus »Volksstimme«, Mannheim, Nr. 245, 11.09.1914 (Generallandesarchiv Karlsruhe, 231/3415, Kopie StadtA Mannheim, D 6, L. Frank).
233 Abdruck nach »Neue Badische Landeszeitung«, 09.09.1914 (Generallandesarchiv Karlsruhe, 231/3415, Kopie StadtA Mannheim, D 6, L. Frank).
234 Zit. nach Gerhard Widder/Alex Möller, Ludwig Frank, S. 22.
235 Michael Berger, Eisernes Kreuz und Davidstern, S. 230.
236 Monty (Montague) Jacobs (1875–1945), Dr. phil., jüdischer Schriftsteller, Journalist und Theaterkritiker, 1910–1934 Redakteur der »Vossischen Zeitung«, Berlin, lernte Frank beim alpinen Bergwandern kennen. Vor der Verfolgung durch das NS-Regime musste Jacobs 1938 über die Schweiz nach London emigrieren. Ausschnitt aus »Neue Badische Landeszeitung« Nr. 492/4, Abendausgabe, 24.09.1924 (StadtA Mannheim, S1/198).
237 Michael Berger, Privatarchiv des Autors Michael Israel Berger, Geschichte jüdischer Soldaten – Privatarchiv (im Folgenden kurz MIB – Privatarchiv genannt), Mappe XVI, Dokument 5.
238 Gemeint war mit diesem Zuruf vermutlich Friedrich Albrecht Graf zu Eulenburg (1815–1881), preußischer Staatsmann, Leiter und außerordentlicher Minister der Preußischen Ostasien-Expedition (1859–1862), später dann Preußischer Innenminister. Bekannt war der Name Eulenburg vor allem durch den Neffen des Ersteren, den Fürsten Philipp Friedrich Alexander zu Eulenburg und Hertefeld; siehe auch Harden-Eulenburg-Affäre 1906-1908, wohl ein Reizwort für die Konservativen im Reichstag.
239 Vgl. Willi Hackenberger, Deutschlands Eroberung der Luft – Die Entwicklung deutschen Flugwesens an Hand von 315 Wirklichkeitsaufnahmen dargestellt von Ing. W. Hackenberger, Berlin, 1915.

240 Edmund Rumpler (1872–1940), Österreichischer und Deutscher Flugzeug- und Automobilkonstrukteur; Erfindungen: u. a. Rumpler Taube, Tropfenwagen, Stromlinien-Lkw.

241 David Schwarz (1850–1897), Luftfahrtpionier, Erfinder des »Zeppelins«. Das Schwarz'sche Luftschiff stieg am 3. November 1897 auf dem Tempelhofer Feld in Berlin auf; siehe auch Michael Berger, »Die Erde sei ihm leichter als das das Leben – David Schwarz, der Erfinder des modernen Luftschiffes«, Berlin (erscheint 2016).

242 Vgl. Kriegsbriefe gefallener Deutscher Juden (hrsg. vom Reichsbund jüdischer Frontsoldaten), mit einer Zeichnung von Max Liebermann, Berlin, 1935 und die überarbeitete Neuaufl. des Bandes mit einem Geleitwort von Franz Josef Strauß, Herford, 1961.

243 Michael Berger, Eisernes Kreuz und Davidstern, S. 168–171; vgl. zur Geschichte der Gemeinden: Joachim Hahn/Jürgen Krüger, Synagogen in Baden-Württemberg. Orte und Einrichtungen, Stuttgart, 2007.

244 Vgl. auch den Artikel Württemberg, in: Jüdisches Lexikon. Ein enzyklopädisches Handbuch des jüdischen Wissens in vier Bänden, Bd. IV/2, S–Z, 2. Aufl., S. 1510–1512.

245 Vgl. Württembergischer Landesverband des Centralvereins deutscher Staatsbürger jüdischen Glaubens (Hrsg.), Jüdische Frontsoldaten aus Württemberg und Hohenzollern, Stuttgart, 1926, S. 7 und 53 f.

246 Landeszentrale für politische Bildung Baden-Württemberg (Hrsg.), Vom Neckar ans Mittelmeer. Jüdische Flüchtlinge aus dem schwäbischen Dorf Rexingen gründen 1938 eine neue Gemeinde in Galiläa, Stuttgart, 2008.

247 Jüdische Frontsoldaten aus Württemberg und Hohenzollern, S. 3–5.

248 Ebd., S. 7.

249 Ebd., S. 27 und 53 f.

250 Ebd., S. 7.

251 Michael Berger, Eisernes Kreuz und Davidstern, S. 142.

252 Aus der Reihe der hierzu erschienenen Monografien und Beiträge sei exemplarisch hingewiesen auf Erwin A. Schmidl, Juden in der k. (u.) k. Armee 1788–1918 (= Studia Judaica Austriaca XI, hrsg. vom Verein »Österreichisches Jüdisches Museum in Eisenstadt, Eisenstadt, 1989) als Begleitband zur Ausstellung »200 Jahre jüdische Soldaten in Österreich« im Österreichischen Jüdischen Museum in Eisenstadt; Erwin A. Schmidl, Jews in the Austro-Hungarian Armed Forces, in: War and Society in East Central Europe, 22, hrsg. von Béla K. Király (Brooklyn College Studies on Society in Change, New York, 1987), S. 69–84; ders., Jews in the Austro-Hungarian Armed Forces 1867–1918, in: Studies in Contemporary Jewry, 3: Jews and other Ethnic Groups in a Multi-ethnic World, hrsg. von Ezra Mendelsohn, New York/Oxford, 1987, S. 127–146; Wolfgang von Weisl, Die Juden in der Armee Österreich-Ungarns, Tel-Aviv, 1971, S. 1–22; Michael Berger, Eisernes Kreuz und Davidstern, S. 240–244; siehe auch István Deák, Der K.(u.)K. Offizier 1848–1918, Wien, 1991, S. 207–215, 236–238; Rudolf von Hödl, Die Juden im österreichisch-ungarischen Heere, Manuskript im Kriegsarchiv Wien, Nachlasssammlung B 460:11; Militärdienst der Juden, in: Jüdisches Lexikon. Ein enzyklopädisches Handbuch des jüdischen Wissens in vier Bänden, Bd. IV/1, Me–R, S. 182–187; Military Service in: Encyclopaedia Judaica, Cecil Roth/Geoffrey Wigoder (Hrsg.), 3. Aufl., Jerusalem, 1974, Bd. 11, S. 1550 ff.

253 Erwin A. Schmidl, Juden in der k. (u.) k. Armee, S. 60 f.

254 Militär-Statistisches Jahrbuch 1897 ff., Wien.

255 Zahlen nach: Die Juden im Heere, S. 40 und Werner T. Angress, Prussia's Army and the Jewish Reserve Officer Controversy before World War I, S. 19–42. Siehe auch Reichstagsverhandlungen über die Zurücksetzung der jüdischen Einjährigen-Freiwilligen. Nach dem amt-

lichen stenographischen Bericht, in: Im deutschen Reich, 14 (1908), S. 266–276 abgedr. u. a. in: Max J. Loewenthal (Hrsg); Jüdische Reserveoffiziere, Berlin, 1914; vgl. auch: Die Juden im Heere, S. 41–61; Die Juden als Soldaten, Berlin, 1897.

256 Erwin A. Schmidl, Juden in der k. (u.) k. Armee, S. 62–67

257 Ebd., S. 65–67.

258 Vgl. Wenzel Ruzicka, Soldat im Vielvölkerheer, Freilassing, 1987, S. 26.

259 Vgl. Militärdienst der Juden, in: Jüdisches Lexikon, Bd. IV/1, Me–R, S. 186.

260 Michael Berger, Eisernes Kreuz und Davidstern, S. 241.

261 Näher dazu Johann Christoph Allmayer-Beck, Das Heerwesen unter Joseph II., in: Österreich zur Zeit Kaiser Josephs II.: Mitregent Kaiserin Maria Theresias, Kaiser und Landesfürst (= Katalog des Niederösterreichischen Landesmuseums, N. F. 95, Wien, 1980), S. 39–44; Johann Christoph Allmayer-Beck/Erich Lessing, Das Heer unter dem Doppeladler. Habsburger Armeen 1718–1848, München 1981, S. 141–160.

262 Kriegsarchiv: Hofkriegsrat Prot 1785 D 2276 (91. Sessio, 1785 November 16, Nr. 3810); Hofkriegsrat 1785 16–887: AH. Entschließung, Wien 1785 Dezember 5.

263 Kriegsarchiv: Hofkriegsrat 1788 47–198; Rudolf v. Hödl, Die Juden im österreichisch-ungarischen Heere (Kriegsarchiv: Nachlässe B 460/11), S. 9 f.

264 Kriegsarchiv: Hofkriegsrat 1788 47–532: Hofkanzlei an Hofkriegsrat, 1788 Juli 7.

265 Vgl. Kriegsarchiv: Hofkriegsrat 1789 47–306: Hofkanzlei an Hofkriegsrat, 1789 April 9; Siehe auch Joseph Karniel, Das Toleranzpatent Kaiser Josephs II. für die Juden Galiziens und Lodomeriens, in: Jahrbuch des Instituts für Deutsche Geschichte der Universität Tel-Aviv, XI, 1982, S. 55–89; Judenordnung, Par. 49; Kriegsarchiv: Hofkriegsrat 1788 47–441: Hofkanzlei an Hofkriegsrat, 1788 Juni 14.

266 Kriegsarchiv: Hofkriegsrat 1789 9–246: AU. Vortrag, 1789 August 27.

267 Vgl. Gerson Wolf, Die Militärpflicht der Juden, in: Ben Chanaja. Wochenblatt für Jüdische Theologie, V, Szegedin, 1862, S. 61–63; Gerson Wolf, Wie wurden die Juden in Österreich militärpflichtig?, in: Kalender für Israeliten auf das Jahr 5628 (1867/68) nach Erschaffung der Welt samt den rituellen Gebräuchen (= Beilage zum Wiener Jahrbuch für Israeliten, N.F. 3, Wien, 1867), S. 34–66.

268 Näher dazu Erwin A. Schmidl, Juden in der k. (u.) k. Armee, S. 42–47.

269 Kriegsarchiv: Hofkriegsrat 1790 47–410; Michael Silber, Absolutism, Hungary and the Jews. A Comparative Study of Military Conscription of the Jews in the Habsburg Lands 1788–1815, M.A. thesis, Columbia University, 1980, S. 26 f., 50–53.

270 Rudolf v. Hödl, Die Juden im österreichisch-ungarischen Heere, S. 46–51.

271 Erwin A. Schmidl, Juden in der k. (u.) k. Armee, S. 48.

272 Ebd., S. 50.

273 Ebd., S. 51 f.

274 Encyclopaedia Judaica, Bd. 11, S. 1556.

275 Michael Berger, Eisernes Kreuz und Davidstern, S. 242.

276 Ebd.

277 Ebd.

278 Militär-Statistisches Jahrbuch 1872 ff., Wien; Wolfdieter Bihl, Die Juden, in: Adam Wandruszka/Peter Urbanitsch (Hrsg.), Die Habsburgermonarchie 1848–1918, III, Akademie der Wissenschaften, Wien, 1980, S. 945.

279 Erwin A. Schmidl, Juden in der k. (u.) k. Armee, S. 57.

280 Vgl. Militärdienst der Juden, in: Jüdisches Lexikon, Bd. IV/1, Me–R, S. 186.

281 Die königlich ungarische Landwehr (ungarisch: »Magyar Királyi Honvédség«, landläufig auch nur die »Honvéd«) war eine von vier Teilstreitkräften Österreich-Ungarns.

282 Siehe auch Maximilian Paul-Schiff, Teilnahme der österreichisch-ungarischen Juden am Weltkriege. Eine statistische Studie, in: Jahrbuch für jüdische Volkskunde 1924–25 (= Mitteilungen zur jüdischen Volkskunde), S. 26 f.

283 Militär-Statistisches Jahrbuch 1897 ff., Wien.

284 Moritz Frühling, Wiener Juden für die Österreichisch-Ungarische Armee, in: Ost und West, Jg. 10 (1910) Nr 8, S. 544 f.

285 Ebd., S. 546.

286 Erwin A. Schmidl, Juden in der k. (u.) k. Armee, S. 55.

287 Theodor R. v. Zeynek, Aus dem Leben eines österreichisch-ungarischen Generalstabsoffiziers (Kriegsarchiv: Nachlässe B 151/Nr. 2), S. 100 ff.; Robert A. Kann The Social Prestige of the Officer Corps in the Habsburg Empire from the Eighteenth Century to 1918, in: War and Society in East Central Europe, Vol. I, hrsg. v. Bela K. Kiralyi, Gunther E. Rothenberg, New York, 1979, S. 113–137, 116 f.; Gunther E. Rothenberg, The Army of Francis Joseph, Purdue University Press, West Lafayette, 1976, S. 118.

288 Dr. Wolfgang von Weisl (1896–1974), Mitgründer der Bewegung des Zionismus-Revisionismus.

289 Wolfgang von Weisl, Juden in der österreichischen und österreichisch-ungarischen Armee, in: Zeitschrift für die Geschichte der Juden, VIII (1971), S. 3.

290 »Auf rot-weiß-roten Spuren in der Levante: Israel.« ORF, 18.07.1986; Interview Oberleutnant Rudolf Kohn.

291 István Deák, Der K.(u.)K. Offizier 1848–1918, S. 236.

292 Ernst R. v. Rutkowski, Dem Schöpfer des österreichischen Reiterliedes, Leutnant i. d. Res. Dr. Hugo Zuckermann, zum Gedächtnis, in: Zeitschrift für die Geschichte der Juden, X (1973), S. 93–104; Jüdisches Kriegsgedenkblatt, Heft 2 (1914/15), S. 68–76.

293 Erwin A. Schmidl, Juden in der k. (u.) k. Armee, S. 84.

294 Encyclopaedia Judaica, Bd. 11, S. 1556.

295 Maximilian Paul-Schiff, Teilnahme der österreichisch-ungarischen Juden am Weltkriege, S. 153 f.; Wolfdieter Bihl, Die Juden, in: Adam Wandruszka/Peter Urbanitsch (Hrsg.), Die Habsburgermonarchie 1848–1918, S. 946; Erwin A. Schmidl, Juden in der k. (u.) k. Armee, S. 82–85.

296 Maximilian Paul-Schiff, Teilnahme der österreichisch-ungarischen Juden am Weltkriege, S. 154.

297 Näher dazu Adjustierungsvorschrift für das k. u. k. Heer, VII. Teil, Wien, 1911; Schematismus für das k. u. k. Heer und für die k. u. k. Kriegsmarine für 1914, Wien, 1914, S. 1138; Ranglisten des kaiserlichen und königlichen Heeres 1918, Wien, 1918, S. 1674 f.

298 Erwin A. Schmidl, Juden in der k. (u.) k. Armee, S. 80 f.

299 Militärdienst der Juden, in: Jüdisches Lexikon, Bd. IV/1, Me–R, S. 186.

300 Michael Berger, Eisernes Kreuz und Davidstern, S. 243 f. Zur jüdischen Militärseelsorge in der k. u. k. Armee siehe auch Jüdisches Lexikon, Bd. IV/1, Me–R, S. 186 f.

301 Näher dazu Erwin A. Schmidl, Juden in der k. (u.) k. Armee, S. 87 f.

302 Ebd., S. 89.

303 Siehe Erwin Tramer, Der Republikanische Schutzbund. Seine Bedeutung in der politischen Entwicklung der Ersten Österreichischen Republik, Erlangen/Nürnberg, 1969, S. 270 und Drei Jahre BJF – Bund jüdischer Frontsoldaten Österreichs, Wien, 1935.

304 Emil von Sommer (1869–1946); Kriegsarchiv: Österreichisches Bundesheer Personalakt E. Sommer; E. Rubin, 140 Jewish Marshals, Generals & Admirals, London, 1952, S. 73; Wolfgang von Weisl, Juden in der österreichischen und österreichisch-ungarischen Armee, S. 13.

305 Christoph Tepperberg, »... 27.VIII.1942 nach Theresienstadt abgemeldet.« – Oberst Otto Grossmann 1873–1942. Laufbahn und Ende eines k. u. k. Offiziers jüdischer Herkunft, in: Mitteilungen des Österreichischen Staatsarchivs, 41/42, 1988/89.
306 Näher dazu Michael Berger, Eisernes Kreuz und Davidstern, S. 210–219.
307 Ebd., S. 244.
308 Christian Klösch, Wohin und niemals zurück, in: Gedenkdienst (Zeitung des Vereins Gedenkdienst), Wien, 1999, No 2/1999 Emigration.
309 Zur Gesamtzahl jüdischer Offiziere und Reserveoffiziere siehe oben Kapitel I.3 »Jüdische Soldaten in der k. (u.) k. Österreichisch-Ungarischen Armee«. An dieser Stelle sei hingewiesen auf Erwin A. Schmidl, Juden in der k. (u.) k. Armee, S. 62–76; Wolfgang von Weisl, Die Juden in der Armee Österreich-Ungarns, Tel-Aviv 1971, S. 1–22; Michael Berger, Eisernes Kreuz und Davidstern, S. 240–244; siehe auch István Deák, Der K.(u.)K. Offizier 1848–1918, Wien, 1991, S. 207–215, 236–238; Rudolf von Hödl, Die Juden im österreichisch-ungarischen Heere, Manuskript im Kriegsarchiv Wien, Nachlasssammlung B 460:11; Militärdienst der Juden, in: Jüdisches Lexikon, Bd. IV/1, Me–R, S. 182–187; Military Service, in: Encyclopaedia Judaica, Bd. 11, S. 1550 ff.
310 Erwin A. Schmidl, Juden in der k. (u.) k. Armee, S. 53 f.
311 Moritz Frühling, Wiener Juden für die Österreichisch-Ungarische Armee, S. 541 f.
312 Kriegsarchiv: Qualifikationsliste W. Bardach (Fasz. 107).
313 Wolfgang von Weisl, Die Juden in der Armee Österreich-Ungarns, S. 11.
314 Dolf Lindner, Der Mann ohne Vorurteil. Joseph von Somnnenfels 1733–1817, Wien, 1983; George Weis, Joseph von Sonnenfels – der »Nikolsburger Jude«, in: Das Jüdische Echo. Zeitschrift für Kultur und Politik, XXXIII/1 (September 1984/Elul-Tischri 5745), S. 104–108.
315 Wolfgang von Weisl, Die Juden in der Armee Österreich-Ungarns, S. 6.
316 Vgl. oben Anm. 281.
317 Joseph Singer (1797–1871), Encyclopaedia Judaica, Bd. 14, S. 1613.
318 Alexander Ritter von Eiss (1832–1921); vgl. Erwin A. Schmidl, Juden in der k. (u.) k. Armee, S. 55, 65; Emil Seeliger, Theresienritter ohne Theresienorden. Die Heldenfamilie derer von Eiss, Neues Wiener Journal, 23.02.1930; Jüdisches Lexikon, Bd. II, D–H, S. 326; Siehe auch Kriegsarchiv Wien: Qualifikationsliste, Alexander v. Eiss (Faszikel 607).
319 Jüdisches Lexikon, Bd. II, D–H, S. 326.
320 Kriegsarchiv: Kriegsschule Fasz. 21; E. Rubin, 140 Jewish Marshals, Generals & Admirals, S. 67 ff.
321 Eduard Ritter von Schweitzer, Kriegsarchiv Wien: Qualifikationsliste, E. R. v. Schweitzer (Faszikel 2685); Erwin A. Schmidl, Juden in der k. (u.) k. Armee, S. 63; Encyclopaedia Judaica, Bd. 14, S. 1032.
322 Kriegsarchiv Wien: Qualifikationsliste, H. Ulrich (Faszikel 3060); Erwin A. Schmidl, Juden in der k. (u.) k. Armee, S. 63 f.
323 Kriegsarchiv Wien: Qualifikationsliste, Dr. L. Austerlitz (Faszikel 69).
324 Kriegsarchiv Wien: Qualifikationsliste, C. Schwarz (Faszikel 2678).
325 Kriegsarchiv Wien: Qualifikationsliste, M. Maendl (Faszikel 1855).
326 Erwin A. Schmidl, Juden in der k. (u.) k. Armee, S. 64.
327 Michael Berger, Eisernes Kreuz und Davidstern, S. 184.
328 Vgl. Nachum T. Gidal, Die Juden in Deutschland von der Römerzeit bis zur Weimarer Republik, Köln, 1997, S. 322.
329 Ebd., S. 322 f.; vgl. auch Reinhard Rürup (Hrsg.), Jüdische Geschichte in Berlin, Berlin, 1995, S. 254; Michael Brenner, Die Weimarer Jahre (1919–1932), in: Andreas Nachama/Julius H. Schoeps/Hermann Simon, Juden in Berlin, Berlin, 2002, S. 163–166; siehe des wei-

teren Martin Liepach, Das Wahlverhalten der jüdischen Bevölkerung: Zur politischen Orientierung der Juden in der Weimarer Republik (= Schriftenreihe wissenschaftlicher Abhandlungen des Leo-Baeck-Instituts, 53), Tübingen, 1996.

330 Israelitisches Gemeindeblatt, 22.12.1918; Zitat nach Nachum T. Gidal, Die Juden in Deutschland von der Römerzeit bis zur Weimarer Republik, Köln, 1997, S. 323.

331 Heinrich Claß, Vorsitzender des »Alldeutschen Verbandes« rief schon Ende Oktober 1918 dazu auf, »die Lage zu Fanfaren gegen das Judentum und die Juden als Blitzableiter für alles Unrecht zu benützen«. Zit. nach Manfred Messerschmidt, Juden im preußisch-deutschen Heer, in: Militärgeschichtliches Forschungsamt (Hrsg.), Deutsche Jüdische Soldaten, S. 54.

332 Zitat nach Michael Berger, Eisernes Kreuz und Davidstern, S. 185; siehe auch Uwe Lohalm, Völkischer Radikalismus. Die Geschichte des Deutschvölkischen Schutz- und Trutz-Bundes 1919–1923, Hamburg, 1970; Walter Jung, Ideologische Voraussetzungen, Inhalte und Ziele außenpolitischer Programmatik und Propaganda in der deutschvölkischen Bewegung der Anfangsjahre der Weimarer Republik – Das Beispiel Deutschvölkischer Schutz- und Trutzbund, Göttingen, 2001.

333 Manfred Messerschmidt, Juden im preußisch-deutschen Heer, in: Militärgeschichtliches Forschungsamt (Hrsg.), Deutsche Jüdische Soldaten, S. 54; Michael Brenner, Die Weimarer Jahre (1919–1932), in: Andreas Nachama/Julius H. Schoeps/Hermann Simon, Juden in Berlin, S. 163; Reinhard Rürup (Hrsg.), Jüdische Geschichte in Berlin, S. 256; Zum Terror der Rechten in der Weimarer Republik und den Morden an Rathenau, Liebknecht und Luxemburg siehe Michael Berger, Letztes Kapitel einer Tragödie, TAZ vom 09.06.2009.

334 Zit. nach Nachum T. Gidal, Die Juden in Deutschland von der Römerzeit bis zur Weimarer Republik, S. 327.

335 Ebd.

336 Ebd.

337 Michael Berger, Eisernes Kreuz und Davidstern, S. 207; Manfred Messerschmidt, Juden im preußisch-deutschen Heer, in: Militärgeschichtliches Forschungsamt (Hrsg.), Deutsche Jüdische Soldaten, S. 54.

338 Ebd.

339 Ebd., S. 56.

340 Michael Berger, Eisernes Kreuz und Davidstern, S. 208.

341 Befehle in: Zwischen Revolution und Kapp-Putsch. Militär und Innenpolitik 1918–1920, bearb. von Heinz Hürten, Düsseldorf, 1977 (= Quellen zur Geschichte des Parlamentarismus und der politischen Parteien, Zweite Reihe: Militär und Politik, Bd 2), Dok. 113 und 160, 245 und 318 f.

342 Manfred Messerschmidt, Juden im preußisch-deutschen Heer, in: Militärgeschichtliches Forschungsamt (Hrsg.), Deutsche Jüdische Soldaten, S. 55.

343 Fritsch in einem Brief an Stülpnagel vom 16.11.1924, zit. nach Francis Ludwig Carsten, Reichswehr und Politik 1918–1933, Köln, 1964, S. 223.

344 Vgl. Anneliese Thimme, Gustav Stresemann. Eine politische Biographie zur Geschichte der Weimerer Republik, Hannover, 1957, S. 37; siehe auch Saul Friedländer, Die politischen Veränderungen der Kriegszeit und ihre Auswirkungen auf die Judenfrage, in: Werner E. Mosse (Hrsg.) unter Mitwirkung von Arnold Paucke, Deutsches Judentum in Krieg und Revolution 1916–1923, Tübingen, 1971, S. 57 f.

345 Michael Berger, Eisernes Kreuz und Davidstern, S. 208.

346 Alfred Herzog, »Krach um Leutnant Blumenthal«, München, 1930; hierzu näher Jacob Rosenthal, Die Ehre des jüdischen Soldaten, S. 200–202.

347 Michael Berger, Eisernes Kreuz und Davidstern, S. 209.

348 Grundlegend hierzu Ulrich Dunker, Der Reichsbund jüdischer Frontsoldaten 1919–1938. Geschichte eines jüdischen Abwehrvereins, Düsseldorf, 1977; vgl. auch Michael Berger, Eisernes Kreuz und Davidstern, S. 187–203.

349 Michael Berger, Eisernes Kreuz und Davidstern, S. 190.

350 »Im deutschen Reich«, hrsg. vom Central-Verein deutscher Staatsbürger jüdischen Glaubens e.V., Berlin, 1916, S. 2.

351 Michael Berger, Eisernes Kreuz und Davidstern, S. 191

352 Eugen Fuchs, »Erstrebtes und Erreichtes«. Rede zum 25jährigen Stiftungsfest des CV am 02.03.1918, in: ders., Um Deutschtum und Judentum. Gesammelte Reden und Aufsätze (1894–1919). Im Auftrag des Centralvereins deutscher Staatsbürger jüdischen Glaubens herausgegeben von Leo Hirschfeld. Frankfurt a. M., 1919, S. 341.

353 Michael Berger, Eisernes Kreuz und Davidstern, S. 191.

354 Ulrich Dunker, Der Reichsbund jüdischer Frontsoldaten 1919–1938, S. 31.

355 Michael Berger, Eisernes Kreuz und Davidstern, S. 187.

356 Leo Löwenstein, Der RjF, ein Lebenswerk der jüdischen Frontsoldaten, in: Der Schild, 08.02.1922.

357 Zur Geschichte der Ortsgruppe Berlin vgl. die Sondernummer des Schild über Berlin vom 30.01.1928.

358 Für 1924 wird eine Zahl von 36 000 Mitgliedern genannt: Bericht des Polizeipräsidenten Abt. IA vom 29.01.1924; 1926 ca. 40 000 Mitglieder: Jüdisches Jahrbuch für Groß-Berlin, Berlin 1926, 133; 1931 noch 30 000 Mitglieder: Jüdisches Jahrbuch für Groß-Berlin, Berlin 1931, 184; 1935 30 000 Mitglieder: »Wille und Weg des deutschen Judentums. Die lang erwartete erste Selbstdarstellung der deutsch-jüdischen Organisationen«, Anzeige in: Der Schild, Nr. 46, 30.11.1934, S. 7.

359 Hierzu Ulrich Dunker, Der Reichsbund jüdischer Frontsoldaten 1919–1938, S. 32–36; vgl. auch Michael Berger, Eisernes Kreuz und Davidstern, S. 193 f.

360 Beispiele: Der Schild, Zeitschrift des Reichsbundes jüdischer Frontsoldaten, Berlin, 1 (1905)–17 (1923); siehe auch: Bund jüdischer Soldaten (RjF) (Hrsg.), Der Schild, Zeitschrift des Bundes jüdischer Soldaten, Berlin, 1 (2007)–2 (2008); Reichsbund jüdischer Frontsoldaten (Hrsg.), Die jüdischen Gefallenen des deutschen Heeres, der deutschen Marine und der Schutztruppen 1914–1918. Ein Gedenkbuch, Berlin, 1932; Kriegsbriefe gefallener Deutscher Juden (hrsg. vom Reichsbund jüdischer Frontsoldaten), mit einer Zeichnung von Max Liebermann, Berlin, 1935 sowie zahlr. weitere Publikationen u. a. von Felix A. Theilhaber.

361 Vgl. Michael Berger, Eisernes Kreuz und Davidstern, S. 192 und Frank Nägler, Einführung in die Ausstellung, in: Militärgeschichtliches Forschungsamt (Hrsg.), Deutsche Jüdische Soldaten, S. 20.

362 Avraham Barkai, Die Organisation der jüdischen Gemeinschaft, in: Avraham Barkai/Paul Mendes-Flohr/Steven M- Lowenstein, Deutsch-Jüdische Geschichte in der Neuzeit, Bd. IV: Aufbruch und Zerstörung 1918–1945, München, 1997, S. 98; zur Siedlungsarbeit des RjF vgl. Ulrich Dunker, Der Reichsbund jüdischer Frontsoldaten 1919–1938, S. 81–95, zu den Sportvereinen vgl. ebd. S. 96–104.

363 Vgl. Gideon Römer-Hillebrecht, Kampf um nationale Teilhabe und Staatsbürgerrechte: Der Reichsbund jüdischer Frontsoldaten (RjF), in: Michael Berger/Gideon Römer-Hillebrecht (Hrsg.), Juden und Militär in Deutschland. Zwischen Integration, Assimilation, Ausgrenzung und Vernichtung, Baden-Baden, 2009, S. 214.

364 Vgl. dazu Ulrich Dunker, Der Reichsbund jüdischer Frontsoldaten 1919–1938, S. 70–80, zu den Selbstschutzmaßnahmen vgl. ebd.

365 Michael Berger, Eisernes Kreuz und Davidstern, S. 195; Reinhard Rürup (Hrsg.), Jüdische Geschichte in Berlin, Berlin, 1995, S. 255.
366 Dunker, Ulrich, Der Reichsbund jüdischer Frontsoldaten 1919–1938, S. 37 f.
367 Die jüdischen Gefallenen des deutschen Heeres, der deutschen Marine und der deutschen Schutztruppen 1914–1918. Ein Gedenkbuch, hrsg. vom Reichsbund jüdischer Frontsoldaten, Berlin, 1932; zur Feierstunde des Reichsbundes jüdischer Frontsoldaten am 17.11.1932 siehe Jacob Rosenthal, Die Ehre des jüdischen Soldaten, S. 168–170.
368 »Im Deutschen Reich«, Zeitschrift des Centralvereins deutscher Staatsbürger jüdischen Glaubens, 16. Jg., Nr. 10, Berlin, Oktober 1920, S. 324 f.
369 Der Morgen, 1925/26, Heft 4 (Oktober 1925), S. 420.
370 Ebd., S. 70–80; Michael Berger, Eisernes Kreuz und Davidstern, S. 187,195.
371 Vgl. Jacob Rosenthal, Die Ehre des jüdischen Soldaten, S. 149.
372 Vgl. Ilse Ernst, Der Antisemitismus in der Weimarer Republik, in: Sylke Bartmann/Ursula Blömer/Detlef Garz (Hrsg.), »Wir waren die Staatsjugend, aber der Staat war schwach«, Band 14, Schriftenreihe Oldenburgerische Beiträge zu Jüdischen Studien, Oldenburg, 2003, S. 334.
373 Ulrich Dunker, Der Reichsbund jüdischer Frontsoldaten 1919–1938, S. 57–69.
374 Vgl. Jacob Rosenthal, Die Ehre des jüdischen Soldaten, S. 147.
375 Leo Löwenstein, Der R.j.F., ein Lebenswerk jüdischer Frontsoldaten, in: Der Schild, 8. Februar 1929, Titelseite.
376 Ulrich Dunker, Der Reichsbund jüdischer Frontsoldaten 1919–1938, S. 63–67; Avraham Barkai, Politische Orientierungen und Krisenbewußtsein, in: Deutsch-Jüdische Geschichte in der Neuzeit, Bd. IV: Aufbruch und Zerstörung 1918–1945, S. 120.
377 Ebd., S. 120; Ulrich Dunker, Der Reichsbund jüdischer Frontsoldaten 1919–1938, S. 64.
378 Veröffentlichung des Aufrufes zur Selbstzucht im »Schild« vom Februar 1923; siehe Ulrich Dunker, Der Reichsbund jüdischer Frontsoldaten 1919–1938, S. 48 f.
379 Ebd., S. 47.
380 Ausführlich dazu vgl. Gideon Römer-Hillebrecht, Kampf um nationale Teilhabe und Staatsbürgerrechte: Der Reichsbund jüdischer Frontsoldaten (RjF), in: Michael Berger/Gideon Römer-Hillebrecht (Hrsg.), Juden und Militär in Deutschland. Zwischen Integration, Assimilation, Ausgrenzung und Vernichtung, S. 214–217; vgl. auch Annette Hirzel, Das Motiv der Germania zwischen Patriotismus und Antisemitismus, in: ebd., S. 78–80.
381 Michael Berger, Eisernes Kreuz und Davidstern, S. 197, 210–216; vgl. oben Kapitel IV.1 »Die Ausgrenzung und Entrechtung der jüdischen Bevölkerung durch die nationalsozialistische ›Rassenpolitik‹ am Beispiel der jüdischen Soldaten«.
382 So etwa Jacob Rosenthal, Die Ehre des jüdischen Soldaten, S. 148.
383 Avraham Barkai, Politische Orientierungen und Krisenbewußtsein, in: Deutsch-Jüdische Geschichte in der Neuzeit, Bd. IV: Aufbruch und Zerstörung 1918–1945, S. 200: »Im Vergleich zu den brutalen Ausbrüchen der ersten Monate der Naziherrschaft und den Vorgängen ab Ende 1937 erschienen den Zeitzeugen die Jahre 1934 bis 1937 in der Rückschau als eine … insgesamt … noch erträgliche Schonzeit.«
384 Jüdische Rundschau, Was tut die jüdische Gemeinde?, Nummer 30/31, 13.03.1933, S. 148.
385 Hans Reichmann, in: Central-Verein-Zeitung, XIV. Jahrgang, Nr. 25, Berlin, 04.04.1935, S. 1.
386 »Aufruf an die deutschen Juden«, in: Der Schild vom 25.05.1935.
387 Jörg Schneider, Zwischen Assimilation und Akkulturation. Aspekte jüdischen Vereinslebens in Hildesheim zwischen 1871–1942, in:Herbert Reyer/Herbert Obenaus (Hrsg.), Geschichte der Juden im Hildesheimer Land, Hildesheim/Zürich/New York, 2003, S. 85: »Hinter dieser Annäherung stand kein Bejahen des Nationalsozialismus, sondern sie war das Resultat politischer Taktik.«

388 Ebd., S. 84.

389 Obwohl die Reichsvertretung im Sinne einer »Einheitsgemeinde« die einzige Chance darstellte, gegen das NS-Regime geschlossen aufzutreten, lehnte u. a. der Verband deutsch-nationaler Juden die Reichsvertretung ab, da an ihr Zionisten beteiligt waren; orthodoxe Gruppen wollten eine säkulare Institution mit dem liberalen Rabbiner Leo Baeck als oberste Führung der deutschen Juden nicht hinnehmen und die »Staatszionistische Organisation« forderte stattdessen die Auflösung der jüdischen Gemeinschaft durch Emigration.

390 Bella Gutterman/Avner Shalev (Hrsg.), Zeugnisse des Holocaust, Gedenken in Yad Vashem, Jerusalem, 2005, S. 52.

391 Saul Friedländer, Das Dritte Reich und die Juden, München, 1998, Erster Band, S. 27.

392 Michael Berger, Eisernes Kreuz und Davidstern, S. 197.

393 Ebd., S. 201–203.

394 Michael Berger, Eisernes Kreuz und Davidstern, S. 203–207.

395 Dr. Bernhard Weiß, geb. am 30.07.1880 in Berlin als Sohn des Getreidegroßhändlers Max Weiß und der Emma Weiß (geborene Strelitz), gest. am 29.07.1951 in London.

396 Dietz Bering, Kampf um Namen. Bernhard Weiß gegen Joseph Goebbels, Stuttgart, 1991, S. 31; Brief Vetter Pierre Nathan: »Der Vater und alle Geschwister waren gute Juden, für die eine Assimilation nicht in Frage kam.« Vater Max Weiß war Vorstand der Gemeinde an der Fasanenstraße sowie Mitglied des Kuratoriums der »Hochschule für die Wissenschaft des Judentums«, die er mit großzügigen Stiftungen bedachte; Joachim Rott, Bernhard Weiss. 1880 Berlin – 1951 London, Teetz/Berlin, 2008, S. 20 f.

397 Dietz Bering, Kampf um Namen, S. 33.

398 Ebd., S. 33–35.

399 Vgl. dazu: Michael Berger, Eisernes Kreuz und Davidstern, S. 109 f.

400 Zahlen nach Die Juden im Heere, S. 40 und Werner T. Angress, Prussia´s Army and the Jewish Reserve Officer Controversy before World War I, S. 19–42. Siehe auch Reichstagsverhandlungen über die Zurücksetzung der jüdischen Einjährigen-Freiwilligen. Nach dem amtlichen stenographischen Bericht, in: Im deutschen Reich, 14 (1908), S. 266–276 abgedr. u. a. in: Max J. Loewenthal (Hrsg.), Jüdische Reserveoffiziere, Berlin 1914; vgl. auch Die Juden im Heere, S. 41–61; Comité zur Abwehr antisemitischer Angriffe in Berlin (Hrsg.), Die Juden als Soldaten, Berlin, 1897.

401 Michael Berger, Eisernes Kreuz und Davidstern, S. 127.

402 Eine der wenigen Quellen über Bernhard Weiß' Leben ist seine Offiziersakte (München OP 51 391): 01.10.1904 Einjährig-Freiwilliger im »Königl. Bayer. 1. Chevaulegers-Regiment Kaiser Nikolaus II. von Rußland« in Nürnberg; Juni 1905 Ernennung zum Unteroffizier; 30.09.1905 Erwerb des Befähigungsnachweises zum Reserveoffizier; 24.08.1905 Ernennung zum Vizewachtmeister, bald darauf Aushändigung des Reserveoffizierpatents; 03.08.1914 Zugführer in der Reserve-Sanitäts-Kompanie 5 (5. Königl. Bayer. Reserve-Division); 01.10.1916 Ernennung zum Oberleutnant, bald darauf Kompaniechef; 22.02.1917 Versetzung zum Reserve-Infanterie-Regiment 14 (9. Königl. Bayer. Reserve-Division); 24.03.1917 Beförderung zum Rittmeister.

403 Weiß' Offiziersakte nennt die Teilnahme an neun Schlachten, acht Stellungskämpfen, drei Gefechten, zwei Kämpfen und einem Angriff an der Scarpe.

404 Vgl. dazu: Michael Berger, Eisernes Kreuz und Davidstern, S. 171–176; Jacob Rosenthal, Die Ehre des jüdischen Soldaten, S. 46–97.

405 Bill Drews, geb. 1870, gest. 1938, Jurist, 1902 Landrat in Oschersleben, Verwaltungsjurist im preußischen Innenministerium, 1917 preußischer Innenminister, 1921 Präsident des preußischen Oberverwaltungsgerichtes.

406 Schreiben Drews vom 14.06.1918 (Offiziersakte).
407 Vgl. dazu: Dietz Bering, Kampf um Namen, S. 44–59.
408 Albert Grzesinski, geb. 1879 in Treptow/Pommern, gest. 1947 in New York, Sozialdemokrat, Mitglied/Funktionär im Deutschen Metallarbeiterverband (DMV), Mitglied im preußischen Landtag bis 1933, Polizeipräsident in Berlin (1925–1926 und 1930-1932), preußischer Innenminister (1926–1930), Flucht in die Schweiz und Frankreich, 1937 Emigration in die USA.
409 Magnus Heimannsberg, geb. 1881 in Neviges, gest. 1962 in Bad Driburg, Volksschule, Polizeischule in Recklinghausen, 1910 Polizeikommissar in Muhlheim/Ruhr, 1922 Kommandeur der Schutzmannschaft Potsdam, 1927 Kommandeur der Schutzpolizei Berlin, nach 1932 mehrfach verhaftet, 1941 Ruhestand, 1945–1948 Polizeipräsident von Wiesbaden.
410 Dietz Bering, Kampf um Namen, S. 43 u. 71; Weiß dazu: »Die Polizei der Gegenwart ist Volkspolizei«.
411 Ebd., S. 93–102.
412 Ebd., S. 243 f.
413 Ebd., S. 283 f.; Vgl. auch: Joachim Rott, Bernhard Weiss, S. 36–39.
414 Amtliche Mitteilung über die Verhaftung des Polizeipräsidenten, des Vizepräsidenten und des Kommandeurs der Schutzpolizei in Berlin am 20. Juli 1932.
415 Brief vom 03.10.1949, LAB Rep. 4 Arch. Zug 2228, Nr. 282.
416 Vgl. dazu: Dietz Bering, Kampf um Namen, S. 393–394; Joachim Rott, Bernhard Weiss, S. 54–58.
417 Otto Forst de Battaglia, Zwischeneuropa. Von der Ostsee bis zur Adria, Teil I: Polen – Tschechoslowakei –Ungarn, Frankfurt a. M., 1954, S. 195 ff.
418 Erwin A. Schmidl, Juden in der k. (u.) k. Armee 1788–1918, S. 89.
419 Julius Deutsch, Ein weiter Weg. Lebenserinnerungen, Leipzig/Wien, 1960, S. 111–121.
420 Julius Deutsch, Aus Österreichs Revolution, Wien, 1923, S. 127 ff.
421 Ludwig Jedlicka, Ein Heer im Schatten der Parteien. Die militärpolitische Lage Österreichs 1918–1938, Graz, 1955.
422 Ähnlich dem vom Verband der deutschen Juden (VdDJ) in den Jahren 1915/16 gegründeten »Büro für Statistik der Juden« und »Ausschuss für Kriegsstatistik« wurde 1915 in Wien ein Komitee »Jüdisches Kriegsarchiv« gegründet, das den Anteil und die Leistungen jüdischer Soldaten sowie die Verbrechen an jüdischen Zivilisten dokumentieren sollte. Ziel war es, der nach Ende des Krieges zu erwartenden antisemitischen Agitation entgegenzuwirken. Es erschienen neun Ausgaben, von Mai 1915 bis Januar 1917. Gleichzeitig veröffentlichte Moritz Frühling das »Jüdische Kriegsgedenkblatt«, 6 Hefte, 1914–17.
423 Martin Senekowitsch, Gleichberechtigte in einer großen Armee. Zur Geschichte des Bundes jüdischer Frontsoldaten Österreichs 1932–38, Wien, 1994, S. 1.
424 Emil von Sommer (1869–1947); Kriegsarchiv: Österreichisches Bundesheer Personalakt E. Sommer; E. Rubin, 140 Jewish Marshals, Generals & Admirals, S. 73; Wolfgang von Weisl, Juden in der österreichischen und österreichisch-ungarischen Armee, S. 13.
425 Johann Friedländer (1882–1944); Kriegsarchiv: Österreichisches Bundesheer Personalakt J. Friedländer.
426 Peter Huemer, Sektionschef Robert Hecht und die Zerstörung der Demokratie in Österreich: Eine historisch-politische Studie, Wien, 1975, S. 131–135.
427 Hierzu ergänzend Martin Prieschl, Die kleinen Wehrverbände in der Ersten Republik, in: Österreichs Bundesheer – Truppendienst, Ausgabe 3/2010.
428 Erwin A. Schmidl, Juden in der k.(u.)k. Armee 1788–1918, S. 89.
429 Max Thurn, Lange Nacht im Salzkammergut, in: Wiener Journal 46/47 (Juli/August 1984).
430 Staatsarchiv/Archiv der Republik, BKA Z1 305.909/36.

431 Dazu ausführlich Martin Senekowitsch, Gleichberechtigte in einer großen Armee. Zur Geschichte des Bundes jüdischer Frontsoldaten Österreichs 1932–38, Wien, 1994; Drei Jahre BJF – Bund jüdischer Frontsoldaten Österreichs (Hrsg.), Wien, 1935.
432 StadtChronik Wien 1986, S. 422.
433 Martin Senekowitsch, Gleichberechtigte in einer großen Armee, S. 2.
434 Hellmut Andics, 50 Jahre unseres Lebens. Österreichs Schicksal seit 1918, Wien, 1968.
435 Erwin A. Schmidl, Juden in der k.(u.)k. Armee 1788–1918, S. 90.
436 Dazu ausführlich Michael Berger, Eisernes Kreuz und Davidstern, S. 187–203; Michael Berger/Gideon Römer-Hillebrecht, Juden und Militär in Deutschland, S. 213–217; Ulrich Dunker, Der Reichsbund jüdischer Frontsoldaten 1919–1938. Geschichte eines jüdischen Abwehrvereins, Düsseldorf, 1977.
437 Drei Jahre BJF – Bund jüdischer Frontsoldaten Österreichs, S. 17.
438 Jüdische Front 1/33 vom 30.01.1933.
439 Emil von Sommer (1869–1947); Kriegsarchiv: Österreichisches Bundesheer Personalakt E. Sommer; E. Rubin, 140 Jewish Marshals, Generals & Admirals, S. 73; Wolfgang von Weisl, Juden in der österreichischen und österreichisch-ungarischen Armee, S. 13.
440 Jüdisches Wochenblatt »Die Stimme« (Wien) vom 06.10.1932, Titelblatt »Naziterror in Wien: Nationalsozialistische Tempelschänder. Der Nazisturm auf das Bethaus an Neujahrstage. Mit Stahlruten gegen alte betende Juden. Die Polizei gegen die Überfallenen? Bund jüdischer Frontsoldaten verhindert ein Pogrom«
441 Martin Senekowitsch, Gleichberechtigte in einer großen Armee, S. 3.
442 Drei Jahre BJF – Bund jüdischer Frontsoldaten Österreichs, S. 21, 24.
443 Ebd., S. 22 f.
444 F. L. Carsten, Faschismus in Österreich. Von Schönerer zu Hitler, München, 1977.
445 Jüdische Front 4/33 vom 08.05.1933.
446 Drei Jahre BJF – Bund jüdischer Frontsoldaten Österreichs, S. 24.
447 Jüdische Front 12/33 vom 31.10.1933.
448 Drei Jahre BJF – Bund jüdischer Frontsoldaten Österreichs, S. 28.
449 Ebd., S. 29.
450 Jüdische Front 5/35 vom 01.03.1935.
451 Drei Jahre BJF – Bund jüdischer Frontsoldaten Österreichs, S. 32.
452 Martin Senekowitsch, Gleichberechtigte in einer großen Armee, S. 4.
453 Drei Jahre BJF – Bund jüdischer Frontsoldaten Österreichs, S. 33.
454 Staatsarchiv/Archiv der Republik, BKA Z1.150.385/34 und WSTLA (= Wiener Stadt- und Landesarchiv) MAbt 119 A32 Z1.4885/1934. § 12 der LJF-Statuten: Vorstand: Die Vereinigung ist nach dem Führerprinzip geordnet. Der Führer ist auf Lebenszeit der Proponent, der nur freiwillig sein Amt zurücklegen kann. Der Führer trifft seine Anordnungen durch die Gruppenführer … Diese werden als unbezahlte Ehrenämter durch den Führer der Vereinigung besetzt und zwar inappellabel … und können vom Führer jederzeit ohne Angabe von Gründen und inappellabel enthoben werden …
Emil von Sommer stand dem Bund Legitimistischer Jüdischer Frontkämpfer bis zur Auflösung am 27.03.1939 vor. Der Bund hatte seinen Sitz am Parkring 4 im I. Bezirk.
455 Die Protektoratsfeier fand statt am 17.03.1935 im Militärkasino, Schwarzenbergplatz 1, I. Bezirk. Vgl. Martin Senekowitsch, Gleichberechtigte in einer großen Armee, S. 4.
456 Drei Jahre BJF – Bund jüdischer Frontsoldaten Österreichs, S. 37.
457 Ebd., S. 40.
458 Ebd., S. 66.
459 Ebd., S. 56–58.

460 Arno Lustiger, »Der Feldmarschall hat zwei Kugeln bekommen«, in: DIE ZEIT vom 23. Januar 2010, S. 35.
461 Martin Senekowitsch, Gleichberechtigte in einer großen Armee, S. 10.
462 Hellmut Andics, 50 Jahre unseres Lebens, S. 248.
463 Jonny Moser, Die Katastrophe der Juden in Österreich 1938–1945 – ihre Voraussetzungen und ihre Überwindung, in: Studia Judaica Austriaca, Bd. V, Der gelbe Stern in Österreich, Eisenstadt, 1977, S. 106.
464 Hellmut Andics, 50 Jahre unseres Lebens, S. 259.
465 Jonny Moser, Die Katastrophe der Juden in Österreich 1938–1945, S. 107.
466 WSTLA, bei MAbt 119/A32 Z1.6959/1932.
467 Wolfgang von Weisl, Juden in der österreichischen und österreichisch-ungarischen Armee, S. 23.
468 E. Rubin, 140 Jewish Marshals, Generals & Admirals, S. 73; Arno Lustiger, »Der Feldmarschall hat zwei Kugeln bekommen«, in: DIE ZEIT vom 23.01.2010, S. 35.
469 WSTLA, bei MAbt 119/A32 Z1.6959/1932.
470 Vgl. dazu Martin Senekowitsch, Ein ungewöhnliches Kriegerdenkmal. Das jüdische Heldendenkmal am Wiener Zentralfriedhof, Wien, 1994; Martin Senekowitsch, Verbunden mit diesem Lande. Das jüdische Kriegerdenkmal in Graz, Graz, 1995.
471 Martin Senekowitsch, Ein ungewöhnliches Kriegerdenkmal, S. 1.
472 Jessaia, Kap. 2, Vers 4.
473 Martin Senekowitsch, Ein ungewöhnliches Kriegerdenkmal, S. 2.
474 Nach Senekowitsch sind es 1055 Namen, 280 Offiziere und 775 Unteroffiziere und Soldaten.
475 Nach Martin Senekowitsch 400 Namen, 154 Offiziere und 246 Unteroffiziere und Soldaten.
476 Martin Senekowitsch, Ein ungewöhnliches Kriegerdenkmal, S. 2
477 Alois Pick (1859–1945) trat als Einjährig-Freiwilliger in die k. u. k. Armee ein. Er studierte in Prag Medizin und wurde 1884 Militärarzt. Darüber hinaus errang Dr. Pick als Wissenschaftler einen Namen und unterrichtete zuerst als Privatdozent, später dann als Professor an der Universität Wien. 1918 war er im Range eines General-Oberstabsarztes – der Rang entsprach dem eines Feldmarschallleutnants – vierthöchster Militärarzt der k. u. k. Armee. Prof. Dr. Alois Pick war von 1920–1932 Präsident der Israelitischen Kultusgemeinde Wien.
478 Drei Jahre BJF – Bund jüdischer Frontsoldaten Österreichs, S. 39–45; Jüdische Front, Festnummer vom 15.10.1934; Die Gedenksteine tragen die Inschriften: »Den hier ruhenden jüdischen Helden des Weltkrieges 1914/18 gewidmete Grabsteine zum ehrenden Gedenken – Der Bund jüdischer Frontsoldaten Österreichs 1934« bzw.: »Allen in fremder Erde ruhenden jüdischen Helden des Weltkrieges 1914/18 zum ehrenden Gedenken gewidmet – Der Bund jüdischer Frontsoldaten Österreichs 1934«.
479 Egbert Apfelknab, Schutz der Menschenrechte durch Friedenssicherung. Der nationale und internationale Beitrag des Österreichischen Bundesheeres, Wien, 2008, S. 33.
480 Das Österreichische Schwarze Kreuz (ÖSK) wurde 1919 gegründet und widmet seine Arbeit der Erhaltung, der Pflege und auch Errichtung von Grabstätten für zivile Opfer des Bombenkrieges und politischer Verfolgung sowie den Gräbern von Flüchtlingen und Soldaten.
481 Drei Jahre BJF – Bund jüdischer Frontsoldaten Österreichs, S. 24.
482 Martin Senekowitsch, Verbunden mit diesem Lande. Das jüdische Kriegerdenkmal in Graz, Graz, 1995, S. 3.
483 Drei Jahre BJF – Bund jüdischer Frontsoldaten Österreichs, S. 40, 70; 1935 wird er als Mitglied der erweiterten Bundesführung und Landesführer für Steiermark und Kärnten aufgeführt.
484 Martin Senekowitsch, Verbunden mit diesem Lande, S. 4.

485 Jüdische Front Nr. 13 vom 01.07.1935.

486 Vgl. Martin Senekowitsch, Verbunden mit diesem Lande. Das jüdische Kriegerdenkmal in Graz, Graz, 1995.

487 Zur militärischen Erziehung in der k.u.k. Armee vgl. István Deák, Der K.(u.)K. Offizier 1848–1918, Wien, 1991, S. 107–116.

488 E. Rubin, 140 Jewish Marshals, Generals & Admirals, S. 73.

489 Arno Lustiger, »Der Feldmarschall hat zwei Kugeln bekommen«, in: DIE ZEIT vom 23. Januar 2010, S. 35.

490 Emil von Sommer (1869–1947); Kriegsarchiv: Österreichisches Bundesheer Personalakt E. Sommer; E. Rubin, 140 Jewish Marshals, Generals & Admirals, S. 73; Wolfgang von Weisl, Juden in der österreichischen und österreichisch-ungarischen Armee, S. 13.

491 Jüdische Front 1/33 vom 30.01.1933.

492 Drei Jahre BJF – Bund jüdischer Frontsoldaten Österreichs, S. 33.

493 Vgl. Anm. 454.

494 Martin Senekowitsch, Gleichberechtigte in einer großen Armee, S. 11.

495 Wolfgang von Weisl, Juden in der österreichischen und österreichisch-ungarischen Armee, S. 13.

496 E. Rubin, 140 Jewish Marshals, Generals & Admirals, S. 73; Arno Lustiger, »Der Feldmarschall hat zwei Kugeln bekommen«, in: DIE ZEIT vom 23. Januar 2010, S. 35.

497 Wolfgang von Weisl, Juden in der österreichischen und österreichisch-ungarischen Armee, S. 14 und Anm. 4.

498 Drei Jahre BJF – Bund jüdischer Frontsoldaten Österreichs, S. 40.

499 Wolfgang von Weisl, Juden in der österreichischen und österreichisch-ungarischen Armee, Anm. 4.

500 Hagana (hebr.: ha-hagana »Die Verteidigung«) war die jüdische Untergrundarmee während des britischen Mandats in Palästina (1920–1948). Später wurde die Hagana in die neu gegründeten Streitkräfte (Zahal) des Staates Israel überführt.

501 Zahal ist die offizielle Bezeichnung für die israelischen Verteidigungsstreitkräfte (hebr.: Tzava haHagana leJisra'el)

502 Wolfgang von Weisl, Juden in der österreichischen und österreichisch-ungarischen Armee, S. 14 und Anm. 4.

503 Dazu ausführlich: Hans Erler, Arnold Paucker, Ernst Ludwig Ehrlich (Hrsg.), Gegen alle Vergeblichkeit. Jüdischer Widerstand gegen den Nationalsozialismus, Frankfurt a. M., 2003; Konrad Kwiet/Helmut Eschwege, Selbstbehauptung und Widerstand. Deutsche Juden im Kampf um Existenz und Menschenwürde 1933–1945, Hamburg, 1984; Hermann Langbein, … nicht wie die Schafe zur Schlachtbank. Widerstand in den nationalsozialistischen Konzentrationslagern 1938–1945, Frankfurt a. M., 1980; Wilfried Löhken/Werner Vathke (Hrsg.), Juden im Widerstand. Drei Gruppen zwischen Überlebenskampf und politischer Aktion 1939–1945, Berlin, 1993; Arno Lustiger, Shalom Libertad! Juden im spanischen Bürgerkrieg, Frankfurt a. M., 1989; Arno Lustiger: Zum Kampf auf Leben und Tod. Zum Widerstand der Juden 1933–1945, Frankfurt a. M., 1997; Arnold Paucker, Sylvia Gilchrist, Barbara Suchy (Hrsg.), Die Juden im nationalsozialistischen Deutschland, Tübingen, 1986; Arnold Paucker, Deutsche Juden im Kampf um Recht und Freiheit. Studien zur Abwehr, Selbstbehauptung und Widerstand der deutschen Juden seit dem Ende des 19. Jahrhunderts, mit einer Einführung von Reinhard Rürup, Berlin, 2003.

504 Vgl. Hans Erler, Vorwort: »Alle Völker im Reiche fügen sich dem, früher oder später, nur dieses Volk nicht«, in: Hans Erler / Arnold Paucker / Ernst Ludwig Ehrlich (Hrsg.), Gegen alle Vergeblichkeit, S. 11–19.

505 Leo Baeck, Dieses Volk – Jüdische Existenz, hrsg. von Albert H. Friedländer u. Bertold Klappert (Werke, Bd. 2), Gütersloh, 1996, S. 246.
506 Siehe Paul Spiegel, Rede anlässlich des 60. Jahrestages des Warschauer Ghettoaufstandes, Jüdisches Gemeindehaus, Berlin, 29.04.2003.
507 Aus der Reihe der hierzu erschienenen Monografien und Arbeiten sei exemplarisch hingewiesen auf Patrick v. zur Mühlen, Spanien war ihre Hoffnung. Die deutsche Linke im Spanischen Bürgerkrieg, Bonn, 1983; Arno Lustiger, Shalom Libertad! Juden im spanischen Bürgerkrieg, Frankfurt a. M., 1989; siehe auch Bubi Zerwanitzer, Nicht »wie ein Lamm zum Schlachten«! Die ungewöhnliche Rolle der Juden in den Internationalen Brigaden im Spanischen Bürgerkrieg 1936–1939, in: Das Jüdische Echo. Europäisches Forum für Kultur und Politik, Vol. 48, Wien, 1999, S. 214–216.
508 Francisco Franco y Bahamonde (1892–1975), trat in die Militärakademie von Toledo ein, erwarb sich militärische Verdienste im Krieg in Marokko, 1926 mit 33 Jahren zum Brigadegeneral befördert und damit jüngster General in Europa, 1934 Generalmajor, 1935 Chef des Generalstabes, am 28.09.1936 von den Putschisten zum Oberbefehlshaber der Streitkräfte ernannt, er übernahm das Amt des Regierungs- und später auch des Staatschefs, damit begründete er seine Diktatur, die er bis zu seinem Tod am 20. November 1975 ausübte.
509 Vgl. dazu Patrick v. zur Mühlen, Spanien war ihre Hoffnung, S. 27 ff., Carlos Collado Seidel, Der Spanische Bürgerkrieg. Geschichte eines europäischen Konfliktes, München, 2006, S. 61–69; Pierre Broué/Emile Témime, Revolution und Krieg in Spanien. Geschichte des Bürgerkrieges, 2 Bde., Frankfurt a. M., 1968, S. 525 ff. und Salvador de Madariaga, Spanien, Stuttgart, 1979, S. 374 ff.
510 Vgl. Hans Henning Abendroth, Hitler in der spanischen Arena. Die deutsch-spanischen Beziehungen im Spannungsfeld der europäischen Interessenpolitik vom Ausbruch des Bürgerkrieges bis zum Ausbruch des Weltkrieges 1936–1939, Paderborn, 1973, S. 95 ff.; Manfred Merkes, Die deutsche Politik im spanischen Bürgerkrieg 1936–1939, 2. Aufl., Bonn, 1969, S. 153 ff.; Patrick v. zur Mühlen, Spanien war ihre Hoffnung, S. 25–27; zu den Zahlen siehe Hugh Thomas, Der spanische Bürgerkrieg, Berlin/Frankfurt a. M./Wien, 1962, S. 516 ff.; zu den deutschen Materiallieferungen und Einsätzen der Legion Condor siehe Manfred Merkes, Die deutsche Politik im spanischen Bürgerkrieg 1936–1939, S. 373 ff., 396.
511 Pierre Broué/Emile Témime, Revolution und Krieg in Spanien, S. 459 ff.; siehe auch Fernando Schwartz, La internacionalización de la Guerra Civil Española, Julio de 1936–Marzo de 1937, Barcelona, 1972.
512 Stephen Wise (1874–1949), US-amerikanischer Rabbiner, Präsident der Zionist Organization of America und des American Jewish Congress, gründete 1936 den Jüdischen Weltkongress, dem er ebenfalls als Präsident vorstand.
513 Zit. nach Arno Lustiger, Shalom Libertad! Juden im spanischen Bürgerkrieg, S. 52.
514 Zur Emigration aus rassischen Gründen siehe Werner Röder, Die deutschen sozialistischen Exilgruppen in Großbritannien 1940–1945, Hannover, 1968, S. 253 ff.; Helmut Müssener, Die deutschsprachigen Emigranten in Schweden nach 1933. Ihre Geschichte und kulturelle Leistung, Stockholm, 1971, S. 61 ff.
515 Vgl. dazu Patrick v. zur Mühlen, Spanien war ihre Hoffnung, S. 30–41; Ursula Langkau-Alex, Volksfront für Deutschland? Bd. 1: Vorbereitung und Gründung des »Ausschusses zur Vorbereitung einer deutschen Volksfront« 1933–1936, Frankfurt a. M., 1977, S. 41.
516 Siehe dazu Hubertus Prinz zu Löwenstein, A Catholic in Republican Spain, London, 1937.
517 Patrick v. zur Mühlen, Spanien war ihre Hoffnung, S. 13, 188–192; Arno Lustiger, Shalom Libertad! Juden im spanischen Bürgerkrieg, S. 59–66;
518 Ebd., S. 62.

519 Ebd., S. 61 f.

520 Julius Deutsch, Ein weiter Weg. Lebenserinnerungen, Leipzig/Wien, 1960; Patrick v. zur Mühlen, Spanien war ihre Hoffnung, S. 111, 268; Arno Lustiger, Shalom Libertad! Juden im spanischen Bürgerkrieg, S. 243–245.

521 Ebd., S. 230 ff.

522 Ebd., S. 239 f.

523 Ebd., S. 233 ff.

524 Vgl. Max Friedemann, Kämpfe in Barcelona und Gerhard Wohlrath, Als Arbeitersportler zur Volksolympiade nach Barcelona, in: Brigada Internacional ist unser Ehrenname…: Erlebnisse ehemaliger deutscher Spanienkämpfer. Ausgewählt und eingeleitet von Hans Maaßen, Bd. I, Frankfurt a. M., 1976, S. 51 ff. und 54 ff.; Max Friedemann, Die Geschichte der Gruppe Thälmann, in: Interbrigadisten. Der Kampf deutscher Kommunisten und anderer Antifaschisten im national-revolutionären Krieg des spanischen Volkes 1936 bis 1939, Protokoll einer wissenschaftlichen Konferenz an der Militärakademie »Friedrich Engels« (20./21. Januar 1966), Berlin (DDR), 1966, S. 356 ff.; Patrick v. zur Mühlen, Spanien war ihre Hoffnung, S. 207 f; Arno Lustiger, Shalom Libertad! Juden im spanischen Bürgerkrieg, S. 68–71.

525 Patrick v. zur Mühlen, Spanien war ihre Hoffnung, S. 194, 230; Arno Lustiger, Shalom Libertad! Juden im spanischen Bürgerkrieg, S. 223.

526 Patrick v. zur Mühlen, Spanien war ihre Hoffnung, S. 91 f.; Paul & Clara Thalmann, Revolution für die Freiheit. Stationen eines politischen Kampfes, Moskau/Madrid/Paris, Hamburg, 1977, S. 174 ff., 179 f; vgl. auch Heleno Sana, Die libertäre Revolution. Die Anarchisten im Spanischen Bürgerkrieg, Hamburg, 2001; Augustin Souchy, Anarcho-Syndikalisten über Bürgerkrieg und Revolution in Spanien, Darmstadt, 1969.

527 Arno Lustiger, Shalom Libertad! Juden im spanischen Bürgerkrieg, S. 242 f.

528 Buenaventura Durruti (1896–1936), spanischer Syndikalist und anarchistischer Revolutionär, Anführer der anarchistischen Milizen in den ersten Monaten des Spanischen Bürgerkriegs, Kommandeur der legendären Kolonne des Sieges (Columna de la Victoria); Durruti wurde bei den Kämpfen um Madrid tödlich verwundet und starb am 20. November 1936; der Columna Durruti gehörte auch die französische Philosophin Simone Weil an; zu Durruti vgl. Abel Paz, Durruti, Leben und Tod des spanischen Anarchisten, Hamburg, 1994.

529 Spanien 1936 bis 1939. Erinnerungen von Interbrigadisten aus der BRD, hrsg. und eingeleitet von Max Schäfer, Frankfurt a. M., 1976, S. 46; Andreu Castells, Las Brigadas Internacionales de la guerra de España, Barcelona, 1974, S. 381; Patrick v. zur Mühlen, Spanien war ihre Hoffnung, S. 246.

530 Hanna Schramm, Menschen in Gurs. Erinnerungen an ein französisches Internierungslager (1940–1941), mit einem dokumentarischen Beitrag zur französischen Emigrantenpolitik (1937–1944) von Barbara Vormeier, Worms, 1977, S. 318.

531 Ebd., S. 21 ff.

532 Bruno Frei, Die Männer von Vernet. Ein Tatsachenbericht, Berlin, 1950; Françoise Joly, Jean-Baptiste Joly & Jean-Philippe Mathieu, Les camps d´internement en France de septembre 1939 à mai 1940, in: Les barbelés de l´exil. Etudes sur l´emigration allemande et autrichienne (1938–1940), Gilbert Badia et al. (Hrsg.), Grenoble, 1979, S. 180 ff.

533 Patrick v. zur Mühlen, Spanien war ihre Hoffnung, S. 248.

534 Ebd., S. 265.

535 Zit. nach Arno Lustiger, Shalom Libertad! Juden im spanischen Bürgerkrieg, S. 52.

536 Patrick v. zur Mühlen, Spanien war ihre Hoffnung, S. 270.

537 Ebd. S. 271; zu den Rückschlägen beim Kampf der ehemaligen Spanienkämpfer um ihre Versorgungsansprüche siehe auch Peter Bragal, »Für die Legion Condor ein zweiter Sieg«, Süddeutsche Zeitung 10.04.1969.

538 Vgl. Antony Beevor, La Guerra Civil Española, Barcelona, 2005, S. 181 f.

539 Vgl. Stefanie Schüler-Springorum, Nicht nur Guernica. Die Legion Condor in: Florian Legner (Hrsg.), Solidaridad! Deutsche im Spanischen Bürgerkrieg, Berlin, 2006, S. 108.

540 Vgl. allg. die Darstellung von Julián Casanova in: Santos Juliá u. a., Víctimas de la Guerra Civil, Madrid, 1999, S. 74–79; speziell zu Badajoz, dem bekanntesten Fall: Francisco Espinosa, La columna de la muerte. El avance del ejército franquista de Sevilla a Badajoz, Madrid, 2003.

541 Vgl. Stefanie Schüler-Springorum, Nicht nur Guernica, S. 109.

542 Siehe dazu Francisco Moreno Gomez, La Guerra Civil en Córdoba, Madrid, 1985, S. 497; vgl. auch die Fotomappen in: BArch-Ma, RL 35, Nr. 34.

543 Vgl. Raymond L. Proctor, Hitler's Luftwaffe in the Spanish Civil War, Westport, 1983, S. 79–101.

544 Die Angriffe auf Durango am 31.03., 02.04. und 04.04.1937 zählten zu den »kriminellsten« des gesamten Krieges; den Angriffen fielen mehr als 500 Menschen zum Opfer; vgl. auch: Durango. A pictorial review of the bombing by German airmen of the town of Durango, Spain, in 1937, Barcelona, 1937.

545 Vgl. Hannes Heer, in: DIE ZEIT Nr. 17 vom 19.04.2007.

546 Ebd. Zitat George L. Steer. Der erste Bericht über den Luftangriff auf Guernica wurde von dem britischen Kriegsberichterstatter George L. Steer verfasst. Der Artikel erschien am 28. April 1937 in der London Times.

547 Vom 21.01. bis 25.01.1939 flog die Legion Condor insgesamt 40 Angriffe auf Barcelona. Während des Krieges wurde Barcelona 113-mal von den Italienern, 80-mal von der Legion Condor und einmal von Francos Luftwaffe bombardiert; den Luftangriffen fielen zwischen 2500 und 3000 Menschen zum Opfer; vgl. Joan Villarroya, Els bombardeigs de Barcelona durant la guerra civil, Barcelona, 1981, S. 183–185.

548 Siehe Gutachten des Militärgeschichtlichen Forschungsamtes vom 30.06.2004, S. 12. Zwischen dem 14.04. und dem 05.12.1938 nahm Werner Mölders als Freiwilliger im Rahmen der Legion Condor auf Seiten der Truppen unter General Franco am Spanischen Bürgerkrieg teil. Er führte die 3. Staffel der Jagdgruppe 88, die vor der Umrüstung auf das Jagdflugzeug Me 109 hauptsächlich zur Bekämpfung von Bodenzielen aus der Luft eingesetzt wurde.

549 Am Ebro fanden die größten Luftschlachten des Krieges mit bis zu 300 Flugzeugen statt, die, wie auch der Legion Condor-Sympathisant Proctor eingesteht, außerordentlich »einseitig« waren; siehe ders., Hitler's Luftwaffe, S. 221–236, Zitat S. 224.

550 Gutachten des Militärgeschichtlichen Forschungsamtes vom 30.06.2004, S. 13.

551 Ebd.

552 Vgl. Fritz von Forell, Mölders und seine Männer, Graz, 1941, S. 32–35; ders., Mölders – Mensch und Flieger, Salzburg, 1951, S. 29 f.; ders., Werner Mölders. Flug zur Sonne. Die Geschichte des großen Jagdfliegers, Leoni, 1976, S. 43.

553 BA-MA (= Bundesarchiv-Militärarchiv), RL 35/42.

554 Hierzu grundsätzlich, Klaus A. Maier, Guernica 26.04.1937. Die deutsche Intervention in Spanien und der »Fall« Guernica, Freiburg, 1975.

555 Siehe auch Walther L. Bernecker, Krieg in Spanien 1936–1939, Darmstadt, 1991.

556 Entscheidung des Bundesministers der Verteidigung vom 28.01.2005, die Werner Mölders Kaserne in Visselhövede und das in Neuburg an der Donau stationierte Jagdgeschwader 74 »Mölders« umzubenennen. Am 11.03.2005 wurde das Jagdgeschwader 74 »Mölders« in Jagdgeschwader 74 umbenannt.

557 Bundesdrucksache 13/10494, Protokoll der 231. Sitzung.
558 Gutachten des Militärgeschichtlichen Forschungsamtes vom 30.06.2004.
559 Bubi Zerwanitzer, Nicht »wie ein Lamm zum Schlachten«!, S. 214.
560 Aus der Reihe der hierzu erschienenen Monografien und Arbeiten sei exemplarisch hingewiesen auf: Julius Deutsch, Ein weiter Weg. Lebenserinnerungen, Wien 1960; Julius Deutsch, Wehrmacht und Sozialdemokratie, Berlin, 1927; Julius Deutsch, Aus Österreichs Revolution, Wien, 1923.
561 Die Bürgerschule war eine Form des österreichischen Bildungssystems, das zum Teil auch in Böhmen und Deutschlands eingeführt wurde. Diese sogenannte »Hochschule des kleinen Mannes« entstand mit dem Reichsvolksschulgesetz vom 14.05.1869 und war eine Art weiterführende Hauptschule, die eine über das Lehrziel der allgemeinen Volksschule hinausreichende Bildung vermittelte. Mit dem Schulgesetzwerk von 1962 wurde dieser Schultyp in Österreich durch die Hauptschule mit zwei Klassenzügen ersetzt.
562 Julius Deutsch, Ein weiter Weg, S. 39–41.
563 Ebd., S. 60–78.
564 Ebd., S. 100–110.
565 Ebd., S. 111–115; vgl. auch Ludwig Jedlicka, Ein Heer im Schatten der Parteien. Die militärpolitische Lage Österreichs 1918–1938, Graz, 1955, S. 10.
566 Julius Deutsch, Ein weiter Weg, S. 114.
567 Ebd., S. 115.
568 Julius Deutsch, Aus Österreichs Revolution, S. 14 ff.
569 Julius Deutsch, Ein weiter Weg. S. 111–121.
570 Siehe unten Kapitel IV, »Fallbeispiel II: Otto Grossmann und Johann Friedländer«.
571 Vgl. Julius Deutsch, Wehrmacht und Sozialdemokratie, S. 25; Ein weiter Weg. S. 121, 123.
572 Ebd., S. 116–141.
573 Julius Deutsch, Aus Österreichs Revolution, S. 127 ff.
574 Julius Deutsch, Ein weiter Weg. S. 141 f.
575 Ebd., S. 176 f.
576 Ebd., S. 181–184.
577 Ernst Rüdiger Starhemberg, Memoiren, mit einer Einleitung von Heinrich Drimmel, Wien/München, 1971.
578 Julius Deutsch, Ein weiter Weg. S. 195–224 und Martin Prieschl, Die Heimwehr – Truppendienst, Folge 313, Ausgabe 1/2010.
579 Julius Deutsch, Ein weiter Weg, S. 249.
580 Ebd., S. 306–310.
581 Gerta Pohorylle, geb. 1910 in Stuttgart, gest. am 26.07.1937 in El Escorial/Spanien; Fotografin und Partnerin von Robert Capa, Fotoreporterin im Spanischen Bürgerkrieg.
582 Irme Schaber, Gerta Taro, Fotoreporterin im Spanischen Bürgerkrieg, Marburg, 1994, S. 185.
583 Offensive der Regierungstruppen westlich von Madrid vom 06.07 bis 25.07.1937. Dazu ausführlich: Antony Beevor, Der Spanische Bürgerkrieg, München, 2006, S. 349–364.
584 Irme Schaber, Gerta Taro, S. 189–198.
585 Robert Capa, eigentlich André Friedmann (Endre Ernő Friedmann), geb. 1913 in Budapest, gest. 1954 in Thai Binh/Französisch-Indochina, Kriegsreporter, Mitbegründer der Fotoagentur Magnum.
586 David »Chim« Seymour, eigentlich David Robert Szymin, geb. 1911 in Warschau, gest. 1956 in El Quantara/Ägypten, Kriegsreporter, Mitbegründer der Fotoagentur Magnum.
587 Hannes Stein, »Robert Capa und sein Schatz aus dem Koffer«, in: »Die Welt« vom 29.01.2008.
588 Vgl. Irme Schaber, Gerta Taro, S. 20–28.

589 Ebd., S. 29.
590 Ebd., S. 38–50.
591 Zur Verhaftung siehe: Staatsarchiv Dresden, Bestand Ministerium für Auswärtige Angelegenheiten, Nr. 4846.
592 Irme Schaber, Gerta Taro, S. 57.
593 Ebd., S. 74–96.
594 Michael Berger, Aus nächster Nähe, in: »Jungle World«, Nr. 18, 06.05.2010.
595 Michael Berger, Sie kämpften für Spaniens Freiheit!, in: Michael Berger/Gideon Römer-Hillebrecht, Juden und Militär in Deutschland, S. 144 f.
596 Michael Berger, Bilder aus dem Bombenhagel, in: »vorwärts.de«, 16.04.2010.
597 Ebd.
598 Irme Schaber, Gerta Taro, S. 184 f.
599 Ebd., S. 185 f.
600 Irme Schaber, Gerta Taro, S. 198
601 Fernando Olmeda, Gerda Taro. Fotógrafa de guerra, Barcelona, 2007, S. 194 f.
602 Ebd., S. 204–207.
603 Henri Cartier-Bresson, geb. 1908, gest. 2004 in Céreste/Frankreich, Fotograf, Regisseur, Schauspieler, Maler und Zeichner und Mitbegründer der Fotoagentur Magnum.
604 George Rodger, geb. 1908, gest. 1995 in England, Fotograf und Mitbegründer der Fotoagentur Magnum.
605 Michael Berger, Bilder aus dem Bombenhagel, in: »vorwärts.de«, 16.04.2010.
606 Aus der Reihe der hierzu erschienenen Monografien, Arbeiten und Ausstellungen sei exemplarisch hingewiesen auf Aleksandar-S. Vuletic, Zwischen Normalität und Vertreibung: Die deutschen Juden in den zwanziger und dreißiger Jahren, in: Wolfgang Michalka/Martin Voigt (Hrsg.), Judenemanzipation und Antisemitismus in Deutschland im 19. und 20. Jahrhundert, Eggingen, 2003, S. 117–137; Jürgen Förster, Wehrmacht, Krieg und Holocaust, in: Judenemanzipation und Antisemitismus, S. 139–159; Michael Berger, Eisernes Kreuz und Davidstern, S. 210–223; Michael Berger/Gideon Römer-Hillebrecht, Juden und Militär in Deutschland, S. 154–164; Manfred Messerschmidt, Juden im preußisch-deutschen Heer, in: Militärgeschichtliches Forschungsamt (Hrsg.), Deutsche Jüdische Soldaten, S. 39–62; Peter Steinbach, Vergangen, zerstört für immer jene Welt. Stationen deutsch-jüdischer Beziehungsgeschichte vom Antisemitismusstreit des 19. Jahrhunderts bis zum Völkermord an den Juden in nationalsozialistischen Vernichtungslagern, in: Deutsche Jüdische Soldaten, S. 87–117; Ernst-Heinrich Schmidt, Zürndorfer-Waldmann: Das Schicksal deutscher Frontkämpfer jüdischer Abstammung und jüdischen Glaubens und ihrer Familien 1914–1945, in: Militärgeschichtliches Forschungsamt (Hrsg.), Deutsche Jüdische Soldaten, S. 177–189; Gleich namige Ausstellung des Militärgeschichtlichen Forschungsamtes aus dem Jahre 1996; Ausstellung Deutsche Jüdische Soldaten 1914–1945, Militärgeschichtliches Forschungsamt, eröffnet am 16.04.1981 in Rastatt; Katalog zu eben genannter Wanderausstellung, 3., erw. und überarb. Aufl., Herford/Bonn, 1987.
607 Michael Berger, Eisernes Kreuz und Davidstern, S. 210; vgl. auch Dirk Walter, Antisemitische Kriminalität und Gewalt. Judenfeindschaft in der Weimarer Republik, Bonn, 1999, S. 255.
608 Vgl. Dirk Walter, Antisemitische Kriminalität und Gewalt. Judenfeindschaft in der Weimarer Republik, S. 23–41; siehe auch Christof Dipper, Der deutsche Widerstand und die Juden, in: Geschichte und Gesellschaft, 9 (1983), S. 349–380.
609 Vgl. dazu Heinrich August Winkler, Weimar 1918–1933. Die Geschichte der ersten deutschen Demokratie, München, 1993, S. 72–82; Deutsch-Jüdische Geschichte in der Neuzeit,

Bd. IV: Aufbruch und Zerstörung 1918–1945, S. 51; H. G. Adler, Die Juden in Deutschland. Von der Aufklärung bis zum Nationalsozialismus, München/Zürich, 1987 (Erstausgabe 1960), S. 141; Michael Berger, Eisernes Kreuz und Davidstern, S. 184–187; Martin Sabrow, Der Rathenaumord. Rekonstruktion einer Verschwörung gegen die Republik von Weimar, München, 1994, S. 114–122.

610 Christof Dipper, Der deutsche Widerstand und die Juden, S. 375.

611 Zur nationalsozialistischen Rassenpolitik vgl. den ausführlichen Beitrag von Peter Steinbach, Vergangen, zerstört für immer jene Welt, S. 87–117; vgl. auch Uwe Dietrich Adam, Judenpolitik im Dritten Reich, Düsseldorf, 1972; Konrad Kwiet, Zur historiographischen Behandlung der Judenverfolgung im Dritten Reich, in: Militärgeschichtliche Mitteilungen, 27 (1980), S. 149–192; Herbert A. Strauss/Norbert Kampe (Hrsg.), Antisemitismus. Von der Judenfeindschaft zum Holocaust, Bonn, 1984; Wolfgang Benz (Hrsg.), Die Juden in Deutschland 1933–1945, 2. Aufl., München, 1993; vgl. ferner Wolfgang Meyer zu Uptrup, »Der Kampf gegen die jüdische Weltverschwörung«. Zur inneren »Logik« des Antisemitismus der Nationalsozialisten, in: Erich Geldbach (Hrsg.), Vom Vorurteil zur Vernichtung? »Erinnern« für morgen, Münster, 1995; zur antisemitischen Gesetzgebung der Nationalsozialisten vgl. die Zusammenstellung in: Joseph Walk (Hrsg.), Das Sonderrecht für die Juden im NS-Staat. Eine Sammlung der gesetzlichen Maßnahmen und Richtlinien, Heidelberg/Karlsruhe, 1981; siehe auch die Dokumentation »Das Schwarzbuch: Tatsachen und Dokumente. Die Lage der Juden in Deutschland 1933«, Frankfurt/Berlin/Wien, 1983 (Nachdr. der Ausg. Paris 1934).

612 Vgl. Uwe Dietrich Adam, Judenpolitik im Dritten Reich, S. 51–64; Hans Mommsen, Beamtentum im Dritten Reich. Mit ausgewählten Quellen zur nationalsozialistischen Beamtenpolitik, Stuttgart, 1966, S. 39–50.

613 Im Jahre 1930 erschien in den »Nationalsozialistischen Monatsheften« ein anonymer »Drei-Sterne-Artikel« über die Stellung der Juden im nationalsozialistischen Staat. 1931 erschien der Artikel ein zweites Mal, diesmal im »Völkischen Beobachter«. Als Verfasser wurde das NSDAP-Mitglied Gerhard Ludwig Binz genannt, Bund nationalsozialistischer deutscher Juristen, nach 1933 Referent im Reichsministerium des Innern. Die Bedeutung dieses Artikels liegt darin, dass hier bereits drei Jahre vor der Machtergreifung ein wesentliches »Endziel« nationalsozialistischer Politik formuliert wird: die Entrechtung der jüdischen Bevölkerung, ihre Verdrängung aus Staat und Gesellschaft und ihre anschließende Vernichtung durch Arbeit. So schreibt der Verfasser, die Juden sollten »eliminiert« werden, und gibt damit den ersten Hinweis auf den von den Nationalsozialisten geplanten Völkermord an den deutschen und europäischen Juden. Siehe »Das Judentum in der nationalsozialistischen Rechtsordnung«, in: Nationalsozialistische Monatshefte, 1 (1930), S. 318–322.

614 Näher dazu Werner Jochmann, Die Ausbreitung des Antisemitismus, S. 468; weitere Beispiele bei Francis Ludwig Carsten, Reichswehr und Politik 1918–1933, Köln, 1964, S. 73, 111, 136 f., 196, 220, 223, 261.

615 Vgl. Michael Berger, Eisernes Kreuz und Davidstern, S. 171–176; Manfred Messerschmidt, Juden im preußisch-deutschen Heer, S. 39–62;

616 H. G. Adler, Die Juden in Deutschland, S. 150.

617 Vgl. Manfred Messerschmidt, Juden im preußisch-deutschen Heer , S. 39–62, 56.

618 Siehe Rudolf Absolon, Die Wehrmacht im Dritten Reich, Bd. 3, Boppard, 1975, S. 382 f.; Zahlen des Allg. Heeresamtes für die Zeit vom 1.10.1933 bis 15.12.1934 für Heer und Marine bei Wolfgang Kern, Die innere Funktion der Wehrmacht 1933–1939, Berlin, 1979, S. 113.

619 Heeresverordnungsblatt (HVBl) 1933, Reichswehrministerium (Hrsg.), Berlin, S. 73.

620 Michael Berger, Eisernes Kreuz und Davidstern, S. 212.

621 HVBl 1933, S. 109.
622 Wichtige politische Verfügungen des Reichskriegsministers und Oberbefehlshabers der Wehrmacht – geheim –, Berlin, 1935, S. 40.
623 Zum Erlass vom 28. Februar 1934 und seinen Folgen vgl. Manfred Messerschmidt, Juden im preußisch-deutschen Heer, S. 57 f.; ausführlich dazu Michael Berger, Eisernes Kreuz und Davidstern, S. 211–219.
624 Datiert vom 23.03.1934. Siehe Manfred Messerschmidt, Die Wehrmacht im NS-Staat, Hamburg, 1969, S. 41.
625 Vortragsnotiz von J I a (Foertsch) vom 19.02.1934, zit. bei Manfred Messerschmidt, Wehrmacht, Juden im preußisch-deutschen Heer, S. 43; Klaus-Jürgen Müller, Das Heer und Hitler. Armee und nationalsozialistisches Regime 1933–1940, Stuttgart, 1969, S. 78 ff., nennt eine Zahl von 70 Soldaten, unter ihnen zehn Offiziere. Dabei dürfte es hauptsächlich um Deutsche jüdischer oder teilweise jüdischer Herkunft gehandelt haben. Nur Einzelne waren vermutlich Angehörige der jüdischen Religionsgemeinschaft. Bryan Mark Rigg, Hitler´s Jewish Soldiers. The Untold Story of Nazi Racial Laws and Men of Jewish Decent in the German Military, Lawrence/Kansas, 2002, S. 81 f., gibt noch höhere Zahlen an.
626 Erlass Blombergs vom 24.05.1934, in: Manfred Messerschmidt/Ursula v. Gersdorff, Offiziere im Bild von Dokumenten aus drei Jahrhunderten, Stuttgart, 1964, Dok. 97, S. 255 f.
627 Fritsch in einem Brief an Stülpnagel vom 16.11.1924, zit. nach Francis Ludwig Carsten, Reichswehr und Politik 1918–1933, Köln, 1964, S. 223.
628 Ebd., Dok. 100, S. 259.
629 Vgl. Michael Berger, Eisernes Kreuz und Davidstern, S. 214.
630 Siehe Schreiben Blombergs an die Oberbefehlshaber der Wehrmachtsteile vom 27. November 1935, in: Michael Berger, Eisernes Kreuz und Davidstern, S. 215 f.
631 Reichsgesetzblatt 1936, I, 518.
632 Verfügung mit Ausführungsbestimmungen, BA-MA, RH 19/155.
633 Verfügung Oberkommando der Wehrmacht Nr. 524/40 vom 08.04.1940, in: Michael Berger, Eisernes Kreuz und Davidstern, S. 217.
634 Ebd., S. 218.
635 Vgl. die Verfügung des Heerespersonalamtes, 31.10.1942, BA-MA, RH 53-7/v.709; Jürgen Förster, Jewish Policies of the German Military, 1939–1942, in: Asher Cohen u. a. (Hrsg.), The Shoah and the War, New York, 1992, S. 53–71; Wolfgang Petter, Wehrmacht und Judenverfolgung, in: Ursula Büttner (Hrsg.), Die Deutschen und die Judenverfolgung im Dritten Reich, Hamburg, 1992; John A. S. Grenville, Die »Endlösung« und die »Judenmischlinge« im Dritten Reich, in: Ursula Büttner (Hrsg.), Das Unrechtsregime. Internationale Forschung über den Nationalsozialismus. Festschrift für Werner Jochmann zum 65. Geburtstag, Bd. 2: Verfolgung – Exil – Belasteter Neubeginn, Hamburg, 1986, S. 69–89; Bryan Mark Rigg, Hitler´s Jewish Soldiers, S. 76 ff.
636 Michael Berger, Eisernes Kreuz und Davidstern, S. 218.
637 Manfred Messerschmidt, Juden im preußisch-deutschen Heer, S. 59.
638 Michael Berger, Eisernes Kreuz und Davidstern, S. 219.
639 Ebd., S. 220.
640 Monika Richarz (Hrsg.), Jüdisches Leben in Deutschland, Bd. 3: Selbstzeugnisse zur Sozialgeschichte 1918–1945, Stuttgart, 1982, dort die Einführung der Herausgeberin, S. 13–73, hier: 99, 104–105.
641 Ulrich Dunker, Der Reichsbund jüdischer Frontsoldaten 1919–1938, S. 177.
642 Monika Richarz (Hrsg.), Jüdisches Leben in Deutschland, S. 429, 431–442.

643 Ernst-Heinrich Schmidt, Zürndorfer-Waldmann: Das Schicksal deutscher Frontkämpfer jüdischer Abstammung und jüdischen Glaubens und ihrer Familien 1914–1945, S. 177–178.

644 RGBl I, 547.

645 Ausführlich zum »Sonderlager« Theresienstadt: Hans Günter Adler, Theresienstadt. Das Antlitz einer Zwangsgemeinschaft, 2. Aufl., Tübingen, 1960.

646 Ernst-Heinrich Schmidt, Zürndorfer-Waldmann: Das Schicksal deutscher Frontkämpfer jüdischer Abstammung und jüdischen Glaubens und ihrer Familien 1914–1945, S. 180 ff.

647 Ludwig Philippson (1811–1889), liberaler Rabbiner in Magdeburg und Bonn, Herausgeber der »Allgemeinen Zeitung des Judentums«.

648 Monika Richarz (Hrsg.), Jüdisches Leben in Deutschland, Bd. 2: Selbstzeugnisse zur Sozialgeschichte im Kaiserreich, S. 462–465. Hierzu ausführlich Alfred Philippson, Wie ich zum Geographen wurde. Aufgezeichnet im Konzentrationslager Theresienstadt zwischen 1942 und 1945, Hans Böhm/Astrid Memel (Hrsg.), Bonn, 1996.

649 Vgl. Bericht Ludwig Philippsons über die Jahre 1939 bis 1945, Fotografien des mit dem Eisernen Kreuz 2. Klasse ausgezeichneten Unteroffiziers Ludwig Philippson sowie dessen Brief vom 25.02.1917.

650 Vgl. Ino Arndt/Heinz Boberach, Deutsches Reich, in: Wolfgang Benz (Hrsg.), Dimension des Völkermords. Die Zahl der jüdischen Opfer des Nationalsozialismus, München, 1991 (= Quellen und Darstellungen zur Zeitgeschichte, Bd. 33), S. 23–65, hier: 32 f., 64 f.

651 Vgl. Anm. 606.

652 Geburtsurkunde des Alwin Lippmann: Nr. 455, ausgefertigt am 26. Januar 1892 vom Standesamt in Düsseldorf.

653 Reichsgesetzblatt 1938 I S. 1044: Zweite Verordnung zur Durchführung des Gesetzes über die Änderung von Familiennamen und Vornamen vom 17. August 1938; aufgehoben durch das Gesetz Nr. 1 des Alliierten Kontrollrats für Deutschland (Amtsblatt des Kontrollrats in Deutschland, 6).

654 Beschluss des Amtsgerichtes zu Dortmund vom 25.11.1958, Az. 59–II–267–271/-58. Als Zeitpunkt des Todes ist der 31.12.1945 festgestellt. Buch für Todeserklärungen Nr. 9705/1959 Stck. I Berlin (West).

655 Mieczyslaw (Mendel) Garfinkiel, geb. 1898 in Zamość, gest.… in London?, Rechtsanwalt, ab dem 13.12.1939 Vorsitzender des Jüdischen Hilfskomitees für den Kreis Zamość, von Februar 1940 bis zur Auflösung des Ghettos im Oktober 1942 Vorsitzender des Judenrates.

656 Mieczyslaw Garfinkiel, Monografia m. Zamościa, S. 14; Jerzy Kwiatkowski, 485 dni na Majdanku, Lublin, 1988, S. 239; AZIH (= Archiv des Jüdischen Historischen Instituts, Warschau), Sign. 302/190, Bericht von Thomas (Toivi) Blatt, 49; siehe auch Adam Kopciowski, Der Judenrat in Zamość in: Theresienstädter Studien und Dokumente, Bd. 9, S. 221–245.

657 Thomas Toivi Blatt, From the Ashes of Sobibor. A Story of Survival, Evanston, 1997, S. 59 ff., 73.

658 Siehe auch Jun Nakata, Der Grenz- und Landesschutz in der Weimarer Republik 1918–1933. Die geheime Aufrüstung und die deutsche Gesellschaft, hrsg. vom Militärgeschichtlichen Forschungsamt, Freiburg i. Br., 2002, S. 150–158.

659 Felix A. Theilhaber, Jüdische Flieger, S. 97.

660 Der Schild. Juden bei der Luftwaffe, hrsg. vom Reichsbund jüdischer Frontsoldaten. Vol. 14, No. 52, 27 December 1935.

661 Bayerische Armee. Das K. B. 12. Infanterie-Regiment »Prinz Arnulf« in: Erinnerungsblätter deutscher Regimenter, Bd 60, München, 1929, S. 168.

662 Der Status der Einjährig-Freiwilligen wurde 1813 eingeführt, als eine besondere Form des Heeresdienstes für die »jungen Leute der gebildeten und besitzenden Stände«, da diese durch

die bisher bestehende Kantonpflicht und die Anwerbung von Ausländern vom Heeresdienst befreit waren. Ihnen wurde das Recht eingeräumt, sich in einem der »Freiwilligen Jäger-Detachements« auf Kriegszeit aufnehmen zu lassen. Sie hatten sich aber selbst zu bekleiden, auszurüsten und zu verpflegen. Bei der Einführung der dreijährigen Dienstpflicht im Jahre 1814 blieb dieses Sonderrecht erhalten. Die jetzt bei der aktiven Truppe abzuleistende Dienstzeit beschränkte sich auf ein Jahr. Die bisherigen »Freiwilligen Jäger« wurden zu »Einjährig Freiwilligen«. Eine Verordnung von 1822 bestimmte, dass der Freiwillige das Zeugnis der Sekundarreife eines Gymnasiums (das »Einjährige«) zu erbringen habe. Die Einjährigen, die anfangs hauptsächlich den Offiziersersatz der damals milizartigen Landwehrverbände stellen sollten, konnten später nach dem Bestehen der Offiziersprüfung als Reserveoffizieraspiranten entlassen werden. In zwei Reserveübungen war die Beförderung zunächst zum Vizefeldwebel und dann zum Leutnant der Reserve möglich. So hatten die im Krieg einzuberufenden Reserveoffiziere als ehemalige »Einjährige« eine kürzere Dienstzeit als die Leute, die sie führten. Vgl. dazu Walter Transfeldt, Wort und Brauch in Heer und Flotte, Stuttgart, 1986, S. 48 f.

663 Vgl. dazu: Michael Berger, Eisernes Kreuz und Davidstern, S. 109–127

664 Fernschreiben STAPO DORTMUND an Staatspolizeileitstelle Düsseldorf vom 1. April 1943 – B. NR. 285/43 ROEM., 4 B 4, I. A. GEZ.: WIESSNER, K. K.

665 [01. od. 02.05.1942?] vgl . Mieczyslaw Garfinkiel, Monografia m. Zamościa, S. 20.

666 Ebd., S. 20.

667 Fernschreiben STAPO DORTMUND an Staatspolizeileitstelle Düsseldorf vom 1. April 1943 – B. NR. 285/43 ROEM., 4 B 4, I. A. GEZ.: WIESSNER, K. K.

668 Adam Kopciowski, Der Judenrat in Zamość, S. 237.

669 Ebd., S. 238.

670 Mieczyslaw Garfinkiel, Monografia m. Zamościa, S. 15; Jerzy Kwiatkowski, 485 dni na Majdanku, S. 239.

671 Ebd., S. 59

672 Adam Kopciowski, Der Judenrat in Zamość, S. 237.

673 Thomas Toivi Blatt, From the Ashes of Sobibor. S. 73.

674 AZIH, Sign. 302/190, Bericht von Thomas (Toivi) Blatt, S. 23, 49; siehe auch Thomas Toivi Blatt, From the Ashes of Sobibor, S. 59 f., 73; Jerzy Kwiatkowski, 485 dni na Majdanku, S. 239, 245 f, 291.

675 Ebd.

676 Archiv der KZ-Gedenkstätte Mauthausen, Häftlingszugangsbuch der politischen Abteilung (Y/36), Standbuch der Poststelle (Y/43), Häftlingszugangsbuch der Schutzhaftlagerführung (Y/44).

677 Aus der Reihe der hierzu erschienenen Monografien und Arbeiten sei exemplarisch hingewiesen auf Jonny Moser, Die Katastrophe der Juden in Österreich 1938–1945 – ihre Voraussetzungen und ihre Überwindung, in: Studia Judaica Austriaca, Bd. V, Der gelbe Stern in Österreich, Eisenstadt, 1977; Christoph Tepperberg, »... 27.VIII.1942 nach Theresienstadt abgemeldet.« – Oberst Otto Grossmann 1873–1942. Laufbahn und Ende eines k. u. k. Offiziers jüdischer Herkunft, in: Mitteilungen des Österreichischen Staatsarchivs, 41/42, 1988/89 und Martin Senekowitsch, Feldmarschallleutnant Johann Friedländer 1882–1945. Ein vergessener Offizier des Bundesheeres, Wien, 1995.

678 RGBl. f. d. im Reichsrate vertretenen Königreiche und Länder, 1890, XVIII. Stück, (15. April 1890), S. 57.

679 Der Lebensbaum, Die Tätigkeit der IKG Wien 1960–1964, S. 30.

680 Jonny Moser, Die Katastrophe der Juden in Österreich 1938–1945, S. 67.

681 Leo Goldhammer, Von den Juden Österreichs, in: Jüdisches Jahrbuch für Österreich, hrsg. von Löbel Taubes und Chajim Bloch, Wien, 1932, S. 7.
682 Jonny Moser, Die Katastrophe der Juden in Österreich 1938–1945, S. 68.
683 Dr. Hugo Zuckermann, Österreichisches Reiterlied, Vertont für eine Singstimme mit Klavierbegeleitung von Paul Skobel (W), in: Ac 28 (15.05.1915), S. 2 f.
684 Otto Abeles, Jüdische Flüchtlinge, Szenen und Gestalten, Wien/Berlin, 1918, S. 6 f.
685 Jonny Moser, Die Katastrophe der Juden in Österreich 1938–1945, S. 69–71.
686 RP (= Wiener Zeitung), Morgenausgabe, 05.11.1918, S. 3.
687 Jonny Moser, Die Katastrophe der Juden in Österreich 1938–1945, S. 74.
688 WA (= Wiener Anzeiger), 15.11.1918, An der Schwelle einer neuen Zeit.
689 Albert Wiesinger, 25 Jahre aus meinem Journalistenleben, Wien, 1884, S. 4 f.
690 RP, 25.12.1918.
691 Vgl. RP, Mittagsausgabe, 16.12.1918, S. 4.
692 WMZ (=Wiener Morgenzeitung), 20.08.1919, S. 5; 23.03.1920; 27.04.1920, S. 2.
693 Jonny Moser, Die Katastrophe der Juden in Österreich 1938–1945, S. 95.
694 Ebd.; S. 101 f.
695 RGBl. I, 245. GBl. f. Ö. 3/1938.
696 GBl. f. Ö. 2/1938.
697 Dazu ausführlich die Einführung in Kapitel IV.1: »Die Ausgrenzung und Entrechtung der jüdischen Bevölkerung durch die nationalsozialistische ›Rassenpolitik‹ am Beispiel der jüdischen Soldaten«.
698 Ausführlich dazu Christoph Tepperberg, »… 27.VIII.1942 nach Theresienstadt abgemeldet.«, S. 319–333.
699 Otto Grossmann (1873–1942); Kriegsarchiv: Qualifikationsliste Otto Grossmann, geb. 10.08.1873, Karton 857; Evangelisches Pfarramt A.B. Wien – Innere Stadt, Trauungsmatrikel, Reinzahl 704 aus 1920.
700 Johann Friedländer (1882–1944); Kriegsarchiv: Österreichisches Bundesheer Personalakt J. Friedländer.
701 Christoph Tepperberg, »… 27.VIII.1942 nach Theresienstadt abgemeldet.«, S. 320.
702 István Deák, Der K.(u.)K. Offizier 1848–1918, S. 107 f.
703 Christoph Tepperberg, »… 27.VIII.1942 nach Theresienstadt abgemeldet.«, S. 321.
704 Ebd., S. 322
705 Kriegsarchiv, Versorgungsakt Oberst Otto Grossmann, geb. 1873, Karton 461, daraus: Haupt-Grundbuchsblatt.
706 Hierzu Friedrich Gottas, Die Geschichte des Protestantismus in der Habsburgermonarchie, in: Die Habsburgermonarchie 1848–1918, Bd. IV: Die Konfessionen, hrsg. von Adam Wandruszka und Peter Urbanitsch, Wien, 1985, S. 489–595, 525, 536 ff. und 587.
707 Vgl. Michael Berger, Eisernes Kreuz und Davidstern, S. 137–141.
708 Kriegsarchiv, Belohnungsakten –Erster Weltkrieg, Offiziersbelohnungsantrag Nr. B 77: Silberne Militärverdienstmedaille, Nr. 35.595. Militärverdienstkreuz 3. Klasse, Nr. 138.144 Orden der Eisernen Krone 3. Klasse. In den Anträgen zu diesen Auszeichnungen wurden ihm von seinen Vorgesetzten »Geschick«, »hervorragende Tapferkeit« und »Kaltblütigkeit« attestiert.
709 Kriegsarchiv, Versorgungsakt Oberst Otto Grossmann, geb. 1873, Karton 461, daraus: Unterstützungsgesuch vom 21.01.1941.
710 Kriegsarchiv Beförderungseingaben – Stabsoffiziere, pro November 1916, Karton 2760; Kriegsarchiv: Qualifikationsliste Otto Grossmann, geb. 10.08.1873, Karton 857.
711 Evangelisches Pfarramt A.B. Wien – Innere Stadt, Trauungsmatrikel, Reinzahl 704 aus 1920.

712 Dekanat der rechtswissenschaftlichen Fakultät der Universität Wien, Promotionsprotokoll.

713 Kriegsarchiv, Personal-Kartothek des Kriegsarchivs seit 1711 (von Josef Sokoll 1951); Kriegsarchiv, Direktionsakten des Kriegsarchivs Nr. 826 ex 1920; Nr. 722 und 801 ex 1922; Nr. 93 ex 1923.

714 Christoph Tepperberg, »...27.VIII.1942 nach Theresienstadt abgemeldet.«, S. 325.

715 Kriegsarchiv, Versorgungsakt Oberst Otto Grossmann, geb. 1873, Karton 461, daraus: Unterstützungsgesuch vom 21.01.1941.

716 Ebd.

717 Kriegsarchiv, Versorgungsakt Oberst Otto Grossmann, geb. 1873, Karton 461.

718 Ebd.

719 Zu den Umständen im Konzentrationslager Theresienstadt: Hugo Gold, Geschichte der Juden in Wien. Ein Gedenkbuch, Tel Aviv, 1966, S. 105.

720 Mary Seinhauser, Dokumentationsarchiv des österreichischen Widerstandes (Hrsg.): Totenbuch Theresienstadt – damit sie nicht vergessen werden, Wien, 1987, S. 45.

721 Vgl. dazu Martin Senekowitsch, Feldmarschallleutnant Johann Friedländer 1882–1945. Ein vergessener Offizier des Bundesheeres, Wien, 1995; siehe auch Arno Lustiger, »Der Feldmarschall hat zwei Kugeln bekommen«, in: DIE ZEIT vom 23. Januar 2010, S. 35.

722 Dokumentationszentrum; Bericht des polnischen Historikers Jan Delowicz über den Todesmarsch. Die Version wurde Ende der 40er Jahre von einem Mithäftling Friedländers aus München in einem Brief an Dr. Franz Friedländer bestätigt; dazu ausführlich Martin Senekowitsch, Feldmarschallleutnant Johann Friedländer 1882–1945, S. 27 f.

723 Martin Senekowitsch, Feldmarschallleutnant Johann Friedländer 1882–1945, S. 8.

724 Ebd., S. 10.

725 Ebd., S. 12.

726 Ebd., S. 13–20.

727 Ebd., S. 21–26.

728 Arno Lustiger, »Der Feldmarschall hat zwei Kugeln bekommen«, in: DIE ZEIT vom 23. Januar 2010, S. 35.

729 Die hier zu den »Fallbeispielen« verwendeten Quellen, Dokumente und Informationen stammen weitestgehend aus dem Privatarchiv des Autors Michael Israel Berger, Geschichte jüdischer Soldaten – Privatarchiv (im Folgenden kurz MIB – Privatarchiv genannt), Mappen X–XII, Dokumente 5–15 (vgl. oben Anm. 237). Quellen, die nicht aus diesem Archiv stammen, werden wie oben zitiert.

730 Bryan Mark Rigg, Hitlers Jüdische Soldaten, Paderborn, 2003.

731 Erhard Milch (1892–1972) war deutscher Heeres- und Luftwaffenoffizier (seit 1940 Generalfeldmarschall) und in der Zeit des Nationalsozialismus von 1933 bis 1945 Staatssekretär des Reichsluftfahrtministeriums (RLM), zugleich Generalinspekteur der Luftwaffe und nach Ernst Udets Selbstmord vom November 1941 bis Juli 1944 Generalluftzeugmeister. In den Nürnberger Prozessen vor dem amerikanischen Militärgerichtshof wurde Milch als Kriegsverbrecher zu lebenslanger Haft verurteilt, später begnadigt und entlassen.

732 Christian Nicolaus von Linger (1669–1755) war ein preußischer General. 1716 wurde von Linger Chef der preußischen Artillerie und 1744 von König Friedrich II. zum ersten General der Artillerie in Preußen ernannt.

733 Fußartillerie-Regiment aus Ostpreußen, das 1. des Deutschen Kaiserreiches. Die Fußartillerie war in Friedenszeiten in Regimentern aufgestellt. Zu Beginn des Ersten Weltkrieges wurde die Fußartillerie in Bataillons- oder Batterie-Stärke eingesetzt. Nur selten kamen ganze Regimenter zum Einsatz. Erst nach der Reorganisation durch Hindenburg und Ludendorff wurde die Fußartillerie wieder in Bataillonsstärke eingesetzt.

734 Das Fußartillerie-Regiment von Dieskau (Schlesisches) Nr. 6 stammt aus Schlesien und wurde zum sechsten Artillerieregiment des Deutschen Kaiserreiches.

735 Vgl. dazu Guido Knopp, Hitlers Krieger, München, 1998, S. 337.

736 Victor Klemperer (1881–1960) war ein deutscher Schriftsteller und Politiker und Sohn des Rabbiners Wilhelm Klemperer.

737 Rudolf-Christoph Freiherr von Gersdorff (1905–1980): deutscher Offizier, zuletzt Generalmajor im Zweiten Weltkrieg, Mitglied des militärischen Widerstandes.

738 Wessel Freiherr Freytag von Loringhoven (1899–1944), Oberst im Generalstab der Deutschen Wehrmacht und Mitglied des militärischen Widerstandes gegen Hitler.

739 Hans Josef Maria Globke (1898–1973) war Verwaltungsjurist im preußischen Innenministerium und im Reichsinnenministerium. In der Zeit der nationalsozialistischen Gewaltherrschaft war er als hoher Ministerialbeamter Mitverfasser und Kommentator der Nürnberger Rassengesetze. In der Bundesrepublik Deutschland war Globke von 1953 bis 1963 unter Bundeskanzler Konrad Adenauer Chef des Bundeskanzleramts und Staatsekretär. Globke gilt als typisches Beispiel für die personelle Kontinuität in der führenden Beamtenschaft vom »Dritten Reich« bis in die Bundesrepublik Deutschland. In den frühen Jahren der BRD spielte Globke eine bedeutende Rolle als »graue Eminenz« Adenauers. Aufgrund seiner Tätigkeit während der nationalsozialistischen Gewaltherrschaft blieb Globke nicht nur im Ausland, sondern auch in der Bundesrepublik zu Recht umstritten. Nach seiner Versetzung in den Ruhestand hatte Hans Globke vor, in die Schweiz überzusiedeln. Die Schweizer Regierung erklärte ihn aber zu einem unerwünschten Ausländer und erteilte ihm ein Einreiseverbot.

740 Konrad Hermann Joseph Adenauer (1876–1967) war von 1949 bis 1963 der erste Bundeskanzler der Bundesrepublik Deutschland.

741 Siehe dazu unten den Abschnitt »Der Einfluss der ›Traditionalisten‹ auf die frühe Bundeswehr«.

742 Zu diesem Kapitel ausführlich: Michael Berger, Eisernes Kreuz und Davidstern, S. 224–235; Der Schild, Zeitschrift des Bundes jüdischer Soldaten; Jüdische Soldaten in Deutschen Armeen. Dokumentation der gleichnamigen Tagung in Zusammenarbeit mit dem Bund jüdischer Soldaten (RjF) und dem Zentralrat der Juden in Deutschland, hrsg. von Andreas Kleine-Kraneburg, Konrad-Adenauer-Stiftung e.V., Sankt Augustin/Berlin, 2008.

743 Kriegsbriefe gefallener Deutscher Juden (hrsg. vom Reichsbund jüdischer Frontsoldaten), mit einer Zeichnung von Max Liebermann, Berlin, 1935.

744 Vgl. Anm. 242.

745 Deutsche Jüdische Soldaten. Von der Epoche der Emanzipation bis zum Zeitalter der Weltkriege, Ausstellung des Militärgeschichtlichen Forschungsamtes, Potsdam, 1996.

746 Jüdische Soldaten in Deutschen Armeen. Dokumentation der gleichnamigen Tagung, S. 5–9.

747 Jüdische Soldaten in Deutschen Armeen – Rückblick und aktuelle Situation, in: Der Schild, hrsg. vom Bund jüdischer Soldaten (RjF) durch den Vorsitzenden, Nr. 2, 2. Jahrgang, Berlin, 2008, S. 20–22.

748 Wolfgang Schneiderhan, Grußwort anlässlich der ersten Tagung des Bundes jüdischer Soldaten, in: Jüdische Soldaten in Deutschen Armeen, Dokumentation der gleichnamigen Tagung, S. 7–9.

749 Dazu ausführlich: Dietz Bering, Kampf um Namen. Bernhard Weiß gegen Joseph Goebbels, Stuttgart, 1991.

750 Michael Berger, Laudatio zur Verleihung der Bernhard-Weiß-Medaille, in: Jüdische Soldaten in Deutschen Armeen, Dokumentation der gleichnamigen Tagung, S. 25–30.

751 Grußwort des Gründungsvorsitzenden und amtierenden Vorsitzenden des Bundes jüdischer Soldaten Hauptmann Michael Berger anlässlich der Verleihung der Bernhard Weiß Medaille 2008 an Dr. Peter Struck, in: Der Schild, Zeitschrift des Bundes jüdischer Soldaten, hrsg. vom Bund jüdischer Soldaten (RjF) durch den Vorsitzenden, Nr. 3 u. 4, 3. Jahrgang, Berlin, 2009, S. 5.

752 Laudatio der Präsidentin des Zentralrates der Juden in Deutschland, Frau Charlotte Knobloch, anlässlich der Verleihung der Bernhard Weiß Medaille 2008 an Dr. Peter Struck, in: ebd., S. 4.

753 Ebd., S. 9.

754 Ebd.

755 Ebd., S. 5–7.

756 Ebd., S. 6 f.; siehe Michael Berger/Gideon Römer-Hillebrecht (Hrsg.), Juden und Militär in Deutschland. Zwischen Integration, Assimilation, Ausgrenzung und Vernichtung, Baden-Baden, 2009.

757 Siehe dazu Der Schild, Zeitschrift des Bundes jüdischer Soldaten, Nr. 3 u. 4, 3. Jahrgang, S. 12 f.

758 Ebd., S. 20.

759 Ebd., S. 21.

760 Marcel Bohnert/Lukas J. Reitstetter, Armee im Aufbruch. Zur Gedankenwelt junger Offiziere in den Kampftruppen der Bundeswehr, Berlin, 2014.

761 Ebd.; vgl. auch unten in Kapitel VII.2: »Der Hauptmann Samuel Tänzer – Der Fall eines jüdischen Berufsoffiziers in der Bundeswehr und sein verzweifelter Kampf gegen Faschismus und Antisemitismus«.

762 Grundlegend hierzu Michael Berger, Der Fall Dreyfus, in: J'accuse …! … ich klage an! Zur Affäre Dreyfus. Eine Dokumentation, Potsdam, 2005, S. 47–58 und Julius H. Schoeps/Hermann Simon (Hrsg.), Dreyfus und die Folgen, Berlin, 1995.

763 Bernard Lazare, La vérité sur l´affaire Dreyfus (Seconde édition). Paris, 1897, S. XVI.

764 Louis Veuillot (1813–1883), französischer Journalist und Schriftsteller.

765 Samuel Tänzer: Name des Soldaten wurde für diesen Text geändert.

766 http://www.juedische-allgemeine.de/article/view/id/8261 (abgerufen am 20.04.2015) http://www.gruene-bundestag.de/presse/pressemitteilungen/2010/juli/empoerung-allein-genuegt-nicht_ID_347852.html (abgerufen am 20.04.2015)

767 Udo Steinbach, deutscher Islamwissenschaftler, aus Bautzen, wurde in den 50er Jahren aus der DDR ausgebürgert, von 1976 bis 2007 Leiter des Deutschen Orient-Institutes in Hamburg, bekannt für zahlreiche antisemitische und antiisraelische Äußerungen und Veröffentlichungen.

768 Die in diesem Kapitel verwendeten Quellen, Dokumente und Informationen stammen weitestgehend aus dem Privatarchiv des Autors Michael Israel Berger, Geschichte jüdischer Soldaten – Privatarchiv (im Folgenden kurz MIB – Privatarchiv genannt), Mappen XIII–XV, Dokumente 22–31 (vgl. Anm. 237 u. 733). Quellen, die nicht aus diesem Archiv stammen, werden wie oben zitiert.

769 Die Helvetische Republik war eine infolge der Französischen Revolution auf dem Boden der Alten Eidgenossenschaft errichtete Tochterrepublik, die am 12. April 1798 ausgerufen und am 10. März 1803 aufgelöst wurde.

770 Wilhelm Tell: legendärer Schweizer Freiheitskämpfer. Die mit dem Tell verbundene »Apfelschuss-Sage« ereignete sich in der Zentralschweiz, vermutlich im Jahr 1307.

771 Arnold Winkelried: Schweizer Freiheitskämpfer, der sich am 9. Juli 1386 bei der Schlacht von Sempach opferte, um den Eidgenossen zum Sieg zu verhelfen. Im Sonderbundskrieg wurde

er zum einigenden Schutzpatron der untereinander zerstrittenen Eidgenossen. Nach der Gründung des Bundesstaates im Jahre 1848 wurden Freiheitslieder über ihn gesungen. In der schwierigen Zeit vor und während dem Zweiten Weltkrieg war er eine wichtige Symbolfigur innerhalb der geistigen Landesverteidigung der Schweiz.

772 Ulrich im Hof/Pierre Ducrey/Guy P. Marchal, Geschichte der Schweiz und der Schweizer, Bd. III, Basel, 1983, S. 9 ff.

773 Vgl. dazu Willy Guggenheim (Hrsg.), Juden in der Schweiz, Glaube – Geschichte – Gegenwart, hrsg. im Auftrag des Schweizerischen Israeltischen Gemeindebundes, Küsnacht, 1982, S. 27, 57.

774 Vgl. dazu Augusta Weldler-Steinberg, Geschichte der Juden in der Schweiz vom 16. Jahrhundert bis nach der Emanzipation. Bearbeitet und ergänzt von Florence Guggenheim-Grünberg, zwei Bände, Zürich, 1966 und 1970.

775 Vgl. dazu Ralph Weill, Strukturelle Veränderungen in der Schweizer Judenheit, in: Jüdische Lebenswelt Schweiz, Zürich, 2004, S. 120–129.

776 Staatsarchiv des Kantons Aargau, IA 9, A, Fasz. 64, Entwurf des Schreibens der aargauischen Regierung an die Zürcher Regierung vom 13. Juli 1853.

777 Vgl. Nathan Kadezki, Die Juden in der Schweizer Armee, Manuskript im Florence Guggenheim Archiv, Zürich.

778 Ebd.

779 Vgl. Willy Guggenheim (Hrsg.), Juden in der Schweiz, S. 66.

780 Ebd. S. 68.

781 Wehrmann: eine veraltete Bezeichnung für einen Angehörigen der Schweizer Armee.

782 Conrad Ulrich Sigmund Wille (1848–1925): Schweizer General (Korpskommandant) während des Ersten Weltkrieges. General Wille war mit Clara Gräfin Bismarck verheiratet. Bereits im Range eines hohen Stabsoffiziers bei der Artillerie und Kavallerie war Wille für eine konsequente Modernisierung der Schweizer Armee nach preussischem Vorbild eingetreten. Nach Ausbruch des Ersten Weltkriegs wurde Wille zum Oberbefehlshaber der Schweizer Armee ernannt. Korpskommandant Wille war auf Grund seiner offenen Sympathie zum Deutschen Kaiserreich, seiner harten Haltung in Disziplinfragen und seiner autoritären Staatsvorstellungen eine umstrittene Figur. Ebenfalls heftig umstritten war der von ihm geforderte Einsatz der Armee gegen die Arbeiter im 1918 vom Oltener Aktionskomitee ausgerufenen Landesstreik. Dieser wurde mit militärischer Gewalt blutig niedergeschlagen. Sein Sohn Ulrich Sigmund Robert Georges Wille (1877–1959) war ebenfalls Berufsoffizier und seit 1933 Oberstkorpskommandant. Auch dieser Wille war wie sein Vater während des Ersten Weltkrieges ausgesprochen deutschfreundlich. Schon in den 1920er Jahren nahm er Kontakt zu Adolf Hitler auf und lud Hitler und Rudolf Heß im August 1923 zu einem Vortrag in die Villa der Familie nach Zürich ein. Auch nach Ausbruch des Zweiten Weltkrieges verhielt er sich noch extrem deutschfreundlich. 1942 wurde der Oberstkorpskommandant Wille aus der Armee entlassen.

783 Vgl. Ulrich im Hof/Pierre Ducrey/Guy P. Marchal, Geschichte der Schweiz und der Schweizer, S. 101 ff.

784 Vgl. Stefan Mächler, Kampf gegen das Chaos. Die antisemitisch Bevölkerungspolitik der eidgenössischen Fremdenpolizei und Polizeiabteilung, 1917–1954, in: Aram Mattioli (Hrsg.) Antisemitismus in der Schweiz 1948–1960, Zürich, 1998.

785 »Fronten-Bewegung«: In der Schweiz, insbesondere in der deutschsprachigen Schweiz, fand der deutsche Nationalsozialismus ab 1933 durchaus begeisterte Anhänger, die sich in »Fronten« zusammenschlossen. Die Frontenbewegung knüpfte einerseits an die Bürgerwehren an, die sich im Sommer 1919 zur Bekämpfung der Streiks in Basel und Zürich gebildet hatten

(mit starker antikommunistischer und antisozialistischer Prägung), andererseits rekrutierten sie sich aus Gebieten, die bis heute als Zentren rechtsbürgerlicher Parteien gelten und auch für einen im Verhältnis zu anderen Regionen markant erhöhten Organisationsgrad von Freikirchen mit Hang zu christlichem Fundamentalismus bekannt sind. So wurde zum Beispiel im Berner Oberland im Jahr 1925 die »Schweizer Heimatwehr« gegründet, die im Stile des deutschen Nationalsozialismus »den Juden, Freimaurern und der ›internationalen Hochfinanz‹ den Kampf ansagte«. Die »Frontenbewegung« sprach vor allem Leute aus dem unteren Mittelstand an. Der Einfluss der »Fronten« reichte weit in die bürgerlichen Parteien hinein. Am 19. November 1940 verbot der Bundesrat die Frontenbewegung (NBS). Diese hatte am 15. November in der so genannten »Eingabe der 200« offensichtlich auf Wunsch Nazideutschlands „die Verschärfung der Pressekontrolle, die Ausschaltung von Redaktoren kritischer deutschsprachiger Zeitungen und die Ausmerzung von Presseorganen" verlangt.

786 Vgl. Stefan Mächler, Kampf gegen das Chaos, S. 390 ff.

787 Vgl. dazu Zsolt Keller, »L'armée est en dehors de toutes question de confession! Jüdische Soldaten und Offiziere in der Schweizer Armee 1933–1945«, in:Bulletin der Schweizerischen Gesellschaft für Judaistische Forschung SGJF, Nr. 11 (2002), S. 17–34.

788 Vgl. Alfred A. Häsler, Das Boot ist voll. Die Schweiz und die Flüchtlinge, Zürich, 1967 (Erstausgabe) sowie dessen Nachdrucke.

789 Vgl. dazu Unabhängige Expertenkommission Schweiz – Zweiter Weltkrieg, Die Schweiz, der Nationalsozialismus und der Zweite Weltkrieg, Schlussbericht, Zürich, 2002, S. 137 f.

790 Ebd., S. 154 f.

791 Ebd., S. 147 ff.

792 Vgl. Michael Funk/Uriel Gast/Zsolt Keller, Eine kleine Geschichte des Schweizerischen Israelitischen Gemeindebundes (1904–2004), in: Jüdische Lebenswelt Schweiz, Zürich, 2004, S. 23 ff.

793 Ebd., S. 43 ff.

794 Vgl. Carl Ludwig, Die Flüchtlingspolitik der Schweiz in den Jahren 1933–1955. Bericht an den Bundesrat zuhanden der eidgenössischen Räte, Bern 1957 und Edgar Bonjour, Geschichte der schweizerischen Neutralität – Vier Jahrhunderte eidgenössischer Außenpolitik. 9 Bände, Basel, 1965–1976.

795 Vgl. Willy Guggenheim (Hrsg.), Juden in der Schweiz, S. 101.

796 Vgl. Christina Späti, Die Schweizerische Linke und Israel. Israelbegeisterung, Antizionismus und Antisemitismus zwischen 1967 und 1991, Essen, 2006.

797 SIG, Jahresbericht 1974.

798 Israelitisches Wochenblatt für die Schweiz vom 24.11.1978.

799 Vgl. Michael Funk/Uriel Gast/Zsolt Keller, Eine kleine Geschichte des Schweizerischen Israelitischen Gemeindebundes, S. 44.

800 Vgl. Unabhängige Expertenkommission Schweiz – Zweiter Weltkrieg, Die Schweiz, der Nationalsozialismus und der Zweite Weltkrieg, Schlussbericht, S. 462–515.

801 Vgl. Thomas Maissen, Verweigerte Erinnerung. Nachrichtenlose Vermögen und die Schweizer Weltkriegsdebatte 1989–2004, Zürich, 2005.

802 Auch in der Deutschen Bundeswehr gibt es eine Regelung den Sonderurlaub an jüdischen Feiertagen und den Shabbat-Dispens betreffend. Nur ist diese Regelung aus dem Jahre 1967 weit weniger differenziert, wurde seitdem nicht überarbeitet und ist den meisten Vorgesetzten auch nicht bekannt. Regelungen zur koscheren Verpflegung jüdischer Soldaten sind noch weniger bekannt. Dies erlebte der Autor, selbst Berufsoffizier in der Bundeswehr, als er 2006 für einen jüdischen Kameraden im Auslandseinsatz koschere Verpflegung »organisieren« wollte. Auf eine fast zeitgleiche Anfrage bei der zuständigen Abteilung im Bundesministe-

rium der Verteidigung, »wie es sich denn mit dem Tragen einer Kippa zur Uniform verhalte, wenn in Gebäuden die militärische Kopfbedeckung abgesetzt würde«, kam die Antwort, »und der nächste kommt dann mit Turban!«; das Zitat stammt aus einer Handnotiz des Autors aus dem Januar 2007.

803 http://www.swissjews.ch/de/religioeses/militaer/index.php (Stand 2010)

804 Drei Jahre BJF – Bund jüdischer Frontsoldaten Österreichs, S. 70–72. Anmerkung zum Ehrenzeichen des BJF: Der 2006 von jüdischen Soldaten in der Deutschen Bundeswehr gegründete Bund jüdischer Soldaten (RjF) steht in der Tradition des Reichsbundes jüdischer Frontsoldaten aus der Zeit nach dem Ersten Weltkrieg. Der Bund jüdischer Soldaten sieht seine Aufgabe in der Pflege des Andenkens an die jüdischen Soldaten in deutschen Armeen sowie an das Schicksal der ehemaligen jüdischen Frontsoldaten und ihrer Familien während der Shoah. Diese Pflege des Andenkens schließt auch die jüdischen Soldaten der k. u. k. Armee mit ein und somit setzt der Bund jüdischer Soldaten (RjF) auch die Tradition des Bundes jüdischer Frontsoldaten Österreichs (BJF) mit fort. So stiftete der Gründungsvorsitzende und amtierende Vorsitzende des Bundes jüdischer Soldaten (RjF), Hauptmann Michael Berger, im Jahre 2010 für diesen Soldatenbund ein Ehrenzeichen, das dem Ehrenzeichen des Bundes jüdischer Frontsoldaten Österreichs detailgetreu entspricht. Lediglich der Namenszug BJF wurde durch BJS ersetzt. Das neugestiftete Ehrenzeichen wird an Mitglieder des eigenen Verbandes und an Außenstehende, die sich für den Verband verdient gemacht haben, in den Stufen Gold, Großes Silbernes, Silbernes und Bronzenes verliehen.

805 Ebd., S. 69, »Wahlspruch des BJF«.

Personenregister

C

D

G

H

I

J

K

M

T

U

V

W

Z

Quellen- und Literaturverzeichnis

Abeles, Otto, Jüdische Flüchtlinge, Szenen und Gestalten, Wien/Berlin, 1918.

Abendroth, Hans Henning, Hitler in der spanischen Arena. Die deutsch-spanischen Beziehungen im Spannungsfeld der europäischen Interessenpolitik vom Ausbruch des Bürgerkrieges bis zum Ausbruch des Weltkrieges 1936–1939, Paderborn, 1973.

Absolon, Rudolf, Die Wehrmacht im Dritten Reich, Bd. 3, Boppard, 1975.

Adjustierungsvorschrift für das k. u. k. Heer, VII. Teil, Wien, 1911.

Adam, Uwe Dietrich, Judenpolitik im Dritten Reich, Düsseldorf, 1972.

Adler, Hans Günter, Die Juden in Deutschland. Von der Aufklärung bis zum Nationalsozialismus, München/Zürich, 1987 (Erstausgabe 1960).

Adler, Hans Günter, Theresienstadt. Das Antlitz einer Zwangsgemeinschaft, 2. Aufl., Tübingen, 1960.

Allgemeine Zeitung des Judenthums VII, Nr. 38, vom 12.09.1853.

Allgemeine Zeitung des Judenthums (AZJ), 79 (1915).

Allmayer-Beck, Johann Christoph, Das Heerwesen unter Joseph II., in: Österreich zur Zeit Kaiser Josephs II.: Mitregent Kaiserin Maria Theresias, Kaiser und Landesfürst (= Katalog des Niederösterreichischen Landesmuseums, N. F. 95) Wien, 1980.

Allmayer-Beck, Johann Christoph/Lessing, Erich, Das Heer unter dem Doppeladler. Habsburger Armeen 1718–1848, München, 1981.

Amtliche Mitteilung über die Verhaftung des Polizeipräsidenten, des Vizepräsidenten und des Kommandeurs der Schutzpolizei in Berlin am 20. Juli 1932.

Andics, Hellmut, 50 Jahre unseres Lebens. Österreichs Schicksal seit 1918, Wien, 1968.

Angress, Werner T., Das deutsche Militär und die Juden im Ersten Weltkrieg, in: Militärgeschichtliche Mitteilungen, 19 (1976).

Angress, Werner T., Prussia´s Army and the Jewish Reserve Officer Controversy before World War I, in: Year Book of the Leo Baeck Institute, 17, New York, 1972.

Apfelknab, Egbert, Schutz der Menschenrechte durch Friedenssicherung. Der nationale und internationale Beitrag des Österreichischen Bundesheeres, Wien, 2008.

Arndt, Ino/Boberach, Heinz, Deutsches Reich, in: Wolfgang Benz (Hrsg.), Dimension des Völkermords. Die Zahl der jüdischen Opfer des Nationalsozialismus, München, 1991 (= Quellen und Darstellungen zur Zeitgeschichte, Bd. 33).

»Auf rot-weiß-roten Spuren in der Levante: Israel.« ORF, 18.07.1986; Interview Oberleutnant Rudolf Kohn.

Aufruf König Friedrich Wilhelm III. »An Mein Volk«, veröffentlicht in der »Schlesischen privilegierten Zeitung«, Breslau, 20. März 1813.

AZIH (= Archiv des Jüdischen Historischen Instituts, Warschau), Sign. 302/190, Bericht von Thomas (Toivi) Blatt, S. 49.

Baeck, Leo, Dieses Volk – Jüdische Existenz, hrsg. von Albert H. Friedländer u. Bertold Klappert (Werke, Bd. 2), Gütersloh, 1996.

Barkai, Avraham, Die Organisation der jüdischen Gemeinschaft, in: Avraham Barkai/Paul Mendes-Flohr/Steven M. Lowenstein (Hrsg.), Deutsch-Jüdische Geschichte in der Neuzeit, Bd. IV: Aufbruch und Zerstörung 1918–1945, München, 1997.

Battenberg, Friedrich, Des Kaisers Kammerknechte: Gedanken zur rechtlich-sozialen Situation der Juden in Spätmittelalter und früher Neuzeit, in: Historische Zeitschrift 245/3 (1987).

Bayerische Armee. Das K. B. 12. Infanterie-Regiment »Prinz Arnulf«, in: Erinnerungsblätter deutscher Regimenter, Bd 60, München, 1929.

Beevor, Antony, La Guerra Civil Española, Barcelona, 2005.

Bering, Dietz, Kampf um Namen. Bernhard Weiß gegen Joseph Goebbels, Stuttgart, 1991.

Berger, Michael, Eisernes Kreuz und Davidstern. Die Geschichte Jüdischer Soldaten in Deutschen Armeen, Berlin, 2006.

Berger, Michael/Römer-Hillebrecht, Gideon (Hrsg.), Juden und Militär in Deutschland. Zwischen Integration, Assimilation, Ausgrenzung und Vernichtung, Baden-Baden, 2009.

Berger, Michael, Laudatio Verleihung der Bernhard-Weiß-Medaille, in: Jüdische Soldaten in Deutschen Armeen, Dokumentation der gleichnamigen Tagung in Zusammenarbeit mit dem Bund jüdischer Soldaten (RjF) und dem Zentralrat der Juden in Deutschland (hrsg. von Andreas Kleine-Kraneburg), Konrad-Adenauer-Stiftung e.V., Sankt Augustin/Berlin, 2008, S. 25–30.

Berger, Michael, Letztes Kapitel einer Tragödie, TAZ vom 09.06.2009.

Berger Michael, Grußwort des Gründungsvorsitzenden und amtierenden Vorsitzenden des Bundes jüdischer Soldaten Hauptmann Michael Berger anlässlich der Verleihung der Bernhard Weiß Medaille 2008 an Dr. Peter Struck, in: Der Schild, Zeitschrift des Bundes jüdischer Soldaten, hrsg. vom Bund jüdischer Soldaten (RjF) durch den Vorsitzenden, 3&4 / 3. Jahrgang, Berlin 2009, 5.

Berger, Michael, Meno Burg, Königl. Preuß. Major der Artillerie, in: Eisernes Kreuz und Davidstern. Die Geschichte Jüdischer Soldaten in Deutschen Armeen, Berlin, 2006, S. 75–88.

Berger, Michael, Privatarchiv des Autors Michael Israel Berger, Geschichte jüdischer Soldaten – Privatarchiv (im Folgenden kurz MIB – Privatarchiv genannt), Mappen XIII–XV, Dokumente 22–31.

MIB – Privatarchiv, Mappe XVI, Dokument 5.

Bericht des Polizeipräsidenten Abt. I A vom 29.01.1924.

Bernecker, Walther L., Krieg in Spanien 1936–1939, Darmstadt, 1991.

Benz, Wolfgang (Hrsg.), Die Juden in Deutschland 1933–1945, 2. Aufl., München, 1993.

Bihl, Wolfdieter, Die Juden, in: Adam Wandruszka/Peter Urbanitsch (Hrsg.), Die Habsburgermonarchie 1848–1918, III, Akademie der Wissenschaften, Wien, 1980.

Blatt, Thomas Toivi, From the Ashes of Sobibor. A Story of Survival, Evanston, 1997.

Bohnert, Marcel/Reitstetter, Lukas J., Armee im Aufbruch. Zur Gedankenwelt junger Offiziere in den Kampftruppen der Bundeswehr, Berlin, 2014.

Bragal, Peter, »Für die Legion Condor ein zweiter Sieg«, Süddeutsche Zeitung 10.04.1969.

Braun, Rainer, Juden in der Armee, in: Bayern und seine Armee. Eine Ausstellung des Bayerischen Hauptstaatsarchivs aus den Beständen des Kriegsarchivs, München, 1987 (= Ausstellungskataloge der Staatlichen Archive Bayerns).

Braun, Zwi, Zeitlos aktuell, Zürich, 2001.

Brenner, Michael, Die Weimarer Jahre (1919–1932), in: Andreas Nachama/Julius H. Schoeps/Hermann Simon (Hrsg.), Juden in Berlin, Berlin, 2002.

Brenner, Michael, Vom Untertanen zum Bürger, in: Michael Brenner/Stefi Jersch-Wenzel/Michael A. Meyer (Hrsg.), Deutsch-jüdische Geschichte in der Neuzeit, Band II: Emanzipation und Akkulturation 1780–1871, München, 1996.

Broué, Pierre/Témimo, Emile, Revolution und Krieg in Spanien. Geschichte des Bürgerkrieges, 2 Bde., Frankfurt a. M., 1968.

Bundesdrucksache 13/10494 (Werner Mölders), Protokoll der 231. Sitzung.

Burg, Meno, Geschichte meines Dienstlebens. Erinnerungen eines jüdischen Majors der preußischen Armee, erweiterter Neudruck der Ausgabe von 1916, Teetz, 1998.

Carsten, Francis Ludwig, Faschismus in Österreich. Von Schönerer zu Hitler, München, 1977.

Carsten, Francis Ludwig, Reichswehr und Politik 1918–1933, Köln, 1964.

Casanova, Julián, in: Santos Juliá u. a., Víctimas de la Guerra Civil, Madrid, 1999.

Castells, Andreu, Las Brigadas Internacionales de la guerra de España, Barcelona, 1974.

Chernow, Ron, Die Warburgs. Odyssee einer Familie, Berlin, 1994.

Chone, Heyman, in: Verband der Deutschen Juden (Hrsg.), Ein Gruß der Feldrabbiner an die jüdischen Kameraden im deutschen Heere zu den Herbstfeiertagen 1915, Berlin, 1915.

Cohen, Alfred S., On Yeshiva Men Serving in the Army, Journal of Halacha and Contemporary Society, No. XXIII, Spring 1992/Pessach 5752.

Cohen, Asher u. a. (Hrsg.), The Shoah and the War, New York, 1992.

Cohn, Marcus, Der Eid, in: Wörterbuch des jüdischen Rechts, Neudruck der im Jüdischen Lexikon (1927–1930) erschienenen Beiträge zum jüdischen Recht, Basel/München/Paris/London/NewYork/Sydney, 1980.

Collado Seidel, Carlos, Der Spanische Bürgerkrieg. Geschichte eines europäischen Konfliktes, München, 2006.

Comité zur Abwehr antisemitischer Angriffe in Berlin (Hrsg.), Die Juden als Soldaten, 2. Aufl., Berlin, 1897.

Das Schwarzbuch: Tatsachen und Dokumente. Die Lage der Juden in Deutschland 1933, Frankfurt/Berlin/Wien, 1983 (Nachdr. der Ausg. Paris 1934).

Deák, István, Der K.(u.)K. Offizier 1848–1918, Wien, 1991.

Demokratie oder Monarchie (März 1917), veröffentlicht bei Oberst Bauer, Der große Krieg in Feld und Heimat, Tübingen, 1921.

Der Lebensbaum, Die Tätigkeit der IKG Wien 1960–1964.

Deutsch, Julius, Ein weiter Weg. Lebenserinnerungen, Leipzig/Wien, 1960.

Deutsch, Julius, Aus Österreichs Revolution, Wien, 1923.

Deutsch, Julius, Wehrmacht und Sozialdemokratie, Berlin, 1927.

Deutsch-jüdische Geschichte in der Neuzeit, Bd. II: Emanzipation und Akkulturation 1780–1871, hrsg. von Michael Brenner/Stefi Jersch-Wenzel/Michael A. Meyer, München, 1996.

Deutsch-jüdische Geschichte in der Neuzeit, Bd. III: Umstrittene Integration 1871–1918, hrsg. von Steven M. Lowenstein/Paul Mendes-Flohr/Peter Pulzer/Monika Richarz, München, 1997.

Deutsch-jüdische Geschichte in der Neuzeit, Bd. IV: Aufbruch und Zerstörung 1918–1945, hrsg. von Avraham Barkai/Paul Mendes-Flohr/Steven M. Lowenstein, München, 1997.

Dietrici, W., Berlin 1813; Hoffnung und Vertrauen. Predigt wegen des Ausmarsches des vaterländischen Heeres, gehalten am 28. März 1813 in Gegenwart mehrerer freiwilligen Jäger jüdischen Glaubens in der großen Synagoge zu Berlin von dem Vice-Ober-Landes-Rabbiner Herrn Meyer Simon Weyl, Berlin [1813].

Die gegenwärtig beabsichtigte Umgestaltung der bürgerlichen Verhältnisse der Juden in Preußen, nach authentischen Quellen beleuchtet, Breslau, 1842.

Die Juden im Heere, hrsg. vom Verein zur Abwehr des Antisemitismus, Berlin, 1910.

Die Jüdischen Gefallenen des Deutschen Heeres, der Deutschen Marine und der Deutschen Schutztruppen 1914–1918. Ein Gedenkbuch, hrsg. vom Reichsbund jüdischer Frontsoldaten (RjF) e.V., Berlin, 1933.

Dipper, Christof, Der deutsche Widerstand und die Juden, in: Geschichte und Gesellschaft, 9 (1983).

Dohm, Christian Wilhelm von, Über die bürgerliche Verbesserung der Juden, 2 Teile in 1 Bd., Berlin/ Stettin 1781–1783.

Drei Jahre BJF – Bund Jüdischer Frontsoldaten Österreichs, Wien, 1935.

Dubnow, Simon, Mein Leben, Elias Hurwicz (Hrsg.), Berlin, 1937.

Dunker, Ulrich, Der Reichsbund jüdischer Frontsoldaten 1919–1938. Geschichte eines jüdischen Abwehrvereins, Düsseldorf, 1977.

Durango. A pictorial review oft he bombing by German airmen of the town of Durango, Spain, in 1937, Barcelona, 1937.

Durruti, Abel Paz, Leben und Tod des spanischen Anarchisten, Hamburg, 1994.

Alexander Ritter von Eiss, Kriegsarchiv Wien: Qualifikationsliste, Alexander v. Eiss (Faszikel 607).

Edikt vom 11. März 1812 betreffend die bürgerlichen Verhältnisse der Juden in dem Preußischen Staate, § 9, 16.

Encyclopaedia Judaica, Cecil Roth/Geoffrey Wigoder (Hrsg.), 3. Aufl., Jerusalem, 1974.

Erlaß des preußischen Kriegsministeriums zur Zählung der jüdischen Soldaten, 11.10.1916, abgedr. in: Werner T. Angress, Das deutsche Militär und die Juden im Ersten Weltkrieg, in: Militärgeschichtliche Mitteilungen, 19 (1976), S. 97 f.

Erler, Hans/Paucker, Arnold/Ehrlich, Ernst Ludwig (Hrsg.), Gegen alle Vergeblichkeit. Jüdischer Widerstand gegen den Nationalsozialismus, Frankfurt a. M., 2003.

Erler, Hans, Vorwort: »Alle Völker im Reiche fügen sich dem, früher oder später, nur dieses Volk nicht«, in: Hans Erler/Arnold Paucker/Ernst Ludwig Ehrlich (Hrsg.), Gegen alle Vergeblichkeit, S. 11–19.

Ernst, Ilse, Der Antisemitismus in der Weimarer Republik, in: Sylke Bartmann/Ursula Blömer/Detlef Garz (Hrsg.), »Wir waren die Staatsjugend, aber der Staat war schwach«, Band 14, Schriftenreihe Oldenburgerische Beiträge zu Jüdischen Studien, Oldenburg, 2003, S. 293–335.

Espinosa, Francisco, La columna de la muerte. El avance del ejército franquista de Sevilla a Badajoz, Madrid, 2003.

Epkenhans, Michael, Einigung durch »Eisen und Blut« – Militärgeschichte im Zeitalter der Reichs-

gründung 1858 bis 1871, in: Grundkurs deutsche Militärgeschichte, Bd. 1: Die Zeit bis 1914. Vom Kriegshaufen zum Massenheer, München, 2006.
Epkenhans, Michael/Gross, Gerhard Paul (Hrsg.), Das Militär und der Aufbruch in die Moderne, 1860 bis 1890: Armeen, Marinen und der Wandel von Politik, Gesellschaft und Wirtschaft in Europa, den USA sowie Japan, München, 2003.
Evangelisches Pfarramt A.B. Wien – Innere Stadt, Trauungsmatrikel, Reinzahl 704 aus 1920.
Fischer, Horst, Judentum, Staat und Heer in Preußen im frühen 19. Jahrhundert. Zur Geschichte der staatlichen Judenpolitik, Tübingen, 1968 (= Schriftenreihe wiss. Abhandlungen des Leo Baeck Instituts, 20).
Förster, Jürgen, Wehrmacht, Krieg und Holocaust, in: Judenemanzipation und Antisemitismus Antisemitismus in Deutschland im 19. und 20. Jahrhundert, Eggingen, 2003.
Förster, Jürgen, Jewish Policies of the German Military, 1939–1942, in: Asher Cohen u. a. (Hrsg.), The Shoah and the War, New York, 1992, S. 53–71
Fontane, Theodor, Der Deutsche Krieg von 1866, Bd. I, Berlin, 1887.
Forell, Fritz von, Mölders und seine Männer, Graz, 1941.
Forell, Fritz von, Mölders – Mensch und Flieger, Salzburg, 1951.
Forell, Fritz von, Werner Mölders. Flug zur Sonne. Die Geschichte des großen Jagdfliegers, Leoni, 1976.
Forst de Battaglia, Otto, Zwischeneuropa. Von der Ostsee bis zur Adria, Teil I: Polen-Tschechoslowakei-Ungarn, Frankfurt, 1954.
Fränkel, David ben Mose, Die Lage der Juden alter und neuerer Zeiten, in: Sulamith, 1. Jahrgang, Band 2, 1807, S. 353–386.
Fraenkel, Michael, Der Anteil der jüdischen Freiwilligen an dem Befreiungskriege 1813/1814, Breslau, 1922 (Sonderdruck aus: Jüdische Volkszeitung, Bd. 29, Nr. 2–9).
Frank, Ludwig, Briefe aus Amsterdam, Offenburg, 1904.
Frank, Ludwig, in: Die Friedenswarte, 1913.
Frank, Ludwig, Bern, in: März 1913, Bd. 2.
Frank, Ludwig, Reden, Aufsätze und Briefe, ausgewählt und eingeleitet von Hedwig Wachenheim, Berlin, 1924.
Frankfurter Zeitung Nr. 761, drittes Morgenblatt, 20.09.1914.
Frauenholz, Eugen von, Das Heerwesen des 19. Jahrhunderts, München, 1941.
Frei, Bruno, Die Männer von Vernet. Ein Tatsachenbericht, Berlin, 1950.
Freund, Wilhelm (Hrsg.), Zur Judenfrage in Deutschland. Vom Standpunkte des Rechtes und der Gewissensfreiheit. Im Verein mit mehreren Gelehrten, Berlin, 1843.
Friedemann, Max, Kämpfe in Barcelona und Wohlrath, Gerhard, Als Arbeitersportler zur Volksolympiade nach Barcelona, in: Brigada Internacional ist unser Ehrenname … Erlebnisse ehemaliger deutscher Spanienkämpfer. Ausgewählt und eingeleitet von Hans Maaßen, Bd. I, Frankfurt a. M., 1976.
Friedemann, Max, Die Geschichte der Gruppe Thälmann, in: Interbrigadisten. Der Kampf deutscher Kommunisten und anderer Antifaschisten im national-revolutionären Krieg des spanischen Volkes 1936 bis 1939, Protokoll einer wissenschaftlichen Konferenz an der Militärakademie »Friedrich Engels« (20./21. Januar 1966), Berlin (DDR), 1966.

Friedländer, Saul, Das Dritte Reich und die Juden, Bd. 1: Die Jahre der Verfolgung 1933–1939, München, 1998.

Friedländer, Saul, Die politischen Veränderungen der Kriegszeit und ihre Auswirkungen auf die Judenfrage, in: Werner E. Mosse (Hrsg.) unter Mitwirkung von Arnold Paucke, Deutsches Judentum in Krieg und Revolution 1916–1923, Tübingen, 1971.

Fritsch in einem Brief an Stülpnagel vom 16.11.1924, zit. nach Francis Ludwig Carsten, Reichswehr und Politik 1918–1933, Köln, 1964, S. 223.

Frühling, Moritz, Wiener Juden für die Österreichisch-Ungarische Armee in: Ost und West, Jg 10 (1910).

Frühling, Moritz, Das »Jüdische Kriegsgedenkblatt«, 6 Hefte, 1914–17.

Fuchs, Eugen, »Erstrebtes und Erreichtes«. Rede zum 25jährigen Stiftungsfest des CV am 02.03.1918, in: ders., Um Deutschtum und Judentum. Gesammelte Reden und Aufsätze (1894–1919). Im Auftrag des Centralvereins deutscher Staatsbürger jüdischen Glaubens herausgegeben von Leo Hirschfeld. Frankfurt a. M., 1919.

Garfinkiel, Mieczyslaw, Monografia m. Zamościa, in Jerzy Kwiatkowski, 485 dni na Majdanku, Lublin, 1988.

GBl. f. Ö. 2/1938.

Geiger, Ludwig, »Die deutschen Juden und der Krieg«, Berlin, 1915.

Generalanzeiger (Mannheim), Nr. 486, vom 21.10.1919 – »Wie Dr. Ludwig Frank fiel«.

Gesetz Nr. 1 des Alliierten Kontrollrats für Deutschland (Amtsblatt des Kontrollrats in Deutschland).

Gesetzessammlung für die Königlich-Preußischen Staaten, Nr. 5, 1812, 17 ff.

Gidal, Nachum T., Die Juden in Deutschland von der Römerzeit bis zur Weimarer Republik, Köln, 1997.

Gold, Hugo, Geschichte der Juden in Wien. Ein Gedenkbuch, Tel Aviv, 1966.

Goldhammer, Leo, Von den Juden Österreichs, in: Jüdisches Jahrbuch für Österreich, hrsg. von Löbel Taubes und Chajim Bloch, Wien, 1932.

Gomez, Moreno, La Guerra Civil en Córdoba, Madrid, 1985.

Goodman-Thau, Eveline/Schulte, Christoph, Vorwort zur deutschen Übersetzung von Orot Ha-Tora (Die Lichter der Tora), Berlin, 1995.

Gottas, Friedrich, Die Geschichte des Protestantismus in der Habsburgermonarchie, in: Die Habsburgermonarchie 1848–1918, 4: Die Konfessionen, hrsg. von Adam Wandruszka und Peter Urbanitsch, Wien 1985.

Graetz, Heinrich, Volkstümliche Geschichte der Juden in zwei Bänden, Bd. 2: Von der jüdisch-spanischen Zeitepoche bis zur Epoche der Wiedergeburt, Nachdr. d. 1. Aufl., Köln, 2000.

Grenville, John A. S., Die »Endlösung« und die »Judenmischlinge« im Dritten Reich, in: Ursula Büttner (Hrsg.), Das Unrechtsregime. Internationale Forschung über den Nationalsozialismus. Festschrift für Werner Jochmann zum 65. Geburtstag, Bd. 2: Verfolgung – Exil – Belasteter Neubeginn, Hamburg, 1986.

Groh, Dieter, Negative Integration und revolutionärer Attentismus. Die deutsche Sozialdemokratie am Vorabend des Ersten Weltkrieges, Frankfurt a. M./Berlin/Wien, 1973.

Gutachten des Militärgeschichtlichen Forschungsamtes zu Werner Mölders vom 30.06.2004.
Gutterman, Bella/Shalev, Avner (Hrsg.), Zeugnisse des Holocaust, Gedenken in Yad Vashem, Jerusalem, 2005.
Hackenberger, Willi, Deutschlands Eroberung der Luft – Die Entwicklung deutschen Flugwesens an Hand von 315 Wirklichkeitsaufnahmen dargestellt von Ing. W. Hackenberger, Berlin, 1915.
Hahn, Joachim/Krüger, Jürgen, Synagogen in Baden-Württemberg. Orte und Einrichtungen, Stuttgart, 2007.
Hamburger, Ernest, Juden im öffentlichen Leben Deutschlands. Regierungsmitglieder, Beamte und Parlamentarier in der monarchistischen Zeit 1848–1918 (Schriftenreihe wissenschaftlicher Abhandlungen des Leo Baeck Instituts 19), Tübingen, 1968.
Hanschmidt, Alwin, Die französisch-deutschen Parlamentarier-konferenzen von Bern (1913) und Basel (1914), in: Geschichte in Wissenschaft und Unterricht 26 (1975).
Heer, Hannes, in: DIE ZEIT Nr.17 vom 19.04.2007.
Heeresverordnungsblatt (HVBl) 1933, Reichswehrministerium (Hrsg.), Berlin.
Herzog, Alfred, »Krach um Leutnant Blumenthal«, München, 1930.
Heuss, Theodor/Knapp, Elly, So bist Du mir Heimat geworden. Eine Liebesgeschichte in Briefen aus dem Anfang des Jahrhunderts, Hermann Rudolph (Hrsg.), Stuttgart, 1986.
Heuss, Theodor, in: Die Hilfe, vom 17.09.1914.
Hirsch, Samson Raphael (Pseudonym: Ben Uziel), Die neunzehn Briefe, Zürich, 1987.
Hirzel, Annette, Das Motiv der Germania zwischen Patriotismus und Antisemitismus, in: Michael Berger/Gideon Römer-Hillebrecht (Hrsg.), Juden und Militär in Deutschland. Zwischen Integration, Assimilation, Ausgrenzung und Vernichtung, Baden-Baden, 2009, S. 78–80.
Hödl, Rudolf v., Die Juden im österreichisch-ungarischen Heere (Kriegsarchiv: Nachlässe B 460/11).
Hohenlohe-Ingelfingen, Kraft Prinz zu, Aus meinem Leben. Band I, Berlin, 1897.
Hoffmann, Rainer L./Römer-Hillebrecht, Gideon, Meno Burg, in: Michael Berger/Gideon Römer-Hillebrecht (Hrsg.), Juden und Militär in Deutschland. Zwischen Integration, Assimilation, Ausgrenzung und Vernichtung, Baden-Baden, 2009, S. 101–115.
Huck, Stephan, Geschichte der Freiheitskriege, in: Militärgeschichtliches Forschungsamt (Hrsg.), Potsdam, 2004, S. 49–57.
Huck, Stephan, Vom Berufsmilitär zur allgemeinen Wehrpflicht – Militärgeschichte zwischen Französischer Revolution und Freiheitskriegen 1789 bis 1815, in: Grundkurs deutsche Militärgeschichte, Bd. 1: Die Zeit bis 1914. Vom Kriegshaufen zum Massenheer, München, 2006.
Huemer, Peter, Sektionschef Robert Hecht und die Zerstörung der Demokratie in Österreich: Eine historisch-politische Studie, Wien, 1975.
Hürten, Heinz, Zwischen Revolution und Kapp-Putsch. Militär und Innenpolitik 1918–1920, Düsseldorf, 1977 (= Quellen zur Geschichte des Parlamentarismus und der politischen Parteien, Zweite Reihe: Militär und Politik, Bd 2).
Hundsnurscher, Franz /Taddey, Gerhard, Die Jüdischen Gemeinden in Baden. Denkmale – Geschichte – Schicksale, Archivdirektion Stuttgart (Veröffentlichungen der staatlichen Archivverwaltung Baden-Württemberg 19), Stuttgart/Berlin/Köln/Mainz, 1968.

»Israelitisches Familienblatt«, 10.12.1914.
Israelitisches Gemeindeblatt Köln, 22.12.1918.
Jacobson, Jacob, Bemerkungen zum Artikel von Carl Cohen: »The Road to Conversion« – Leo Baeck Institute Year Book, VI (1961) –, in: Leo Baeck Institute Year Book, VII (1962), S. 333.
Jacobson, Simon, Die Weisheit des Rabbi Schneerson. Einfache Wahrheiten für eine schwierige Welt, Gütersloh, 2007.
Jedlicka, Ludwig, Ein Heer im Schatten der Parteien. Die militärpolitische Lage Österreichs 1918–1938, Graz, 1955.
Johann Friedländer (1882–1944); Kriegsarchiv: Österreichisches Bundesheer Personalakt J. Friedländer.
Joly, Françoise/Joly, Jean-Baptiste/Mathieu, Jean-Philippe, Les camps d'internement en France de septembre 1939 à mai 1940, in: Les barbelés de l'exil. Etudes sur l'émigration allemande et autrichienne (1938–1940), Gilbert Badia et al. (Hrsg.), Grenoble, 1979.
Jochmann, Werner, Die Ausbreitung des Antisemitismus, in: Werner E. Mosse (Hrsg.) unter Mitwirkung von Arnold Paucker, Deutsches Judentum in Krieg und Revolution 1916–1923, Tübingen, 1971.
Jüdische Front 1/33 vom 30.01.1933.
Jüdische Front 4/33 vom 08.05.1933.
Jüdische Front 12/33 vom 31.10.1933.
Jüdische Front, Festnummer vom 15.10.1934.
Jüdische Front 5/35 vom 01.03.1935.
Jüdische Front 13/35 vom 01.07.1935.
Jüdisches Jahrbuch für Groß-Berlin, Berlin 1926, S. 133.
Jüdisches Jahrbuch für Groß-Berlin, Berlin 1931, S. 184.
Jüdisches Kriegsgedenkblatt, Heft 2 (1914/15), S. 68–76.
Jüdisches Kriegsarchiv, 9 Ausgaben, Wien, von Mai 1915 bis Januar 1917.
Jüdisches Lexikon. Ein enzyklopädisches Handbuch des jüdischen Wissens in vier Bänden, Georg Herlitz/Bruno Kirschner (Hrsg.), Nachdr. d. 1. Aufl., 2. Aufl., Frankfurt a. M., 1987.
Jüdische Rundschau, Was tut die jüdische Gemeinde?, Nummer 30/31, 13.04.1933, S. 148.
Jüdische Soldaten in Deutschen Armeen. Dokumentation der gleichnamigen Tagung in Zusammenarbeit mit dem Bund jüdischer Soldaten (RjF) und dem Zentralrat der Juden in Deutschland (hrsg. von Andreas Kleine-Kraneburg), Konrad-Adenauer-Stiftung e.V., Sankt Augustin/Berlin, 2008.
Jüdische Soldaten in Deutschen Armeen – Rückblick und aktuelle Situation in: Der Schild, hrsg. vom Bund jüdischer Soldaten (RjF) durch den Vorsitzenden, Nr. 2 / 2. Jahrgang, Berlin, 2008, S. 20–22.
Jung, Walter, Ideologische Voraussetzungen, Inhalte und Ziele außenpolitischer Programmatik und Propaganda in der deutschvölkischen Bewegung der Anfangsjahre der Weimarer Republik – Das Beispiel Deutschvölkischer Schutz- und Trutzbund, Göttingen, 2001.

Kann, Robert A., The Social Prestige of the Officer Corps in the Habsburg Empire from the Eighteenth Century to 1918, in: War and Society in East Central Europe, Vol. I, eds. Bela K. Kiralyi, Gunther E. Rothenberg, New York, 1979.
Karniel, Joseph, Die Toleranzpolitik Kaiser Josephs II. (= Schriftenreihe des Instituts für Deutsche Geschichte der Universität Tel-Aviv, 9), Gerlingen, 1986.
Karniel, Joseph, Das Toleranzpatent Kaiser Josephs II. für die Juden Galiziens und Lodomeriens, in: Jahrbuch des Instituts für Deutsche Geschichte der Universität Tel-Aviv, XI, 1982.
Kattermann, Hildegard, Das Ende einer jüdischen Landgemeinde. Nonnenweier in Baden, 1933–1945, Freiburg i. Br., 1984.
Keller, Werner, Und wurden zerstreut unter alle Völker. Die nachbiblische Geschichte des jüdischen Volkes, Wuppertal/Zürich, 1993.
Kern, Wolfgang, Die innere Funktion der Wehrmacht 1933–1939, Berlin, 1979.
Kleßmann, Eckart, M. M. Warburg & CO. Die Geschichte eines Bankhauses, Hamburg, 1998.
Klösch, Christian, Wohin und niemals zurück, in: Gedenkdienst (Zeitung des Vereins Gedenkdienst), Wien, 1999, No 2/1999: Emigration.
Knopp, Guido, Hitlers Krieger, München, 1998.
Kopsch, Julius, Die Juden im deutschen Heer, Berlin, 1910.
Kopciowski, Adam, Der Judenrat in Zamość in: Theresienstädter Studien und Dokumente, Bd. 9, S. 221–245.
Kriegsarchiv Wien: Qualifikationsliste, Dr: L. Austerlitz (Faszikel 69).
Kriegsarchiv, Belohnungsakten – Erster Weltkrieg, Offiziersbelohnungsantrag Nr. B 77: Silberne Militärverdienstmedaille, Nr. 35.595. Militärverdienstkreuz 3. Klasse, Nr. 138.144 Orden der Eisernen Krone 3. Klasse.
Kriegsarchiv, Direktionsakten des Kriegsarchivs Nr. 826 ex 1920; Nr. 722 und 801 ex 1922; Nr. 93 ex 1923.
Kriegsarchiv: Hofkriegsrat Prot 1785 D 2276 (91. Sessio, 1785 November 16, Nr. 3810); Hofkriegsrat 1785 16–887: AH. Entschließung, Wien 1785 Dezember 5.
Kriegsarchiv: Hofkriegsrat 1788 47–198.
Kriegsarchiv: Hofkriegsrat 1788 47–532: Hofkanzlei an Hofkriegsrat, 1788 Juli 7.
Kriegsarchiv: Hofkriegsrat 1789 47–306: Hofkanzlei an Hofkriegsrat, 1789 April 9.
Kriegsarchiv: Hofkriegsrat 1788 47–441: Hofkanzlei an Hofkriegsrat, 1788 Juni 14.
Kriegsarchiv: Hofkriegsrat 1789 9–246: AU. Vortrag, 1789 August 27.
Kriegsarchiv: Hofkriegsrat 1790 47–410.
Kriegsarchiv: Kriegsschule Fasz. 21.
Kriegsarchiv Wien: Qualifikationsliste, M. Maendl (Faszikel 1855).
Kriegsarchiv, Personal-Kartothek des Kriegsarchivs seit 1711 (von Josef Sokoll 1951).
Kriegsarchiv Wien: Qualifikationsliste, C. Schwarz (Faszikel 2678).
Kriegsarchiv Wien: Qualifikationsliste, H. Ulrich (Faszikel 3060).
Kriegsarchiv: Qualifikationsliste W. Bardach (Fasz. 107).
Kriegsarchiv, Versorgungsakt Oberst Otto Grossmann, geb. 1873, Karton 461, daraus: Haupt-Grundbuchsblatt.

Kriegsbriefe gefallener Deutscher Juden (hrsg. vom Reichsbund jüdischer Frontsoldaten), mit einer Zeichnung von Max Liebermann, Berlin, 1935.

Kriegsbriefe gefallener Deutscher Juden, mit einem Geleitwort von Franz Josef Strauß, überarb. Neuaufl., Herford, 1961.

Kwiet, Konrad/Eschwege, Helmut, Selbstbehauptung und Widerstand. Deutsche Juden im Kampf um Existenz und Menschenwürde 1933–1945, Hamburg, 1984.

Kwiet, Konrad, Zur historiographischen Behandlung der Judenverfolgung im Dritten Reich, in: Militärgeschichtliche Mitteilungen, 27 (1980).

Labsch-Benz, Elfie, Die jüdische Gemeinde Nonnenweier. Jüdisches Leben und Brauchtum in einer badischen Landgemeinde zu Beginn des 20. Jahrhunderts, Freiburg i. Br., 1981.

Langbein, Hermann, … nicht wie die Schafe zur Schlachtbank. Widerstand in den nationalsozialistischen Konzentrationslagern 1938–1945, Frankfurt a. M., 1980.

Laudatio der Präsidentin des Zentralrates der Juden in Deutschland Frau Charlotte Knobloch anlässlich der Verleihung der Bernhard Weiß Medaille 2008 an Dr. Peter Struck, in: Der Schild, Zeitschrift des Bundes jüdischer Soldaten, hrsg. vom Bund jüdischer Soldaten (RjF) durch den Vorsitzenden, 3&4 / 3. Jahrgang, Berlin, 2009, S. 4.

Liepach, Martin, Das Wahlverhalten der jüdischen Bevölkerung: Zur politischen Orientierung der Juden in der Weimarer Republik (= Schriftenreihe wissenschaftlicher Abhandlungen des Leo-Baeck-Instituts, 53), Tübingen, 1996.

Langkau-Alex, Ursula, Volksfront für Deutschland? Bd. 1 Vorbereitung und Gründung des »Ausschusses zur Vorbereitung einer deutschen Volksfront« 1933–1936, Frankfurt a. M., 1977.

Landeszentrale für politische Bildung Baden-Württemberg (Hrsg.), Vom Neckar ans Mittelmeer. Jüdische Flüchtlinge aus dem schwäbischen Dorf Rexingen gründen 1938 eine neue Gemeinde in Galiläa, Stuttgart, 2008.

Leinwand, Kenneth J., in: JWB Jewish Chaplains Council »Chaplains«, Vol XVI, No 2, 2001, S. 1 f.

Lindner, Dolf, Der Mann ohne Vorurteil. Joseph von Sonnenfels 1733–1817, Wien, 1983.

Loewenthal, Max J. (Hrsg.), Jüdische Reserveoffiziere, Berlin, 1914.

Löhken, Wilfried/Vathke, Werner (Hrsg.), Juden im Widerstand. Drei Gruppen zwischen Überlebenskampf und politischer Aktion 1939–1945, Berlin, 1993.

Löwenstein, Hubertus Prinz zu, A Catholic in Republican Spain, London, 1937.

Löwenstein, Leo, Der RjF, ein Lebenswerk der jüdischen Frontsoldaten, in: Der Schild, 08.02.1922.

Lohalm, Uwe, Völkischer Radikalismus. Die Geschichte des Deutschvölkischen Schutz- und Trutz-Bundes 1919–1923, Hamburg, 1970

Lustiger, Arno, »Der Feldmarschall hat zwei Kugeln bekommen«, in: DIE ZEIT vom 23. Januar 2010.

Lustiger, Arno, Shalom Libertad! Juden im spanischen Bürgerkrieg, Frankfurt a. M., 1989.

Lustiger, Arno, Zum Kampf auf Leben und Tod. Zum Widerstand der Juden 1933–1945, Frankfurt a. M., 1997.

Madariaga, Salvador de, Spanien, Stuttgart, 1979.

Maier, Johann (Hrsg.), Rechtsentscheide von Moses Nachmanides aus Gerona, Teil 1, Frankfurt a. M., 2003.

Maier, Klaus A., Guernica 26.04.1937. Die deutsche Intervention in Spanien und der »Fall« Guernica, Freiburg, 1975.

Mann, Golo, Antisemitismus, Frankfurt a. M., 1962.
Meir, Ephraim, The challenge of Religious Education, in: Christoph Miething (Hrsg.), Politik und Judentum, Tübingen, 1999.
Memoiren des Freiwilligen Jägers Löser Cohen. Nach einer Abschrift aus dem Nachlass von Moritz Stern, Jerusalem, eingel. und kommentiert von Erik Lindner (Hrsg.), Berlin, 1993.
Messerschmidt, Manfred, Juden im preußisch-deutschen Heer, in: Militärgeschichtliches Forschungsamt (Hrsg.), Deutsche Jüdische Soldaten. Von der Epoche der Emanzipation bis zum Zeitalter der Weltkriege, Begleitband zur Ausstellung, Potsdam, 1996.
Messerschmidt, Manfred, Strukturen und Organisation, Die preußische Armee, in: Militärgeschichtlichen Forschungsamt (Hrsg. durch Friedrich Forstmeier u. a.), Handbuch zur deutschen Militärgeschichte 1648–1939, Bd. 2, IV, 2, München, 1979.
Messerschmidt, Manfred, Die Wehrmacht im NS-Staat, Hamburg, 1969.
Michaelis, Alfred, Die Rechtsverhältnisse der Juden in Preußen seit dem Beginn des 19. Jahrhunderts, Berlin, 1910.
Mieck, Ilja, Preußen von 1807 bis 1850, Reformen, Restauration und Revolution, in: Otto Büsch (Hrsg.), Handbuch der preußischen Geschichte, Bd. 2: Das 19. Jahrhundert und große Themen der Geschichte Preußens, Berlin/New York, 1992.
Militärgeschichtliches Forschungsamt (Hrsg.), Deutsche Jüdische Soldaten. Von der Epoche der Emanzipation bis zum Zeitalter der Weltkriege, Begleitband zur Wanderausstellung, Potsdam, 1996.
Militärgeschichtliches Forschungsamt (Hrsg.), Katalog zu eben genannter Wanderausstellung, Rastatt, 3., erw. und überarb. Aufl., Herford/Bonn, 1987.
Militär-Statistisches Jahrbuch 1872 ff., Wien;
Militär-Statistisches Jahrbuch 1897 ff., Wien.
Merkes, Manfred, Die deutsche Politik im spanischen Bürgerkrieg 1936–1939, 2. Aufl., Bonn, 1969.
Messerschmidt, Manfred/Gersdorff, Ursula v., Offiziere im Bild von Dokumenten aus drei Jahrhunderten, Stuttgart, 1964.
Meyer zu Uptrup, Wolfgang, »Der Kampf gegen die jüdische Weltverschwörung«. Zur inneren »Logik« des Antisemitismus der Nationalsozialisten, in: Erich Geldbach (Hrsg.), Vom Vorurteil zur Vernichtung? »Erinnern« für morgen, Münster, 1995.
Mommsen, Hans, Beamtentum im Dritten Reich. Mit ausgewählten Quellen zur nationalsozialistischen Beamtenpolitik, Stuttgart, 1966.
Moser, Jonny, Die Katastrophe der Juden in Österreich 1938–1945 – ihre Voraussetzungen und ihre Überwindung, in: Studia Judaica Austriaca, Bd. V, Der gelbe Stern in Österreich, Eisenstadt, 1977.
Mühlen zur, Patrick v., Spanien war ihre Hoffnung. Die deutsche Linke im Spanischen Bürgerkrieg, Bonn, 1983.
Müller, Klaus-Jürgen, Das Heer und Hitler. Armee und nationalsozialistisches Regime 1933–1940, Stuttgart, 1969.
Müssener, Helmut, Die deutschsprachigen Emigranten in Schweden nach 1933. Ihre Geschichte und kulturelle Leistung, Stockholm, 1971.

Nachama, Andreas (Hrsg. zusammen mit Julius H. Schoeps/Hermann Simon), Juden in Berlin, Berlin, 2002.

Nägler, Frank, Einführung in die Ausstellung, in: Militärgeschichtliches Forschungsamt (Hrsg.), Deutsche Jüdische Soldaten. Von der Epoche der Emanzipation bis zum Zeitalter der Weltkriege, Begleitband zur Wanderausstellung, Potsdam, 1996, S. 1–28.

Nakata, Jun, Der Grenz- und Landesschutz in der Weimarer Republik 1918–1933. Die geheime Aufrüstung und die deutsche Gesellschaft, hrsg. vom Militärgeschichtlichen Forschungsamt, Freiburg i. Br., 2002.

Neue Badische Landeszeitung, 09.09.1914 (Generallandesarchiv Karlsruhe, 231/3415, Kopie StadtA Mannheim, D 6, L. Frank).

Neue Badische Landeszeitung Nr. 492/4, Abendausgabe, 24.09.1924 (StadtA Mannheim, S1/198).

Neuschl-Marzahn, Sylvia, Ludwig Frank (1874–1914), in: Politische Köpfe aus Südwestdeutschland, hrsg. von Reinhold Weber und Ines Mayer, Stuttgart, 2005.

Neumann, Salomon, Zur Statistik der Juden in Preußen von 1816 bis 1880. 2. Beitrag aus den amtlichen Veröffentlichungen, Berlin, 1884.

Offenberg, Ulrike, Seid vorsichtig gegen die Machthaber, Berlin, 1998.

Olmeda, Fernando, Gerda Taro. Fotógrafa de guerra, Barcelona, 2007.

Oppenheimer, Franz, Die Judenstatistik des preußischen Kriegsministeriums, München, 1922.

Otto Grossmann (1873–1942); Kriegsarchiv: Qualifikationsliste Otto Grossmann, geb. 10.08.1873, Karton 857.

Paucker, Arnold/Gilchrist, Sylvia/Suchy, Barbara (Hrsg.), Die Juden im nationalsozialistischen Deutschland, Tübingen, 1986.

Paucker, Arnold, Deutsche Juden im Kampf um Recht und Freiheit. Studien zur Abwehr, Selbstbehauptung und Widerstand der deutschen Juden seit dem Ende des 19. Jahrhunderts, mit einer Einführung von Reinhard Rürup, Berlin, 2003.

Paul-Schiff, Maximilian, Teilnahme der österreichisch-ungarischen Juden am Weltkriege. Eine statistische Studie, in: Jahrbuch für jüdische Volkskunde 1924–25 (= Mitteilungen zur jüdischen Volkskunde, 26–27).

Petter, Wolfgang, Wehrmacht und Judenverfolgung, in: Ursula Büttner (Hrsg.), Die Deutschen und die Judenverfolgung im Dritten Reich, Hamburg, 1992.

Philippson, Alfred, Wie ich zum Geographen wurde. Aufgezeichnet im Konzentrationslager Theresienstadt zwischen 1942 und 1945, Hans Böhm/Astrid Memel (Hrsg.), Bonn, 1996.

Philippson, Martin, Der Anteil der jüdischen Freiwilligen an dem Befreiungskriege 1813 und 1814, in: Monatsschrift für Geschichte und Wissenschaft des Judentums, 50 (1906).

Philippson, Martin, Die jüdischen Freiwilligen im preußischen Heere während der Befreiungskriege 1813/14, in: Im Deutschen Reich, 12 (1906).

Picard, Jacob, Die alte Lehre, Stuttgart, 1963.

Picht, Clemens, Zwischen Vaterland und Volk. Das deutsche Judentum im Ersten Weltkrieg, in: Wolfgang Michalka (Hrsg.), Der Erste Weltkrieg, München/Zürich, 1994.

Preußisches Emanzipationsedikt »Edikt betreffend die bürgerlichen Verhältnisse der Juden in dem

Preußischen Staate«, Friedrich Wilhelm Hardenberg, Kircheisen, Gegeben Berlin, den 11ten März 1812.
Prieschl, Martin, Die kleinen Wehrverbände in der Ersten Republik in: Österreichs Bundesheer – Truppendienst, Ausgabe 3/2010.
Prieschl, Martin, Die Heimwehr Truppendienst, Folge 313, Ausgabe 1/2010.
Proctor, Raymond L., Hitler's Luftwaffe in the Spanish Civil War, Westport, 1983.
Ranglisten des kaiserlichen und königlichen Heeres 1918, Wien, 1918.
Rathenau, Walther, Staat und Judentum. Eine Polemik, in: Gesammelte Schriften, Berlin, 1925.
Rede und Gebet zur Einweihungsfeier der Synagoge und zur Einsegnung der freiwilligen Krieger der israelitischen Gemeinde zu Königsberg, gehalten am 19. April 1815, Königsberg [1815].
Reichmann, Hans, in: Central-Verein-Zeitung, XIV. Jahrgang, Nr. 25, Berlin, 4. April 1935, 1.
Reichsgesetzblatt f. d. im Reichsrate vertretenen Königreiche und Länder, 1890, XVIII. Stück, (15. April 1890).
Reichsgesetzblatt 1936, I.
Reichsgesetzblatt I, 245. GBl. f. Ö. 3/1938.
Reichsgesetzblatt 1938 I S. 1044: Zweite Verordnung zur Durchführung des Gesetzes über die Änderung von Familiennamen und Vornamen vom 17. August 1938.
Reichstagsverhandlungen über die Zurücksetzung der jüdischen Einjährigen-Freiwilligen. Nach dem amtlichen stenographischen Bericht, in: Im deutschen Reich, 14 (1908).
Richarz, Monika (Hrsg.), Jüdisches Leben in Deutschland, 3 Bde., Stuttgart, 1976–83.
Rieger, Renatus F., Major Meno Burg. Ein preußischer Stabsoffizier jüdischen Glaubens (1789–1853), Duisburg, 1990.
Rieger, Renatus F., Major Meno Burg (1789–1853). Der einzige preußische Stabsoffizier jüdischen Glaubens im 19. Jahrhundert, in: Deutsche Jüdische Soldaten. Von der Epoche der Emanzipation bis zum Zeitalter der Weltkriege, Begleitband zur Wanderausstellung, Potsdam, 1996.
Rigg, Bryan Mark, Hitler´s Jewish Soldiers. The Untold Story of Nazi Racial Laws and Men of Jewish Decent in the German Military, Lawrence/Kansas, 2002.
Rigg, Bryan Mark, Hitlers Jüdische Soldaten, Paderborn, 2003.
Ritter von Schweitzer, Eduard, Kriegsarchiv Wien: Qualifikationsliste, E. R. v. Schweitzer (Faszikel 2685).
Ritter, Gerhard, Staatskunst und Kriegshandwerk, Bd. 3, München, 1964.
Römer-Hillebrecht, Gideon, Kampf um nationale Teilhabe und Staatsbürgerrechte: Der Reichsbund jüdischer Frontsoldaten (RjF), in: Michael Berger/Gideon Römer-Hillebrecht (Hrsg.), Juden und Militär in Deutschland. Zwischen Integration, Assimilation, Ausgrenzung und Vernichtung, Baden-Baden, 2009.
Römer-Hillebrecht, Gideon/Hoffmann, Rainer L., Meno Burg, in: Michael Berger/Gideon Römer-Hillebrecht (Hrsg.), Juden und Militär in Deutschland. Zwischen Integration, Assimilation, Ausgrenzung und Vernichtung, Baden-Baden, 2009, S. 101–115.
Rosenthal, Jacob, Die Ehre des jüdischen Soldaten, Frankfurt a. M., 2007.
Rosenthal-Cöln, L., Die biblische Vorschrift über Militärpflicht und Kriegsführung, in: Jeschurun, Monatsschrift für Lehre und Leben im Judentum, Heft 10, 1. Jahrgang, Oktober 1914.

Rothenberg, Gunther E., The Army of Francis Joseph, Purdue University Press, West Lafayette, 1976.
Rott, Joachim, Bernhard Weiss. 1880 Berlin – 1951 London, Teetz/Berlin, 2008.
Röder, Werner, Die deutschen sozialistischen Exilgruppen in Großbritannien 1940–1945, Hannover, 1968
RP (= Wiener Zeitung), Morgenausgabe, 05.11.1918, S. 3.
RP, Mittagsausgabe, 16.12.1918, S. 4.
RP, 25.12.1918.
Rubin, E., 140 Jewish Marshals, Generals & Admirals, London, 1952.
Rürup, Reinhard, Emanzipation und Krise. Zur Geschichte der »Judenfrage« in Deutschland vor 1890, in: Juden im Wilhelminischen Deutschland 1890–1914, hrsg. von Werner E. Mosse, Tübingen, 1976.
Rürup, Reinhard (Hrsg.), Jüdische Geschichte in Berlin, Berlin, 1995.
Rutkowski, Ernst R. v., Dem Schöpfer des österreichischen Reiterliedes, Leutnant i.d. Res. Dr. Hugo Zuckermann, zum Gedächtnis, in: Zeitschrift für die Geschichte der Juden, X (1973), S. 93–104.
Ruzicka, Wenzel, Soldat im Vielvölkerheer, Freilassing, 1987.
Sabelleck, Rainer (Hrsg.), Kriegs- und Friedenserlebnisse eines hannoverschen Jägers. Georg Steinbergs »Beim 3. Jägerbataillon«, 2. unveränderte Auflage, mit einem Nachwort des Herausgebers, Mannheim, 1991.
Sabrow, Martin, Der Rathenaumord. Rekonstruktion einer Verschwörung gegen die Republik von Weimar, München, 1994.
Salomonski, Martin, Jüdische Seelsorge an der Westfront, Berlin, 1918.
Samuel, Siegismund, Briefe aus den Feldzügen von 1866 und 1870–71, Erna Schmidt (Hrsg.), Berlin, 1908.
Sana, Heleno, Die libertäre Revolution. Die Anarchisten im Spanischen Bürgerkrieg, Hamburg, 2001.
Salzberger, Georg, Aus meinem Kriegstagebuch. Von dem Feldgeistlichen der 5. Armee (Sonderabdruck aus der Monatszeitschrift »Liberales Judentum«), Frankfurt a. M., 1916.
Schaber, Irme, Gerta Taro, Fotoreporterin im Spanischen Bürgerkrieg, Marburg 1994.
Schäfer, Max (Hrsg.), Spanien 1936 bis 1939. Erinnerungen von Interbrigadisten aus der BRD, Frankfurt a. M., 1976.
Schematismus für das k. u. k. Heer und für die k. u. k. Kriegsmarine für 1914, Wien, 1914.
Der Schild, Zeitschrift des Reichsbundes jüdischer Frontsoldaten, Berlin, 1921–1938.
Der Schild, Februar 1923.
Der Schild, Sondernummer vom 30.01.1928.
Der Schild vom 25.05.1935.
Der Schild. Juden bei der Luftwaffe, hrsg. vom Reichsbund Jüdischer Frontsoldaten. Vol 14, No. 52, 27. Dezember 1935.
Der Schild, hrsg. vom Bund jüdischer Soldaten (RjF) durch den Vorsitzenden, 1 / 1. Jahrgang, Berlin, 2007.
Der Schild, hrsg. vom Bund jüdischer Soldaten (RjF) durch den Vorsitzenden, Nr. 2 / 2. Jahrgang, Berlin, 2008.

Der Schild, hrsg. vom Bund jüdischer Soldaten (RjF) durch den Vorsitzenden, Nr. 3 u. 4 / 3. Jahrgang, Berlin, 2009.
Schmidl, Erwin A., Jews in the Austro-Hungarian Armed Forces, in: War and Society in East Central Europe 22, hrsg. von Béla K. Király (Brooklyn College Studies on Society in Change, New York, 1987), S. 69–84.
Schmidl, Erwin A., Jews in the Austro-Hungarian Armed Forces 1867–1918, in: Studies in Contemporary Jewry 3: Jews and other Ethnic Groups in a Multi-ethnic World, hrsg. von Ezra Mendelsohn (New York/Oxford, 1987), S. 127–146.
Schmidl, Erwin A., Juden in der k. (u.) k. Armee 1788–1918 (= Studia Judaica Austriaca XI, hrsg. vom Verein »Österreichisches Jüdisches Museum in Eisenstadt«), Eisenstadt, 1989.
Schmidl, Erwin A., Die k. u. k. Armee: integrierendes Element eines zerfallenden Staates?, in: Michael Epkenhans, Gerhard Paul Gross (Hrsg.), Das Militär und der Aufbruch in die Moderne, 1860 bis 1890: Armeen, Marinen und der Wandel von Politik, Gesellschaft und Wirtschaft in Europa, den USA sowie Japan, München, 2003.
Schmidt, Ernst-Heinrich, Zürndorfer-Waldmann: Das Schicksal deutscher Frontkämpfer jüdischer Abstammung und jüdischen Glaubens und ihrer Familien 1914–1945, in: Militärgeschichtliches Forschungsamt (Hrsg.), Deutsche Jüdische Soldaten 1914–1945, Herford/Bonn, 1987, S. 177–189.
Schmidt, Wolfgang, Die Juden in der Bayerischen Armee, in: Militärgeschichtliches Forschungsamt (Hrsg.), Deutsche Jüdische Soldaten. Von der Epoche der Emanzipation bis zum Zeitalter der Weltkriege, Begleitband zur Ausstellung, Potsdam, 1996.
Schneider, Jörg, Zwischen Assimilation und Akkulturation. Aspekte jüdischen Vereinslebens in Hildesheim zwischen 1871–1942, Herbert Reyer/Herbert Obenaus (Hrsg.), Geschichte der Juden im Hildesheimer Land, Hildesheim/Zürich/New York, 2003, S. 85.
Schneiderhan, Wolfgang, Grußwort anlässlich der ersten Tagung des Bundes jüdischer Soldaten in: Jüdische Soldaten in Deutschen Armeen, Dokumentation der gleichnamigen Tagung, S. 7–9.
Schoeps, Julius H., Der Anpassungsprozess (1790–1870) in: Andreas Nachama/Julius H. Schoeps/ Hermann Simon (Hrsg.), Juden in Berlin, Berlin, 2002.
Schoeps, Julius H., Ephraim Veitel Ephraim – Ein Vorkämpfer der Judenemanzipation, in: Cécile Loewenthal-Hensel (Hrsg.), Mendelssohn Studien. Beiträge zur neueren deutschen Kultur- und Wirtschaftsgeschichte, Band 2, Berlin, 1975.
Schramm, Hanna, Menschen in Gurs. Erinnerungen an ein französisches Internierungslager (1940–1941), mit einem dokumentarischen Beitrag zur französischen Emigrantenpolitik (1937–1944) von Barbara Vormeier, Worms, 1977.
Schreiben an die »Königliche Regierung« im Nachlass Moritz Stern, 17–418, in: The Central Archives for the History of the Jewish People, Jerusalem.
Schüler-Springorum, Stefanie, Krieg und Fliegen. Die Legion Condor im Spanischen Bürgerkrieg, Paderborn, 2010.
Schüler-Springorum, Stefanie, Nicht nur Guernica. Die Legion Condor in: Florian Legner (Hrsg.), Solidaridad! Deutsche im Spanischen Bürgerkrieg, Berlin, 2006.

Schwartz, Fernando, La internacionalización de la Guerra Civil Española, Julio de 1936 – Marzo de 1937, Barcelona, 1972.
Schwierz, Israel, Für das Vaterland starben. Denkmale und Gedenktafeln bayerisch-jüdischer Soldaten, Aschaffenburg/Main, 1998.
Schwierz, Israel, Steinerne Zeugnisse jüdischen Lebens in Bayern, hrsg. von der Bayerischen Landeszentrale für politisch Bildungsarbeit, München, 1992.
Seeliger, Emil, Theresienritter ohne Theresienorden. Die Heldenfamilie derer von Eiss, Neues Wiener Journal, 23.02.1930.
Segall, Jacob, Die deutschen Juden als Soldaten im Kriege 1914–1918. Eine statistische Studie, Berlin, 1921.
Seinhauser, Mary, Dokumentationsarchiv des österreichischen Widerstandes (Hrsg.): Totenbuch Theresienstadt – damit sie nicht vergessen werden. Junius Verlag, Wien, 1987.
Senekowitsch, Martin, Ein ungewöhnliches Kriegerdenkmal. Das jüdische Heldendenkmal am Wiener Zentralfriedhof, Wien, 1994.
Senekowitsch, Martin, Gleichberechtigte in einer großen Armee. Zur Geschichte des Bundes jüdischer Frontsoldaten Österreichs 1932–38, Wien, 1994.
Senekowitsch, Martin, Verbunden mit diesem Lande. Das jüdische Kriegerdenkmal in Graz, Graz, 1995.
Silber, Michael, Absolutism, Hungary and the Jews. A Comparative Study of Military Conscription of the Jews in the Habsburg Lands 1788–1815, M.A. thesis, Columbia University, 1980.
Simon, Julius, Die Juden und die Gebildeten unserer Tage, in: Mitteilungen aus dem Verein zur Abwehr des Antisemitismus, XXVI, Nr. 6 (1916).
Sommer, Emil von (1869–1946); Kriegsarchiv: Österreichisches Bundesheer Personalakt E. Sommer.
Sossis, Richard, Der angepasste Glaube, in: DIE ZEIT, 12. Februar 2009.
Souchy, Augustin, Anarcho-Syndikalisten über Bürgerkrieg und Revolution in Spanien, Darmstadt, 1969.
Spiegel, Paul, Rede anlässlich des 60. Jahrestages des Warschauer Ghettoaufstandes, Jüdisches Gemeindehaus, Berlin 29.04.2003.
Staatsarchiv/Archiv der Republik, BKA Z1 305.909/36.
Steer, George L., Der erste Bericht über den Luftangriff auf Guernica wurde von dem britischen Kriegsberichterstatter George L. Steer verfasst. Der Artikel erschien am 28. April 1937 in der London Times.
Sulamith, Fränkel, David ben Mose (Hrsg.), Eine Zeitschrift zur Beförderung der Kultur und Humanität unter der jüdischen Nation, Zweiter Jahrgang, Band für 1808.
Sulamith, Fränkel, David ben Mose (Hrsg.), Eine Zeitschrift zur Beförderung der Kultur und Humanität unter den Israeliten, 4 [1816?].
Staatsarchiv Dresden, Bestand Ministerium für Auswärtige Angelegenheiten, Nr. 4846.
Staatsarchiv/Archiv der Republik, BKA Z1.150.385/34 und WSTLA (= Wiener Stadt- und Landesarchiv) MAbt 119 A32 Z1.4885/1934.
StadtChronik Wien 1986.

STAPO DORTMUND an Staatspolizeileitstelle Düsseldorf vom 1. April 1943 – B. NR. 285/43 ROEM., 4 B 4, I. A. GEZ.: WIESSNER, K. K.

Strauß, Ludwig, Reichstreue und Volkstreue, Jüdische Rundschau, Organ der Zionistischen Vereinigung für Deutschland, Nr. 16., XIX. Jahrgang, Oktober 1914.

Strauss, Herbert A./Kampe, Norbert (Hrsg.), Antisemitismus. Von der Judenfeindschaft zum Holocaust, Bonn, 1984

Tänzer, Aaron, Die Geschichte der Juden in Württemberg, Frankfurt a. M., 1983.

Tepperberg, Christoph, »... 27.VIII.1942 nach Theresienstadt abgemeldet.« – Oberst Otto Grossmann 1873–1942. Laufbahn und Ende eines k. u. k. Offiziers jüdischer Herkunft, in: Mitteilungen des Österreichischen Staatsarchivs, 41/42, 1988/89.

Thalmann, Paul & Clara, Revolution für die Freiheit. Stationen eines politischen Kampfes, Moskau/Madrid/Paris/Hamburg, 1977.

Theilhaber, Felix A., Jüdische Flieger im Weltkrieg, Berlin, 1924.

Thurn, Max Graf, Lange Nacht im Salzkammergut, in: Wiener Journal 46/47 (Juli/August 1984).

Toury, Jacob, Die politischen Orientierungen der Juden in Deutschland, Tübingen, 1966.

Toury, Jacob, Soziale und politische Geschichte der Juden in Deutschland 1847–1871. Zwischen Revolution, Reaktion und Emanzipation, Düsseldorf, 1977.

Tramer, Erwin, Der Republikanische Schutzbund. Seine Bedeutung in der politischen Entwicklung der Ersten Österreichischen Republik, Erlangen/Nürnberg, 1969.

Verband der Deutschen Juden (Hrsg.), Ein Gruß der Feldrabbiner an die jüdischen Kameraden im deutschen Heere zu den Herbstfeiertagen 1915, Berlin, 1915.

Verfügung der Minister für Handel und für landwirtschaftliche Angelegenheiten vom 06.10.1852 (V.M.Bl., 269).

Villarroya, Joan, Els bombardeigs de Barcelona durant la guerra civil, Barcelona, 1981.

Voigt, Günther, Deutschlands Heere bis 1918, Bd. 2, Osnabrück, 1981.

Vogt, Arnold, Religion im Militär. Seelsorge zwischen Kriegsverherrlichung und Humanität. Eine militärgeschichtliche Studie, Frankfurt a. M./Bern/New York 1984 (= Europäische Hochschulschriften, Reihe III: Geschichte und ihre Hilfswissenschaften, Bd. 253).

Volkov, Shulamit, Die Juden in Deutschland 1780–1918 (= Enzyklopädie Deutscher Geschichte, Bd. 16), München, 1994.

Volksfreund, Karlsruhe, Nr. 216, 17.09.1914.

Volksstimme, Mannheim, Nr. 245, 11.09.1914 (Generallandesarchiv Karlsruhe 231/3415, Kopie StadtA Mannheim, D 6, L. Frank).

Vossische Zeitung, 27.03.1813.

Vossische Zeitung vom 27.08.1853, vom 28.08.1853, 3–4 und vom 30.08.1853, 8.

Vuletic, Aleksandar-S., Zwischen Normalität und Vertreibung: Die deutschen Juden in den zwanziger und dreißiger Jahren, in: Wolfgang Michalka/Martin Voigt (Hrsg.), Judenemanzipation und Antisemitismus in Deutschland im 19. und 20. Jahrhundert, Eggingen, 2003, S. 117–137.

WA (= Wiener Anzeiger), 15.11.1918, An der Schwelle einer neuen Zeit.

Wachenheim, Hedwig, Die deutsche Arbeiterbewegung 1844–1914, 2. Aufl., Opladen, 1971.

Wachenheim, Hedwig, Ludwig Frank, in: Mannheimer Hefte 1964.
Wachenheim, Hedwig, Vom Großbürgertum zur Sozialdemokratie. Memoiren einer Reformistin (Internationale wissenschaftliche Korrespondenz zur Geschichte der deutschen Arbeiterbewegung, Beiheft 1), Berlin, 1973
Walk, Joseph (Hrsg.), Das Sonderrecht für die Juden im NS-Staat. Eine Sammlung der gesetzlichen Maßnahmen und Richtlinien, Heidelberg/Karlsruhe, 1981.
Walter, Dirk, Antisemitische Kriminalität und Gewalt. Judenfeindschaft in der Weimarer Republik, Bonn, 1999.
Watzinger, Karl Otto, Ludwig Frank. Ein deutscher Politiker jüdischer Herkunft, Sigmaringen, 1995.
Weis, George, Joseph von Sonnenfels – der »Nikolsburger Jude«, in: Das Jüdische Echo. Zeitschrift für Kultur und Politik XXXIII/1 (September 1984/Elul-Tischri 5745), S. 104–108.
Weisl, Wolfgang von, Die Juden in der Armee Österreich-Ungarns, Tel-Aviv, 1971.
Weisl, Wolfgang von, Juden in der österreichischen und österreichisch-ungarischen Armee, in: Zeitschrift für die Geschichte der Juden, VIII (1971).
Weiß, Bernhard Brief vom 03.10.1949, LAB Rep. 4 Arch. Zug 2228, Nr. 282.
Weiß, Bernhard, Offiziersakte (München OP 51 391).
Weiß, Konrad, in: Antisemitismus und Israelfeindschaft in der DDR, Die Politische Meinung/ Konrad Adenauer Stiftung, Nr. 442, September 2006.
Weiss, Yfaat, Deutsche und polnische Juden vor dem Holocaust, Jüdische Identität zwischen Staatsbürgerschaft und Ethnizität 1933–1940, Schriftenreihe der Vierteljahreshefte für Zeitgeschichte, Band 81, München, 2000.
Wichtige politische Verfügungen des Reichskriegsministers und Oberbefehlshabers der Wehrmacht – geheim –, Berlin, 1935.
Widder, Gerhard/ Möller, Alex, Ludwig Frank. Ein Mahner für den Frieden, Bonn, 1984.
Wiesinger, Albert, 25 Jahre aus meinem Journalistenleben, Wien, 1884.
Wilke, Carsten, Der Freibrief des Despoten. Zum 200. Jahrestag der Lehrbeschlüsse des großen Sanhedrin, in: Kalonymos, Heft 1/2007.
Wille und Weg des deutschen Judentums. Die lang erwartete erste Selbstdarstellung der deutsch-jüdischen Organisationen, Anzeige, in: Der Schild, Nr. 46, 30.11.1934, 7.
Winkler, Heinrich August, Weimar 1918–1933. Die Geschichte der ersten deutschen Demokratie, München, 1993.
WMZ (= Wiener Morgenzeitung), 20.08.1919, 5; 23.03.1920; 27.04.1920, 2.
Wohlgemuth, J. Der gesetzestreue Jude und der Krieg, November 1914, in: Jeschurun, Monatsschrift für Lehre und Leben im Judentum, Heft 11, November 1914, 1. Jahrgang, S. 375–390.
Wohlgemuth, J. Das große Hassen, Dezember 1914, in: Jeschurun, Monatsschrift für Lehre und Leben im Judentum, Heft 12, 1. Jahrgang, November 1914, 415–426.
Wolf, Gerson, Die Militärpflicht der Juden, in: Ben Chanaja. Wochenblatt für Jüdische Theologie, V, Szegedin, 1862.
Wolf, Gerson, Wie wurden die Juden in Österreich militärpflichtig? in: Kalender für Israeliten auf das Jahr 5628 (1867/68) nach Erschaffung der Welt samt den rituellen Gebräuchen (= Beilage zum Wiener Jahrbuch für Israeliten, N.F. 3) Wien, 1867.
WSTLA (= Wiener Stadt- und Landesarchiv), bei MAbt 119/A32 Z1.6959/1932.

Württembergischer Landesverband des Centralvereins deutscher Staatsbürger jüdischen Glaubens (Hrsg.), Jüdische Frontsoldaten aus Württemberg und Hohenzollern, Stuttgart, 1926.

Wyrwa, Ulrich, Juden in der Toskana und in Preußen im Vergleich (= Schriftenreihe wiss. Abhandlungen des Leo Baeck Instituts, 67), London, 2003.

Zechlin, Egmont, Die deutsche Politik und die Juden im Ersten Weltkrieg, Göttingen, 1969.

Zerwanitzer, Bubi, Nicht »wie ein Lamm zum Schlachten«! Die ungewöhnliche Rolle der Juden in den Internationalen Brigaden im Spanischen Bürgerkrieg 1936–1939, in: Das Jüdische Echo. Europäisches Forum für Kultur und Politik, Vol. 48, Wien, 1999.

Ritter v. Zeynek, Theodor, Aus dem Leben eines österreichisch-ungarischen Generalstabsoffiziers (Kriegsarchiv: Nachlässe B 151/Nr. 2).

Zlocisti, Theodor, Die Einsegnung der jüdischen Soldaten in Breslau (1813), in: Im Deutschen Reich, (Hrsg. Centralverein deutscher Staatsbürger jüdischen Glaubens) VI. Jahrgang, Heft 9, September 1900.

Zuckermann, Dr. Hugo, Österreichisches Reiterlied, Vertont für eine Singstimme mit Klavierbegleitung von Paul Skobel (W), in: Ac 28 (15.05.1915), S. 2 f.

Zur Verstrickung von jüdischen Funktionären in den Überwachungsstaat der DDR, FOCUS Nr. 45, 1997.

Auswahlbibliographie

Juden in Deutschland und Österreich-Ungarn im 18., 19. und 20. Jahrhundert: einfuhrende und übergreifende Darstellungen

Abeles, Otto, Jüdische Flüchtlinge, Szenen und Gestalten, Wien/Berlin, 1918.

Adam, Uwe Dietrich, Judenpolitik im Dritten Reich, Düsseldorf, 1972.

Adler, Hans Günter, Die Juden in Deutschland. Von der Aufklärung bis zum Nationalsozialismus, München/Zürich, 1987 (Erstausgabe 1960).

Adler, Hans Günter, Theresienstadt. Das Antlitz einer Zwangsgemeinschaft, 2. Aufl., Tübingen, 1960.

Arndt, Ino/Boberach, Heinz, Deutsches Reich, in: Wolfgang Benz (Hrsg.), Dimension des Völkermords. Die Zahl der jüdischen Opfer des Nationalsozialismus, München, 1991 (= Quellen und Darstellungen zur Zeitgeschichte, Bd. 33).

Baeck, Leo, Dieses Volk – Jüdische Existenz, hrsg. von Albert H. Friedländer u. Bertold Klappert (Werke, Bd. 2), Gütersloh, 1996.

Barkai, Avraham, Die Organisation der jüdischen Gemeinschaft, in: Avraham Barkai/Paul Mendes-Flohr/Steven M. Lowenstein (Hrsg.), Deutsch-jüdische Geschichte in der Neuzeit, Bd. IV: Aufbruch und Zerstörung 1918–1945, München, 1997.

Battenberg, Friedrich, Des Kaisers Kammerknechte: Gedanken zur rechtlich-sozialen Situation der Juden in Spätmittelalter und früher Neuzeit, in: Historische Zeitschrift 245/3 (1987).

Benz, Wolfgang (Hrsg.), Die Juden in Deutschland 1933–1945, 2. Aufl., München, 1993.

Bering, Dietz, Kampf um Namen. Bernhard Weiß gegen Joseph Goebbels, Stuttgart, 1991.

Blatt, Thomas Toivi, From the Ashes of Sobibor. A Story of Survival, Evanston, 1997.

Braun, Zwi, Zeitlos aktuell, Zürich, 2001.

Brenner, Michael, Die Weimarer Jahre (1919–1932), in: Andreas Nachama/Julius H. Schoeps/Hermann Simon (Hrsg.), Juden in Berlin, Berlin, 2002.

Brenner, Michael, Vom Untertanen zum Bürger, in: Deutsch-jüdische Geschichte in der Neuzeit, Bd. II: Emanzipation und Akkulturation 1780–1871, hrsg. von Michael Brenner/Stefi Jersch-Wenzel/Michael A. Meyer, München, 1996.

Chernow, Ron, Die Warburgs. Odyssee einer Familie, Berlin, 1994.

Das Schwarzbuch: Tatsachen und Dokumente. Die Lage der Juden in Deutschland 1933, Frankfurt/Berlin/Wien, 1983 (Nachdr. der Ausg. Paris 1934).

Cohen, Asher u. a. (Hrsg.), The Shoah and the War, New York, 1992.

Cohn, Marcus, Der Eid, in: Wörterbuch des jüdischen Rechts, Neudruck der im Jüdischen Lexikon (1927–1930) erschienenen Beiträge zum jüdischen Recht, Basel/München/Paris/London/NewYork/Sydney, 1980.

Der Lebensbaum, Die Tätigkeit der IKG Wien, 1960–1964.

Deutsch-jüdische Geschichte in der Neuzeit, Bd. II: Emanzipation und Akkulturation 1780–1871, hrsg. von Michael Brenner/Stefi Jersch-Wenzel/Michael A. Meyer, München, 1996.

Deutsch-jüdische Geschichte in der Neuzeit, Bd. III: Umstrittene Integration 1871–1918, hrsg. von Steven M. Lowenstein/Paul Mendes-Flohr/Peter Pulzer/Monika Richarz, München, 1997.

Deutsch-jüdische Geschichte in der Neuzeit, Bd. IV: Aufbruch und Zerstörung 1918–1945, hrsg. von Avraham Barkai/Paul Mendes-Flohr/Steven M. Lowenstein, München, 1997.
Die gegenwärtig beabsichtigte Umgestaltung der bürgerlichen Verhältnisse der Juden in Preußen, nach authentischen Quellen beleuchtet, Breslau, 1842.
Dipper, Christof, Der deutsche Widerstand und die Juden, in: Geschichte und Gesellschaft, 9 (1983).
Dohm, Christian Wilhelm von, Über die bürgerliche Verbesserung der Juden, 2 Teile in 1 Bd., Berlin/Stettin, 1781–1783.
Encyclopaedia Judaica, Cecil Roth/Geoffrey Wigoder (Hrsg.), 3. Aufl., Jerusalem, 1974.
Erler, Hans/Paucker, Arnold/Ehrlich, Ernst Ludwig (Hrsg.), Gegen alle Vergeblichkeit. Jüdischer Widerstand gegen den Nationalsozialismus, Frankfurt a. M., 2003.
Ernst, Ilse, Der Antisemitismus in der Weimarer Republik, in: Sylke Bartmann/Ursula Blömer/Detlef Garz (Hrsg.), »Wir waren die Staatsjugend, aber der Staat war schwach«, Band 14, Schriftenreihe Oldenburgerische Beiträge zu Jüdischen Studien, Oldenburg, 2003.
Frank, Ludwig, Briefe aus Amsterdam, Offenburg, 1904.
Freund, Wilhelm (Hrsg.), Zur Judenfrage in Deutschland. Vom Standpunkte des Rechtes und der Gewissensfreiheit. Im Verein mit mehreren Gelehrten, Berlin, 1843.
Friedländer, Saul, Das Dritte Reich und die Juden, München, 1998.
Friedländer, Saul, Die politischen Veränderungen der Kriegszeit und ihre Auswirkungen auf die Judenfrage, in: Werner E. Mosse (Hrsg.) unter Mitwirkung von Arnold Paucke, Deutsches Judentum in Krieg und Revolution 1916–1923, Tübingen, 1971.
Garfinkiel, Mieczyslaw, Monografia m. Zamościa, in Jerzy Kwiatkowski, 485 dni na Majdanku, Lublin, 1988.
Gidal, Nachum T., Die Juden in Deutschland von der Römerzeit bis zur Weimarer Republik, Köln, 1997.
Gold, Hugo, Geschichte der Juden in Wien. Ein Gedenkbuch, Tel Aviv, 1966.
Goldhammer, Leo, Von den Juden Österreichs, in: Jüdisches Jahrbuch für Österreich, hrsg. von Löbel Taubes und Chajim Bloch, Wien, 1932.
Goodman-Thau, Eveline/Schulte, Christoph im Vorwort zur deutschen Übersetzung von Orot HaTora (Die Lichter der Tora), Berlin, 1995.
Graetz, Heinrich, Volkstümliche Geschichte der Juden in zwei Bänden, Bd. 2, Von der jüdisch-spanischen Zeitepoche bis zur Epoche der Wiedergeburt, Nachdr. d. 1. Aufl., Köln, 2000.
Grenville, John A. S., Die »Endlösung« und die »Judenmischlinge« im Dritten Reich, in: Ursula Büttner (Hrsg.), Das Unrechtsregime. Internationale Forschung über den Nationalsozialismus. Festschrift für Werner Jochmann zum 65. Geburtstag, Bd. 2: Verfolgung – Exil – Belasteter Neubeginn, Hamburg, 1986.
Gutterman, Bella/Shalev, Avner (Hrsg.), Zeugnisse des Holocaust, Gedenken in Yad Vashem, Jerusalem, 2005.
Jüdisches Lexikon. Ein enzyklopädisches Handbuch des jüdischen Wissens in vier Bänden, Georg Herlitz/Bruno Kirschner (Hrsg.), Nachdr. d. 1. Aufl., 2. Aufl., Frankfurt a. M., 1987.
Hahn, Joachim/Krüger, Jürgen, Synagogen in Baden-Württemberg. Orte und Einrichtungen, Stuttgart, 2007.

Hirsch, Samson Raphael (Pseudonym: Ben Uziel), Die neunzehn Briefe, Zürich, 1987.
Hundsnurscher, Franz /Taddey, Gerhard, Die Jüdischen Gemeinden in Baden. Denkmale – Geschichte – Schicksale, Archivdirektion Stuttgart (Veröffentlichungen der staatlichen Archivverwaltung Baden-Württemberg 19), Stuttgart/Berlin/Köln/Mainz, 1968.
Jacobson, Simon, Die Weisheit des Rabbi Schneerson. Einfache Wahrheiten für eine schwierige Welt, Gütersloh, 2007.
Jochmann, Werner, Die Ausbreitung des Antisemitismus, in: Werner E. Mosse (Hrsg.) unter Mitwirkung von Arnold Paucker, Deutsches Judentum in Krieg und Revolution 1916–1923, Tübingen, 1971.
Karniel, Joseph, Die Toleranzpolitik Kaiser Josephs II. (= Schriftenreihe des Instituts für Deutsche Geschichte der Universität Tel-Aviv, 9), Gerlingen, 1986.
Karniel, Joseph, Das Toleranzpatent Kaiser Josephs II. für die Juden Galiziens und Lodomeriens, in: Jahrbuch des Instituts für Deutsche Geschichte der Universität Tel-Aviv, XI, 1982.
Keller, Werner, Und wurden zerstreut unter alle Völker. Die nachbiblische Geschichte des jüdischen Volkes, Wuppertal/Zürich, 1993.
Kattermann, Hildegard, Das Ende einer jüdischen Landgemeinde. Nonnenweier in Baden, 1933–1945, Freiburg i. Br., 1984.
Kleßmann, Eckart, M.M. Warburg & CO. Die Geschichte eines Bankhauses, Hamburg, 1998.
Klösch, Christian, Wohin und niemals zurück, in: Gedenkdienst (Zeitung des Vereins Gedenkdienst), Wien 1999, No 2/1999: Emigration.
Kopciowski, Adam, Der Judenrat in Zamość, in: Theresienstädter Studien und Dokumente, Bd. 9, S. 221–245.
Kwiet, Konrad/Eschwege, Helmut, Selbstbehauptung und Widerstand. Deutsche Juden im Kampf um Existenz und Menschenwürde 1933–1945, Hamburg, 1984.
Kwiet, Konrad, Zur historiographischen Behandlung der Judenverfolgung im Dritten Reich, in: Militärgeschichtliche Mitteilungen, 27 (1980).
Labsch-Benz, Elfie, Die jüdische Gemeinde Nonnenweier. Jüdisches Leben und Brauchtum in einer badischen Landgemeinde zu Beginn des 20. Jahrhunderts, Freiburg i. Br., 1981.
Langbein, Hermann … nicht wie die Schafe zur Schlachtbank. Widerstand in den nationalsozialistischen Konzentrationslagern 1938–1945, Frankfurt a. M., 1980.
Landeszentrale für politische Bildung Baden-Württemberg (Hrsg.), Vom Neckar ans Mittelmeer. Jüdische Flüchtlinge aus dem schwäbischen Dorf Rexingen gründen 1938 eine neue Gemeinde in Galiläa, Stuttgart, 2008.
Liepach, Martin, Das Wahlverhalten der jüdischen Bevölkerung: Zur politischen Orientierung der Juden in der Weimarer Republik (= Schriftenreihe wissenschaftlicher Abhandlungen des Leo-Baeck-Instituts, 53), Tübingen, 1996.
Lindner, Dolf, Der Mann ohne Vorurteil. Joseph von Sonnenfels 1733–1817, Wien, 1983.
Löhken, Wilfried/Vathke, Werner (Hrsg.), Juden im Widerstand. Drei Gruppen zwischen Überlebenskampf und politischer Aktion 1939–1945, Berlin, 1993.
Maier, Johann (Hrsg.), Rechtsentscheide von Moses Nachmanides aus Gerona, Teil 1, 2003.
Mann, Golo, Antisemitismus, Frankfurt a. M., 1962.

Meir, Ephraim, The challenge of Religious Education, in: Christoph Miething (Hrsg.), Politik und Judentum, Tübingen, 1999.
Meyer zu Uptrup, Wolfgang, »Der Kampf gegen die jüdische Weltverschwörung«. Zur inneren »Logik« des Antisemitismus der Nationalsozialisten, in: Erich Geldbach (Hrsg.), Vom Vorurteil zur Vernichtung? »Erinnern« für morgen, Münster, 1995.
Michaelis, Alfred, Die Rechtsverhältnisse der Juden in Preußen seit dem Beginn des 19. Jahrhunderts, Berlin, 1910.
Moser, Jonny, Die Katastrophe der Juden in Österreich 1938–1945 – ihre Voraussetzungen und ihre Überwindung, in: Studia Judaica Austriaca, Bd. V, Der gelbe Stern in Österreich, Eisenstadt, 1977.
Nachama, Andreas (Hrsg. zusammen mit Julius H. Schoeps/Hermann Simon), Juden in Berlin, Berlin, 2002.
Neumann, Salomon, Zur Statistik der Juden in Preußen von 1816 bis 1880. 2. Beitrag aus den amtlichen Veröffentlichungen, Berlin, 1884.
Offenberg, Ulrike, Seid vorsichtig gegen dic Machthaber, Berlin, 1998.
Paucker, Arnold/Gilchrist, Sylvia/Suchy, Barbara (Hrsg.), Die Juden im nationalsozialistischen Deutschland, Tübingen 1986; Arnold Paucker, Deutsche Juden im Kampf um Recht und Freiheit. Studien zur Abwehr, Selbstbehauptung und Widerstand der deutschen Juden seit dem Ende des 19. Jahrhunderts, mit einer Einführung von Reinhard Rürup, Berlin, 2003.
Petter, Wolfgang, Wehrmacht und Judenverfolgung, in: Ursula Büttner (Hrsg.), Die Deutschen und die Judenverfolgung im Dritten Reich, Hamburg, 1992.
Philippson, Alfred, Wie ich zum Geographen wurde. Aufgezeichnet im Konzentrationslager Theresienstadt zwischen 1942 und 1945, Hans Böhm/Astrid Memel (Hrsg.), Bonn, 1996.
Picard, Jacob, Die alte Lehre, Stuttgart, 1963.
Rathenau, Walther, Staat und Judentum. Eine Polemik, in: Gesammelte Schriften, Berlin, 1925.
Richarz, Monika (Hrsg.), Jüdisches Leben in Deutschland, 3 Bde., Stuttgart, 1976–83.
Rott, Joachim, Bernhard Weiss. 1880 Berlin – 1951 London, Teetz/Berlin, 2008.
Rürup, Reinhard, Emanzipation und Krise. Zur Geschichte der »Judenfrage« in Deutschland vor 1890, in: Juden im Wilhelminischen Deutschland 1890–1914, hrsg. von Werner E. Mosse, Tübingen, 1976.
Rürup, Reinhard (Hrsg.), Jüdische Geschichte in Berlin, Berlin, 1995.
Schneider, Jörg, Zwischen Assimilation und Akkulturation. Aspekte jüdischen Vereinslebens in Hildesheim zwischen 1871–1942, in: Herbert Reyer/Herbert Obenaus (Hrsg.), Geschichte der Juden im Hildesheimer Land, Hildesheim/Zürich/New York, 2003.
Schoeps, Julius H., Der Anpassungsprozess (1790–1870) in: Andreas Nachama/Julius H. Schoeps/Hermann Simon (Hrsg.), Juden in Berlin, Berlin, 2002.
Schoeps, Julius H., Ephraim Veitel Ephraim – Ein Vorkämpfer der Judenemanzipation, in: Cécile Loewenthal-Hensel (Hrsg.), Mendelssohn Studien. Beiträge zur neueren deutschen Kultur- und Wirtschaftsgeschichte, Band 2, Berlin, 1975.
Schwierz, Israel, Steinerne Zeugnisse jüdischen Lebens in Bayern, hrsg. von der Bayerischen Landeszentrale für politisch Bildungsarbeit, München, 1992.

Seinhauser, Mary, Dokumentationsarchiv des österreichischen Widerstandes (Hrsg.): Totenbuch Theresienstadt – damit sie nicht vergessen werden, Wien, 1987.

Strauss, Herbert A./Kampe, Norbert (Hrsg.), Antisemitismus. Von der Judenfeindschaft zum Holocaust, Bonn, 1984.

Tänzer, Aaron, Die Geschichte der Juden in Württemberg, Frankfurt a. M., 1983.

Toury, Jacob, Die politischen Orientierungen der Juden in Deutschland, Tübingen, 1966.

Toury, Jacob, Soziale und politische Geschichte der Juden in Deutschland 1847–1871. Zwischen Revolution, Reaktion und Emanzipation, Düsseldorf, 1977.

Volkov, Shulamit, Die Juden in Deutschland 1780–1918 (= Enzyklopädie Deutscher Geschichte, Bd. 16), München, 1994.

Vuletic, Aleksandar-S., Zwischen Normalität und Vertreibung: Die deutschen Juden in den zwanziger und dreißiger Jahren, in: Wolfgang Michalka/Martin Voigt (Hrsg.), Judenemanzipation und Antisemitismus in Deutschland im 19. und 20. Jahrhundert, Eggingen, 2003, S. 117–137.

Wachenheim, Hedwig, Ludwig Frank, in: Mannheimer Hefte, H. 2 (1964), S. 28 ff..

Walk, Joseph (Hrsg.), Das Sonderrecht für die Juden im NS-Staat. Eine Sammlung der gesetzlichen Maßnahmen und Richtlinien, Heidelberg/Karlsruhe, 1981.

Walter, Dirk, Antisemitische Kriminalität und Gewalt. Judenfeindschaft in der Weimarer Republik, Bonn, 1999.

Watzinger, Karl Otto, Ludwig Frank. Ein deutscher Politiker jüdischer Herkunft, Sigmaringen, 1995;

Weiss, Yfaat, Deutsche und polnische Juden vor dem Holocaust, Jüdische Identität zwischen Staatsbürgerschaft und Ethnizität 1933–1940, Schriftenreihe der Vierteljahreshefte für Zeitgeschichte, Band 81, München, 2000.

Widder, Gerhard/ Möller, Alex, Ludwig Frank. Ein Mahner für den Frieden, Bonn, 1984.

Winkler, Heinrich August, Weimar 1918–1933. Die Geschichte der ersten deutschen Demokratie, München, 1993.

Wyrwa, Ulrich, Juden in der Toskana und in Preußen im Vergleich (= Schriftenreihe wiss. Abhandlungen des Leo Baeck Instituts, 67), London, 2003.

Jüdische Soldaten in der Deutschen und Österreichisch-Ungarischen Armee: übergreifende Darstellungen

Allmayer-Beck, Johann Christoph, Das Heerwesen unter Joseph II., in: Österreich zur Zeit Kaiser Josephs II.: Mitregent Kaiserin Maria Theresias, Kaiser und Landesfürst (= Katalog des Niederösterreichischen Landesmuseums, N. F. 95) Wien, 1980.

Allmayer-Beck, Johann Christoph/Lessing, Erich, Das Heer unter dem Doppeladler. Habsburger Armeen 1718–1848, München, 1981.

Berger, Michael, Eisernes Kreuz und Davidstern. Die Geschichte Jüdischer Soldaten in Deutschen Armeen, Berlin, 2006.

Berger, Michael/Römer-Hillebrecht, Gideon (Hrsg.), Juden und Militär in Deutschland. Zwischen Integration, Assimilation, Ausgrenzung und Vernichtung, Baden-Baden, 2009.

Bihl, Wolfdieter, Die Juden, in: Adam Wandruszka/Peter Urbanitsch (Hrsg.), Die Habsburgermonarchie 1848–1918, III, Akademie der Wissenschaften, Wien, 1980.

Braun, Rainer, Juden in der Armee, in: Bayern und seine Armee. Eine Ausstellung des Bayerischen Hauptstaatsarchivs aus den Beständen des Kriegsarchivs, München, 1987 (= Ausstellungskataloge der Staatlichen Archive Bayerns).

Hödl, Rudolf von, Die Juden im österreichisch-ungarischen Heere (Kriegsarchiv: Nachlässe B 460/11).

Die Juden im Heere, hrsg. vom Verein zur Abwehr des Antisemitismus, Berlin, 1910.

Jüdische Soldaten in Deutschen Armeen. Dokumentation der gleichnamigen Tagung in Zusammenarbeit mit dem Bund jüdischer Soldaten (RjF) und dem Zentralrat der Juden in Deutschland (Hrsg. von Andreas Kleine-Kraneburg), Konrad-Adenauer-Stiftung e.V., Sankt Augustin/ Berlin, 2008.

Kann, Robert A., The Social Prestige of the Officer Corps in the Habsburg Empire from the Eighteenth Century to 1918, in: War and Society in East Central Europe, Vol. I, eds. Bela K. Kiralyi, Gunther E. Rothenberg, New York, 1979.

Kopsch, Julius, Die Juden im deutschen Heer, Berlin, 1910.

Lustiger, Arno, Zum Kampf auf Leben und Tod. Zum Widerstand der Juden 1933–1945, Frankfurt a. M., 1997.

Messerschmidt, Manfred, Juden im preußisch-deutschen Heer, in: Militärgeschichtliches Forschungsamt (Hrsg.), Deutsche Jüdische Soldaten. Von der Epoche der Emanzipation bis zum Zeitalter der Weltkriege, Begleitband zur Ausstellung, Potsdam, 1996.

Militärgeschichtliches Forschungsamt (Hrsg.), Deutsche Jüdische Soldaten. Von der Epoche der Emanzipation bis zum Zeitalter der Weltkriege, Begleitband zur Wanderausstellung, Potsdam, 1996.

Militärgeschichtlichen Forschungsamt (Hrsg.), Katalog zu eben genannter Wanderausstellung, Rastatt, 3., erw. und überarb. Aufl., Herford/Bonn, 1987.

Nägler, Frank, Einführung in die Ausstellung, in: Militärgeschichtliches Forschungsamt (Hrsg.), Deutsche Jüdische Soldaten. Von der Epoche der Emanzipation bis zum Zeitalter der Weltkriege, Begleitband zur Wanderausstellung, Potsdam, 1996, S. 1–28.

Rubin, E., 140 Jewish Marshals, Generals & Admirals, London, 1952.

Ruzicka, Wenzel, Soldat im Vielvölkerheer, Freilassing, 1987.

Der Schild, hrsg. vom Bund jüdischer Soldaten (RjF) durch den Vorsitzenden, 1 / 1. Jahrgang, Berlin, 2007.

Der Schild, hrsg. vom Bund jüdischer Soldaten (RjF) durch den Vorsitzenden, Nr. 2 / 2. Jahrgang, Berlin, 2008.

Der Schild, hrsg. vom Bund jüdischer Soldaten (RjF) durch den Vorsitzenden, Nr. 3 u. 4 / 3. Jahrgang, Berlin, 2009.

Schmidl, Erwin A., Jews in the Austro-Hungarian Armed Forces in: War and Society in East Central Europe 22, hrsg. von Béla K. Király (Brooklyn College Studies on Society in Change, New York, 1987), S. 69–84.

Schmidl, Erwin A., Jews in the Austro-Hungarian Armed Forces 1867–1918, in: Studies in Contemporary Jewry 3: Jews and other Ethnic Groups in a Multi-ethnic World, hrsg. von Ezra Mendelsohn (New York/Oxford, 1987), S. 127–146.

Schmidl, Erwin A., Juden in der k. (u.) k. Armee 1788–1918 (= Studia Judaica Austriaca XI, hrsg. vom Verein »Österreichisches Jüdisches Museum in Eisenstadt«), Eisenstadt, 1989.

Schmidl, Erwin A., Die k. u. k. Armee: integrierendes Element eines zerfallenden Staates?, in: Michael Epkenhans, Gerhard Paul Gross (Hrsg.), Das Militär und der Aufbruch in die Moderne, 1860 bis 1890: Armeen, Marinen und der Wandel von Politik, Gesellschaft und Wirtschaft in Europa, den USA sowie Japan, München, 2003.

Schmidt, Wolfgang, Die Juden in der Bayerischen Armee, in: Militärgeschichtliches Forschungsamt (Hrsg.), Deutsche Jüdische Soldaten. Von der Epoche der Emanzipation bis zum Zeitalter der Weltkriege, Begleitband zur Ausstellung, Potsdam, 1996.

Schwierz, Israel, Für das Vaterland starben. Denkmale und Gedenktafeln bayerisch-jüdischer Soldaten, Aschaffenburg/Main, 1998.

Seeliger, Emil, Theresienritter ohne Theresienorden. Die Heldenfamilie derer von Eiss, Neues Wiener Journal, 23.02.1930.

Silber, Michael, Absolutism, Hungary and the Jews. A Comparative Study of Military Conscription of the Jews in the Habsburg Lands 1788–1815, M.A. thesis, Columbia University, 1980.

Weisl, Wolfgang von, Die Juden in der Armee Österreich-Ungarns, Tel-Aviv, 1971, S. 1–22.

Weisl, Wolfgang von, Juden in der österreichischen und österreichisch-ungarischen Armee, in: Zeitschrift für die Geschichte der Juden, VIII (1971).

Jüdische Soldaten in der Deutschen und Österreichisch-Ungarischen Armee des 19. Jahrhunderts

Berger, Michael, Meno Burg, Königl. Preuß. Major der Artillerie, in: ders., Eisernes Kreuz und Davidstern. Die Geschichte Jüdischer Soldaten in Deutschen Armeen, Berlin, 2006, S. 75–88;

Burg, Meno, Geschichte meines Dienstlebens. Erinnerungen eines jüdischen Majors der preußischen Armee, erweiterter Neudruck der Ausgabe von 1916, Teetz, 1998.

Comité zur Abwehr antisemitischer Angriffe in Berlin (Hrsg.), Die Juden als Soldaten, 2. Aufl., Berlin, 1897.

Fraenkel, Michael, Der Anteil der jüdischen Freiwilligen an dem Befreiungskriege 1813/1814, Breslau, 1922 (Sonderdruck aus: Jüdische Volkszeitung, Bd. 29, Nr. 2–9).

Hoffmann, Rainer L./Römer-Hillebrecht, Gideon, Meno Burg, in: Michael Berger/Gideon Römer-Hillebrecht (Hrsg.), Juden und Militär in Deutschland. Zwischen Integration, Assimilation, Ausgrenzung und Vernichtung, Baden-Baden, 2009, S. 101–115.

Memoiren des Freiwilligen Jägers Löser Cohen. Nach einer Abschrift aus dem Nachlass von Moritz Stern, Jerusalem, eingel. und kommentiert von Erik Lindner (Hrsg.), Berlin, 1993.

Philippson, Martin, Der Anteil der jüdischen Freiwilligen an dem Befreiungskriege 1813 und 1814, in: Monatsschrift für Geschichte und Wissenschaft des Judentums, 50 (1906).

Philippson, Martin, Die jüdischen Freiwilligen im preußischen Heere während der Befreiungskriege 1813/14 in: Im Deutschen Reich, 12 (1906).

Rede und Gebet zur Einweihungsfeier der Synagoge und zur Einsegnung der freiwilligen Krieger der israelitischen Gemeinde zu Königsberg, gehalten am 19. April 1815, Königsberg [1815].

Rieger, Renatus F., Major Meno Burg. Ein preußischer Stabsoffizier jüdischen Glaubens (1789–1853), Duisburg, 1990.

Rieger, Renatus F., Major Meno Burg (1789–1853). Der einzige preußische Stabsoffizier jüdischen Glaubens im 19. Jahrhundert, in: Deutsche Jüdische Soldaten. Von der Epoche der Emanzipation bis zum Zeitalter der Weltkriege, Begleitband zur Wanderausstellung, Potsdam, 1996.

Römer-Hillebrecht, Gideon/Hoffmann, Rainer L., Meno Burg, in: Michael Berger/Gideon Römer-Hillebrecht (Hrsg.), Juden und Militär in Deutschland. Zwischen Integration, Assimilation, Ausgrenzung und Vernichtung, Baden-Baden, 2009, S. 101–115.

Sabelleck, Rainer (Hrsg.), Kriegs- und Friedenserlebnisse eines hannoverschen Jägers. Georg Steinbergs »Beim 3. Jägerbataillon«, 2. unveränderte Auflage, mit einem Nachwort des Herausgebers, Mannheim, 1991.

Samuel, Siegismund, Briefe aus den Feldzügen von 1866 und 1870–71, Erna Schmidt (Hrsg.), Berlin, 1908.

Zlocisti, Theodor, Die Einsegnung der jüdischen Soldaten in Breslau (1813), in: Im Deutschen Reich, (Hrsg. Centralverein deutscher Staatsbürger jüdischen Glaubens) VI. Jahrgang, Heft 9, September 1900.

Jüdische Soldaten in der Deutschen und Österreichisch-Ungarischen Armee des 20. Jahrhunderts

Angress, Werner T., Das deutsche Militär und die Juden im Ersten Weltkrieg, in: Militärgeschichtliche Mitteilungen, 19 (1976).

Angress, Werner T., Prussia´s Army and the Jewish Reserve Officer Controversy before World War I, in: Year Book of the Leo Baeck Institute, 17, New York, 1972.

Chone, Heyman, in: Verband der Deutschen Juden (Hrsg.), Ein Gruß der Feldrabbiner an die jüdischen Kameraden im deutschen Heere zu den Herbstfeiertagen 1915, Berlin, 1915.

Die Jüdischen Gefallenen des Deutschen Heeres, der Deutschen Marine und der Deutschen Schutztruppen 1914–1918. Ein Gedenkbuch, hrsg. vom Reichsbund jüdischer Frontsoldaten (RjF) e.V., Berlin, 1933.

Drei Jahre BJF – Bund jüdischer Frontsoldaten Österreichs, Wien, 1935.

Dunker, Ulrich, Der Reichsbund jüdischer Frontsoldaten 1919–1938. Geschichte eines jüdischen Abwehrvereins, Düsseldorf, 1977.

Frühling, Moritz, Wiener Juden für die Österreichisch-Ungarische Armee in: Ost und West, Jg 10 (1910).

Geiger, Ludwig, »Die deutschen Juden und der Krieg«, Berlin, 1915.

Herzog, Alfred, »Krach um Leutnant Blumenthal«, München, 1930.

Kriegsbriefe gefallener Deutscher Juden (hrsg. vom Reichsbund jüdischer Frontsoldaten), mit einer Zeichnung von Max Liebermann, Berlin, 1935.
Kriegsbriefe gefallener Deutscher Juden, mit einem Geleitwort von Franz Josef Strauß, überarb. Neuaufl., Herford, 1961.
Kopsch, Julius, Die Juden im deutschen Heer, Berlin, 1910.
Loewenthal, Max J. (Hrsg.), Jüdische Reserveoffiziere, Berlin, 1914.
Oppenheimer, Franz, Die Judenstatistik des preußischen Kriegsministeriums, München, 1922.
Paul-Schiff, Maximilian, Teilnahme der österreichisch-ungarischen Juden am Weltkriege. Eine statistische Studie, in: Jahrbuch für jüdische Volkskunde 1924–25 .
Picht, Clemens, Zwischen Vaterland und Volk. Das deutsche Judentum im Ersten Weltkrieg, in: Wolfgang Michalka (Hrsg.), Der Erste Weltkrieg, München/Zürich, 1994.
Reichstagsverhandlungen über die Zurücksetzung der jüdischen Einjährigen-Freiwilligen. Nach dem amtlichen stenographischen Bericht, in: Im deutschen Reich, 14 (1908).
Rigg, Bryan Mark, Hitler's Jewish Soldiers. The Untold Story of Nazi Racial Laws and Men of Jewish Decent in the German Military, Lawrence/Kansas, 2002.
Röder, Werner, Die deutschen sozialistischen Exilgruppen in Großbritannien 1940–1945, Hannover, 1968.
Römer-Hillebrecht, Gideon, Kampf um nationale Teilhabe und Staatsbürgerrechte: Der Reichsbund jüdischer Frontsoldaten (RjF), in: Michael Berger/Gideon Römer-Hillebrecht (Hrsg.), Juden und Militär in Deutschland. Zwischen Integration, Assimilation, Ausgrenzung und Vernichtung, Baden-Baden, 2009.
Rosenthal, Jacob, Die Ehre des jüdischen Soldaten, Frankfurt a. M., 2007.
Rutkowski, Ernst R. v., Dem Schöpfer des österreichischen Reiterliedes, Leutnant i. d. Res. Dr. Hugo Zuckermann, zum Gedächtnis, in: Zeitschrift für die Geschichte der Juden, X (1973), S. 93–104.
Salomonski, Martin, Jüdische Seelsorge an der Westfront, Berlin, 1918.
Salzberger, Georg, Aus meinem Kriegstagebuch. Von dem Feldgeistlichen der 5. Armee (Sonderabdruck aus der Monatszeitschrift »Liberales Judentum«), Frankfurt a. M., 1916.
Segall, Jacob, Die deutschen Juden als Soldaten im Kriege 1914–1918. Eine statistische Studie, Berlin, 1921.
Der Schild. Juden bei der Luftwaffe, hrsg. vom Reichsbund Jüdischer Frontsoldaten. Vol 14, No. 52, 27 December 1935.
Schmidt, Ernst-Heinrich, Zürndorfer-Waldmann: Das Schicksal deutscher Frontkämpfer jüdischer Abstammung und jüdischen Glaubens und ihrer Familien 1914–1945, in: Militärgeschichtliches Forschungsamt (Hrsg.), Deutsche Jüdische Soldaten 1914–1945, Herford/Bonn, 1987, S. 177–189.
Senekowitsch, Martin, Ein ungewöhnliches Kriegerdenkmal. Das jüdische Heldendenkmal am Wiener Zentralfriedhof, Wien, 1994.
Senekowitsch, Martin, Gleichberechtigte in einer großen Armee. Zur Geschichte des Bundes jüdischer Frontsoldaten Österreichs 1932–38, Wien, 1994.
Senekowitsch, Martin, Verbunden mit diesem Lande. Das jüdische Kriegerdenkmal in Graz, Graz, 1995.

Tepperberg, Christoph, »… 27.VIII.1942 nach Theresienstadt abgemeldet.« – Oberst Otto Grossmann 1873–1942. Laufbahn und Ende eines k. u. k. Offiziers jüdischer Herkunft, in: Mitteilungen des Österreichischen Staatsarchivs, 41/42 (1988/89).
Theilhaber, Felix A., Jüdische Flieger im Weltkrieg, Berlin, 1924.
Verband der Deutschen Juden (Hrsg.), Ein Gruß der Feldrabbiner an die jüdischen Kameraden im deutschen Heere zu den Herbstfeiertagen 1915, Berlin, 1915.
Württembergischer Landesverband des Centralvereins deutscher Staatsbürger jüdischen Glaubens (Hrsg.), Jüdische Frontsoldaten aus Württemberg und Hohenzollern, Stuttgart, 1926.
Zechlin, Egmont, Die deutsche Politik und die Juden im Ersten Weltkrieg, Göttingen, 1969.

Deutsche und Österreichische Juden im Spanischen Bürgerkrieg/Geschichte des Spanischen Bürgerkrieges

Abendroth, Hans Henning, Hitler in der spanischen Arena. Die deutsch-spanischen Beziehungen im Spannungsfeld der europäischen Interessenpolitik vom Ausbruch des Bürgerkrieges bis zum Ausbruch des Weltkrieges 1936–1939, Paderborn, 1973.
Beevor, Antony, La Guerra Civil Española, Barcelona, 2005.
Bernecker, Walther L., Krieg in Spanien 1936–1939, Darmstadt, 1991.
Bragal, Peter, »Für die Legion Condor ein zweiter Sieg«, Süddeutsche Zeitung 10.04.1969.
Broué, Pierre/Témime, Emile, Revolution und Krieg in Spanien. Geschichte des Bürgerkrieges, 2 Bde., Frankfurt a. M., 1968.
Bundesdrucksache 13/10494 (Werner Mölders), Protokoll der 231. Sitzung.
Casanova, Julián in: Santos Juliá u. a., Víctimas de la Guerra Civil, Madrid, 1999, S. 74–79.
Castells, Andreu, Las Brigadas Internacionales de la guerra de España, Barcelona, 1974.
Collado Seidel, Carlos, Der Spanische Bürgerkrieg. Geschichte eines europäischen Konfliktes, München, 2006.
Deutsch, Julius, Ein weiter Weg. Lebenserinnerungen, Leipzig/Wien, 1960.
Durango. A pictorial review oft he bombing by German airmen of the town of Durango, Spain, in 1937, Barcelona, 1937.
Durruti, Abel Paz, Leben und Tod des spanischen Anarchisten, Hamburg, 1994.
Espinosa, Francisco, La columna de la muerte. El avance del ejército franquista de Sevilla a Badajoz, Madrid, 2003.
Forell, Fritz von, Mölders und seine Männer, Graz, 1941.
Forell, Fritz von, Mölders – Mensch und Flieger, Salzburg, 1951.
Forell, Fritz von, Werner Mölders. Flug zur Sonne. Die Geschichte des großen Jagdfliegers, Leoni, 1976.
Frei, Bruno, Die Männer von Vernet. Ein Tatsachenbericht, Berlin, 1950.
Friedemann, Max, Kämpfe in Barcelona und Wohlrath, Gerhard, Als Arbeitersportler zur Volksolympiade nach Barcelona, in: Brigada Internacional ist unser Ehrenname … . Erlebnisse ehemaliger deutscher Spanienkämpfer. Ausgewählt und eingeleitet von Hans Maaßen, Bd. I, Frankfurt a. M., 1976.

Friedemann, Max, Die Geschichte der Gruppe Thälmann, in: Interbrigadisten. Der Kampf deutscher Kommunisten und anderer Antifaschisten im national-revolutionären Krieg des spanischen Volkes 1936 bis 1939, Protokoll einer wissenschaftlichen Konferenz an der Militärakademie »Friedrich Engels« (20./21. Januar 1966), Berlin (DDR), 1966.

Gomez, Moreno, La Guerra Civil en Córdoba, Madrid, 1985.

Gutachten des Militärgeschichtlichen Forschungsamtes zu Werner Mölders vom 30.06.2004.

Heer, Hannes, in: DIE ZEIT Nr.17 vom 19.04.2007.

Joly, Françoise/Joly, Jean-Baptiste/Mathieu, Jean-Philippe, Les camps d´internement en France de septembre 1939 à mai 1940, in: Les barbelés de l´exil. Etudes sur l´emigration allemande et autrichienne (1938–1940), Gilbert Badia et al. (Hrsg.), Grenoble, 1979.

Langkau-Alex, Ursula, Volksfront für Deutschland? Bd. 1: Vorbereitung und Gründung des »Ausschusses zur Vorbereitung einer deutschen Volksfront« 1933–1936, Frankfurt a. M., 1977.

Löwenstein, Hubertus Prinz zu, A Catholic in Republican Spain, London, 1937.

Lustiger, Arno, Shalom Libertad! Juden im spanischen Bürgerkrieg, Frankfurt a. M., 1989.

Madariaga, Salvador de, Spanien, Stuttgart, 1979.

Maier, Klaus A., Guernica 26.04.1937. Die deutsche Intervention in Spanien und der »Fall« Guernica, Freiburg, 1975.

Merkes, Manfred, Die deutsche Politik im spanischen Bürgerkrieg 1936–1939, 2. Aufl., Bonn, 1969.

zur Mühlen, Patrick v., Spanien war ihre Hoffnung. Die deutsche Linke im Spanischen Bürgerkrieg, Bonn, 1983.

Müssener, Helmut, Die deutschsprachigen Emigranten in Schweden nach 1933. Ihre Geschichte und kulturelle Leistung, Stockholm, 1971.

Olmeda, Fernando, Gerda Taro. Fotógrafa de guerra, Barcelona, 2007.

Proctor, Raymond L., Hitler's Luftwaffe in the Spanish Civil War, Westport, 1983.

Sana, Heleno, Die libertäre Revolution. Die Anarchisten im Spanischen Bürgerkrieg, Hamburg, 2001.

Schaber, Irme, Gerta Taro, Fotoreporterin im Spanischen Bürgerkrieg, Marburg, 1994.

Schäfer, Max (Hrsg.), Spanien 1936 bis 1939. Erinnerungen von Interbrigadisten aus der BRD, Frankfurt a. M., 1976.

Schramm, Hanna, Menschen in Gurs. Erinnerungen an ein französisches Internierungslager (1940–1941), mit einem dokumentarischen Beitrag zur französischen Emigrantenpolitik (1937–1944) von Barbara Vormeier, Worms, 1977.

Schüler-Springorum, Stefanie, Krieg und Fliegen. Die Legion Condor im Spanischen Bürgerkrieg, Paderborn, 2010.

Schüler-Springorum, Stefanie, Nicht nur Guernica. Die Legion Condor in: Florian Legner (Hrsg.), Solidaridad! Deutsche im Spanischen Bürgerkrieg, Berlin, 2006.

Schwartz, Fernando, La internacionalización de la Guerra Civil Española, Julio de 1936 – Marzo de 1937, Barcelona, 1972.

Souchy, Augustin, Anarcho-Syndikalisten über Bürgerkrieg und Revolution in Spanien, Darmstadt, 1969.

Steer, George L., Der erste Bericht über den Luftangriff auf Guernica wurde von dem britischen Kriegsberichterstatter George L. Steer verfasst. Der Artikel erschien am 28. April 1937 in der London Times.
Thalmann, Paul & Clara, Revolution für die Freiheit. Stationen eines politischen Kampfes, Moskau/Madrid/Paris/Hamburg, 1977.
Villarroya, Joan, Els bombardeigs de Barcelona durant la guerra civil, Barcelona, 1981.
Zerwanitzer, Bubi, Nicht »wie ein Lamm zum Schlachten«! Die ungewöhnliche Rolle der Juden in den Internationalen Brigaden im Spanischen Bürgerkrieg 1936–1939, in: Das Jüdische Echo. Europäisches Forum für Kultur und Politik, Vol. 48, Wien, 1999.

Geschichte der Schweizer Juden – Jüdische Soldaten in der Schweizer Armee

Bericht an den Bundesrat zuhanden der eidgenössischen Räte und Edgar Bonjour, Geschichte der schweizerischen Neutralität – Vier Jahrhunderte eidgenössischer Außenpolitik. 9 Bände, Basel, 1965–1976.
Die im Kaptiel VIII »Jüdische Soldaten in der Schweizer Armee« verwendeten Quellen, Dokumente und Informationen stammen weitestgehend aus dem Privatarchiv des Autors Michael Israel Berger, Geschichte jüdischer Soldaten – Privatarchiv (kurz MIB – Privatarchiv genannt), Mappen XIII–XV, Dokumente 22–31.
Funk, Michael/Gast, Uriel/Keller, Zsolt, Eine kleine Geschichte des Schweizerischen Israelitischen Gemeindebundes (1904–2004), in: Jüdische Lebenswelt Schweiz, Zürich, 2004.
Guggenheim, Willy (Hrsg.), Juden in der Schweiz, Glaube – Geschichte – Gegenwart, hrsg. im Auftrag des Schweizerischen Israeltischen Gemeindebundes, 1982.
Häsler, Alfred A. Das Boot ist voll. Die Schweiz und die Flüchtlinge, Zürich, 1967 sowie dessen Nachdrucke.
im Hof, Ulrich/Ducrey, Pierre/Marchal, Guy P., Geschichte der Schweiz und der Schweizer, Bd. III, Basel, 1983.
Israelitisches Wochenblatt für die Schweiz vom 24.11.1978.
Kadezki, Nathan, Die Juden in der Schweizer Armee, Manuskript im Florence Guggenheim Archiv, Zürich.
Keller, Zsolt, »L'armée est en dehors de toutes question de confession! Jüdische Soldaten und Offiziere in der Schweizer Armee 1933–1945«, Bulletin der Schweizerischen Gesellschaft für Judaistische Forschung SGJF, Nr. 11 (2002).
Ludwig, Carl, Die Flüchtlingspolitik der Schweiz in den Jahren 1933–1955. Bericht an den Bundesrat zuhanden der eidgenössischen Räte, Bern, 1957.
Mächler, Stefan, Kampf gegen das Chaos. Die antisemitisch Bevölkerungspolitik der eidgenössischen Fremdenpolizei und Polizeiabteilung, 1917–1954, in: Aram Mattioli (Hrsg.), Antisemitismus in der Schweiz 1948–1960, Zürich, 1998.
Maissen, Thomas, Verweigerte Erinnerung. Nachrichtenlose Vermögen und die Schweizer Weltkriegsdebatte 1989–2004, Zürich, 2005.
SIG, Jahresbericht 1974.

Späti, Christina, Die Schweizerische Linke und Israel. Israelbegeisterung, Antizionismus und Antisemitismus zwischen 1967 und 1991, Essen, 2006.
Staatsarchiv des Kantons Aargau, IA 9, A, Fasz. 64, Entwurf des Schreibens der aargauischen Regierung an die Zürcher Regierung vom 13. Juli 1853.
Unabhängige Expertenkommission Schweiz – Zweiter Weltkrieg, Die Schweiz, der Nationalsozialismus und der Zweite Weltkrieg, Schlussbericht, Zürich, 2002.
www.swissjews.org/aufgaben/militaer.html (Stand 2015).
Weill, Ralph, Strukturelle Veränderungen in der Schweizer Judenheit, in: Jüdische Lebenswelt Schweiz, Zürich, 2004.
Weldler-Steinberg, Geschichte der Juden in der Schweiz vom 16. Jahrhundert bis nach der Emanzipation. Bearbeitet und ergänzt von Florence Guggenheim-Grünberg, zwei Bände, Zürich, 1966 und 1970.

Jüdische Periodika des 19., 20. und 21. Jahrhunderts

Allgemeine Zeitung des Judenthums (AZJ), 79 (1915).
Allgemeine Zeitung des Judenthums VII, Nr. 38, vom 12.09.1853.
Central-Verein-Zeitung, XIV. Jahrgang, Nr. 25, Berlin, 04.04.1935.
Fränkel, David ben Mose, Die Lage der Juden alter und neuerer Zeiten, in: Sulamith, 1. Jahrgang, Band 2, 1807, S. 353–386.
Frühling, Moritz, Das »Jüdische Kriegsgedenkblatt«, 6 Hefte, 1914–17.
»Israelitisches Familienblatt«, 10.12.1914.
Israelitisches Gemeindeblatt Köln, 22.12.1918.
Jeschurun, Monatsschrift für Lehre und Leben im Judentum, Heft 10, 1. Jahrgang, Oktober 1914.
Jeschurun, Monatsschrift für Lehre und Leben im Judentum, Heft 11, 1. Jahrgang, November 1914.
Jüdische Allgemeine, 15. Januar 2009, Nr. 3/09.
Das Jüdische Echo. Zeitschrift für Kultur und Politik XXXIII/1 (September 1984/Elul-Tischri 5745).
Jüdische Front 1/33 vom 30.01.1933.
Jüdische Front 4/33 vom 08.05.1933.
Jüdische Front 12/33 vom 31.10.1933.
Jüdische Front, Festnummer vom 15.10.1934.
Jüdische Front 5/35 vom 01.03.1935.
Jüdische Front 13/35 vom 01.07.1935.
Jüdisches Jahrbuch für Groß-Berlin, Berlin, 1926, S. 133.
Jüdisches Jahrbuch für Groß-Berlin, Berlin 1931, S. 184.
Jüdisches Kriegsarchiv, 9 Ausgaben, Wien, von Mai 1915 bis Januar 1917.
Jüdische Rundschau, Organ der Zionistischen Vereinigung für Deutschland, Nr. 16, XIX. Jahrgang, Oktober 1914.
Jüdische Rundschau, Was tut die jüdische Gemeinde?, Nummer 30/31, 13.04.1933.
JWB Jewish Chaplains Council »Chaplains«, Vol XVI, No 2, 2001.

Der Schild, Zeitschrift des Reichsbundes jüdischer Frontsoldaten, Berlin, 1921–1938.
Der Schild, hrsg. vom Bund jüdischer Soldaten (RjF) durch den Vorsitzenden, 1 / 1. Jahrgang, Berlin, 2007.
Der Schild, hrsg. vom Bund jüdischer Soldaten (RjF) durch den Vorsitzenden, Nr. 2 / 2. Jahrgang, Berlin, 2008.
Der Schild, hrsg. vom Bund jüdischer Soldaten (RjF) durch den Vorsitzenden, Nr. 3 u. 4 / 3. Jahrgang, Berlin, 2009.
Sulamith, Fränkel, David ben Mose (Hrsg.), Eine Zeitschrift zur Beförderung der Kultur und Humanität unter der jüdischen Nation, Zweiter Jahrgang, Band für 1808.
Sulamith, Fränkel, David ben Mose (Hrsg.), Eine Zeitschrift zur Beförderung der Kultur und Humanität unter den Israeliten, 4 [1816?].
Wilke, Carsten, Der Freibrief des Despoten. Zum 200. Jahrestag der Lehrbeschlüsse des großen Sanhedrin, in: Kalonymos, Heft 1/2007.
Wolf, Gerson, Die Militärpflicht der Juden, in: Ben Chanaja. Wochenblatt für Jüdische Theologie, V, Szegedin, 1862.
Wolf, Gerson, Wie wurden die Juden in Österreich militärpflichtig? in: Kalender für Israeliten auf das Jahr 5628 (1867/68) nach Erschaffung der Welt samt den rituellen Gebräuchen (= Beilage zum Wiener Jahrbuch für Israeliten, N.F. 3) Wien, 1867.

Militärgeschichte/Geschichte: allgemeine Darstellungen und Sammelwerke

Absolon, Rudolf, Die Wehrmacht im Dritten Reich, Bd. 3, Boppard, 1975.
Andics, Hellmut, 50 Jahre unseres Lebens. Österreichs Schicksal seit 1918, Wien, 1968.
Apfelknab, Egbert, Schutz der Menschenrechte durch Friedenssicherung. Der nationale und internationale Beitrag des Österreichischen Bundesheeres, Wien 2008.
Bayerische Armee. Das K. B. 12. Infanterie-Regiment »Prinz Arnulf« in: Erinnerungsblätter deutscher Regimenter, Bd. 60, München, 1929.
Carsten, Francis Ludwig, Faschismus in Österreich. Von Schönerer zu Hitler, München, 1977.
Carsten, Francis Ludwig, Reichswehr und Politik 1918–1933, Köln, 1964.
Deák, István, Der K.(u.)K. Offizier 1848–1918, Wien, 1991.
Demokratie oder Monarchie (März 1917), veröffentlicht bei Oberst Bauer, Der große Krieg in Feld und Heimat, Tübingen, 1921.
Der nationale und internationale Beitrag des Österreichischen Bundesheeres, Wien, 2008.
Deutsch, Julius, Ein weiter Weg. Lebenserinnerungen, Leipzig/Wien, 1960.
Deutsch, Julius, Aus Österreichs Revolution, Wien, 1923.
Deutsch, Julius, Wehrmacht und Sozialdemokratie, Berlin, 1927.
Epkenhans, Michael, Einigung durch »Eisen und Blut« – Militärgeschichte im Zeitalter der Reichsgründung 1858 bis 1871 in: Grundkurs deutsche Militärgeschichte, Bd. 1: Die Zeit bis 1914. Vom Kriegshaufen zum Massenheer, München, 2006.
Epkenhans, Michael/Gross, Gerhard Paul (Hrsg.), Das Militär und der Aufbruch in die Moderne, 1860 bis 1890: Armeen, Marinen und der Wandel von Politik, Gesellschaft und Wirtschaft in Europa, den USA sowie Japan, München, 2003.

Fischer, Horst, Judentum, Staat und Heer in Preußen im frühen 19. Jahrhundert. Zur Geschichte der staatlichen Judenpolitik, Tübingen, 1968 (= Schriftenreihe wiss. Abhandlungen des Leo Baeck Instituts, 20).

Fontane, Theodor, Der Deutsche Krieg von 1866, Bd. I, Berlin, 1887.

Förster, Jürgen, Jewish Policies of the German Military, 1939–1942, in: Asher Cohen u. a. (Hrsg.), The Shoah and the War, New York, 1992, S. 53–71

Forst de Battaglia, Otto, Zwischeneuropa. Von der Ostsee bis zur Adria, Teil I: Polen-Tschechoslowakei-Ungarn, Frankfurt a. M., 1954.

Frank, Ludwig, in: Die Friedenswarte, 1913.

Frank, Ludwig, Bern, in: März 1913, Bd. 2.

Frank, Ludwig, Reden, Aufsätze und Briefe, ausgewählt und eingeleitet von Hedwig Wachenheim, Berlin, 1924.

Frauenholz, Eugen von, Das Heerwesen des 19. Jahrhunderts, München, 1941.

Gottas, Friedrich, Die Geschichte des Protestantismus in der Habsburgermonarchie in: Die Habsburgermonarchie 1848–1918, 4: Die Konfessionen, hrsg. von Adam Wandruszka und Peter Urbanitsch, Wien, 1985.

Groh, Dieter, Negative Integration und revolutionärer Attentismus. Die deutsche Sozialdemokratie am Vorabend des Ersten Weltkrieges, Frankfurt a. M./Berlin/Wien, 1973.

Hamburger, Ernest, Juden im öffentlichen Leben Deutschlands. Regierungsmitglieder, Beamte und Parlamentarier in der monarchistischen Zeit 1848–1918 (Schriftenreihe wissenschaftlicher Abhandlungen des Leo Baeck Instituts 19), Tübingen, 1968.

Hanschmidt, Alwin, Die französisch-deutschen Parlamentarierkonferenzen von Bern (1913) und Basel (1914), in: Geschichte in Wissenschaft und Unterricht 26 (1975).

Heuss, Theodor/Knapp, Elly, So bist Du mir Heimat geworden. Eine Liebesgeschichte in Briefen aus dem Anfang des Jahrhunderts, Hermann Rudolph (Hrsg.), Stuttgart, 1986.

Hohenlohe-Ingelfingen, Kraft Prinz zu, Aus meinem Leben. Band I, Berlin, 1897.

Huck, Stephan, Geschichte der Freiheitskriege, in: Militärgeschichtliches Forschungsamt (Hrsg.), Potsdam, 2004, S. 49–57.

Huck, Stephan, Vom Berufsmilitär zur allgemeinen Wehrpflicht – Militärgeschichte zwischen Französischer Revolution und Freiheitskriegen 1789 bis 1815, in: Grundkurs deutsche Militärgeschichte, Bd. 1: Die Zeit bis 1914. Vom Kriegshaufen zum Massenheer, München, 2006.

Huemer, Peter, Sektionschef Robert Hecht und die Zerstörung der Demokratie in Österreich: Eine historisch-politische Studie, Wien, 1975.

Hürten, Heinz, Zwischen Revolution und Kapp-Putsch. Militär und Innenpolitik 1918–1920, Düsseldorf, 1977 (= Quellen zur Geschichte des Parlamentarismus und der politischen Parteien, Zweite Reihe: Militär und Politik, Bd 2), Dok. 113 und 160, 245 und 318–319.

Jedlicka, Ludwig, Ein Heer im Schatten der Parteien. Die militärpolitische Lage Österreichs 1918–1938, Graz, 1955.

Jung, Walter, Ideologische Voraussetzungen, Inhalte und Ziele außenpolitischer Programmatik und Propaganda in der deutschvölkischen Bewegung der Anfangsjahre der Weimarer Republik – Das Beispiel Deutschvölkischer Schutz- und Trutzbund, Göttingen, 2001.

Kern, Wolfgang, Die innere Funktion der Wehrmacht 1933–1939, Berlin, 1979.

Lohalm, Uwe, Völkischer Radikalismus. Die Geschichte des Deutschvölkischen Schutz- und Trutz-Bundes 1919–1923, Hamburg, 1970
Messerschmidt, Manfred, Strukturen und Organisation, Die preußische Armee, in: Militärgeschichtlichen Forschungsamt (Hrsg. durch Friedrich Forstmeier u. a.), Handbuch zur deutschen Militargeschichte 1648–1939, Bd. 2, IV, 2, München, 1979.
Messerschmidt, Manfred, Die Wehrmacht im NS-Staat, Hamburg, 1969.
Messerschmidt, Manfred/Gersdorff, Ursula v., Offiziere im Bild von Dokumenten aus drei Jahrhunderten, Stuttgart, 1964.
Mieck, Ilja, Preußen von 1807 bis 1850, Reformen, Restauration und Revolution, in: Otto Büsch (Hrsg.), Handbuch der preußischen Geschichte, Bd. 2: Das 19. Jahrhundert und große Themen der Geschichte Preußens, Berlin/New York, 1992.
Mommsen, Hans, Beamtentum im Dritten Reich. Mit ausgewählten Quellen zur nationalsozialistischen Beamtenpolitik, Stuttgart, 1966.
Müller, Klaus-Jürgen, Das Heer und Hitler. Armee und nationalsozialistisches Regime 1933–1940, Stuttgart 1969.
Nakata, Jun, Der Grenz- und Landesschutz in der Weimarer Republik 1918–1933. Die geheime Aufrüstung und die deutsche Gesellschaft, hrsg. vom Militärgeschichtlichen Forschungsamt, Freiburg i. Br., 2002.
Neuschl-Marzahn, Sylvia, Ludwig Frank (1874–1914), in: Politische Köpfe aus Südwestdeutschland, hrsg. von Reinhold Weber und Ines Mayer, Stuttgart, 2005.
Prieschl, Martin, Die kleinen Wehrverbände in der Ersten Republik in: Österreichs Bundesheer – Truppendienst, Ausgabe 3/2010.
Prieschl, Martin, Die Heimwehr – Truppendienst, Folge 313, Ausgabe 1/2010.
Ritter, Gerhard, Staatskunst und Kriegshandwerk, Bd. 3, München, 1964.
Rothenberg, Gunther E., The Army of Francis Joseph, Purdue University Press, West Lafayette, 1976.
Sabrow, Martin, Der Rathenaumord. Rekonstruktion einer Verschwörung gegen die Republik von Weimar, München, 1994.
Thurn, Max Graf, Lange Nacht im Salzkammergut, in: Wiener Journal 46/47 (Juli/August 1984).
Tramer, Erwin, Der Republikanische Schutzbund. Seine Bedeutung in der politischen Entwicklung der Ersten Österreichischen Republik, Erlangen/Nürnberg, 1969.
Vogt, Arnold, Religion im Militär. Seelsorge zwischen Kriegsverherrlichung und Humanität. Eine militärgeschichtliche Studie, Frankfurt a. M./Bern/New York, 1984 (= Europäische Hochschulschriften, Reihe III: Geschichte und ihre Hilfswissenschaften, Bd. 253).
Voigt, Günther, Deutschlands Heere bis 1918, Bd. 2, Osnabrück, 1981.
Wachenheim, Hedwig, Die deutsche Arbeiterbewegung 1844–1914, 2. Aufl., Opladen, 1971.
Wachenheim, Hedwig, Vom Großbürgertum zur Sozialdemokratie. Memoiren einer Reformistin (Internationale wissenschaftliche Korrespondenz zur Geschichte der deutschen Arbeiterbewegung, Beiheft 1), Berlin, 1973.
Winkler, Heinrich August, Weimar 1918–1933. Die Geschichte der ersten deutschen Demokratie, München, 1993.
Theodor R. v. Zeynek, Aus dem Leben eines österreichisch-ungarischen Generalstabsoffiziers (Kriegsarchiv: Nachlässe B 151/Nr. 2).

Der Autor

Michael Berger ist Berufsoffizier im Stab eines Bundeswehrkommandos in Berlin und Vorsitzender des Bundes jüdischer Soldaten (RjF). Von 2006 bis 2013 war er Historikeroffizier und wissenschaftlicher Mitarbeiter im Militärgeschichtlichen Forschungsamt der Bundeswehr (Zentrum für Militärgeschichte und Sozialwissenschaften der Bundeswehr), veröffentlichte zahlreiche Bücher zur Geschichte Jüdischer Soldaten, Geschichte des Antisemitismus und des Jüdischen Widerstandes, u. a. »Eisernes Kreuz und Davidstern. Die Geschichte Jüdischer Soldaten in Deutschen Armeen«, Berlin 2006; »Eisernes Kreuz – Doppeladler – Davidstern. Juden in Deutschen und Österreichisch–Ungarischen Armeen«, Berlin 2010; als Hrsg. (gem. mit G. Römer-Hillebrecht) »Juden und Militär in Deutschland«, Baden-Baden 2009; als verantwortlicher Hrsg. (gem. mit G. Römer-Hillebrecht) »Jüdische Soldaten – Jüdischer Widerstand in Deutschland und Frankreich«, Paderborn – Wien – Zürich 2012. Michael Berger ist darüber hinaus Herausgeber und Chefredakteur der Zeitschrift des Bundes jüdischer Soldaten »Der Schild«.